一流专业建设系列成果

中国家庭
普惠金融发展研究

Study on the Development of
China Household Financial Inclusion

尹志超 著

中国财经出版传媒集团

经济科学出版社
Economic Science Press

图书在版编目（CIP）数据

中国家庭普惠金融发展研究/尹志超著. —北京：
经济科学出版社，2021.7
ISBN 978 - 7 - 5218 - 2621 - 0

Ⅰ.①中… Ⅱ.①尹… Ⅲ.①金融体系 - 研究 -
中国 Ⅳ.①F832.1

中国版本图书馆 CIP 数据核字（2021）第 113204 号

责任编辑：刘战兵
责任校对：隗立娜
责任印制：范 艳 张佳裕

中国家庭普惠金融发展研究

尹志超 著

经济科学出版社出版、发行 新华书店经销
社址：北京市海淀区阜成路甲 28 号 邮编：100142
总编部电话：010 - 88191217 发行部电话：010 - 88191522
网址：www. esp. com. cn
电子邮箱：esp@ esp. com. cn
天猫网店：经济科学出版社旗舰店
网址：http://jjkxcbs. tmall. com
北京季蜂印刷有限公司印装
710×1000 16 开 25.5 印张 380000 字
2021 年 9 月第 1 版 2021 年 9 月第 1 次印刷
ISBN 978 - 7 - 5218 - 2621 - 0 定价：90.00 元
（图书出现印装问题，本社负责调换。电话：010 - 88191510）
（版权所有 侵权必究 打击盗版 举报热线：010 - 88191661
QQ：2242791300 营销中心电话：010 - 88191537
电子邮箱：dbts@ esp. com. cn）

序　言

　　波澜壮阔的改革开放改变了中国，也影响了世界。在 40 多年改革开放的伟大历程中，金融作为实体经济的血脉，实现了从大一统的计划金融体制到现代金融体系的"凤凰涅槃"，初步形成了与国际先进标准接轨、与我国经济社会实际契合的中国特色社会主义金融发展路径。

　　40 多年来，我们不断改革完善金融服务实体经济的理论体系和实践路径：持续优化完善传统信贷市场，为实体企业改革发展持续注入金融活水；建立健全以股票、债券等金融工具为代表的资本市场，畅通实体企业直接融资渠道，增强其可持续发展能力；推动低效产能有序退出市场，协助暂时遇到困难但前景良好的企业平稳渡过难关推动优质企业科学稳健发展，鼎力支撑我国企业从无到有、从小到大、从弱到强，逐步从低端加工制造向高附加值加工制造迈进。

　　经过 40 多年努力，我们基本构建了以人民为中心的居民家庭金融服务模式。我们不仅借鉴西方现代金融实践，支持家庭部门熨平收入波动，实现跨期消费效用最大化，而且充分利用我国银行业分支机构延伸到乡镇、互联网全面覆盖到村落等良好基础设施，逐步实现了基础金融服务不出村，促使我国普惠金融走在了世界前列；同时，积极构建与精准扶贫相配套的金融服务体系，发挥金融在扶贫攻坚中优化资源配置的杠杆作用，为人民对美好生活的向往提供金融动力。

　　40 多年来，我们探索了从国民经济循环流转大局增强金融和财政合力的有效方式。在改革开放过程中，我们不断优化财政支持与金融服务的配套机制，运用金融工具缓解财政资金使用碎片化问题和解决财政资金跨期配置问题，增进财政政策促进经济结构调整和金融政策促进经济总量优化的协调性，持续提升国民经济宏观调控能力和水平，既避免了金融抑制阻碍发展，又防止了过度金融风险集聚。

2008 年，美国次贷危机造成的全球金融海啸引发了人们对金融理论和金融实践的深刻反思。金融理论是否滞后于金融实践，缺乏对金融实践有效的指引？金融实践是否已过度复杂化，致使金融风险难以识别、度量和分散？近年来，随着互联网、大数据、人工智能、区块链等技术的出现，科技发展在极大提高金融业服务效率的同时，也对传统金融业造成了冲击。金融业态正在发生重大变化，金融风险出现了新的特征。在新的背景下，如何处理金融改革、发展、创新与风险监管的关系，如何守住不发生系统性金融风险的底线，已经成为世界性重大课题。在以习近平同志为核心的党中央坚强领导下，我国进入中国特色社会主义新时代。在这个伟大的时代，对上述方面进行理论创新和实践探索的任务非常艰巨，使命非常光荣。为完成这一伟大历史使命，需要建设好一流金融学科和金融专业，大规模培养高素质金融人才，形成能力素质和知识结构与时代要求相匹配的金融人才队伍。北京正在建设"政治中心、文化中心、国际交往中心、科技创新中心"，加强金融学科建设和金融人才培养正当其时。

欣闻首都经济贸易大学金融学成功入选北京市一流专业，正在组织出版"一流专业建设系列成果"，这是打造高素质金融人才培养基地的重要一步，将对我国金融学科和金融专业的建设起到积极的推动作用，为促进我国金融高质量发展并建成现代金融体系做出应有贡献，为实现伟大复兴中国梦提供有益助力。

尚福林

前　言

2019 年，首都经济贸易大学金融学院与西南财经大学中国家庭金融调查与研究中心继续合作开展中国家庭普惠金融调查（China Household Financial Inclusion Survey，CHFIS）。本调查从家庭储蓄、家庭支付、家庭信贷、家庭保险等方面采集家庭普惠金融信息，增加了关于家庭移动支付、网络信贷、互联网保险等数字普惠金融的相关问题。首都经济贸易大学金融学院的本科生、硕士生和博士生参加了中国家庭普惠金融调查在全国的入户访问，参与调查的同学们"劳其筋骨、饿其体肤、空乏其身"，以坚定的信念、坚强的意志，成功获得了全国 29 个省区市、345 个县区市、1 359 个村（居）委会、34 143 个家庭的全国代表性微观数据。本书正是基于 CHFIS 数据展开对中国家庭普惠金融的全面研究。

第一，本书介绍了中国家庭普惠金融调查的抽样设计和数据采集过程，并对样本的代表性进行了描述说明。第二，本书从家庭支付、家庭储蓄、家庭信贷、家庭保险等方面构建了中国家庭普惠金融指数。第三，本书重点分析了家庭支付、家庭储蓄、家庭信贷、家庭保险的发展现状及其影响。第四，本书实证研究了普惠金融发展对家庭收入、家庭消费、家庭创业、家庭相对贫困、家庭财富等重要变量的影响。第五，本书从国际视角比较了家庭普惠金融的发展。第六，基于实证研究结论提出了相应的对策建议。具体说来，本书的安排如下：

第 1 章，中国家庭普惠金融调查。介绍中国家庭普惠金融调查的抽样设计、问卷设计、数据采集过程，并描述样本分布和数据代表性。

第 2 章，中国家庭普惠金融指数。介绍普惠金融的定义和度量，并描述普惠金融指标的变化趋势，重点是构建中国家庭普惠金融指数。结果显示，2019年中国家庭普惠金融指数为53.36，家庭普惠金融需求指数为47.42，普惠金融供给指数为39.35。

第3章，中国家庭的支付及影响。描述中国家庭现金支付、银行卡支付和第三方支付的分布与特征。进一步实证研究表明，家庭银行卡支付和第三方支付的使用对家庭消费具有显著促进作用，对家庭经营绩效也有显著正向影响，同时显著促进了家庭金融资产的多样性，并降低了家庭相对贫困的概率。

第4章，中国家庭的储蓄及分布。描述中国家庭储蓄的水平和分布。数据显示，中国家庭储蓄率仍然达到30.88%。进一步实证研究显示，家庭的财富积累促进家庭储蓄率上升，养老保险并没有降低家庭储蓄率，家庭老人抚养比和少儿抚养比显著降低家庭储蓄率，负债对家庭储蓄率有抑制作用。

第5章，中国家庭的信贷及影响。描述中国家庭信贷参与和信贷余额。数据显示，以住房信贷和信用卡为主的家庭消费信贷参与率高于生产信贷参与率。实证研究表明，家庭信贷促进家庭经营规模扩大，提高家庭消费水平，提升家庭创业概率，推动家庭金融市场参与，并降低家庭相对贫困概率。

第6章，中国家庭的保险及影响。描述中国家庭社会保障和商业保险参与。数据显示，家庭社会保障覆盖率较高，但商业保险参与率低，仅为16.19%。实证研究结果显示，社会保障和商业保险可以显著降低家庭收入差距，促进家庭消费，降低家庭相对贫困发生率，提高家庭参与金融风险市场概率，促进家庭创业。

第7章，中国家庭普惠金融影响。从家庭储蓄、家庭支付、家庭信贷和家庭保险等方面构建家庭层面普惠金融指数，并研究其对家庭行为的影响。实证结果显示，普惠金融能够显著提高家庭收入，增加家庭消费，促进家庭创业，降低家庭相对贫困发生率，提高家庭财富水平。

第8章，家庭普惠金融的国际比较。基于国际货币基金组织金融可得性调查和世界银行全球普惠金融指数数据库，本章比较了金砖国家和部分发达国家的家庭普惠金融发展状况。数据显示，中国成年人拥有金融账户、银行卡、信用卡的比例高于其他金砖国家，但仍然低于发达国家；成年人拥有储蓄的比例高于其他金砖国家，但仍然低于发达国家；成年人拥有信贷的比例总体较低。因此，总体来看，中国家庭普惠金融发展水平领先于其他发展中国家，但与发达国家相比仍有很大发展空间。

第9章，中国家庭普惠金融对策。根据前面的研究结论，本书提出以下对策建议：推进普惠金融深入发展，促使金融服务供需均衡；提高家庭保障程度，降低预防性储蓄；增加金融服务供给，提高信贷可得性；刺激保险需求，增加家庭抗风险能力。

本书是集体智慧的结晶，感谢参加中国家庭普惠金融调查的全体同学，感谢参与数据处理和分析的博士生岳鹏鹏、张诚、蒋佳伶、刘泰星、郭沛瑶、严雨、仇化、王瑞，硕士生张紫璇等。由于各种约束，书中错漏之处在所难免，恳请各位专家和读者不吝赐教。

目 录 *CONTENTS*

$$第\ 1\ 章$$

中国家庭普惠金融调查

1.1 调查设计

1.1.1 调查项目背景

中国家庭普惠金融调查（China Household Financial Inclusion Survey，CHFIS）是首都经济贸易大学金融学院和西南财经大学中国家庭金融调查与研究中心合作，自 2017 年开始在全国范围内开展的入户抽样调查项目。中国家庭普惠金融调查对家庭的人口学特征、收入和消费、资产和负债、保险和保障，特别是家庭普惠金融的需求和供给信息进行了系统采集。2019 年，CHFIS 进行了第二轮入户调查，并在问卷中增加了关于家庭数字普惠金融的问题，更为详细地刻画了中国家庭普惠金融发展现状。本书基于 2019 年中国家庭普惠金融调查数据展开研究。

1.1.2 抽样过程和问卷设计

中国家庭普惠金融调查与中国家庭金融调查（China Household Finance Survey，CHFS）共享抽样框，采用分层、三阶段和规模度量成比例（PPS）的抽样设计，有效保障了抽样设计的科学性和样本的代表性。中国家庭普惠金融调查所使用的抽样设计具体为：第一阶段在全国范围内抽取区县作为县级样本，第二阶段从县级样本中抽取居委会/村委会作为社区样本，第三阶段从社区样本中抽取家庭样本。需要说明的是,在三阶段抽样中,均使用 PPS 抽样方法,抽样权重是抽样单位的人口数(或户数)。在补样时,CHFIS 主要使用对社区样本和家庭样本的增补规则,如将非农人口比例最大区县组的居委会/村委会按照统计局编码排序,以第一个原始居委会/村委会序号为抽样起点等距抽样,用老社区样本替代与之距离太近的新抽中社区样本,从而实现对部分居委会/村委会的样本增补,同时在既定规则下保证社区访问数量,系统直接通过测绘结果随机抽取家庭样本。从样本量上看,2017 年中国家庭普惠金融调查实现了约 4 万户家庭的访问和调查数据采集,2019 年中国家庭普惠金融调查尽可能实现对 2017 年 CHFIS 中的家庭追踪调查,最终得到 34 143 户家庭信息和 107 163 条家庭成员信息。CHFIS 抽样设计的科学性是数据具有良好代表性的保障。

2019 年,中国家庭普惠金融调查与中国家庭金融调查同步开展,对家庭的普惠金融参与展开较为详细的调查。2019 年 CHFIS 补充了调查问卷内容,增加了更多关于数字金融的问题,如移动支付、互联网金融理财产品、互联网信贷借款等,进一步完善了家庭普惠金融调查问卷,丰富了家庭参与数字金融的调查。具体而言,2019 年中国家庭普惠金融调查问卷分别从需求层面和供给层面调查家庭普惠金融相关信息,更加全面地度量了家庭普惠金融参与程度。在金融需求方面,CHFIS 针对家庭金融服务的需求,设计了衡量家庭储蓄、借贷、支付和保险等家庭普惠金融覆盖广度及深度的相关问题,考察家庭普惠金融需求。在金融供给方面,CHFIS 基于社区样本,从金融供给的角度,设计了关于社区银行网点、金融服务网点、非银行金融机构等社区金融机构覆盖密度的相关问题,考察社区层面的金融供给和家庭金融可得性。

1.2　数据采集

中国家庭普惠金融调查与 CHFS 共享调查团队,积累了全国性入户调查的经验,数据采集和清理过程科学而规范。一方面,中国家庭普惠金融调查在数据采集前，中国家庭普惠金融调查（CHFIS）召集和筛选具有一定经济金融知识的在校本科生或研究生作为数据调查的访员，并系统性地对访员进行规范的培训，在入户调研的整个过程中都与社区保持良好的联系，这些都有助于调研的顺利进行。另一方面，中国家庭普惠金融调查借助计算机辅助面访系统（Computer – Assisted Personal Interviewing，CAPI），确保访员入户调研时可以进行规范化和流程化的操作，通过设定问题的值域和单位减少输入误差，有效确保访员入户数据采集的准确性，帮助项目组质量控制小组在系统后台进行质量控制。

1.2.1 访员培训

中国家庭普惠金融调查招募在校本科生和研究生参与调查活动。西南财经大学的学生为调查访员的主体，同时首都经济贸易大学金融学院的部分本科生、硕士研究生和博士研究生也参与了 2019 年中国家庭普惠金融调查。在访员入户调查之前，中国家庭普惠金融调查对全体访员进行严格培训，要求访员熟悉问卷构成和问卷题目的具体提问方式和逻辑跳转，掌握客观、准确填写调查数据的技巧，熟悉 CAPI 系统的操作和使用，并多次组织实地模拟演练，降低访员操作性失误的可能性。在访员组织结构中，设立大区督导、片区督导、访问小组督导，层次合理、有效，确保访问过程中信息传递顺畅，以保证调查顺利进行。

1.2.2 社区联系

调查开始之前，项目组提前与居委会/村委会的工作人员建立联系，是中国家庭普惠金融调查顺利进行的前提保障。一方面，居委会/村委会可以为访员开具介绍信，提高访员入户调查的成功率，降低时间成本，保证入户调研过程的顺利进行；另一方面，居委会/村委会的工作人员可以协助访员完成访问，特别是由居委会或村委会工作人员协助访员为受访家庭讲解 CHFIS 背景、内容和意义，增加了受访家庭对访员的信任，在有效降低调查拒访率的同时，也在一定程度上提高了问卷的答题质量，提高了工作效率。

1.2.3 质量控制

中国家庭普惠金融调查对数据采集过程的质量控制有严格的要求。借助计算机辅助面访系统，项目组质量控制小组可以在系统后台监控访员数据录入情况，也可以实时记录访员的位置和行走轨迹，并通过严格的换样审核、电话核查、录音核查、图片核查、数据核查等，确保 CHFIS 访问过程的顺利进行，同时保证数据的高质量。严格的质量控制是调查数据代表性和有效性的重要保障。2019 年 CHFIS 继续采取数据实时清理程序，对所有访员入户采样后的回传样本即时核查，确保数据质量的可靠性。

1.2.4 数据清理

在完成家庭数据采集后，中国家庭普惠金融调查对数据进行程序化的初步处理。数据清理的内容主要包括：结合录音删除访员主观作答的无效样本、清理无效变量、将数据信息作脱敏处理；合并追踪和新访家庭信息；拆分家庭和个人数据，拆分多选；加注变量标签；确定变量插值的规则以及截尾处理；定义缺失值规则等。

1.3 样 本 描 述

1.3.1 样本分布

总体来看，中国家庭普惠金融调查数据涵盖全国 29 个省（自治区、直辖市，不含新疆和西藏地区）、345 个县（区，市）、1 359 个村（居）委会、34 143 个家庭，包含总计 107 163 条个人信息。根据中国家庭普惠金融调查所使用的抽样方案，CHFIS 使用分层、三阶段和规模度量成比例的抽样设计，抽样权重是抽样单位的人口数（或户数）。

1.3.2 家庭特征

本报告分别从人口结构、家庭规模、性别结构、年龄结构、学历结构

和就业等方面比较 CHFIS 数据与国家统计局数据的一致性，从而分析
CHFIS 数据的代表性。总体来看，CHFIS 数据的人口统计学特征与国家统
计局公布的数据比较一致，CHFIS 数据具有很好的全国代表性。

1. 人口结构

表 1 - 1 报告了 CHFIS 与国家统计局的全国人口结构比较。国家统计局
2019 年对全国人口进行抽样调查，推算 2019 年末全国总人口约为 140 005
万人。其中，城市人口约为 84 843 万人，农村人口约为 55 162 万人，城
市人口比例为 60.60%。2019 年中国家庭普惠金融调查样本中，总人口为
107 008 人。其中，城市人口为 66 378 人，农村人口为 40 630 人，城市人
口比例为 62.03%。从 2019 年全国人口结构来看，CHFIS 数据与国家统计
局的数据比较一致。这表明，CHFIS 数据具有很好的全国代表性。

表 1 - 1   CHFIS 与国家统计局人口结构比较

调查时间及机构	总人口	城市	农村	城市人口比例
2019 年国家统计局	140 005（万人）	84 843（万人）	55 162（万人）	60.60%
2019 年 CHFIS	107 008（人）	66 378（人）	40 630（人）	62.03%

注：国家统计局通过对 2019 年人口进行抽样调查推算，提供 2019 年全国年末总人口数据、城镇人口数据和农村人口数据。其中，总人口和按性别分人口中包括现役军人，按城乡分人口中现役军人计入城镇人口。城市人口比例 = 城镇人口数据/总人口数据 = 84 843（万人）/140 005（万人）= 60.60%。需要说明的是，CHFIS 在城市和农村界定时，存在 158 条缺失信息，故只有 107 008 个样本。

2. 家庭规模

表 1 - 2 报告了 CHFIS 与国家统计局的家庭规模比较。由于国家统计局没有提供 2019 年全国家庭户数，本表使用 2018 年国家统计局的抽样推算结果。根据国家统计局的数据，2018 年全国家庭规模平均为 3.00 人/户。其中，1 人组成家庭的比例为 16.69%，2 人组成家庭的比例为 28.30%，3 人组成家庭的比例为 23.39%，4 人组成家庭的比例为 16.46%，5 人及以上组成家庭的比例为 15.16%。CHFIS 中家庭规模平均为 3.03 人/户。其中，1 人组成家庭的比例为 9.79%，2 人组成家庭的比例为 35.03%，3 人组成家庭的比例为 22.54%，4 人组成家庭的比例为 14.68%，5 人及

以上组成家庭的比例为 17.96%。中国家庭普惠金融调查数据中的家庭规模与国家统计局的家庭规模非常相近。这表明 CHFIS 数据具有很好的全国代表性。

表 1 – 2　　　　　　　　CHFIS 与国家统计局家庭规模比较

调查时间及机构	家庭规模 （人/户）	1 人 （%）	2 人 （%）	3 人 （%）	4 人 （%）	5 人及以上 （%）
2018 年国家统计局	3.00	16.69	28.30	23.39	16.46	15.16
2019 年 CHFIS	3.03	9.79	35.03	22.54	14.68	17.96

注：国家统计局数据中未提供 2019 年中国户数信息，本表使用 2018 年统计数据计算家庭人口规模。2018 年人口抽样调查样本为 1‰人口变动调查样本数据，具体抽样比可见《中国统计年鉴》。家庭户人口数/家庭户户数 = 1 113 633/371 225 = 3.00（人/户）。类似地，在描述不同规模家庭所占比例时，本报告也使用国家统计局 2018 年统计数据计算。使用 2019 年 CHFIS 统计家庭人口规模时，家庭人口规模作为家庭层面的变量，本表使用中国家庭普惠金融调查数据中的家庭权重进行统计，为 3.03 人/户。

3. 性别结构

表 1 – 3 比较了 CHFIS 数据和国家统计局抽样数据中全国人口的男性比例。因为国家统计局数据中没有提供关于 2019 年人口性别的数据，所以本表使用 2018 年国家统计局的抽样统计数据推算得到，2018 年我国男性人口比例为 51.09%，这与 2019 年 CHFIS 调整权重后男性人口比例 50.92% 极为相近。这表明 CHFIS 数据具有很好的全国代表性。

表 1 – 3　　　　　　　CHFIS 与国家统计局男性比例比较　　　　　单位: %

项目	2018 年国家统计局	2019 年 CHFIS
男性人口比例	51.09	50.92

注：由于国家统计局数据未提供 2019 年人口性别信息，本表使用 2018 年统计数据统计男性人口的比例。2018 年人口抽样调查样本为 1‰人口变动调查样本数据，具体抽样比可见《中国统计年鉴》。在 CHFIS 数据中，性别比例是个人层面变量的统计结果，本表使用中国家庭普惠金融调查数据中的个人权重，统计 2019 年 CHFIS 中男性比例。

4. 年龄结构

表 1-4 比较了 CHFIS 数据和国家统计局抽样数据的全国人口年龄结构。由于国家统计局没有提供 2019 年全国人口年龄结构数据，本表使用 2018 年国家统计局的人口抽样调查样本数据推算全国人口年龄结构。本表使用 2019 年 CHFIS 统计人口年龄结构信息时，按照中国家庭普惠金融调查数据中的个人权重进行权重调整。总体来看，CHFIS 人口年龄结构中，60 岁以上人口比例相对较高。

表 1-4	CHFIS 与国家统计局人口年龄结构比较	单位：%
年龄	2018 年国家统计局	2019 年 CHFIS
0~9 岁	11.42	8.83
10~19 岁	10.53	9.98
20~29 岁	14.07	9.91
30~39 岁	15.29	11.66
40~49 岁	16.25	14.07
50~59 岁	14.56	17.06
60~69 岁	10.73	16.12
70~79 岁	5.03	8.94
80~89 岁	1.90	3.02
90 岁及以上	0.22	0.41

注：由于国家统计局数据未提供 2019 年人口年龄结构信息，本表使用 2018 年统计数据。2018 年人口抽样调查样本为 1‰ 人口变动调查样本数据，具体抽样比可见《中国统计年鉴》。在 CHFIS 数据中，人口年龄结构是个人层面变量的统计结果，本表使用中国家庭普惠金融调查数据中的个人权重，统计 2019 年 CHFIS 中人口年龄结构信息。

图 1-1 更为直观地对比了 2019 年 CHFIS 数据和 2018 年国家统计局抽样数据中的全国人口年龄结构。CHFIS 数据中我国年龄在 30 岁以下的人口比例相对较低，年龄在 60 岁以上的人口比例相对较高。

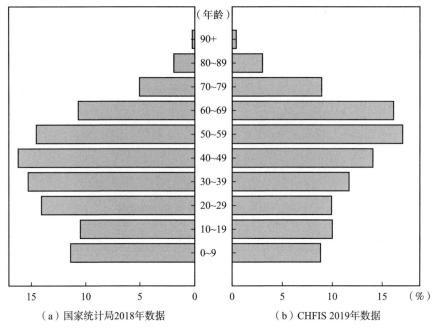

（a）国家统计局2018年数据 　　　　（b）CHFIS 2019年数据

图 1 – 1　CHFIS 与国家统计局人口年龄结构比例

5. 学历结构

表 1 – 5 比较了 CHFIS 数据与国家统计局抽样数据中全国人口受教育程度情况。由于国家统计局数据中未提供 2019 年人口受教育程度信息,本表使用 2018 年统计数据统计家庭成员受教育不同程度的比例。总体来看,2019 年 CHFIS 数据中 6 岁及 6 岁以上未上过学人口比例和 6 岁及大专及以上人口比例,相对 2018 年国家统计局抽样调查数据的统计值稍高。2019 年 CHFIS 数据中 6 岁及 6 岁以上小学和初中人口比例相对 2018 年国家统计局抽样调查数据的统计值偏低。2019 年 CHFIS 数据中 6 岁及 6 岁以上高中人口比例为 18.62%,与 2018 年国家统计局 6 岁及 6 岁以上高中人口比例 17.56% 相近。

表 1 – 5　　　　　　　CHFIS 与国家统计局人口受教育程度比较　　　　　单位: %

项目	2018 年国家统计局	2019 年 CHFIS
6 岁及 6 岁以上未上过学人口比例	5.40	9.51
6 岁及 6 岁以上小学人口比例	25.27	22.98

项目	2018 年国家统计局	2019 年 CHFIS
6 岁及 6 岁以上初中人口比例	37.76	31.57
6 岁及 6 岁以上高中人口比例	17.56	18.62
6 岁及 6 岁以上大专及以上人口比例	14.01	17.32

注：国家统计局数据中未提供 2019 年人口受教育程度信息，故使用 2018 年统计数据统计家庭成员受教育不同程度的比例。本表给出个人层面变量的统计结果，使用中国家庭普惠金融调查数据中的个人权重，统计 2019 年 CHFIS 中的 6 岁及 6 岁以上家庭成员的受教育程度。

6. 就业结构

表 1-6 报告了 CHFIS 数据和国家统计局抽样数据的就业率比较，以及 CHFIS 中家庭成员的工作单位类型情况。总体来看，CHFIS 数据中全国劳动力就业率为 77.93%。其中，在雇员劳动者样本中，公共部门雇员的比例是 16.50%，私人部门雇员的比例是 83.50%。在自我雇佣劳动力样本中，以雇主身份自我雇佣占比 3.67%，非雇主类自我雇佣占比 96.33%。使用 2019 年国家统计局抽样数据计算我国劳动力就业率时，由于缺少 2019 年劳动力的数据，本表使用 2019 年就业人员和 2019 年 15～64 岁人口计算就业率为 78.32%。这与 CHFIS 数据极为接近。这表明 CHFIS 数据具有很好的全国代表性。

表 1-6　　　　　CHFIS 与国家统计局家庭成员就业率比较　　　　单位：%

调查时间及机构	就业	雇员		自我雇佣	
		公共部门	私人部门	雇主类	非雇主类
2019 年国家统计局	78.32	—	—	—	—
2019 年 CHFIS	77.93	16.50	83.50	3.67	96.33

注：使用国家统计局计算就业率时，由于缺少 2019 年劳动力的数据，本表使用 2019 年就业人员和 2019 年 15～64 岁人口计算就业率。国家统计局通过对 2019 年人口抽样调查推算，提供 2019 年人口年龄结构，获得 2019 年 15～64 岁人口数量；就业人员数据来自于全国就业人员 1990 年及以后的数据，根据劳动力调查、人口普查的推算数据。因此，使用国家统计局数据计算 2019 年就业率为 2019 年就业人员/2019 年 15～64 岁人口 = 77 471（万人）/98 914（万人）= 78.32%。对应地，本表使用 2019 年 CHFIS 数据，在年龄在 15～64 岁劳动力样本中，统计劳动者就业率。劳动者在公共部门工作指其工作单位是机关团体、事业单位或国有及国有控股企业。自我雇佣有雇主类自我雇佣和非雇主类自我雇佣。非雇主类自我雇佣包括除作为雇主外的自我雇佣，如自营劳动者、家庭帮工、自由职业者等。

1.4 本章小结

2019 年中国家庭普惠金融调查（CHFIS）是 2017 年中国家庭普惠金融调查的延续和追踪。除调查我国家庭人口特征、家庭收入和消费资产和负债以及教育、就业和政府治理等信息外，2019 年中国家庭普惠金融调查进一步完善调查问卷，更加全面地掌握数字金融发展背景下家庭金融市场参与情况。通过科学的抽样设计，CHFIS 样本具有良好的代表性。凭借规范的数据采集流程和严格的质量控制，CHFIS 数据信息质量较高。

为了进一步分析 CHFIS 样本的全国代表性，本章分别从人口结构、家庭规模、性别比例和教育、就业等方面比较了 CHFIS 数据与国家统计局数据的一致性。从城市人口和农村人口分布来看，国家统计局 2019 年抽样数据中城市人口比例为 60.60%，2019 年 CHFIS 调查样本中城市人口比例为 62.03%，比例相近。就家庭规模而言，2018 年国家统计局的抽样推算结果为全国家庭规模为 3.00 人／户，CHFIS 中家庭规模为 3.03 人／户，CHFIS 数据中的家庭规模与国家统计局的人口规模非常相近。在男性比例上，2018 年国家统计局数据中男性人口比例为 51.09%，与 2019 年 CHFIS 男性人口比例 50.92% 极为相近。在就业率方面，使用 2019 年国家统计局数据计算就业率约为 78.32%，与 CHFIS 数据中就业率 77.93% 极为相近。通过以上对比分析可知，CHFIS 数据与国家统计局抽样调查结果得到的人口结构、家庭规模、性别比例和就业率等具有较好的一致性，这为 CHFIS 样本具有良好的代表性提供了可靠依据。

第 2 章

中国家庭普惠金融指数

2.1　普惠金融的内涵与度量

2.1.1　普惠金融的定义

根据世界银行的定义，"普惠金融"（financial inclusion）旨在为社会所有阶层和群体提供合理、便捷、安全的金融服务，提升社会福利，促进包容性增长。自联合国于 2005 年首次提出普惠金融的概念后，包括联合国和世界银行在内的多家国际组织共同推动普惠金融的发展（李涛等，2016）。然而，目前学界对普惠金融的定义尚不统一。一些学者将普惠金融的定义按照广义与狭义来区分，查克拉瓦蒂和鲁帕延（Chakravarty & Rupayan，2010）认为广义的普惠金融是将一个经济体的金融体系传递给其所有成员，为此，印度普惠金融委员会（Committee on Financial Inclusion in India）将普惠金融定义为"确保弱势群体和低收入群体以可承担的成本获得金融服务并且及时获得信贷资源"，主要强调了金融服务的可得性及便利性。利拉哈尔（Leeladhar，2005）将狭义的普惠金融定义为"银行服务的可得性"，并且，在该种定义下，查克拉瓦蒂和鲁帕延（Chakravarty & Rupayan，2010）将"普惠金融"等同于"银行普惠金融"，并指出在英国，普惠金融的三个方面主要包括银行服务、信贷获得以及面对面的理财建议。而另外一些学者认为普惠金融主要涵盖两个方面，认为"普"代表普及，强调了金融服务的覆盖程度，"惠"代表优惠，意味着金融服务成本可负担、质量有保障（尹志超，2019）。而基于这两个角度，部分学者从提高金融覆盖度的视角出发，认为普惠金融是保证经济体内所有成员可以便利地触及、获得和使用正规金融体系的过程（Sarma，2008，2012，2016）。米亚罗等（Mialou et al.，2017）将普惠金融定义为经济体内的个人或者企业，只要其有使用金融服务的动机，都不应当被拒绝。克莱森斯（Claessens，2014）关注了扩大金融服务可获得性的方式，并研究了扩大融资范围的最佳途径。而另一部分学者从成本可承担的角度出发，认为普惠金融的发展应当实现降低交易成本，以满足贫困和低收入客户的金融需求（杜晓山，2006；Rangarajan，2008）。近年来，基于互联网技术的进步，"互联网金融"快速发展。丰富了普惠金融的外延（黄益平和黄卓，2018）。

从本质上看，普惠金融突破了传统金融服务范围的时空局限性，强调了金融服务理念的公平性和共享性，以提高金融服务效率为目标，持续发挥金融服务实体经济的功效，促进经济高质量增长和可持续发展。德米尔居奇—昆特和克拉佩尔（Demirguc－Kunt & Klapper，2012）基于全球数据，从储蓄、信贷、支付和风险管理产品四个方面分析了普惠金融的发展情况。据此，本章依据普惠金融的需求端与供给端，分别针对银行、金融服务网点、非银行机构的覆盖度等社区层面金融发展水平以及储蓄、借贷、支付、保险等家庭层面金融发展水平展开分析。

2.1.2 普惠金融的度量方式

本小节探讨了近年来国内外对普惠金融的衡量方式，分别从国内、国外两方面展开分析，表2－1总结了普惠金融度量涉及的文献、数据来源、指标体系以及指数构建的方式。

从国内研究来看，李涛等（2016）运用世界银行金融包容数据库（Global Findex）、企业调查数据库（Enterprise Survey）、金融可得性调查数据库（Financial Access Survey），从金融服务的实际使用情况和地理覆盖情况两个维度构建了普惠金融指标。刘亦文等（2018）从渗透性、服务可得性、使用效用性、可负担性四个方面构建了中国普惠金融评价指标体系。尹志超等（2019）运用中国家庭金融调查数据，采用欧几里得距离法，从需求与供给层面构建了中国家庭普惠金融总指数。王雪和何光文（2019）采用了同样的方法，用县银行网点分布数据构建了该项指标。从国外研究来看，萨尔马（Sarma，2008，2012，2016）、塞蒂和苏珊塔（Sethi & Susanta，2019）均基于金融可得性调查数据库对指标进行了构建。而阿纳弗等（Anarfo et al.，2020）运用国际金融统计数据（International Financial Statistics）采用主成分分析法对该项指标进行了构建。

表 2 – 1 普惠金融指标构建

作者	数据	指标	指数构建
李涛等（2016）	世界银行金融包容数据库、企业调查数据库、金融可得性调查数据库	个人层面：储蓄卡、贷款、支付、借记卡； 企业层面：支票或储蓄账户、获得贷款、投资资金来自银行，以及流动资金来自银行的企业比率； 地理覆盖：各经济体每 10 万成年人拥有的商业银行分支机构数量	未构建指数，分项指标代表不同方面的普惠金融发展
刘亦文等（2018）	《中国区域金融运行报告》《中国金融年鉴》《中国统计年鉴》	渗透性：每万平方公里金融机构及金融从业人员数、每万人金融机构及金融从业人员数； 服务可得性：金融机构人均存/贷款余额、居民人均存/贷款余额； 使用效用性：金融机构存/贷款余额占该地区 GDP 比重、居民存/贷款余额占该地区 GDP 比重； 可负担性：利率上浮贷款占比、非金融机构融资规模占金融机构贷款余额的比重	变异系数赋权重的方法
尹志超等（2019）	中国家庭普惠金融调查	需求层面：人均银行账户数，数字金融服务使用，银行贷款参与，医疗保险、养老保险比例，金融服务评价得分； 供给层面：每平方公里银行网点、金融服务点，每千人银行网点、金融服务点，最近银行网点、金融服务点的距离	平均欧几里得距离法

作者	数据	指标	指数构建
王雪和何广文（2019）	县银行网点分布数据	百平方公里营业网点数，万人银行营业网点数，千人储蓄存款额，千人贷款数，储蓄存款总额与地区生产总值之比，贷款总额与地区生产总值之比	平均欧几里得距离法
萨尔马（Sarma，2008，2012，2016）	金融可得性调查	渗透度：拥有隐含账户的人口比例，每千人银行账户数量 可得性：ATMs/银行网点人口渗透 使用性：贷款/借款/电子货币交易占 GDP 比重	平均欧几里得距离法
黎等（Le et al.，2019）	世界银行数据库	每 10 万成年人 ATMs 数量，每 10 万成年人商业银行网点的数量，每千名成年人中有商业银行的借款人数量，每千名成年人中有商业银行的存款人数量	欧几里得距离法
塞蒂和苏珊塔（Sethi & Susanta，2019）	金融可得性调查、印度储蓄银行	需求层面：有储蓄的家庭比例，有人寿保险的家庭比例，通过附表银行发放给小企业的贷款量； 供给层面：每 1 000 名成年人在商业银行的存款数量，每 10 万名成人年 ATM 机的数量，每 1 000 名成年人的商业银行分支机构数量和商业银行未偿还贷款占 GDP 的比例	对指标赋予权重后再采用平均欧几里得距离法
阿纳弗等（Anarfo et al.，2020）	国际金融统计数据	需求层面：每 1 000 名成年人中有银行账户的人数，每 1 000 名成年人中有商业银行借款的人数，每 1 000 名成年人中有商业银行存款的人数。 供给层面：每 10 万成年人拥有的 ATMs 数量，每 10 万成年人拥有的银行网点、商业银行网点的数量	主成分分析法

2.2 普惠金融指标变化趋势

2.2.1 需求方面——家庭金融活动变化趋势

本小节基于微观层面，从家庭对金融服务需求角度，对家庭储蓄、借

贷、交易、保险的覆盖广度以及覆盖深度进行详细的分析，动态考察中国
家庭普惠金融需求的发展情况。

1. 储蓄

表 2 - 2 显示了家庭拥有银行账户的情况。从银行账户来看，2015 年，
拥有银行账户的家庭为 60.61%，2017 年为 90.77%，2019 年为 75.70%。
其中，2015 年拥有储蓄账户的家庭为 18.31%，2017 年为 15.47%，2019
年为 16.61%。从家庭银行账户的数量来看，2015 年家庭拥有的银行账户
的数量为 1.58 个，2017 年为 2.55 个，2019 年为 2.00 个。总体而言，
2017 年、2019 年基础性的银行服务已经覆盖了大部分的中国家庭，并且
2017 年家庭获得传统金融服务的比率更高，2019 年使用传统金融的家庭
比率有所降低，可能的原因是数字金融的普及使得家庭减少了开户的数
量，家庭更愿意在线上进行支付、转账等金融活动。

表 2 - 2　　　　　　　　　家庭拥有银行账户情况

年份	银行账户（%）	储蓄账户（定期存款）（%）	银行账户数量（个）
2015	60.61	18.31	1.58
2017	90.77	15.47	2.55
2019	75.70	16.61	2.00

由图 2 - 1 可知，2015 年到 2017 年，家庭银行账户的拥有比例增加，
2017 年到 2019 年，家庭银行账户的拥有比例出现回落，总体呈现出倒 U
形。具体而言，2015 年到 2017 年，家庭银行账户的拥有率从 60.61% 提
高到 90.77%，而该比例在 2019 年下降到 75.70%。从家庭拥有定期存款
账户的比例来看，2015 年拥有定期存款账户的家庭占 18.31%，2015 年
到 2019 年，该比例略微呈现下降趋势。而家庭银行账户的数量的变化趋
势与银行账户拥有率的趋势基本相同，2017 年家庭银行账户数量最多，
而 2019 年家庭银行账户数量有所下降。

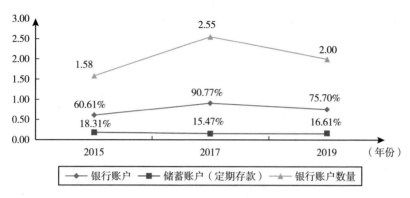

图 2 - 1　家庭拥有银行账户情况

2. 借贷

家庭普惠金融的发展旨在为弱势家庭提供优质、便利、高效的金融服务，在提供信贷资源、提升家庭自身经济能力的同时，缓解相对贫困，促进社会协调发展。家庭信贷获得情况是构建普惠金融体系的重要指标之一，可以有效地反映金融服务的使用情况。我们将 2015 年至 2019 年①的农业、工商业、住房、汽车、教育、医疗以及其他负债等多种负债，分为正规信贷与非正规信贷分别展开讨论。正规信贷主要是指银行贷款以及信用卡欠款，而非正规信贷主要包括网络平台借款（借呗、京东白条等网络现金贷）、亲朋好友借款及其他方式的借款。由表 2 - 3 可知，从正规信贷参与情况来看，2015 年家庭正规信贷市场的参与度为 12.90%，2017 年该比例提高到 15.45%，2019 年下降为 14.20%。相应地，正规贷款余额在 2017 年最高，而 2019 年家庭的正规贷款余额为 25 355.92 元，达到近 5 年最低。从非正规信贷来看，家庭从事非正规信贷的比例在不断提高。2015 年，家庭参与非正规信贷的比例为 15.06%，2017 年为 17.35%，2019 年为 18.31%。从非正规借贷余额来看，2015 年为 9 516.06 元，2017 年为 11 055.12 元，2019 年为 13 428.36 元，可以看出 2019 年家庭非正规借贷出现了大幅增长。

————————

① 本书中，2015 年至 2019 年的数据指 2015 年、2017 年、2019 年的数据。

表 2 – 3 家庭借贷情况

年份	正规信贷参与（%）	正规贷款余额（元）	非正规信贷参与（%）	非正规借贷余额（元）	信贷参与（%）	借贷余额（元）
2015	12.90	28 937.94	15.06	9 516.06	24.52	41 677.26
2017	15.45	33 933.59	17.35	11 055.12	28.50	50 138.47
2019	14.20	25 355.92	18.31	13 428.36	27.48	39 452.72

图 2 – 2 反映出家庭信贷市场的参与情况。由图可知，随着时间的推移，家庭信贷参与体现出先增加、后下降的趋势。正规信贷参与也呈现出相同的趋势。而家庭非正规信贷参与体现出逐步增长的态势。通过比较正规信贷参与和非正规信贷参与的情况，我们可以看出，非正规金融市场仍是家庭获得借款的主要渠道。

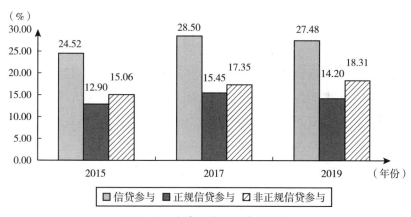

图 2 – 2　家庭信贷市场参与情况

图 2 – 3 展现了家庭信贷余额的变化情况。从两种信贷渠道的欠款余额上看，随着时间的推移，借贷余额体现出先增加、后减少的趋势。家庭正规信贷余额也呈现出同样的趋势，家庭信贷规模在 2017 年有所增加，2019 年发生缩减，并且 2019 年家庭借贷余额低于 2015 年。对比来看，家庭的非正规信贷规模随着时间的推移呈现逐年上升的趋势，说明近年来家庭会更偏向于民间借贷。另外，家庭的正规信贷融资规模较大，反映出

家庭有较大的资金需求时，往往会选择正规的金融渠道，而小规模的融资需求则通过非正规渠道解决。

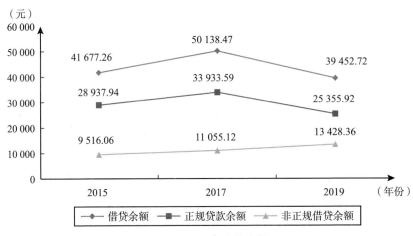

图 2 - 3　家庭信贷余额

3. 支付

支付方式是普惠金融重要的度量方式。非现金支付在提高资金使用效率方面发挥着重要的作用。表 2 - 4 详细讨论了我国家庭信用卡与第三方支付账户开通的情况。信用卡拥有支付、融资服务一体化的优势，可以让广大居民体验到安全与便利。2015 年开通信用卡的家庭为 16.76%，2017 年为 19.50%，2019 年为 12.96%。第三方支付是以电子商务、电子支付共同驱动的创新型金融服务方式，现有研究普遍认为，相较于传统金融机构，数字金融具有成本低、速度快、覆盖广等多种优势，可以克服地域限制与城乡二元分割，提高金融服务的效率，促进居民消费（易行健和周利，2018），有效推动我国的包容性增长（张勋等，2019），充分体现了普惠金融的内涵。其中，第三方支付账户是指家庭开通支付宝、微信支付、京东网银钱包、百度钱包的情况。可以看出，2015 年第三方支付账户的开通比例仅为 5.92%，2017 年该比例提高到 8.41%，反映出这几年第三方支付有了突飞猛进的发展。2019 年，全国有 45.49% 的家庭开通了第三方支付账户，说明数字金融服务已经覆盖到全国近一半的家庭。

表 2－4	支付情况	单位：%
年份	信用卡	第三方支付账户
2015	16.76	5.92
2017	19.50	8.41
2019	12.96	45.49

我们进一步绘出了家庭开通信用卡与第三方支付账户的情况。由图 2－4可知，随着时间的推移，第三方支付账户有了快速的提升，而信用卡的发展速度远远低于第三方支付，在 2015 年时，信用卡的普及程度要远高于第三方支付，2017 年亦是如此，但 2019 年，该比例出现了扭转，第三方支付的覆盖率远高于信用卡，其差距为 32.53 个百分点。总体而言，数字金融快速渗透到我国家庭的日常生活当中，是传统金融的重要补充。

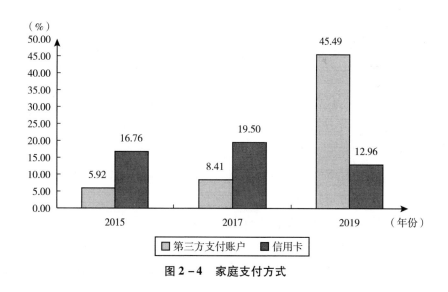

图 2－4　家庭支付方式

4. 保险参与

保险作为家庭的安全网和缓冲器，具有分摊风险与损失补偿的功能（吴洪等，2010）。表 2－5 为 2015 年到 2019 年家庭保险参与的情况。从医疗保险的参与情况来看，拥有医疗保险的家庭比例在不断增加，其中保险的家庭覆盖率在 2019 年达到 95.87%。进一步对医疗保险的深度进行分析发现，家庭人均医疗保险（家庭医疗保险份数/家庭规模）的比例从 2015 年的 82.96% 增加到 2019 年的 91.07%，反映出我国家庭社会人均医疗保险的覆盖率很高。从养老保险来看，家庭养老保险参与度在 2015 年、2017 年与 2019 年分别为 83.86%、87.30% 与 86.10%，而人均养老保险的比例要低于家庭养老保险的覆盖率，2015 年、2017 年、2019 年的比例分别为 68.83%、75.92% 与 76.88%。

表 2 - 5　　　　　　　　　　　社会保险参与　　　　　　　　　　　单位：%

年份	医疗保险	人均医疗保险	养老保险	人均养老保险（成年人）
2015	94.80	82.96	83.86	68.83
2017	96.91	91.49	87.30	75.92
2019	95.87	91.07	86.10	76.88

　　图 2 - 5 为人均医疗保险参与和人均养老保险参与的变化趋势，从 2015 年到 2019 年，人均医疗保险参与和人均养老保险参与均呈现出上升的趋势。其中，2015 年到 2017 年人均医疗保险增长速度较快，2017 年到 2019 年的变化并不明显。从养老保险来看，2015 年家庭当中成年人参与养老保险的比例较低，2017 年该比例大幅提高，从 2019 年的数据可以看出，人均养老保险的参与度进一步提升。这说明，养老保险作为一种保障老年人基本生活或退休福利的社会制度，其覆盖率在 5 年中提升较快。通过比较人均养老保险与人均医疗保险，我们发现中国家庭普遍重视医疗保险在家庭中发挥的作用，家庭内部成员的人均参保率高达 90% 以上，并且在 2015 年到 2017 年的增长速度更快。5 年中家庭对养老保险的关注度也在持续增加，这与政府的广泛宣传密不可分。

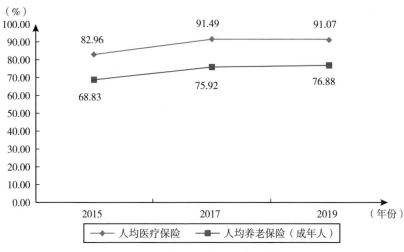

图 2 - 5　人均社会保险参与情况

　　表 2 - 6 反映出社会保险参与深度的变化情况。2015 年的人均医疗保费为 324. 38 元，2017 年为 590. 81 元，2019 年为 415. 35 元，呈现出先增长、后下降的趋势，说明 2015 年到 2017 年，人均医疗保险的参与深度有了大幅度的提高。人均养老保险收入在 2015 年为 6 100. 43 元，2017 年为 6 641. 67 元，2019 年为 7 086. 52 元，整体呈现出增加的趋势。相应地，人均养老保险支出 2015 年为 970. 50 元，2017 年为 1 125. 83 元，2019 年为 1 170. 10 元。从 2015 年到 2019 年来看，人均养老保险支出在缓慢增加。通过对比人均养老保险收入与人均养老保险支出，我们发现，养老保险支出的增加幅度远远小于保险收入。这说明我国养老保险在缴纳金额基本不变的情况下，保障水平在不断提高。

表 2 - 6　　　　　　　　　　社会保险参与深度　　　　　　　　　　单位：元

年份	人均医疗保费/年	人均养老保险收入/年	人均养老保险支出/年
2015	324. 38	6 100. 43	970. 50
2017	590. 81	6 641. 67	1 125. 83
2019	415. 35	7 086. 52	1 170. 10

　　表 2 - 7 列出了 2015 ~ 2019 年家庭商业保险参与的情况。从商业保险的参与度来看，近年来家庭商业保险的参与程度与人均商业保险的拥有率

并无明显变化，其三年的比例分别为15.43%、16.83%与14.31%。而人均商业保险的参与比例相对偏低，三期分别为7.58%、8.76%与7.75%，这说明中国家庭对商业保险的重视程度还有待进一步提高。与医疗保险和养老保险相比，家庭对商业保险的热情明显偏低，拥有商业保险的家庭占比不超过20%，而人均商业保险的比例甚至不足10%。这说明我国应当继续深化市场机制，加强人们对商业保险的参保意识，持续发挥商业保险对社会保险的补充作用，促进我国保险业健康发展。

表2-7　　　　　　　　　　商业保险参与

年份	商业保险（%）	人均商业保险（%）	人均商业保险保费/年（元）
2015	15.43	7.58	315.95
2017	16.83	8.76	375.06
2019	14.31	7.75	432.32

进一步地，我们绘出了商业保险参与比例图。由图2-6可知，家庭的商业保险参与比例在2015年到2017年有所增长，而2019年该比例发生下降。人均商业保险的参与度呈现同样的走势，2017年的人均商业保险参与度最高。另外，我们可以看出，商业保险的参与度大致为人均商业保险参与比例的2倍，说明拥有商业保险的家庭并没有完全覆盖个人商业保险。

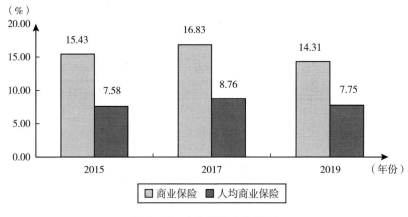

图2-6　商业保险参与情况

2.2.2 供给方面——社区金融机构布局

2.2.1 小节基于家庭层面，从金融服务的需求端对普惠金融的发展情况进行了分析。此外，本小结基于社区层面，从金融供给的角度，详细考察银行网点、金融服务网点等传统金融机构以及非银行机构的数量、布局等方面的发展情况。

1. 银行网点和金融服务网点

表 2 - 8 反映了 2015 ~ 2019 年社区银行网点与金融服务点的情况。从金融覆盖率来看，2015 年全国一半以上的社区拥有银行网点、金融服务网点（主要指 ATM 机、助农取款机等能够提供金融服务的电子终端）。从变化趋势来看，拥有银行网点的社区数量在不断下降，从 2015 年的 52.91% 缩减到 2019 年的 42.78%。同样，拥有金融服务点的社区数量也在持续下降，从 2015 年的 61.29% 下降到 2019 年的 51.20%。相应地，社区银行网点数量与金融服务点数量也在持续下降。社区最近银行网点距离是对社区金融服务时间成本与空间成本的度量，2015 年社区最近银行网点距离为 1.88 公里、2017 年为 2.26 公里，2019 年为 2.28 公里。对应来看，三期最近金融服务点的距离分别为 1.58 公里、1.80 公里与 1.90 公里。

表 2 - 8　　　　　　　　　　银行网点和金融服务点

年份	拥有银行网点（%）	拥有金融服务点（%）	银行网点数量（家）	金融服务点数量（家）	最近银行网点距离（公里）	最近金融服务点距离（公里）
2015	52.91	61.29	1.56	1.94	1.88	1.58
2017	49.58	58.68	1.39	1.64	2.26	1.80
2019	42.78	51.20	1.07	1.18	2.28	1.90

图 2 - 7 绘出了银行网点与金融服务点的数量以及最近银行网点与金融服务点的距离。通过三期数据的对比我们发现，社区与银行网点的距离以及与金融服务网点的距离在 2015 年到 2017 年期间变大，而在 2019 年该距离也在持续增加，但是变化幅度并不大，这说明传统的金融服务机构

23

在分布上逐渐趋于分散。从图 2-7 我们也可以看出，金融服务点的数量与银行网点的数量在逐年递减，并且金融服务点的数量在 2017 年至 2019 年间下降速度更快。可能的原因是移动支付、电子货币的发展降低了人们对现金的需求，使得 ATM 机等线下金融服务设备逐年减少，传统的金融机构规模不断缩减，一定程度上降低了金融机构提供线下金融服务的成本。

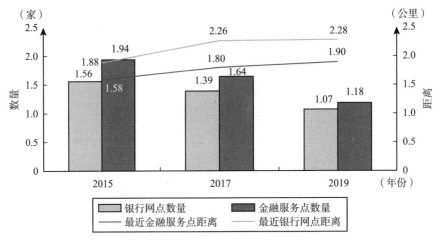

图 2-7　银行与金融网点数量与距离

2. 非银行金融机构

表 2-9 反映了非银行金融机构的发展情况。信用担保是基于化解交易双方信息不对称而产生的一种专业化中介活动，在解决小微企业融资问题上发挥着巨大的作用。由表 2-9 可知，担保公司拥有的比例在逐年降低，2015 年拥有担保公司的社区比例为 8.58%，2017 年该比例为 4.91%，2019 年下降到 2.17%。而社区拥有的担保公司数量也在不断减少，2015 年到 2019 年社区拥有的担保公司的数量分别为 0.21 家、0.06 家与 0.03 家。小贷公司在 5 年中呈现同样的趋势，从 2015 年的 9.83% 下降到 2017 年的 7.93%，2019 年该比例进一步缩减为 4.66%。小贷公司的数量也发生了缩减，2015 年社区拥有的小贷公司的数量为 0.20 家、2017 年为 0.12 家、2019 年为 0.09 家。

表 2 - 9   非银行金融机构

年份	担保公司拥有（%）	担保公司数量（家）	小贷公司拥有（%）	小贷公司数量（家）
2015	8.58	0.21	9.83	0.20
2017	4.91	0.06	7.93	0.12
2019	2.17	0.03	4.66	0.09

图 2 - 8 反映了两种非银行类金融机构的发展情况。我们发现，随着时间的推移，线下担保公司与小贷公司的数量都出现了较为明显的下降，其中，担保公司的数量在 2015 年到 2017 年下降速度很快，2017 年到 2019 年下降速度有所降低。小贷公司的下降速度同样呈现该种趋势，2015 年到 2017 年，小贷公司的数量下降了 0.08 家，而 2017 年到 2019 年该数量下降了 0.03 家。对比担保公司与小贷公司的整体走势，担保公司的下降速度要快于小贷公司。具体而言，2015 年担保公司的数量略多于小贷公司，而 2017 年到 2019 年，小贷公司的数量均多于担保公司的数量。这说明在非银行类的金融机构中，小贷公司的供给更为充裕，也在一定程度上反映了人们对通过小额信贷获取金融服务的方式比较容易接受。总体而言，5 年中，非银行的金融部门网点数量发生了一定比例的减少，线下网点式的非银行金融服务部门逐渐被互联网金融机构取代，人们对线下的担保公司与小贷公司的依赖度也呈下降趋势。

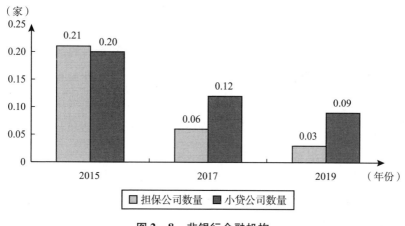

图 2 - 8　非银行金融机构

3. 社区金融机构覆盖密度

表 2 – 10 反映了社区金融机构的覆盖密度。从地理纬度上看，每平方公里银行网点数在 2015 年为 4.11 家，2017 年为 2.88 家，2019 年为 2.14 家，说明银行网点分布越来越分散。每平方公里金融服务点数在 2015 年为 5.16 家，2017 年为 3.37 家，2019 年为 2.24 家。相比而言，金融服务点的数量在地理分布上更加密集，金融服务点的存在为银行网点提供了重要的补充。从人口维度上看，2015 年到 2019 年的每千人银行网点数量为 0.23 家、0.25 家与 0.27 家。5 年中每千人银行网点数量在不断提升，说明在人口密度的维度上，金融机构逐渐提高其服务水平。每千人金融服务点数也同样呈现上升趋势，2015 年至 2017 年，该数量从 0.31 家上升到 0.33 家，2019 年该数量进一步提高到 0.34 家，反映出个人的金融服务水平在逐年提高。

表 2 – 10 社区金融机构覆盖的密度 单位：家

年份	每平方公里 银行网点数	每平方公里 金融服务点数	每千人银行 网点数	每千人金融 服务点数
2015	4.11	5.16	0.23	0.31
2017	2.88	3.37	0.25	0.33
2019	2.14	2.24	0.27	0.34

图 2 – 9 进一步直观地反映了银行网点与金融服务点地区及人口的覆盖度。我们可以清楚地看到，2015 年至 2019 年，每平方公里银行网点数呈现出先下降、后上升的 U 形趋势。每平方公里的金融服务点数也同样先下降、后升高。通过对比银行网点数与金融服务点数的变化趋势我们发现，在 2015 年和 2017 年，与银行网点相比，金融服务点在地理分布上更为密集，而 2019 年，每平方公里金融服务点数与银行网点的数量基本相当，说明在 2017 年到 2019 年间，金融服务点的减少速度更快。而对比来看，随着时间的推移，每千人银行网点数呈现出逐步增加的趋势，同样，

每千人金融服务点的数量也呈现出类似趋势。总体而言，5 年中，金融机构的地理覆盖密度变化并不是很明显，但是人口覆盖密度逐年上升，说明传统金融机构的分布根据人口密度做出了相应的调整，金融机构根据人口分布的特点不断优化其分布结构，提高其便利性。

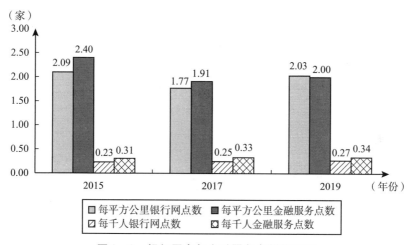

图 2－9　银行网点与金融服务点覆盖程度

2.3　普惠金融指数

2.3.1　普惠金融指数构建方式

本小节参考萨尔马（Sarma，2008）与尹志超等（2018）的方法，根据家庭金融服务需求以及社区金融服务供给共筛选出 12 个分项指标，运用平均欧几里得距离法加总分项指标，得到总指数。具体操作过程中使用了两次欧几里得距离法，首先根据家庭层面金融服务需求构建普惠金融需求指数，其次根据社区层面金融供给构建普惠金融供给指数，最后合成家庭普惠金融总指数。具体选用的指标如表 2－11 所示。

表 2-11   普惠金融指标体系

项目	指标	指标定义
金融服务需求	人均银行账户数	银行账户总数/家庭规模
	数字金融服务使用	若家庭利用网上银行、电脑或者手机进行支付，或存在网购、互联网借贷、互联网理财行为，则认为该家庭使用了数字金融服务，该变量取值为1，否则为0
	银行贷款参与	若家庭目前有尚未还清的银行贷款，该变量取值1，否则取值为0
	医疗保险比例	拥有医疗保险的家庭成员数/家庭规模
	养老保险比例	拥有养老保险的家庭成员数/家庭规模
	商业保险比例	拥有商业保险的家庭成员数/家庭规模
金融服务供给	每平方公里银行网点	社区银行网点总数/社区的面积（平方公里）
	每平方公里银行服务点	社区金融服务点总数/社区的面积（平方公里），其中金融服务点包括自助银行、ATM机、助农取款服务点等自助式服务网点以及惠农金融服务点
	每千人银行网点	（社区银行网点总数/社区的人口总数）×1 000
	每千人金融服务点	（社区金融服务点总数/社区的人口总数）×1 000
	最近银行网点的距离	是指最近的银行网点距离社区的距离（单位：公里），指数构建中该指标取负数转化为正向指标
	最近金融服务点距离	是指最近的金融服务点距离社区的距离（单位：公里），指数构建中该指标取负数转化为正向指标

针对上述12个指标，首先将其进行标准化处理。由于指标的度量方式以及取值范围都不相同，因此，在该部分，我们将12个分项指标进行标准化处理，以消除量纲对后续指数构建的影响，标准化方式如下：

$$d_i = A_i, \quad i = 2,\ 3,\ 4,\ 5,\ 6$$

$$d_i = (A_i - m_i)/(M_i - m_i), \quad i = 1,\ 7,\ 8,\ 9,\ 10,\ 11,\ 12$$

其中，A_i 是第 i 个连续变量的实际取值，当 $i = 2 \sim 6$ 时，原始指标取值在（0，1），因此，当 i 为其他指标时，M_i 选取的是第 i 个指标的90%分位数，当 A_i 大于 M_i 时，则将 A_i 标准化为1；m_i 是第 i 加个指标的10%分位数，小于 m_i 标准化为0。选定90%分位数与10%分位数作为 M_i 与 m_i 的取值主要是为了消除极端值的影响。d_i 为第 i 个指标标准化后的取值。之后运用平均欧几里得距离法加总分项指标，构建总指数。该方法首先将多维度的指标转化为一个矢量，作为普惠金融的分项指标。在多维空间中，有两个参考点，分别为最优点与最差点，基于这两个基准点，普惠金融采用公式如下：

$$FI_{d1} = \sqrt{\sum_{i=1}^{6} d_i^2} \Big/ \sqrt{6}, FI_{d2} = 1 - \sqrt{\sum_{i=1}^{6} (1-d_i)^2} \Big/ \sqrt{6}, FI_d = (FI_{d1} + FI_{d2})/2$$

$$FI_{s1} = \sqrt{\sum_{i=7}^{12} d_i^2} \Big/ \sqrt{6}, FI_{s2} = 1 - \sqrt{\sum_{i=7}^{12} (1-d_i)^2} \Big/ \sqrt{6}, FI_s = (FI_{s1} + FI_{s2})/2$$

$$FI_1 = \sqrt{(FI_d^2 + FI_s^2)} \Big/ \sqrt{6}, FI_2 = 1 - \sqrt{(1-FI_d)^2 + (1-FI_s)^2} \Big/ \sqrt{2}, FI = (FI_1 + FI_2)/2$$

其中，FI_{d1} 为家庭金融需求指标的实际点到最差点的距离，FI_{d2} 为家庭金融需求指标的实际点到最优点的反向距离，而 FI_d 则代表到最差点与到最优点反向距离的平均值，也正是普惠金融需求指标。同样，FI_{s1}、FI_{s2} 与 FI_s 分别代表供给层面实际点到最差点的距离、到最优点的反向距离与平均距离。之后，将需求与供给两项指标以同样的方式加总，构建出普惠金融总指数 FI。

2.3.2 普惠金融指数变化趋势

表 2 - 12 为普惠金融指数的构建结果。总指数由 2015 年的 50.39% 增长到 2017 年的 52.56%，增长了 2.17 个百分点。2019 年，总指数持续增加至 53.36%，增长了 0.80 个百分点。从家庭角度进行分析，2015 年到 2017 年，普惠金融需求指数从 38.29% 增加到 43.41%，2019 年，该指数进一步攀升至 47.42%，分别增长了 5.12 个百分点、4.01 个百分点。从社区金融服务的角度进行分析，供给指数在 2015 年为 41.58%，2017 年为 40.91%，2019 年为 39.35%，分别下降了 0.67 个百分点、1.56 个百分点。总体而言，五年中，普惠金融发展实现了快速增长，从 2015 年到 2019 年，总指数提高了 2.97 个百分点，主要体现在需求层面的提高，普惠金融需求指数共提高了 9.13 个百分点，而社区层面金融供给指数从 2015 年到 2019 年共下降了 2.23 个百分点。

表 2 - 12   普惠金融指数

年份	样本量（个）	总指数（%）	需求（家庭）（%）	供给（社区）（%）
2015	32 092	50. 39	38. 29	41. 58
2017	37 783	52. 56	43. 41	40. 91
2019	33 206	53. 36	47. 42	39. 35

图 2 - 10 为普惠金融指数的发展情况，可以看出，随着时间的推移，总指数在逐年增加。其中，需求端的指数在 2015 年较低，而之后发展速度较快，呈现出持续上涨的趋势。而供给层面的指数在 2015 年较高，而后持续下滑。可见传统金融供给在不断缩减，与前文分项指标的分析结果基本相同。这一结果说明，伴随着互联网金融的崛起，传统金融业的布局发生了巨大的变化，创新型金融服务促使普惠金融的发展逐渐由政策导向型转变为需求导向型，整体提升了金融服务的效率与质量。

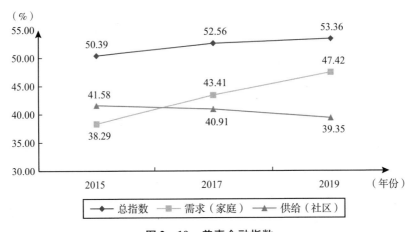

图 2 - 10　普惠金融指数

2.3.3　分地区普惠金融发展

1. 城市、农村普惠金融发展情况

表 2 - 13 反映了城乡普惠金融发展情况。首先，基于普惠金融总指数进行分析，从城市来看，2015 年、2017 年与 2019 年城市普惠金融发展指数分

别为 56. 33%、57. 62%、60. 79%，分别增长了 1. 29 个百分点、3. 17 个百分点。因此城市在 5 年中普惠金融取得了明显的发展。从农村来看，2015年、2017 年、2019 年的总指数分别为 41. 63%、44. 49%、46. 09%，分别增长了 2. 86 个百分点、1. 60 个百分点。我们通过对比农村与城市地区总指数的增长不难发现，2015 年到 2017 年，农村地区普惠金融的增长速度更快。2017 年到 2019 年，城市地区普惠金融的发展速度明显快于农村地区。其次，针对普惠金融需求指数进行分析，城市地区的普惠金融需求指数在 2015 年为 41. 21%、2017 年为 45. 31%、2019 年为 51. 90%，该指数在不断攀升，共增长了 10. 69 个百分点。农村地区三年的普惠金融需求指数分别为 33. 98%、40. 39%、43. 04%，分别增长了 6. 41 个百分点、2. 65 个百分点，共增长了 9. 06 个百分点。最后，基于供给指数进行分析，城市地区普惠金融供给指数分别为 51. 87%、50. 23%、51. 75%，而农村地区供给指数为 26. 39%、26. 07% 与 27. 22%。城市地区供给指数基本没有变化，而农村地区的普惠金融供给略微提高。

表 2 – 13 　　　　　　　　　　城乡普惠金融发展情况　　　　　　　　单位：%

年份	总指数		需求（家庭）		供给（社区）	
	城市	农村	城市	农村	城市	农村
2015	56. 33	41. 63	41. 21	33. 98	51. 87	26. 39
2017	57. 62	44. 49	45. 31	40. 39	50. 23	26. 07
2019	60. 79	46. 09	51. 90	43. 04	51. 75	27. 22

我们绘出了普惠金融总指数的趋势图。由图 2 – 11 可知，城市地区的普惠金融水平高于农村，但 2015 年到 2017 年，农村地区普惠金融的发展速度略高于城市，这表明 2015 年到 2017 年城乡普惠金融的差距在不断缩小，但并不是很明显。2017 年到 2019 年，农村地区与城市地区的差距又逐渐加大。整体上来看，5 年中，普惠金融在农村与城市地区均呈现上升趋势。但是，从整体上来看，农村地区的普惠金融水平较低，应当继续推动农村地区金融的发展。

中国家庭普惠金融发展研究

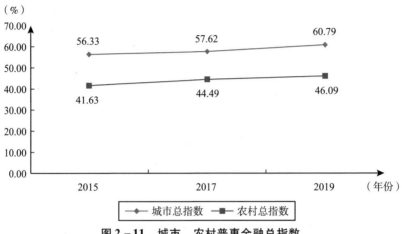

图 2-11　城市、农村普惠金融总指数

　　图 2-12 为城市、农村的普惠金融供给与需求指数。从需求角度来看，农村与城市地区的普惠金融需求指数在逐年增加。2017 年，农村与城市的差距缩小为 4.92 个百分点。2019 年，差距又进一步拉大。从供给角度来看，城市普惠金融供给与农村普惠金融供给指数变动幅度不大，城市层面有缓慢下降的趋势，而农村层面金融供给略微上涨。总体而言，城市普惠金融指数远远高于农村普惠金融指数，可能的原因是在农村地区设立银行等金融服务机构的成本较高而收益低，因此传统金融机构的发展仍存在较强的地缘限制。

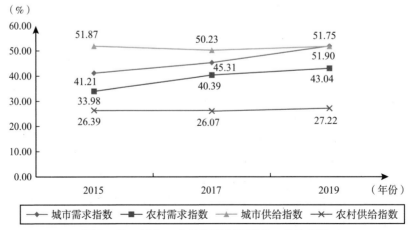

图 2-12　城市、农村普惠金融需求、供给指数

2. 东部、中部、西部地区普惠金融发展情况

表 2 - 14 给出了东部、中部、西部地区普惠金融发展情况。从总指数来看，东部地区 2015 ~ 2019 年分别为 52.20%、54.81%、54.79%，中部地区分别为 48.75%、49.88%、51.16%，西部地区分别为 49.53%、52.07%、53.83%。通过纵向比较地区年份的变化趋势，我们发现，从需求指数来看，东部地区的普惠金融发展指数三期分别为 39.80%、44.89%、48.45%，先增加，后趋于平稳。中部地区分别增长了 4.87 个百分点、4.31 个百分点。西部地区与中部地区类似，三期的总指数分别为 37.66%、43.02%、47.48%，分别增长了 5.36 个百分点、4.46 个百分点。从供给层面来看，东部地区三期供给指数分别为 44.00%、44.22%、41.52%，中部地区供给指数分别为 39.41%、36.85%、35.77%，西部地区的供给指数分别为 40.39%、40.33%、40.38%。东部地区的供给指数在 2017 年有所增加，2019 年有所下降，中部地区呈现出逐年递减的趋势，而西部地区的普惠金融供给指数并无明显变化。

表 2 - 14　　　　　东部、中部、西部地区普惠金融发展情况　　　　单位：%

年份	总指数			需求（家庭）			供给（社区）		
	东部	中部	西部	东部	中部	西部	东部	中部	西部
2015	52.20	48.75	49.53	39.80	36.86	37.66	44.00	39.41	40.39
2017	54.81	49.88	52.07	44.89	41.73	43.02	44.22	36.85	40.33
2019	54.79	51.16	53.83	48.45	46.04	47.48	41.52	35.77	40.38

进一步地，我们绘出了东部、中部、西部总指数的变化情况。由图 2 - 13 可知，东部地区在 2017 年的增长速度最快，而后趋于平稳。中部地区与西部地区在 5 年中呈现出持续增长的趋势，但是西部地区的增长速度更快。整体来看，东部地区的普惠金融水平远远高于西部地区与中部地区，另外，中部地区的普惠金融水平相对较为落后。

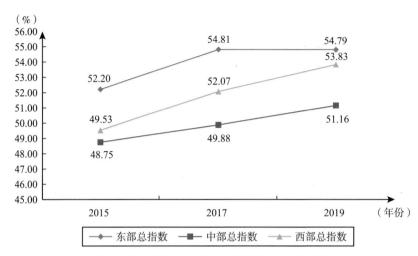

图 2 – 13   东部、中部、西部普惠金融总指数

图 2 – 14 为东部、中部、西部普惠金融需求指数的变化情况。我们可以看出，东部、中部、西部需求指数均在提高，其中东部地区的需求指数始终高于中部地区与西部地区。另外，中部地区普惠金融需求在 2017 年增长速度较快，并且与东部地区的差距逐渐缩小。

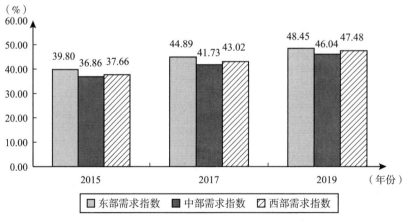

图 2 – 14   东部、中部、西部普惠金融需求指数

图 2 – 15 为东部、中部、西部普惠金融供给指数。由图可知，随着时间的推移，东部地区的供给指数在 2017 年有所升高，中部地区的金融供

给在持续缩减，西部地区基本持平。这反映出普惠金融供给层面开始着力于东西部区域间协同发展。通过横向比较东部、中部、西部地区的金融指数，我们可以发现，中部、西部地区的发展处于落后地位。值得注意的是，中部地区在五年中供给端的金融服务水平明显下滑，并且金融机构的供给水平逐渐落后于其他地区。这也反映出我国应当继续加强中西部地区普惠金融的发展，提高其金融机构的覆盖率，提高家庭金融服务可得性。

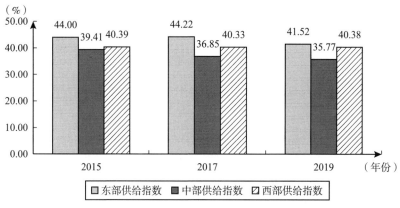

图 2 - 15　东部、中部、西部普惠金融供给指数

2.3.4　户主特征与普惠金融发展

表 2 - 15 描述了户主年龄与家庭普惠金融指数的关系。针对每个年龄段普惠金融的发展情况进行分析，我们发现，40 岁及以下的户主，2015 年、2017 年、2019 年的普惠金融总指数分别为 55.30%、56.46%、61.05%，可以看出普惠金融总指数在不断提高，其主要原因是需求端的普惠金融指数的提高，而供给层面的普惠金融水平在五年中没有明显的变化。户主年龄在 41~50 岁年龄段的家庭普惠金融总指数分别为 50.41%、52.62%、56.11%，呈现逐年增加的趋势，主要是因为需求层面普惠金融从 2015 年的 39.14% 提高到 2019 年的 52.93%，而该年龄段的供给层面指数未发生明显变化，说明该年龄段的人群居住地点附近的传统金融机构没有发生明显的扩张或缩减。户主年龄在 51~60 岁的家庭，普惠金融总指数从 2015 年到 2017 年提高了 2.82 个百分点，2017 年到 2019 年提高了 1.33 个百分

点，该年龄段总指数整体增加了 4.15 个百分点。另外，该年龄段需求型指数 5 年中也在持续增加，而供给型指数先增加、后降低。户主年龄在 61 岁以上的家庭，普惠金融指数在 2015 年到 2019 年普惠金融总指数先增加后降低。该年龄段需求指数推动了总指数的提高。而供给型指数从 40.10% 下降到 37.75%，下降了 2.35 个百分点。一种可能的原因是这个年龄段的户主通常已经退休，为降低生活成本，往往会选择居住在农村等欠发达地区，而偏远的地区传统金融部门的服务成本过高，加之互联网技术的冲击，因此，该部分群体的传统金融服务供给发生缩减。之后，对比不同组的普惠金融总指数，我们发现，40 岁及以下的群体，普惠金融发展水平最高，从 2015 年、2017 年、2019 年来看，指数高达 57.64%，41～50 岁年龄段的群体次之，总指数为 53.65%，51～60 岁年龄段的群体普惠金融总指数为 52.17%，60 岁以上的群体总指数为 51.47%，普惠金融发展程度较差。另外，我们还发现在 40 岁及以下、41～50 岁与 51～60 岁的年龄组，普惠金融总指数随时间的推移不断提高，而 61 岁及以上的群体 2015～2017 年的普惠金融发展较快，随后呈现下降趋势，反映出老年群体的普惠金融状况不容乐观。

表 2 - 15　　　　　　　　户主年龄与家庭普惠金融指数

项目		样本量（个）	总指数（%）	需求型（%）	供给型（%）
40 岁及以下	全样本	16 328	57.64	49.60	47.13
	2015 年	6 079	55.30	43.68	47.37
	2017 年	5 851	56.46	48.24	45.33
	2019 年	4 398	61.05	58.29	46.53
41～50 岁	全样本	23 005	53.65	45.62	41.76
	2015 年	7 770	50.41	39.14	40.69
	2017 年	8 364	52.62	43.87	40.67
	2019 年	6 871	56.11	52.93	40.47
51～60 岁	全样本	25 502	52.17	43.11	40.70
	2015 年	7 784	48.91	36.74	39.73
	2017 年	9 278	51.73	42.20	40.10
	2019 年	8 440	53.06	47.86	38.09

续表

项目		样本量（个）	总指数（%）	需求型（%）	供给型（%）
61 岁及以上	全样本	38 246	51.47	40.79	41.43
	2015 年	10 459	48.50	35.55	40.10
	2017 年	14 290	50.92	41.23	39.22
	2019 年	13 497	50.30	41.86	37.75

图 2-16 为不同年龄组户主的普惠金融总指数。可以看出，户主年龄在 40 岁以下的家庭普惠金融增加的速度最快，并且在 2017～2019 年增长速率超过了其他年龄组的家庭，而 41～50 岁与 51～60 岁之间的家庭普惠金融水平也有所提高，但是户主年龄在 61 岁及以上的家庭普惠金融的水平并无明显改善。另外，2015 年，不同年龄组的家庭之间差距较小，而随着时间的推移，普惠金融水平在不同组之间差异逐渐增加。

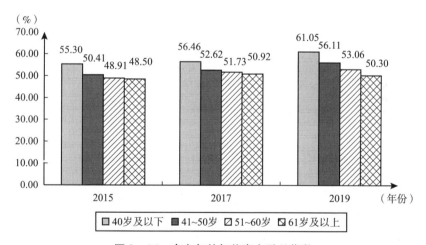

图 2-16 户主年龄与普惠金融总指数

表 2-16 报告了户主不同教育水平下的家庭普惠金融指数。我们将户主的文化程度分为小学及以下、初中、高中和大专及以上四组。从表中可以看出，小学及以下人群普惠金融总指数从 2015 年的 44.22% 提高到 2019 年的 47.40%，其中需求型指数在五年中提高了 3.18 个百分点，而

供给型指数有所下降。初中群体总指数的变化趋势与小学及以下群体的变化趋势基本相同，其需求指数在五年中持续增加，总指数从49.20%增加到53.22%，而供给型指数从40.46%下降到38.79%，下降了1.67个百分点。对于受教育水平为高中的群体来说，总指数整体呈现增长的趋势，其中需求型指数在2015年到2019年增加了11.43个百分点，而供给型下降了2.31个百分点，其下降幅度高于初中群体。另外，大专及以上家庭的普惠金融总指数持续提高，从59.79%提高到65.21%，其需求型指数也在逐渐增加，但供给型指数五年中整体变化并不明显。

表 2 - 16　　　　　　　户主受教育水平与家庭普惠金融指数

项目		样本量（个）	总指数（%）	需求型（%）	供给型（%）
小学及以下	全样本	33 183	47.00	37.96	34.24
	2015 年	10 456	44.22	33.01	33.14
	2017 年	12 003	47.01	38.75	33.13
	2019 年	10 724	47.40	40.54	32.46
初中	全样本	34 541	52.24	42.71	41.21
	2015 年	10 553	49.20	36.54	40.46
	2017 年	12 529	51.72	42.18	40.12
	2019 年	11 459	53.22	47.55	38.79
高中	全样本	14 871	56.16	46.15	46.69
	2015 年	4 643	53.42	40.02	46.48
	2017 年	5 446	55.23	45.06	45.07
	2019 年	4 782	57.28	51.45	44.17
大专及以上	全样本	20 486	62.25	53.58	53.63
	2015 年	6 440	59.79	48.01	53.14
	2017 年	7 805	61.15	52.00	52.01
	2019 年	6 241	65.21	60.86	53.73

图 2 - 17 为不同教育水平组的普惠金融总指数。总体来看，户主为高中及以上学历的家庭普惠金融总指数最高，并且呈逐年上升的趋势，而小

学及以下的群体仍然表现较差，低学历人群的金融服务水平在 2015 年到 2017 年增长较快，而 2017 年到 2019 年基本稳定。另外，我们还发现，与 2015 年相比，2019 年的不同组之间的普惠金融水平更为离散，大专及以上教育水平的家庭与小学及以下的家庭普惠金融水平差距加大，说明低学历人群的普惠金融水平亟待提高。

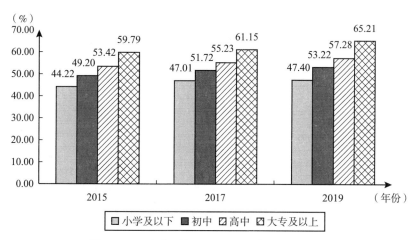

图 2－17　户主受教育水平与普惠金融总指数

2.4　本章小结

本章首先总结梳理了普惠金融近年来的文献，发现国内外学者普遍从多个维度定义普惠金融指标。指标的构建方法大致可以分为两种：一种是按照金融服务的渗透性、可得性与使用性来进行指标的选取；另一种是根据需求层面与供给层面进行划分，基于家庭对金融服务使用程度与地区银行等金融机构的供给程度构建普惠金融指数。本章根据 2015 年、2017 年、2019 年的中国家庭普惠金融调查，对需求层面与供给层面的分项指标进行了详细的分析。在需求层面，本章节选取了家庭储蓄、借贷、支付方式、保险的覆盖广度与覆盖深度等指标，对其 2015 年到 2019 年的变化趋势进行了探讨。从家庭银行账户来看，2015 年到 2017 年取得了快速发展，2019 年有所下降。从借贷行为来看，家庭信贷参与和正规贷款余额均呈现先增加后降低的趋势，2019 年的信贷余额降到五年中最低点，而家庭对非正规信贷市场的参与和借款余额在不断上升。从数字金融使用情况来看，第三方支付、网购等家庭互联网交易在近年来均取得了快速的发展。从保险参与和保险深度来看，医疗保险的覆盖率最高，且近年来该比例基本稳定，而人均养老保险的参与在不断提升，拥有商业保险的家庭比例呈现先增长后下降的趋势。值得注意的是，在对保险深度的分析中我们发现，在人均养老保险的支出金额基本不变的情况下，人均养老保险收入在不断提高，在供给层面，我们发现近年来社区拥有的银行网点、金融服务点的数量均在下降，传统金融的空间覆盖度有所降低，但人口覆盖度不断提高。这反映出金融服务根据人口分布的特点，不断优化其地理分布结构。本章根据金融服务的需求与供给，选取了 12 个子指标，参考萨尔马（Sarma，2008）与尹志超等（2018）的方法，构建了普惠金融指数，通过对比 2015 年到 2019 年的指数，研究了中国家庭普惠金融的发展情况。统计结果显示，指数在 2015 年到 2017 年增加，而 2017 年到 2019 年有所降低。需求指数呈现同样的趋势，而供给指数显示，从 2015 年到 2019 年，金融服务供给在不断下降。本章最后考察了不同地区与不同户主特征的家庭普惠金融发展情况，发现农村地区与中部地区的普惠金融水平亟待提升，户主年龄在 50 岁以下的家庭普惠金融发展水平一直呈现上升趋势，而户主年龄在 50 岁以上的家庭普惠金融发展水平出现先增长后下降的趋势，户主受教育水平在初中及以下的家庭，普惠金融发展远远落后于高中及以上的家庭，反映出老年家庭与教育程度低的家庭普惠金融水平仍需进一步提高。

第3章

中国家庭的支付及影响

3.1　中国家庭支付方式的选择

目前，中国家庭常用的支付方式有现金支付、银行卡支付和第三方支付，表3-1描述了全国家庭支付方式使用情况。从全国来看，2019年中国使用现金支付的家庭比例为91.62%，使用银行卡支付的家庭占比为12.37%，使用第三方支付的家庭比例为47.66%。相较于2017年，使用现金支付和银行卡支付的家庭占比略有下降，分别减少了2.62个百分点和10.72个百分点。使用第三方支付作为日常支付方式的家庭比例明显提高，较2017年增加了18.18个百分点。分城乡看，我国城市使用现金支付的家庭占比明显低于农村，且呈下降趋势，使用银行卡和现金支付的家庭比例高于农村家庭，城乡使用第三方支付的家庭占比增加。分东部、中部、西部地区看，东部地区使用现金支付的比例低于中部、西部地区，使用银行卡支付和第三方支付的家庭比例高于中部、西部地区，东部、中部、西部地区使用第三方支付的家庭均显著增加。

表3-1　　　　　　　　　　家庭支付方式　　　　　　　　　　单位: %

地区	现金支付		银行卡支付		第三方支付	
	2017年	2019年	2017年	2019年	2017年	2019年
全国	94.24	91.62	23.09	12.37	29.48	47.66
城市	91.80	87.34	33.00	18.09	39.91	59.42

续表

地区	现金支付		银行卡支付		第三方支付	
	2017 年	2019 年	2017 年	2019 年	2017 年	2019 年
农村	98.29	96.84	6.66	5.41	12.18	33.36
东部	92.30	89.65	28.04	14.55	34.62	51.19
中部	95.72	92.34	18.05	10.32	25.37	46.25
西部	95.50	94.21	21.46	11.09	26.37	43.26

注：描述性统计结果已通过家庭权数进行调整，以下相同。

3.1.1　现金支付

1. 户主年龄与现金支付

从全国范围看，随着户主年龄的增加，家庭使用现金支付的比例增加。2017 年和 2019 年数据显示，总体上现金支付的使用比例降低，户主年龄在 30 周岁及以下的家庭使用现金支付的比例最低，60 周岁及以上的家庭使用现金支付的比例最高。2019 年，户主年龄 30 周岁及以下、31～39 周岁、40～49 周岁、50～59 周岁、60 周岁及以上的家庭，使用现金支付的比例分别为 67.88%、78.20%、87.56%、93.49% 和 97.25%。具体情况如表 3 – 2 所示。

表 3 – 2　　　　　　　　　　户主年龄与现金支付比例　　　　　　　单位：%

户主年龄	现金支付	
	2017 年	2019 年
30 周岁及以下	77.61	67.88
31～39 周岁	87.36	78.20
40～49 周岁	93.62	87.56
50～59 周岁	96.62	93.49
60 周岁及以上	98.36	97.25

2. 户主受教育程度

户主受教育程度不同的家庭使用现金支付的可能性不同。从总体上看，户主受教育程度越高，家庭使用现金支付的比例越低。相较于 2017

年，不同户主受教育程度的家庭现金支付使用比例均略有下降。2019 年，户主受教育程度为没上过学、小学、初中、高中、中专/职高、大专/高职、大学本科和硕士/博士研究生的家庭使用现金支付的比例分别为 97.23%、97.09%、93.41%、89.09%、80.68%、75.35%、69.18% 和 70.43%，具体情况如表 3-3 所示。

表 3-3　　　　　　　　户主受教育程度与现金支付比例　　　　单位：%

户主受教育程度	现金支付	
	2017 年	2019 年
没上过学	98.55	97.23
小学	98.65	97.09
初中	96.69	93.41
高中	93.01	89.09
中专/职高	85.01	80.68
大专/高职	79.13	75.35
大学本科	74.30	69.18
硕士/博士研究生	78.18	70.43

3. 风险态度

从全国看，不同风险态度的家庭使用现金支付的比例不同。具体情况如表 3-4 所示，2019 年，在户主风险态度为风险厌恶、风险中性和风险偏好的家庭中，使用现金支付的比例分别为 92.86%、85.29% 和 82.32%，较 2017 年均略有下降。相对于风险中性和风险偏好的户主，户主厌恶风险的家庭使用现金支付的比例最高。

表 3-4　　　　　　　　户主风险态度与现金支付比例　　　　单位：%

户主对风险的态度	现金支付	
	2017 年	2019 年
风险厌恶	95.62	92.86
风险中性	86.96	85.29
风险偏好	84.68	82.32

4. 家庭收入

家庭收入是家庭经济实力的主要代表，收入不同的家庭使用现金支付的比例不同，但2019年相比于2017年均有所下降。收入处于前20%和后20%的家庭使用现金支付的比例相差12.28个百分点，后20%的家庭使用现金支付的比例为83.40%，其余各收入组均高于90%，从收入处于0%~20%的家庭开始，使用现金支付的比例分别为95.68%、95.55%、93.17%和90.26%。具体情况如表3-5所示。

表3-5　　　　　　　　家庭收入与现金支付比例　　　　　　单位：%

收入组	现金支付	
	2017年	2019年
0%~20%	97.21	95.68
20%~40%	97.80	95.55
40%~60%	96.33	93.17
60%~80%	93.27	90.26
80%~100%	85.66	83.40

5. 家庭资产

我们把家庭资产从低到高排序，等分为五组，描述不同资产分组的家庭使用现金支付的比例。从全国来看，2019年，资产处于0%~20%的家庭使用现金支付的比例最高，为96.38%。资产越多，使用现金支付的家庭比例越低，资产为20%~40%、40%~60%、60%~80%和80%~100%的家庭现金支付比例分别为95.65%、93.40%、89.00%和83.52%。相较于2017年，各资产组使用现金支付的家庭比例略有减少。具体情况如表3-6所示。

表3-6　　　　　　　　家庭资产与现金支付比例　　　　　　单位：%

资产组	现金支付	
	2017年	2019年
0%~20%	97.53	96.38
20%~40%	97.81	95.65

资产组	现金支付	
	2017 年	2019 年
40% ~ 60%	95.81	93.40
60% ~ 80%	92.50	89.00
80% ~ 100%	85.38	83.52

3.1.2 银行卡支付

1. 户主年龄与银行卡支付

与现金支付相比，使用信用卡等银行卡作为日常支付方式的家庭比例较低，从全国范围看，随着户主年龄增长，使用银行卡支付的家庭比例逐渐降低。且与 2017 年相比，2019 年使用银行卡支付的家庭占比减少。户主年龄为 30 周岁及以下的家庭使用银行卡支付的比例最高，为 30.79%，户主年龄在 60 周岁及以上的家庭使用银行卡支付的比例最低，为 5.67%，两个年龄段相差 25.12 个百分点，表明我国银行卡使用具有较大的年龄异质性。具体情况如表 3-7 所示。

表 3-7　　　　　　　户主年龄与银行卡支付　　　　　　单位: %

户主年龄	银行卡支付	
	2017 年	2019 年
30 周岁及以下	46.97	30.79
31 ~ 39 周岁	45.48	26.40
40 ~ 49 周岁	28.49	18.36
50 ~ 59 周岁	19.64	11.14
60 周岁及以上	9.10	5.67

2. 户主受教育程度与银行卡支付

银行卡的办理和使用具有一定门槛。从全国看，不同户主受教育水平的家庭使用银行卡支付的比例不同。按照户主受教育程度为没上过学、小学、初中、高中、中专/职高、大专/高职、大学本科和硕士/博士研究生划分，2019 年家庭使用银行卡支付的比例为 1.96%、3.96%、8.97%、16.88%、31.83%、37.75%、50.61% 和 54.14%，随学历提升而增加。户主学历最低和最高的使用银行卡支付的家庭比例相差 52.18 个百分点，差距较大。具体数据如表 3 - 8 所示。

表 3 - 8　　　　　　　　　户主受教育程度与银行卡支付　　　　　　　单位：%

户主受教育程度	银行卡支付	
	2017 年	2019 年
没上过学	3.50	1.96
小学	6.36	3.96
初中	17.65	8.97
高中	31.82	16.88
中专/职高	55.54	31.83
大专/高职	59.87	37.75
大学本科	73.22	50.61
硕士/博士研究生	89.65	54.14

3. 风险态度与银行卡支付

从风险态度看，户主偏好风险时，家庭日常使用银行卡作为支付方式的比例较高，2019 年为 32.85%。比户主厌恶风险的使用银行卡支付家庭比例高 22.83 个百分点。与 2017 年相比，2019 年不同风险态度的家庭组使用银行卡支付的比例均有所降低。全国范围的具体数据如表 3 - 9 所示。

表 3 - 9　　　　　　　　　户主风险态度与银行卡支付　　　　　　　单位：%

户主风险态度	银行卡支付	
	2017 年	2019 年
风险厌恶	20.46	10.02
风险中性	40.37	25.61
风险偏好	46.53	32.85

4. 家庭收入与银行卡支付

家庭收入与家庭经济行为和决策息息相关，是家庭部分决策的重要参考和依据。将家庭按照总收入等分为五组后发现，收入越高，家庭使用银行卡支付的比例越高。2019 年，收入最低的前 20% 家庭使用银行卡支付的比例为 4.78%，远低于全国平均水平（12.37%）。收入处于 60% ~ 80% 和 80% 以上的家庭使用银行卡支付比例略高于全国平均水平，分别为 13.73% 和 28.69%。具体数据如表 3 - 10 所示。

表 3 - 10　　　　　　　　　家庭收入与银行卡支付　　　　　　单位：%

家庭收入组	银行卡支付	
	2017 年	2019 年
0% ~ 20%	7.05	4.78
20% ~ 40%	9.16	5.06
40% ~ 60%	18.75	9.73
60% ~ 80%	32.02	13.73
80% ~ 100%	52.21	28.69

5. 家庭资产与银行卡支付

根据表 3 - 11 统计的 2019 年 CHFIS 数据，家庭资产越高，使用银行卡支付的家庭比例越大。从全国范围看，2019 年，资产处于前 20% 和后 20% 的家庭，使用银行卡支付的家庭占比相差 24.73%，具有较大差距。资产分布处于 0% ~ 20%、20% ~ 40%、40% ~ 60%、60% ~ 80% 和 80% ~ 100% 的家庭中，使用银行卡支付的比例分别为 3.18%、5.08%、9.61%、16.43% 和 27.91%。相较于 2017 年，资产最高的 20% 的家庭中，使用银行卡支付的比例明显减少，下降了 25.25 个百分点。

表 3 - 11　　　　　　　　　家庭资产与银行卡支付　　　　　　单位：%

家庭资产组	银行卡支付	
	2017 年	2019 年
0% ~ 20%	4.21	3.18
20% ~ 40%	9.70	5.08

续表

家庭资产组	银行卡支付	
	2017 年	2019 年
40% ~60%	19.39	9.61
60% ~80%	35.85	16.43
80% ~100%	53.16	27.91

3.1.3 第三方支付

1. 户主年龄与第三方支付

从全国范围看,户主处于不同年龄段时,使用第三方支付的家庭占比不同。2019 年,户主在 30 周岁及以下的家庭使用第三方支付的占比高达 93.86%,远高于全国平均水平(47.66%),且比 2017 年有显著提升。户主年龄在 60 周岁及以上的老年家庭,使用第三方支付作为日常支付方式的比例为 19.41%,低于全国平均水平 28.25 个百分点。不同年龄段间的差距较大,但总体上与 2017 年相比呈上升趋势。具体数据见表 3 – 12。

表 3 – 12　　　　　　　　户主年龄与第三方支付　　　　　单位:%

户主年龄	第三方支付	
	2017 年	2019 年
30 周岁及以下	72.67	93.86
31 ~39 周岁	59.05	88.10
40 ~49 周岁	38.49	75.05
50 ~59 周岁	22.67	50.81
60 周岁及以上	9.02	19.41

2. 户主受教育程度与第三方支付

户主受教育程度会影响家庭支付方式的选择。从表 3 – 13 的数据看,全国范围内,户主受教育程度越高,使用第三方支付家庭占比越高。2019 年,户主没上过小学时,使用第三方支付的家庭占比为 13.13%,处于最低水平。户主受教育程度越高，使用第三方支付的家庭比例越高，2019年大学本科和硕士/博士研究生家庭使用占比分别为 95.69% 和 93.77%，远高于全国平均水平。第三方支付的普及程度仍呈现学历差异。

表 3 – 13 　　　　　　　　户主受教育程度与第三方支付 　　　　　　　单位：%

户主受教育程度	第三方支付	
	2017 年	2019 年
没上过学	5.49	13.13
小学	11.87	25.46
初中	25.46	48.67
高中	38.12	60.87
中专/职高	60.35	81.59
大专/高职	68.41	85.86
大学本科	83.56	95.69
硕士/博士研究生	88.65	93.77

3. 风险态度与第三方支付

户主作为家庭收入的主要来源和决策的主要制定者，其偏好影响着家庭的决策和生活方式。从全国来看，户主不同风险态度时，使用第三方支付的家庭比例也不同。2019 年，户主为风险厌恶、风险中性和风险偏好的家庭，日常生活中使用支付宝、微信等作为支付方式的家庭占比分别为 44.47%、76.29% 和 77.25%。户主偏好风险时，使用第三方支付的比例最高。具体情况如表 3 – 14 所示。

表 3 – 14 　　　　　　　　　户主风险态度与第三方支付 　　　　　　　单位：%

户主风险态度	第三方支付	
	2017 年	2019 年
风险厌恶	25.48	44.47
风险中性	53.93	76.29
风险偏好	60.00	77.25

4. 家庭收入与第三方支付

如表 3 - 15 所示，将家庭按照收入分布等分为五个组，使用第三方支付的家庭比例随着收入的增加而提高。2019 年，收入处于最低 20% 的低收入家庭，仅有 24.73% 使用第三方支付，收入处于最高 20% 的富裕家庭，使用第三方支付的比例为 74.87%，二者相差 50.14 个百分点，使用第三方支付的收入异质性较大。但相较于 2017 年，2019 年低收入家庭使用第三方支付的比例明显增加，第三方支付在全国的覆盖范围更广。

表 3 - 15　　　　　　　　　　家庭收入与第三方支付　　　　　　　单位：%

家庭收入组	第三方支付	
	2017 年	2019 年
0% ~ 20%	10.94	24.73
20% ~ 40%	16.51	33.01
40% ~ 60%	26.92	47.72
60% ~ 80%	38.98	58.06
80% ~ 100%	57.79	74.87

5. 家庭资产与第三方支付

与收入分组类似，将全部家庭按照资产分布等分为五个组后，使用第三方支付的家庭比例也具有较大差异。2019 年，在 0% ~ 20% 的最低资产组中，有 20.53% 的家庭使用第三方支付，比最高资产组家庭（资产处于 80% ~ 100%）低 50.41 个百分点。资产分布处于较低的 40% 以下的家庭，使用第三方支付的比例明显低于全国平均水平。具体数据如表 3 - 16 所示。

表 3 - 16　　　　　　　　　　家庭资产与第三方支付

家庭资产组	第三方支付	
	2017 年	2019 年
0% ~ 20%	8.55	20.53
20% ~ 40%	16.21	35.56

续表

家庭资产组	第三方支付	
	2017 年	2019 年
40% ~60%	28.44	48.32
60% ~80%	43.49	62.75
80% ~100%	56.51	70.94

3.2　支付与家庭消费

3.2.1　文献综述

《中国数字经济发展与就业白皮书（2019 年）》显示，2018 年我国数字经济规模达到 31.3 万亿元，按可比口径计算，名义增长 20.9%。移动支付作为数字经济的重要代表，近年来发展迅猛。数据显示，我国手机支付用户规模已经超过 5.7 亿户，移动支付规模超过 200 万亿元，全球排名第一，移动支付对居民消费的促进作用越来越明显。

随着移动支付的蓬勃发展，国内外越来越多的学者开始对移动支付、数字经济与金融普惠进行研究。研究表明，支付方式的多样化和普及率，有助于增加家庭消费意愿、提高家庭即期消费能力，平滑家庭消费，对于消费能力不足的低收入家庭这一效果将尤为明显。

现金作为交易的媒介，长久以来被广泛使用，推动了商业和贸易的发展，是传统的支付方式之一。随着科技的进步和金融的发展，银行卡、支票、支付宝等支付方式越来越普及，逐渐改变了人们的生活方式、消费行为和支付习惯。从消费升级的大趋势来看，移动支付促进消费可主要概括为两个途径：其一是消费习惯数据不断积累，使精准营销得以实现；其二是移动支付促进了普惠金融发展，进而促进了消费（盘和林，2019）。

已有文献研究发现，支付服务对经济发展、行业和企业、微观家庭等都有不同程度的影响。从宏观上看，在当前共享经济迅速发展的背景下，第三方支付平台促进了资源匹配和合作消费，有利于推动经济转型升级（许力云，2018）。从中观上看，支付服务能够为行业和企业带来诸多好处。支付平台在运作过程中具有一种溢出效应，增加了企业和金融机构之间的联系，有利于控制行业风险，规范行业行为（陶建宏，2018）。支付方式的发展进步可以节约成本、减少犯罪、减少腐败、建立信用记录并为金融机构提供信贷依据，从而降低银行的经营风险（Turner & Varghese，2011）。利用 2010 年 4 月至 2013 年 3 月新加坡某大型商业银行的数据，熊伟（2014）研究发现，银行的信用卡余额代偿服务为消费者提供了降低短期流动性约束的工具，在信用卡转账金偿付完后，消费者的总消费金额显著增加。李江一和李涵（2017）考察了信用卡消费信贷对家庭消费的影响，发现拥有信用卡增加家庭总消费约 14%。此外，信用卡的透支额度每提高 1%，可使持有信用卡家庭的总消费增加约 0.071%。

同时，从微观角度看，银行卡、微信支付和支付宝等支付方式可以便利消费者的付款行为，提高大额交易的安全性。易行健和周利（2018）利用中国支付宝交易账户的真实数据，编制了中国数字普惠金融发展指数，并通过研究发现，数字普惠金融的发展和深化使得居民支付更加便利，促进了家庭消费。支付对家庭消费的促进作用不仅是由于支付方式本身的特质和优势，也有学者从心理学角度进行了解释。研究发现，个体消费中存在双通道心理账户，在进行消费决策时，消费中获得的满足和效用与支付带来的负效用分属两个不同通道。当消费的满足感大于花钱的痛苦感时，消费的总效用为正。支付与消费行为时间间隔越长，人们的心理成本越低，支出金钱带来的负效用就越低，越容易消费（Prelec & Loewenstrin，1998）。

本节根据 2019 年 CHFIS 数据，围绕支付方式与家庭消费展开研究，考察家庭现金支付、银行卡支付和第三方支付这三种支付方式的使用对中国家庭消费的影响。

3.2.2　描述性统计

表 3 - 17 描述了 2017 年和 2019 年家庭消费的分组描述性统计结果。与 2017 年相比，2019 年我国家庭消费有所增长。对比表中数据，可以看

出，与不使用银行卡支付和第三方支付的家庭相比，使用银行卡支付或第三方支付的家庭消费均更多，组间差异显著存在。2019 年使用银行卡支付的家庭平均消费为 160 106.70 元，是未使用银行卡支付的家庭消费均值的 1.91 倍。使用第三方支付的家庭平均消费为 119 969.80 元，是未使用第三方支付家庭的 1.79 倍。支付方式作为影响消费便利性的重要因素，在一定程度上影响着家庭消费。银行卡和第三方支付等支付方式对家庭消费有一定积极影响。

表 3－17　　　　　　　　家庭消费与支付方式分组描述性统计　　　　　　单位：元

项目		家庭消费		均值检验
		使用	未使用	
2017 年	现金支付	56 418.91	109 010.70	52 591.79 ***
	银行卡支付	98 364.32	47 400.63	－ 50 963.7 ***
	第三方支付	94 550.80	45 892.51	－ 48 658.29 ***
2019 年	现金支付	89 219.86	147 107.90	57 887.80 ***
	银行卡支付	160 106.70	83 888.27	－ 76 218.4 ***
	第三方支付	119 969.80	67 114.62	－ 52 855.16 ***

注：*** 表示在 1% 的置信水平下显著。

3.2.3　实证研究

1. 模型设定

本小节首先使用 2019 年截面数据分析现金支付、银行卡支付与第三方支付三类支付方式对家庭消费的影响，构建如下回归模型：

$$Consumption_i = \beta_0 + \beta_i Cash_i + \beta_x X + \mu \qquad (3-1)$$

其中，$Consumption_i$ 表示家庭 i 年消费金额，在估计中使用家庭消费的对数值。$Cash$ 代表家庭在日常生活中是否使用现金支付，为哑变量。X 是一系列控制变量，包括户主特征变量、家庭特征变量和地区特征变量。μ 是误差项。

$$Consumption_i = \beta_0 + \beta_i Card_i + \beta_x X + \mu \qquad (3-2)$$

其中，$Consumption_i$ 表示家庭 i 年消费金额，在估计中使用家庭消费的对数值。$Card$ 代表家庭在日常生活中是否使用银行卡支付，为哑变量。X 是一系列控制变量，包括户主特征变量、家庭特征变量和地区特征变量。μ 是误差项。

$$Consumption_i = \beta_0 + \beta_i Online\_payment_i + \beta_x X + \mu \qquad (3-3)$$

其中，$Consumption_i$ 表示家庭 i 年消费金额，在估计中使用家庭消费的对数值。$Online\_payment$ 代表家庭在日常生活中是否使用第三方支付，为哑变量。X 是一系列控制变量，包括户主特征变量、家庭特征变量和地区特征变量。μ 是误差项。

进一步地，本小节综合使用 2017 年和 2019 年 CHFIS 数据，构建面板模型进行估计，具体模型如下：

$$Consumption_{it} = \beta_0 + \beta_i Cash_{it} + \beta_x X_{it} + c_i + \lambda_t + \varepsilon_{it} \qquad (3-4)$$

其中，$Consumption_{it}$ 表示家庭 i 第 t 年的消费金额，在估计中使用家庭消费的对数值。$Cash_{it}$ 代表家庭在日常生活中是否使用现金支付，为哑变量。X_{it} 是一系列控制变量，包括户主特征变量、家庭特征变量和地区特征变量。c_i 是不随时间变化的不可观测变量，λ_t 是时间固定效应，ε_{it} 是随机扰动项。

$$Consumption_{it} = \beta_0 + \beta_i Card_{it} + \beta_x X_{it} + c_i + \lambda_t + \varepsilon_{it} \qquad (3-5)$$

其中，$Consumption_{it}$ 表示家庭 i 第 t 年的消费金额，在估计中使用家庭消费的对数值。$Card_{it}$ 代表家庭在日常生活中是否使用银行卡支付，为哑变量。X_{it} 是一系列控制变量，包括户主特征变量、家庭特征变量和地区特征变量。c_i 是不随时间变化的不可观测变量，λ_t 是时间固定效应，ε_{it} 是随机扰动项。

$$Consumption_{it} = \beta_0 + \beta_i Online\_payment_{it} + \beta_x X_{it} + c_i + \lambda_t + \varepsilon_{it} \qquad (3-6)$$

其中，$Consumption_{it}$ 表示家庭 i 第 t 年的消费金额，在估计中使用家庭消费的对数值。$Online\_payment_{it}$ 代表家庭在日常生活中是否使用第三方支付，为哑变量。X_{it} 是一系列控制变量，包括户主特征变量、家庭特征变量和地区特征变量。c_i 是不随时间变化的不可观测变量，λ_t 是时间固定效应，ε_{it} 是随机扰动项。

2. 内生性讨论

在使用本节设定的模型（3-1）~模型（3-6）分析支付方式对家庭消费的影响时，可能由于内生性问题带来估计偏误。家庭消费受到多种因素影响，除了已经控制的变量外，家庭成员的生活方式、消费习惯和性格等不可观测的文化、心理因素均会对其产生影响。遗漏变量问题会引起内生性，导致关注变量的系数估计偏误。此外，家庭消费也会影响家庭支付方式选择，由于使用现金支付的便利性较差，如果在一段时期内需要多次支付大笔支出，家庭往往更加偏好银行卡支付和第三方支付。家庭消费对支付方式选择产生的逆向因果影响将导致内生性问题，使得估计结果有偏。因此，我们使用是否持有现金作为现金支付的工具变量，使用是否拥有银行卡作为银行卡支付的工具变量，将是否使用智能手机作为第三方支付的工具变量。这三个工具变量与家庭支付方式选择息息相关，但与家庭消费的关系不大，实证分析中将针对工具变量的合理性进行检验，并报告结果。

此外，不随时间变化的不可观测的变量也会影响家庭消费，但这些变量引起的内生性无法通过工具变量解决，本节将使用 2017 年和 2019 年的数据构建平衡面板，进行固定效应估计。

3. 变量描述

本节重点关注支付方式对家庭消费的影响，为减少遗漏变量带来的估计偏误，参考尹志超等（2019），选取户主特征变量、家庭特征变量和地区特征变量作为控制变量。其中，户主特征变量有性别、年龄、年龄平方/100、是否已婚、风险态度、金融知识、是否自评不健康、是否失业；家庭特征变量有家庭规模、家庭收入、家庭资产、是否有房，是否有车；地区特征变量为地区人均 GDP 和是否为农村。表 3-18 给出了主要变量的描述性统计。

表 3-18　　　　　　　　　　描述性统计

变量	2017 年		2019 年	
	均值	标准差	均值	标准差
现金支付	0.96	0.20	0.93	0.26
银行卡支付	0.22	0.42	0.14	0.34

续表

变量	2017 年		2019 年	
	均值	标准差	均值	标准差
第三方支付	0.26	0.44	0.49	0.50
家庭消费	55 350.91	58 187.54	95 997.82	1 459 376
男性户主	0.81	0.39	0.75	0.43
户主年龄	55.57	13.46	57.03	13.19
户主年龄平方/100	32.70	15.16	34.27	15.19
户主已婚	0.87	0.33	0.86	0.34
风险偏好	0.03	0.16	0.05	0.22
风险厌恶	0.15	0.36	0.65	0.48
金融知识	11.58	24.52	22.86	24.56
户主自评不健康	0.19	0.39	0.18	0.38
户主是否失业	0.36	0.48	0.08	0.27
家庭规模	3.28	1.56	3.19	1.54
ln 家庭收入	1.38	1.47	1.55	1.38
ln 家庭资产	3.38	1.88	3.75	1.68
家庭自有住房	0.92	0.27	0.92	0.46
家庭自有汽车	0.27	0.44	0.30	0.46
ln 地区人均 GDP	10.98	0.44	11.07	0.41
农村	0.36	0.48	0.36	0.48

4. 实证结果

本节首先使用 2019 年 CHFIS 数据，实证检验了现金支付、银行卡支付和第三方支付对家庭消费的影响。具体估计结果见表 3 - 19。可以看出，现金支付明显降低了家庭消费，家庭使用现金作为日常主要支付方式时，家庭消费略有减少。银行卡支付和第三方支付作为无纸化支付方式的主要代表，促进了家庭消费。根据第（6）列的估计结果，与不使用第三方支付的家庭相比，使用第三方支付的家庭消费高出 58.10%，第三方支付对家庭消费有显著的促进作用。表 3 - 19 中同样报告了工具变量的检验结果，三个工具变量的 F 值均远大于 10% 偏误水平下 F 值的临界值 16.38，表明不存在弱工具变量问题，本部分选取的工具变量是有效的。

表 3 – 19　　　　　　　　　支付方式与家庭消费：截面数据

变量	家庭消费					
	（1）	（2）	（3）	（4）	（5）	（6）
	OLS			2SLS		
现金支付	– 0.1464 *** (0.0136)			– 0.6418 *** (0.1118)		
银行卡支付		0.1863 *** (0.0113)			1.4804 *** (0.1090)	
第三方支付			0.2163 *** (0.0098)			0.5810 *** (0.0302)
男性户主	– 0.0825 *** (0.0094)	– 0.0827 *** (0.0093)	– 0.0808 *** (0.0093)	– 0.0802 *** (0.0094)	– 0.0795 *** (0.0093)	– 0.0766 *** (0.0093)
户主年龄	– 0.0159 *** (0.0020)	– 0.0168 *** (0.0020)	– 0.0167 *** (0.0020)	– 0.0091 *** (0.0025)	– 0.0088 *** (0.0021)	– 0.0145 *** (0.0020)
户主年龄 平方/100	0.0107 *** (0.0018)	0.0113 *** (0.0018)	0.0135 *** (0.0018)	0.0061 *** (0.0021)	0.00067 *** (0.0018)	0.0160 *** (0.0018)
户主已婚	0.1468 *** (0.0128)	0.1459 *** (0.0128)	0.1518 *** (0.0127)	0.1569 *** (0.0130)	0.1609 *** (0.0129)	0.1652 *** (0.0128)
户主受教育 年限	0.0342 *** (0.0013)	0.0328 *** (0.0013)	0.0319 *** (0.0013)	0.0319 *** (0.0014)	0.0180 *** (0.0018)	0.0270 *** (0.0013)
风险偏好	0.1317 *** (0.0174)	0.1194 *** (0.0173)	0.1240 *** (0.0172)	0.1264 *** (0.0173)	0.0228 (0.0191)	0.1082 *** (0.0173)
风险厌恶	– 0.0078 (0.0087)	– 0.0020 (0.0087)	– 0.0041 (0.0087)	– 0.0056 (0.0088)	0.0430 *** (0.0095)	0.0030 (0.0087)
金融知识	0.0019 *** (0.0002)	0.0016 *** (0.0002)	0.0014 *** (0.0002)	0.0016 *** (0.0002)	– 0.0010 *** (0.0003)	0.0005 *** (0.0002)
户主自评 不健康	0.0.597 *** (0.0112)	0.0599 *** (0.0112)	0.0740 *** (0.0111)	0.0617 *** (0.0112)	0.0648 *** (0.0112)	0.0992 *** (0.0113)

续表

变量	家庭消费					
	（1）	（2）	（3）	（4）	（5）	（6）
	OLS			2SLS		
户主是否失业	- 0.0530 ***	- 0.0579 ***	- 0.0557 ***	- 0.0567 ***	- 0.1000 ***	- 0.0622 ***
	(0.0133)	(0.0132)	(0.0132)	(0.0133)	(0.0137)	(0.0132)
家庭规模	0.1136 ***	0.1135 ***	0.1099 ***	0.1165 ***	0.1187 ***	0.1051 ***
	(0.0033)	(0.0033)	(0.0033)	(0.0033)	(0.0033)	(0.0033)
家庭收入	0.1243 ***	0.1218 ***	0.1197 ***	0.1213 ***	0.0980 ***	0.1103 ***
	(0.0046)	(0.0045)	(0.0045)	(0.0046)	(0.0050)	(0.0033)
家庭资产	0.0000	0.0000	0.0000	0.0000	0.0000	0.0000
	(0.0000)	(0.0000)	(0.0000)	(0.0000)	(0.0000)	(0.0000)
家庭自有住房	- 0.0409 ***	- 0.0444 ***	- 0.0403 ***	- 0.0324 ***	- 0.0515 ***	- 0.0351 ***
	(0.0133)	(0.0132)	(0.0132)	(0.0135)	(0.0133)	(0.0132)
家庭自有汽车	0.6502 ***	0.6415 ***	0.6259 ***	0.6275 ***	0.5337 ***	0.5735 ***
	(0.0098)	(0.0098)	(0.0097)	(0.0111)	(0.0133)	(0.0105)
地区人均 GDP	0.2625 ***	0.2474 ***	0.2542 ***	0.2644 ***	0.1464 ***	0.2410 ***
	(0.0215)	(0.0214)	(0.0213)	(0.0216)	(0.0230)	(0.0215)
农村	- 0.2720 ***	- 0.2772 ***	- 0.2600 ***	- 0.2600 ***	- 0.2882 ***	- 0.2336 ***
	(0.0108)	(0.0108)	(0.0107)	(0.0112)	(0.0108)	(0.0110)
省份哑变量	已控制					
R^2	0.5350	0.5372	0.5414	0.5336	0.5362	0.5401
样本数	26 502	26 502	26 502	26 502	26 502	26 502
一阶段 F 值				50.27	89.16	1 660.34
工具变量 t 值				17.30	16.74	63.38

注：***、**、*分别表示在1%、5%、10%的置信水平下显著，括号中的数值表示标准误。下同。

进一步地，家庭消费受到很多不随时间变化的因素的影响，如家庭成员的消费习惯。这些变量在截面数据估计中无法识别，使用工具变量也难以很好解决。因此本节使用 2017 年和 2019 年 CHFIS 调查数据，构建平衡面板数据，使用固定效应模型进行估计。FE 估计结果见表 3－20。可以看出，现金支付略微减少了家庭消费，银行卡支付和第三方支付对家庭消费仍有显著促进作用，其估计系数与使用 2019 年截面数据的估计基本可比。

表 3－20　　　　　　　　支付方式与家庭消费：面板数据

变量	家庭消费		
	（1）	（2）	（3）
	FE		
现金支付	－0.0713 *** (0.0206)		
银行卡支付		0.0374 ** (0.0143)	
第三方支付			0.0920 *** (0.0127)
户主已婚	0.0836 *** (0.0230)	0.0822 *** (0.0230)	0.0837 *** (0.0229)
金融知识	0.0002 (0.0002)	0.0002 (0.0002)	0.0001 (0.0002)
风险偏好	0.0778 *** (0.0246)	0.0748 *** (0.0247)	0.0740 *** (0.0246)
风险厌恶	－0.0322 *** (0.0111)	－0.0319 *** (0.0111)	－0.0320 (0.0111)
户主自评不健康	0.0287 ** (0.0144)	0.0283 ** (0.0144)	0.0314 ** (0.0143)
户主是否失业	0.0422 *** (0.0108)	0.0442 *** (0.0108)	0.0382 *** (0.0108)
家庭规模	0.1480 *** (0.0059)	0.1481 *** (0.0059)	0.1460 *** (0.0059)
家庭收入	0.0421 *** (0.0044)	0.0417 *** (0.0044)	0.0406 *** (0.0044)

变量	家庭消费		
	(1)	(2)	(3)
	FE		
家庭资产	0.0462 *** (0.0047)	0.0455 *** (0.0048)	0.0447 *** (0.0047)
家庭自有住房	− 0.0403 (0.0248)	− 0.0381 (0.0248)	− 0.0366 (0.0248)
家庭自有汽车	0.3271 *** (0.0176)	0.3266 *** (0.0176)	0.3229 *** (0.0175)
地区人均 GDP	− 0.1040 ** (0.0450)	− 0.0982 ** (0.0450)	− 0.1067 ** (0.0449)
农村	− 0.0550 (0.0633)	− 0.0555 (0.0633)	− 0.0441 (0.0632)
R^2	0.3537	0.3947	0.3621
样本数	27 086	27 086	27 086

3.2.4　主要结论

本节采用 OLS、2SLS、FE 和 IV - FE 的估计方法，研究了现金支付、银行卡支付和第三方支付三种支付方式对家庭消费的影响。对于现金支付而言，OLS 和 FE 的估计系数分别为 − 0.1464 和 − 0.0713，均在 1% 的水平下显著。现金支付略微降低了家庭消费。对于使用银行卡支付的家庭，支付方式对家庭消费的边际影响显著为正，OLS 估计系数为 0.1836，FE 为 0.0374。对于第三方支付而言，OLS 和 FE 的估计系数分别为 0.2163 和 0.0920，均在 1% 的水平下显著。银行卡支付和第三方支付对家庭消费有显著的促进作用。为解决估计中的内生性问题，我们选取工具变量，进行两阶段最小二乘估计，结果显示，现金支付的估计系数依然显著为负，银行卡支付和第三方支付的边际影响仍显著为正。

3.3　支付与家庭经营绩效

3.3.1　文献综述

自 2014 年 9 月李克强总理在达沃斯论坛上首次提出"大众创业、万众创新"的号召，创业成为中国新浪潮。在此背景下，家庭的经营性收入也成为家庭总收入中越来越重要的一部分。

大量学者针对个体的经营行为和创业行为进行了深入研究，分析了经营性行为和创业对各方面的影响。从宏观角度看，创业不仅给经济增长提供了动力，还是解决发展中国家普遍存在的就业问题的重要渠道（Banerjee and Newman，1993；De Soto，2000；De Mel et al.，2009）。从微观上看，创业有利于增加家庭收入，改善家庭的生活。

但长期以来，我国中小企业的生存和发展面临许多困难，如融资难、融资贵，经营成本高，技术水平低等。从微观家庭看，家庭结构（杨婵等，2017）、金融知识（尹志超等，2015）、信贷约束（张龙耀和张海宁，2013）等都是家庭经营性活动所面临的重要问题。尹志超等（2015）基于中国家庭金融调查数据研究发现，金融知识水平的提高对家庭参与创业活动有显著的正向影响，并且会促进家庭主动进行经营性活动。此外，社会网络也会对家庭的经营行为产生影响。社会网络可以传递信息、缓解信息不对称问题，有助于经营者发现新的创业项目，是进行创业学习的重要平台；社会网络丰富的人拥有更多的民间借贷渠道，为因受到金融约束而抑制了生产的家庭提供资金支持，所以社会网络与创业决策息息相关，并会影响企业经营结果（Davidsson and Honig，2003；张玉利等，2008；刘兴国等，2009；马光荣和杨恩艳，2011；胡金焱和张博，2014）。

随着金融科技的蓬勃发展，第三方支付的渗透率和应用场景不断增加，据《新京报》2019 年 8 月 29 日报道，支付宝相关负责人介绍，在公交、地铁、高速、单车等出行场景，支付宝服务用户数已达 4 亿。支付作为买卖双方的连接，新型支付方式可以降低企业经营的成本，支付方式的选择和使用也会对企业经营产生重要影响。伯肖顿（Boeschoten，1998）使用荷兰 1990 ~ 1994 年"支付行为与电子货币调查"的数据发现，ATM 的出现为节约取现时间提供了新技术，使持有现金的成本相对提高，人们会选择提高取现频率而减少货币库存。卡尔克罗伊特等（Kalckreuth et al.，2014）的研究表明，现金和银行卡的使用成本对现金的使用有重要影响，成本较低、更为安全的银行卡支付成为大额交易的更好选择。

在已有研究的基础上，本章从支付方式入手，探究了家庭支付方式选择对经营性收入的影响，详细考察了现金支付、银行卡支付和第三方支付对家庭农业经营收入和工商业经营收入的作用。

3.3.2 描述性统计

表 3 – 21 描述了 2017 年和 2019 年家庭农业经营绩效的分组描述性统计结果，这里，我们将农业经营纯收入作为经营绩效的代理变量。总体看来，家庭使用何种支付方式不会带来农业经营绩效之间的显著差异。使用银行卡支付或第三方支付家庭的农业纯收入并未显著高于不使用这两类支付方式的家庭。长期以来，我国农业主要采用小家小户精耕细作的方式，农业机械化和规模化程度较低，农业收入受到气候、地形、土壤条件、机械化程度等因素的影响较大，暂时与支付方式没有呈现紧密的因果关系。

表 3 – 21　　　　　农业经营绩效与支付方式分组描述性统计　　　　单位：元

项目		农业经营绩效		均值检验
		使用	未使用	
2017 年	现金支付	10 720.44	19 457.15	8 736.715
	银行卡支付	34 330.08	8 830.98	− 25 499.09 ***
	第三方支付	21 048.81	9 480.32	− 11 568.49 ***
2019 年	现金支付	5 683.81	17 133.63	11 449.82
	银行卡支付	2 482.07	6 371.79	3 889.73
	第三方支付	7 352.88	5 371.83	− 1 981.05

表 3 - 22 描述了 2017 年和 2019 年家庭工商业经营绩效的分组描述性统计结果，这里，我们将农业经营纯收入作为经营绩效的代理变量。对比 2017 年和 2019 年的数据可以看出，家庭工商业经营收入均值有所提高。根据 2019 年数据，相比于不使用银行卡支付的家庭，使用银行卡支付家庭工商业经营收入均值高 70 819.06 元，差异显著，使用第三方支付家庭工商业经营收入均值比不使用的家庭高 86 710.31 元，该组间差异在 1% 的水平下显著。支付方式的改善可能有利于提高家庭的经营绩效，本节后面将进行详细的实证分析和检验。

表 3 - 22 工商业经营绩效与支付方式分组描述性统计 单位：元

项目		工商业经营绩效		均值检验
		使用	未使用	
2017 年	现金支付	124 430.30	255 239.70	136 184.7 ***
	银行卡支付	222 134.50	85 341.62	- 136 792.90 ***
	第三方支付	189 018.30	82 191.32	- 106 827 ***
2019 年	现金支付	87 643.45	261 421.10	173 777.70 ***
	银行卡支付	165 210.00	94 390.93	- 70 819.06 **
	第三方支付	126 366.70	39 656.38	- 86 710.31 ***

3.3.3 实证研究

1. 模型设定

本小节使用 2019 年截面数据分析现金支付、银行卡支付与第三方支付三类支付方式对家庭农业经营收入和工商业经营收入的影响时，考虑到许多家庭未从事农业或工商业经营，农业经营收入和工商业经营收入是截断的，因此构建 Tobit 模型进行估计：

$$y^* = \alpha_i Cash + \alpha_x X + \varepsilon_p \quad Y = \max(0, y^*) \qquad (3-7)$$

其中，y^* 在回归中分别代表家庭 i 的农业经营收入和工商业经营收入，在估计时取对数处理。$Cash$ 代表家庭在日常生活中是否使用现金支付，为哑变量。X 是一系列控制变量，包括户主特征变量、家庭特征变量和地区特征变量。ε 是误差项。

$$y^* = \alpha_i Card + \alpha_x X + \varepsilon_p \quad Y = \max(0, y^*) \qquad (3-8)$$

其中，y^* 在回归中分别代表家庭 i 的农业经营收入和工商业经营收入，在估计时取对数处理。$Card$ 代表家庭在日常生活中是否使用银行卡支付，为哑变量。X 是一系列控制变量，包括户主特征变量、家庭特征变量和地区特征变量。ε 是误差项。

$$y^* = \alpha_i Online\_payment + \alpha_x X + \varepsilon_p \quad Y = \max(0, y^*) \qquad (3-9)$$

其中，y^* 在回归中分别代表家庭 i 的农业经营收入和工商业经营收入，在估计时取对数处理。$Online\_payment$ 代表家庭在日常生活中是否使用第三方支付，为哑变量。X 是一系列控制变量，包括户主特征变量、家庭特征变量和地区特征变量。ε 是误差项。

进一步地，本小节综合使用 2017 年和 2019 年 CHFIS 数据，构建面板模型进行估计，具体模型如下：

$$Y_{it} = \beta_0 + \beta_i Cash_{it} + \beta_x X_{it} + c_i + \lambda_t + \varepsilon_{it} \qquad (3-10)$$

其中，Y_{it} 在回归中分别代表家庭 i 第 t 年农业经营收入和工商业经营收入，在估计时取对数处理。$Cash_{it}$ 代表家庭在日常生活中是否使用现金支付，为哑变量。X_{it} 是一系列控制变量，包括户主特征变量、家庭特征变量和地区特征变量。c_i 是不随时间变化的不可观测变量，λ_t 是时间固定效应，ε_{it} 是随机扰动项。

$$Y_{it} = \beta_0 + \beta_i Card_{it} + \beta_x X_{it} + c_i + \lambda_t + \varepsilon_{it} \qquad (3-11)$$

其中，Y_{it} 在回归中分别代表家庭 i 第 t 年农业经营收入和工商业经营收入，在估计时取对数处理。$Card_{it}$ 代表家庭在日常生活中是否使用银行卡支付，为哑变量。X_{it} 是一系列控制变量，包括户主特征变量、家庭特征变量和地区特征变量。c_i 是不随时间变化的不可观测变量，λ_t 是时间固定效应，ε_{it} 是随机扰动项。

$$Y_{it} = \beta_0 + \beta_i Online\_payment_{it} + \beta_x X_{it} + c_i + \lambda_t + \varepsilon_{it} \qquad (3-12)$$

其中，Y_{it} 在回归中分别代表家庭 i 第 t 年农业经营收入和工商业经营收入，在估计时取对数处理。$Online\_payment$ 代表家庭在日常生活中是否使用第三方支付，为哑变量。X_{it} 是一系列控制变量，包括户主特征变量、家庭特征变量和地区特征变量。c_i 是不随时间变化的不可观测变量，λ_t 是时间固定效应，ε_{it} 是随机扰动项。

2. 内生性讨论

在使用本小节设定的模型（3 - 7）~模型（3 - 12）分析支付方式对家庭经营绩效的影响时，可能由于内生性问题带来估计偏误。家庭经营性收入受到多种因素影响，除了已经控制的变量外，家庭成员的经营方式、工作习惯和性格等不可观测的文化、心理因素均会对其产生影响，地区的农业或商业环境也会对家庭产生影响。但这些变量尚不可观测，遗漏变量问题会引起内生性，导致关注变量的系数估计偏误。此外，家庭经营收入也会影响家庭支付方式选择，由于使用现金支付的便利性较差，如果家庭在一段时期内需要多次进行大笔交易，家庭往往更加偏好银行卡支付和第三方支付。家庭经营性收入对支付方式选择产生的逆向因果影响将导致内生性问题，使估计结果有偏。因此，我们使用是否持有现金作为现金支付的工具变量，使用是否拥有银行卡作为银行卡支付的工具变量，将是否使用智能手机作为第三方支付的工具变量。这三个工具变量与家庭支付方式选择息息相关，但与家庭经营性收入的关系不大，实证分析中将针对工具变量的合理性进行检验，并报告结果。

此外，不随时间变化的不可观测的变量也会影响家庭农业和工商业经营绩效，但这些变量引起的内生性无法通过工具变量解决，本节将使用2017 年和 2019 年的数据构建平衡面板，进行固定效应估计。

3. 变量描述

本小节重点关注支付方式对家庭经营绩效的影响，为减少遗漏变量带来的估计偏误，控制其他可能对家庭经营性收入产生影响的因素，参考以往文献，选取户主特征变量、家庭特征变量和地区特征变量作为控制变量。其中，户主特征变量有性别、年龄、户主年龄平方/100、是否已婚、风险态度、金融知识、是否自评不健康、是否失业，家庭特征变量有家庭规模、家庭资产、是否有房、是否有车，地区特征变量为地区人均 GDP。主要变量的描述性统计在表 3 - 23 中展示。

表 3 – 23   描述性统计

变量	2017 年		2019 年	
	均值	标准差	均值	标准差
现金支付	0.96	0.20	0.93	0.26
银行卡支付	0.22	0.42	0.14	0.34
第三方支付	0.26	0.44	0.49	0.50
ln 农业经营收入	1.82	3.68	1.81	3.69
ln 工商业经营收入	0.13	0.61	0.11	0.56
男性户主	0.81	0.39	0.75	0.43
户主年龄	55.57	13.46	57.03	13.19
户主年龄平方/100	32.70	15.16	34.27	15.19
户主已婚	0.87	0.33	0.86	0.34
风险偏好	0.03	0.16	0.05	0.22
风险厌恶	0.15	0.36	0.65	0.48
户主自评不健康	0.19	0.39	0.18	0.38
户主是否失业	0.36	0.48	0.08	0.27
家庭规模	3.28	1.56	3.19	1.54
ln 家庭资产	3.38	1.88	3.75	1.68
家庭自有住房	0.92	0.27	0.92	0.46
家庭自有汽车	0.27	0.44	0.30	0.46
ln 地区人均 GDP	10.98	0.44	11.07	0.41

4. 实证结果

本小节首先检验了支付方式对农业收入的影响。使用 2019 年 CHFIS
数据,我们研究发现,在处理内生性后支付方式对家庭农业经营收入的影
响不同。第三方支付的使用不能显著提高家庭的农业经营绩效。现金支付
和银行卡支付虽然显著增加了农业经营收入,但这一结果可能由于内生性
影响而有偏,需要进行进一步分析。具体估计结果如表 3 – 24 所示。

表 3 - 24　　　　　　　　支付方式与农业经营收入：截面数据

变量	农业经营收入					
	(1)	(2)	(3)	(4)	(5)	(6)
	Tobit			IV - Tobit		
现金支付	0.5745 *** (0.2033)			11.5385 *** (3.3022)		
银行卡支付		-0.1027 (0.1620)			2.1090 ** (0.9208)	
第三方支付			-0.1147 (0.0938)			0.0737 (0.2356)
男性户主	0.5039 *** (0.1224)	0.5057 *** (0.1224)	0.5043 *** (0.1225)	0.4697 *** (0.1403)	0.5285 *** (0.1228)	0.5071 *** (0.1226)
户主年龄	0.1120 *** (0.0274)	0.1145 *** (0.0274)	0.1121 *** (0.0275)	0.0502 (0.0355)	0.1307 *** (0.0282)	0.1156 *** (0.0275)
户主年龄平方/100	-0.1115 *** (0.0245)	-0.1134 *** (0.0245)	-0.1124 *** (0.0246)	-0.0673 ** (0.0303)	-0.1238 *** (0.0249)	-0.1131 *** (0.0246)
户主已婚	0.4696 *** (0.1445)	0.4803 *** (0.1445)	0.4734 *** (0.1446)	0.2410 (0.1759)	0.4963 *** (0.1447)	0.4816 *** (0.1446)
户主受教育年限	0.0239 * (0.0135)	0.0231 * (0.0136)	0.0245 * (0.0136)	0.0502 *** (0.0176)	-0.0101 (0.0197)	0.0209 (0.0145)
风险偏好	0.4132 ** (0.2025)	0.3992 ** (0.2026)	0.4061 ** (0.2027)	0.7083 *** (0.2521)	0.1919 (0.2211)	0.3889 * (0.2036)
风险厌恶	0.2862 *** (0.0850)	0.2866 *** (0.0851)	0.2857 *** (0.0850)	0.2354 ** (0.0983)	0.3689 *** (0.0920)	0.2907 ** (0.0854)
户主自评不健康	-0.6398 *** (0.0949)	-0.6356 *** (0.0949)	-0.6422 *** (0.0951)	-0.7447 *** (0.1170)	-0.6012 *** (0.0959)	-0.6286 *** (0.0965)
户主是否有工作	-1.1686 *** (0.2306)	-1.1748 *** (0.2308)	-1.1679 *** (0.2309)	-0.9436 *** (0.2674)	-1.2792 *** (0.2346)	-1.1857 *** (0.2323)
家庭规模	-0.0999 *** (0.0265)	-0.1002 *** (0.0266)	-0.0979 *** (0.0266)	-0.0804 *** (0.0307)	-0.0960 *** (0.0266)	-0.1015 *** (0.0268)
家庭资产	0.0006 (0.0005)	0.0006 (0.0005)	0.0006 (0.0005)	0.0018 *** (0.0006)	0.0005 (0.0005)	0.0006 (0.0005)

续表

变量	农业经营收入					
	（1）	（2）	（3）	（4）	（5）	（6）
	Tobit			IV – Tobit		
家庭自有住房	0.5749 ** (0.2269)	0.5828 ** (0.2269)	0.5901 *** (0.2269)	0.3728 (0.2638)	0.5699 ** (0.2264)	0.5849 ** (0.2269)
家庭自有汽车	0.3610 *** (0.0987)	0.3443 *** (0.0988)	0.3601 *** (0.0995)	0.7768 *** (0.1736)	0.1324 (0.1333)	0.3251 *** (0.1072)
地区人均 GDP	− 1.5037 ** (0.7616)	− 1.5141 ** (0.7619)	− 1.4887 * (0.7622)	− 1.1974 (0.8631)	− 1.7656 ** (0.7696)	− 1.5479 ** (0.7673)
省份哑变量	已控制					
样本数	8 434	8 434	8 434	8 434	8 434	8 434
一阶段 F 值				50.59	87.87	1 707.20
工具变量 t 值				17.04	20.12	68.69

为避免不随时间变化的不可观测变量对农业经营收入的影响，本小节利用 2017 年和 2019 年 CHFIS 数据，构成平衡面板，使用固定效应进行估计。如表 3 – 25 所示，FE 结果表明，现金支付、银行卡支付与第三方支付均对农业经营收入没有显著影响，这与表 3 – 21 的分组描述性结果相似。

表 3 – 25　　　　　　　　支付方式与农业经营收入：面板数据

变量	农业经营收入		
	（1）	（2）	（3）
	FE		
现金支付	0.0447 (0.0915)		
银行卡支付		− 0.0562 (0.0635)	
第三方支付			− 0.0201 (0.0563)

续表

变量	农业经营收入		
	（1）	（2）	（3）
	FE		
户主已婚	0.2174 **	0.2183 **	0.2180 **
	（0.1022）	（0.1021）	（0.1021）
风险偏好	0.2132 *	0.2161 **	0.2148 *
	（0.1096）	（0.1096）	（0.1096）
风险厌恶	0.0900 *	0.0897 *	0.0900 *
	（0.0491）	（0.0491）	（0.0491）
户主自评不健康	−0.0818	−0.0818	−0.0821
	（0.0639）	（0.0638）	（0.0639）
户主是否失业	−0.1006 **	−0.1029 **	−0.1000 **
	（0.0481）	（0.0482）	（0.0482）
家庭规模	0.1030 ***	0.1032 ***	0.1034 ***
	（0.0256）	（0.0256）	（0.0257）
家庭资产	0.0949 ***	0.0961 ***	0.0953 ***
	（0.0209）	（0.0210）	（0.0210）
家庭自有住房	−0.1420	−0.1451	−0.1431
	（0.1103）	（0.1103）	（0.1103）
家庭自有汽车	0.0221	0.0249	0.0222
	（0.0780）	（0.0781）	（0.0781）
地区人均 GDP	−0.1088	−0.1149	−0.1093
	（0.2000）	（0.2000）	（0.2000）
R^2	0.0038	0.0049	0.0040
样本数	27 086	27 086	27 086

  进一步地，本小节检验了支付方式对工商业经营收入的影响，表 3 − 26 报告了主要估计结果。第（1）～（3）列的 Tobit 估计结果表明，现金支付和银行卡支付对家庭工商业经营收入没有显著影响。第三方支付的使用显著提高了家庭工商业经营收入，改善了经营绩效。在处理内生性后，第

（4）~（6）列 IV – Tobit 的估计结果显示，第三方支付对家庭工商业经营收入的边际影响是 0.2926，在 5% 的水平下显著为正。第三方支付明显促进了家庭工商业绩效的提高。

表 3 – 26 支付方式与工商业经营收入：截面数据

变量	工商业经营收入					
	（1）	（2）	（3）	（4）	（5）	（6）
	Tobit			IV – Tobit		
现金支付	- 0.0710 (0.0439)			0.1321 (0.4323)		
银行卡支付		0.0400 (0.0370)			1.9172 *** (0.3266)	
第三方支付			0.1325 *** (0.0437)			0.2926 ** (0.1478)
男性户主	0.0105 (0.0390)	0.0104 (0.0390)	0.0125 (0.0390)	0.0078 (0.0393)	0.0419 (0.0393)	0.0153 (0.0391)
户主年龄	0.0164 * (0.0090)	0.0154 * (0.0090)	0.0118 (0.0090)	0.0133 (0.0109)	0.0279 *** (0.0092)	0.0169 * (0.0090)
户主年龄 平方/100	- 0.0231 ** (0.0090)	- 0.0223 ** (0.0090)	- 0.0174 * (0.0091)	- 0.0209 (0.0099)	- 0.0302 *** (0.0090)	- 0.0204 ** (0.0090)
户主已婚	0.0380 (0.0607)	0.0406 (0.0608)	0.0456 (0.0608)	0.0360 (0.0611)	0.0613 (0.0607)	0.0512 (0.0611)
户主受教育 年限	0.0042 (0.0051)	0.0039 (0.0051)	0.0034 (0.0051)	0.0056 (0.0060)	- 0.0254 *** (0.0072)	- 0.0003 (0.0056)
风险偏好	0.1618 *** (0.0561)	0.1563 *** (0.0562)	0.1551 *** (0.0560)	0.1636 *** (0.0567)	- 0.0360 (0.0651)	0.1402 ** (0.0570)
风险厌恶	0.1041 *** (0.0330)	0.1051 *** (0.0331)	0.1104 *** (0.0330)	0.1025 *** (0.0331)	0.1818 *** (0.0356)	0.1152 *** (0.0336)
户主自评 不健康	- 0.2469 *** (0.0570)	- 0.2441 *** (0.0568)	- 0.2387 *** (0.0568)	- 0.2465 *** (0.0570)	- 0.2189 *** (0.0568)	- 0.2267 *** (0.0575)

续表

变量	工商业经营收入					
	（1）	（2）	（3）	（4）	（5）	（6）
	Tobit			IV – Tobit		
户主是否 有工作	0.0590 （0.0389）	0.0579 （0.0389）	0.0558 （0.0389）	0.0614 （0.0398）	− 0.0421 （0.0424）	0.0421 （0.0398）
家庭规模	− 0.0185 * （0.0107）	− 0.0193 * （0.0107）	− 0.0179 * （0.0107）	− 0.0200 （0.0110）	− 0.0143 （0.0107）	− 0.0212 ** （0.0108）
家庭资产	0.0004 *** （0.0000）	0.0004 *** （0.0000）	0.0004 （0.0051）	0.0004 *** （0.0000）	0.0004 *** （0.0000）	0.0004 *** （0.0000）
家庭自有住房	− 0.0165 （0.0559）	− 0.0230 （0.0558）	− 0.0200 （0.0558）	− 0.0241 （0.0563）	− 0.0383 （0.0557）	− 0.0143 （0.0559）
家庭自有汽车	0.3147 *** （0.0335）	0.3141 *** （0.0336）	0.3059 *** （0.0336）	0.3237 *** （0.0406）	0.1285 *** （0.0460）	0.2697 *** （0.0410）
地区人均 GDP	1.0623 *** （0.2416）	1.0657 *** （0.2417）	1.0671 *** （0.2414）	1.0894 *** （0.2469）	0.8818 *** （0.2429）	0.9989 *** （0.2444）
省份哑变量	控制					
样本数	3 230	3 230	3 230	3 230	3 230	3 230
一阶段 F 值				50.59	87.87	1 707.20
工具变量 t 值				17.04	20.12	68.69

为了避免不随时间变化的不可观测变量对工商业经营收入的影响，本节使用 2017 年和 2019 年 CHFIS 数据，构建平衡面板，运用固定效应进行估计。表 3 – 27 报告了估计结果。FE 估计结果表明，现金支付对家庭工商业经营收入没有显著影响，银行卡支付和第三方支付在一定程度上提高了家庭的工商业经营收入，改善了经营绩效。其中，银行卡支付的使用使工商业经营收入提高了 5.53%，第三方支付使家庭工商业经营收入增加了 4.06%。

表 3 - 27 支付方式与工商业经营收入：面板数据

变量	工商业经营收入		
	(1)	(2)	(3)
	FE		
现金支付	- 0. 0019 (0. 0172)		
银行卡支付		0. 0553 *** (0. 0119)	
第三方支付			0. 0406 *** (0. 0106)
户主已婚	- 0. 0039 (0. 0192)	- 0. 0039 (0. 0192)	- 0. 0033 (0. 0192)
风险偏好	0. 0234 (0. 0206)	0. 0217 (0. 0206)	0. 0225 (0. 0206)
风险厌恶	0. 0024 (0. 0092)	0. 0029 (0. 0092)	0. 0028 (0. 0092)
户主自评不健康	0. 0044 (0. 0120)	0. 0047 (0. 0120)	0. 0059 (0. 0120)
户主是否失业	- 0. 0083 (0. 0090)	- 0. 0064 (0. 0090)	- 0. 0104 (0. 0091)
家庭规模	0. 0209 *** (0. 0048)	0. 0205 *** (0. 0048)	0. 0197 *** (0. 0048)
家庭资产	0. 0378 *** (0. 0039)	0. 0366 *** (0. 0039)	0. 0369 *** (0. 0039)
家庭自有住房	- 0. 0689 *** (0. 0207)	- 0. 0661 *** (0. 0207)	- 0. 0673 *** (0. 0207)
家庭自有汽车	0. 1066 *** (0. 0147)	0. 1026 *** (0. 0147)	0. 1037 *** (0. 0147)

续表

变量	工商业经营收入		
	（1）	（2）	（3）
	FE		
地区人均 GDP	−0.0537 （0.0376）	−0.0495 （0.0375）	−0.0565 （0.0375）
R^2	0.0695	0.0703	0.0734
样本数	27 086	27 086	27 086

3.3.4 主要结论

本小节采用 Tobit、IV‑Tobit、FE 的估计方法，综合运用 2017 年和 2019 年 CHFIS 数据，研究了不同支付方式对家庭经营性收入的影响。结果表明，支付方式对家庭农业经营性收入并没有显著的促进作用，现金支付、银行卡支付和第三方支付的使用均未显著增加农业经营收入。但银行卡支付和第三方支付对家庭工商业经营收入有显著的积极影响，改善了家庭工商业经营绩效。现金支付功能较为单一，虽使用范围较广，但对家庭工商业经营收入没有显著影响。

3.4 支付与家庭资产配置

3.4.1 文献综述

2020 年 3 月，国家发展改革委、中宣部、财政部、商务部等 23 个部门联合印发《关于促进消费扩容提质加快形成强大国内市场的实施意见》，该实施意见提出，应丰富和规范居民投资理财产品，适度扩大国债、地方政府债券面向个人投资者的发行额度。在金融市场不断发展的背景下，稳定和增加居民财产性收入、稳定资本市场财产性收入预期是中国现在面临的重要议题。

坎贝尔（Campbell，2006）指出，居民金融资产配置的实质是如何在一定的保障水平下通过利用金融产品和参与金融市场，实现资产的保值增值。这对于家庭财富和经济状况具有重要意义。长期以来，广大学者针对居民的金融市场参与和风险资产配置等进行了深入研究，取得了一系列研究结果。

萨曼罗（Sanroman，2015）研究指出，风险态度是影响个体金融资产配置的重要因素，厌恶风险的人会将大部分财富投资于无风险资产。居民所面临的收入风险也是影响投资决策和重要因素之一，当家庭收入风险较大时，往往更多地投资于无风险资产（Basten，2016）。国内学者的研究发现，收入、金融知识、健康状况、受教育程度均影响着微观主体的金融市场参与和资产配置（尹志超等，2015；吴卫星等，2011）。格林布拉特等（Grinblatt et al.，2011）研究发现，家庭金融资产配置效率与户主的受教育程度呈正相关关系，户主教育程度较高，家庭资产组合的夏普比率更大。此外，居民家庭资产组合的夏普比率与户主的 IQ 呈正相关关系（柴时军，2017）。而居民家庭金融资产结构单一，较少参与风险性金融市场，既不利于家庭财富的保值增值，也不利于整个国民经济长远发展（Torricelli et al.，2016）。

中国居民参与金融市场的比例较低，金融资产结构比较单一（甘犁等，2012），成为制约我国居民财产性收入增长的原因之一。中国居民家庭房产的参与率和份额都非常高，但股票和基金的参与率和份额相对较低（吴卫星和吕学梁，2013）。支付方式作为交易实现的重要因素，其使用成本、便利性、安全性等因素可能对家庭资产选择和资产配置产生重要影响。本小节将运用 2019 年中国普惠金融调查数据，重点分析家庭支付方式对金融资产多样性的影响，探究支付方式是否改变了家庭金融资产的种类。

3.4.2 描述性统计

家庭金融资产多样性是家庭资产配置的重要问题。本小节关注支付方式与家庭金融资产多样性，使用家庭拥有的金融资产种类作为资产多样性的代理变量。表 3 - 28 的分组描述性结果表明，家庭选择不同的支付方式与家庭金融资产种类相关。家庭日常使用银行卡作为主要支付方式时，家庭金融资产种类均值为 1.7，比不使用的家庭显著高 0.55。相比于不使用第三方支付的家庭，使用第三方支付的家庭资产种类平均达到 1.41，二者组间差异显著存在。

表 3 - 28　　　　　　资产种类与支付方式分组描述性统计

项目		资产种类		均值检验
		使用	未使用	
2017 年	现金支付	1.17	1.59	0.42 ***
	银行卡支付	1.60	1.07	− 0.53 ***
	第三方支付	1.51	1.07	− 0.43 ***
2019 年	现金支付	1.20	1.43	0.23 ***
	银行卡支付	1.70	1.15	− 0.55 ***
	第三方支付	1.41	1.02	− 0.39 ***

3.4.3　实证研究

1. 模型设定

本小节首先使用 2019 年截面数据分析现金支付、银行卡支付与第三方支付三类支付方式对家庭金融资产种类的影响，构建如下回归模型：

$$Financial\_assets_i = \beta_0 + \beta_i Cash_i + \beta_x X + \mu \qquad (3-13)$$

其中，$Financial\_assets_i$ 表示家庭 i 当年所拥有金融资产的种类数。$Cash_i$ 代表家庭在日常生活中是否使用现金支付，为哑变量。X 是一系列控制变量，包括户主特征变量、家庭特征变量和地区特征变量。μ 是误差项。

$$Financial\_assets_i = \beta_0 + \beta_i Card_i + \beta_x X + \mu \qquad (3-14)$$

其中，$Financial\_assets_i$ 表示家庭 i 当年所拥有金融资产的种类数。$Card_i$ 代表家庭在日常生活中是否使用银行卡支付，为哑变量。X 是一系列控制变量，包括户主特征变量、家庭特征变量和地区特征变量。μ 是误差项。

$$Financial\_assets_i = \beta_0 + \beta_i Online\_payment_i + \beta_x X + \mu \qquad (3-15)$$

其中，$Financial\_assets_i$ 表示家庭 i 当年所拥有金融资产的种类数。$Online\_payment_i$ 代表家庭在日常生活中是否使用第三方支付，为哑变量。X 是一系列控制变量，包括户主特征变量、家庭特征变量和地区特征变量。μ 是误差项。

进一步地，本小节综合使用 2017 年和 2019 年 CHFIS 数据，构建面板模型进行估计，具体模型如下：

$$Financial\_assets_{it} = \beta_0 + \beta_i Cash_{it} + \beta_x X_{it} + c_i + \lambda_t + \varepsilon_{it} \qquad (3-16)$$

其中，$Online\_payment_{it}$ 表示家庭 i 第 t 年拥有的金融资产种类数。$Cash_{it}$ 代表家庭在日常生活中是否使用现金支付，为哑变量。X_{it} 是一系列控制变量，包括户主特征变量、家庭特征变量和地区特征变量。c_i 是不随时间变化的不可观测变量，λ_t 是时间固定效应，ε_{it} 是随机扰动项。

$$Financial\_assets_{it} = \beta_0 + \beta_i Card_{it} + \beta_x X_{it} + c_i + \lambda_t + \varepsilon_{it} \qquad (3-17)$$

其中，$Financial\_assets_{it}$ 表示家庭 i 第 t 年拥有的金融资产种类数。$Card_{it}$ 代表家庭在日常生活中是否使用银行卡支付，为哑变量。X_{it} 是一系列控制变量，包括户主特征变量、家庭特征变量和地区特征变量。c_i 是不随时间变化的不可观测变量，λ_t 是时间固定效应，ε_{it} 是随机扰动项。

$$Financial\_assets_{it} = \beta_0 + \beta_i Online\_payment_{it} + \beta_x X_{it} + c_i + \lambda_t + \varepsilon_{it}$$
$$(3-18)$$

其中，$Financial\_assets_{it}$ 表示家庭 i 第 t 年拥有的金融资产种类数。$Online\_payment_{it}$ 代表家庭在日常生活中是否使用第三方支付，为哑变量。X_{it} 是一系列控制变量，包括户主特征变量、家庭特征变量和地区特征变量。c_i 是不随时间变化的不可观测变量，λ_t 是时间固定效应，ε_{it} 是随机扰动项。

2. 内生性讨论

在使用本小节设定的模型（3-13）～模型（3-18）分析支付方式对家庭金融资产多样性的影响时，可能由于内生性问题带来估计偏误。家庭金融资产配置受到多种因素影响，除了已经控制的变量外，家庭成员的性格、理财习惯等不可观测的文化、心理因素均会对其产生影响，地区的金融环境和资本市场发达程度也会对家庭产生影响。但这些变量尚不可观测，遗漏变量问题会引起内生性，导致关注变量的系数估计偏误。此外，家庭金融资产多样性也会影响家庭支付方式选择，如果家庭选择购买股票和基金，使用银行卡是必备要素之一。家庭资产配置对支付方式选择产生的逆向因果影响将导致内生性问题，使估计结果有偏。因此，我们使用是否持有现金作为现金支付的工具变量，使用是否拥有银行卡作为银行卡支付的工具变量，将是否使用智能手机作为第三方支付的工具变量。这三个工具变量与家庭支付方式选择息息相关，实证分析中将针对工具变量的合理性进行检验，并报告结果。

此外，不随时间变化的不可观测的变量也会影响家庭资产配置多样性，但这些变量引起的内生性无法通过工具变量解决，本小节将使用2017 年和2019 年的数据，构建平衡面板，进行固定效应估计。

3. 变量描述

本小节关注支付方式对家庭金融资产多样性的影响，为减少遗漏变量带来的估计偏误，控制其他可能对家庭拥有金融资产种类产生影响的因素，参考以往文献，选取户主特征变量、家庭特征变量和地区特征变量作为控制变量。其中，户主特征变量有性别、年龄、年龄平方/100、是否已婚、风险态度、金融知识、是否自评不健康、是否失业，家庭特征变量有家庭规模、家庭资产、家庭收入、是否有房，是否有车；地区特征变量为地区人均 GDP 和是否为农村。主要变量的描述性统计在表 3 - 29 中展示。

表 3 - 29 描述性统计

变量	2017 年		2019 年	
	均值	标准差	均值	标准差
现金支付	0.96	0.20	0.93	0.26
银行卡支付	0.22	0.42	0.14	0.34
第三方支付	0.26	0.44	0.49	0.50

续表

变量	2017 年		2019 年	
	均值	标准差	均值	标准差
金融资产种类	1.07	0.79	1.17	0.83
男性户主	0.81	0.39	0.75	0.43
户主年龄	55.57	13.46	57.03	13.19
户主年龄平方/100	32.70	15.16	34.27	15.19
户主已婚	0.87	0.33	0.86	0.34
风险偏好	0.03	0.16	0.05	0.22
风险厌恶	0.15	0.36	0.65	0.48
金融知识	11.58	24.52	22.86	24.56
户主自评不健康	0.19	0.39	0.18	0.38
户主是否失业	0.36	0.48	0.08	0.27
家庭规模	3.28	1.56	3.19	1.54
ln 家庭收入	1.38	1.47	1.55	1.38
ln 家庭资产	3.38	1.88	3.75	1.68
家庭自有住房	0.92	0.27	0.92	0.46
家庭自有汽车	0.27	0.44	0.30	0.46
ln 地区人均 GDP	10.98	0.44	11.07	0.41
农村	0.36	0.48	0.36	0.48

4. 实证结果

家庭资产多样性是家庭资产配置的重要问题,本小节重点关注支付方式对家庭金融资产多样性的影响。利用 2019 年 CHFIS 数据,我们使用最小二乘法进行估计,并选取工具变量,运用两阶段最小二乘法进一步检验,估计结果在表 3 - 30 中报告。研究发现,相比于不使用某种支付方式的家庭,使用现金支付、银行卡支付和第三方支付的家庭金融资产的种类更多。第三方支付等支付方式的使用显著促进了家庭金融资产配置的多样性。表 3 - 30 中同样报告了工具变量的检验结果,三个工具变量的 F 值均远大于 10% 偏误水平下 F 值的临界值 16.38,表明不存在弱工具变量问题，本小节选取的工具变量是有效的。

表 3 – 30   支付方式与金融资产种类：截面数据

变量	金融资产种类					
	（1）	（2）	（3）	（4）	（5）	（6）
	OLS			2SLS		
现金支付	0.0130 （0.0192）			2.3348 *** （0.1222）		
银行卡支付		0.2168 *** （0.0174）			3.1158 *** （0.1304）	
第三方支付			0.1300 *** （0.0115）			0.0973 *** （0.0295）
男性户主	– 0.0637 *** （0.0120）	– 0.0631 *** （0.0119）	– 0.0622 *** （0.0120）	– 0.0746 *** （0.0120）	– 0.0559 *** （0.0118）	– 0.0625 *** （0.0120）
户主年龄	0.0178 *** （0.0023）	0.0193 *** （0.0023）	0.0188 *** （0.0023）	– 0.0141 *** （0.0029）	0.0372 （0.0025）	0.0186 *** （0.0023）
户主年龄 平方/100	– 0.0107 *** （0.0020）	– 0.0116 *** （0.0020）	– 0.0099 *** （0.0020）	0.0106 *** （0.0023）	– 0.0221 *** （0.0021）	– 0.0101 *** （0.0020）
户主已婚	0.0438 *** （0.0143）	0.0465 *** （0.0142）	0.488 *** （0.142）	– 0.0037 （0.0144）	0.0799 *** （0.0142）	0.4762 *** （0.0143）
户主受教育 年限	0.0303 *** （0.0014）	0.0277 *** （0.0014）	0.0285 *** （0.0014）	0.0412 *** （0.0015）	– 0.0054 *** （0.0020）	0.0289 *** （0.0014）
金融知识	0.0097 *** （0.0003）	0.0092 *** （0.0003）	0.0093 *** （0.0003）	0.0110 *** （0.0003）	0.0035 *** （0.0004）	0.0094 *** （0.0003）
风险偏好	0.1556 *** （0.0268）	0.1392 *** （0.0266）	0.1498 *** （0.0267）	0.1807 *** （0.0267）	– 0.0771 *** （0.0281）	0.1512 *** （0.0268）
风险厌恶	– 0.0061 （0.0102）	0.0015 *** （0.0102）	– 0.0035 （0.0102）	– 0.0166 （0.0102）	0.1021 *** （0.0109）	– 0.0041 *** （0.0102）
户主自评 不健康	– 0.0802 *** （0.0111）	– 0.0793 *** （0.0110）	– 0.0712 *** （0.0111）	– 0.0891 *** （0.0111）	– 0.0683 *** （0.0110）	– 0.0734 *** （0.0112）

中国家庭普惠金融发展研究

续表

变量	金融资产种类					
	（1）	（2）	（3）	（4）	（5）	（6）
	OLS			2SLS		
户主是否失业	0.0198 (0.0185)	0.0126 (0.0184)	0.0174 (0.0185)	0.0372 ** (0.0184)	-0.0815 *** (0.0188)	0.0179 (0.0185)
家庭规模	-0.0271 *** (0.0034)	-0.0262 *** (0.0034)	-0.0288 *** (0.0034)	-0.0405 *** (0.0035)	-0.0146 (0.0034)	-0.0284 *** (0.0035)
家庭收入	0.0566 *** (0.0034)	0.0525 *** (0.0034)	0.0532 *** (0.0034)	0.0709 *** (0.0035)	-0.0007 (0.0040)	0.0540 *** (0.0035)
家庭资产	0.0000 (0.0000)	0.0000 (0.0000)	0.0000 (0.0000)	0.0000 (0.0000)	0.0000 (0.0000)	0.0000 (0.0000)
家庭自有住房	0.0877 *** (0.0151)	0.0867 *** (0.0151)	0.0898 *** (0.0151)	0.0478 *** (0.0151)	0.0708 *** (0.0149)	0.0893 *** (0.0151)
家庭自有汽车	0.0884 *** (0.0120)	0.0697 *** (0.0119)	0.0691 *** (0.0121)	0.1952 *** (0.0131)	-0.1718 *** (0.0161)	0.0738 *** (0.0128)
地区人均 GDP	0.2648 *** (0.0279)	0.2479 *** (0.0279)	0.2601 *** (0.0278)	0.2557 *** (0.0278)	0.0215 (0.0291)	0.2613 *** (0.0279)
农村	0.1081 *** (0.0109)	0.1065 *** (0.0109)	0.1178 *** (0.0109)	0.0511 *** (0.0113)	0.0817 *** (0.0109)	0.1154 *** (0.0110)
省份哑变量	已控制					
R^2	0.2067	0.2137	0.2104	0.2167	0.2241	0.2069
样本数	26 526	26 526	26 526	26 256	26 256	26 256
一阶段 F 值				50.27	89.16	1 660.34
工具变量 t 值				17.30	16.74	63.38

　　截面数据估计可能会面临因不随时间变化的不可观测的遗漏变量的影响，使得估计结果有偏，因此本小节进一步使用 2017 年和 2019 年 CHFIS 的平衡面板数据，运用固定效应模型检验三类支付方式对家庭金融资产多样性的影响。表 3-31 报告了变量的估计结果。研究发现，银行卡支付和

第三方支付的使用显著增加了家庭金融资产的种类，对家庭金融资产多样性有显著的积极影响，这与表 3 - 28 的分组描述性结果和表 3 - 30 的截面数据估计结果一致，且基本可比。

表 3 - 31　　　　　　　　支付方式与金融资产种类：面板数据

变量	金融资产种类		
	（1）	（2）	（3）
	FE		
现金支付	0.0158 （0.0240）		
银行卡支付		0.1074 *** （0.0166）	
第三方支付			0.0631 *** （0.0148）
户主已婚	0.0156 （0.0268）	- 0.0330 * （0.0176）	0.0171 （0.0267）
金融知识	0.0015 *** （0.0002）	0.0016 *** （0.0002）	0.0015 *** （0.0002）
风险偏好	0.0662 ** （0.0287）	0.0635 ** （0.0287）	0.0652 ** （0.0287）
风险厌恶	- 0.0072 （0.0130）	- 0.0057 （0.0130）	- 0.0068 （0.0130）
户主自评不健康	- 0.0410 ** （0.0167）	- 0.0409 ** （0.0167）	- 0.0386 ** （0.0167）
户主是否失业	0.0073 （0.0126）	0.0096 （0.0126）	0.0039 （0.0126）
家庭规模	0.0002 （0.0068）	0.0008 （0.0068）	- 0.0014 （0.0069）
家庭收入	0.0167 *** （0.0052）	0.0158 *** （0.0052）	0.0157 *** （0.0052）

续表

变量	金融资产种类		
	（1）	（2）	（3）
	FE		
家庭资产	0.0681 *** （0.0055）	0.0661 *** （0.0055）	0.0669 *** （0.0055）
家庭自有住房	− 0.0966 *** （0.0289）	− 0.0911 ** （0.0289）	− 0.0945 *** （0.0289）
家庭自有汽车	0.0399 * （0.0205）	0.0318 （0.0204）	0.0351 * （0.0206）
地区人均 GDP	− 0.1292 ** （0.0524）	− 0.1196 ** （0.0523）	− 0.1337 ** （0.0524）
农村	0.0260 （0.0737）	0.0280 （0.0736）	0.0341 （0.0737）
R^2	0.1205	0.1441	0.1246
样本数	27 086	27 086	27 086

3.4.4　主要结论

本小节采用 OLS、2SLS 和 FE 的估计方法，研究了支付方式对家庭金融资产多样性的影响。OLS 和 FE 的估计系数表明，银行卡支付和第三方支付对家庭金融资产种类的影响显著为正，估计系数均在 1% 水平上显著。为解决估计中的内生性问题，进一步选用工具变量进行两阶段最小二乘估计，结果表明，银行卡和第三方支付的使用仍显著增加了家庭金融资产种类，提高了家庭金融资产的多样性。

3.5　支付与家庭相对贫困

3.5.1　文献综述

中国共产党第十九届四中全会指出，要坚决打赢脱贫攻坚战，建立解决相对贫困的长效机制。这是党的十八大以来中央全会首次提及"相对贫困",意味着解决相对贫困问题成为未来我国巩固脱贫成果工作的新方向。

长期以来,学者主要从制度保障、基础设施建设、产业发展、教育资源、医疗资源等角度探究化解相对贫困、改善人民生活的良策。有条件现金转移(CCTs)作为一种社会减贫计划,能够显著增加贫困家庭消费、提高中小学入学率、改善儿童健康和营养状况以及提高性别平等(房连泉,2016)。中国的金融发展也能促进贫困家庭收入水平的提高,减少收入分配不平等(苏基溶和廖进中,2009)。在收入再分配的环节,韦德斯潘(Wiederspan,2015)强调,在合理制定负税率的前提下,负所得税能够更好地激励就业、减轻贫困。政府增加基础教育的财政支出也有助于减轻相对贫困的深度(李永友和沈坤荣,2007)。

随着金融科技和互联网技术的运用和发展,信息技术也成为缓解相对贫困的重要动力。2016 年 4 月,国家主席习近平在网络安全和信息化工作座谈会上指出:"可以发挥互联网在助推脱贫攻坚中的作用,推进精准扶贫、精准脱贫,让更多贫困群众用上互联网,让农产品通过互联网走出乡村。"[①] 互联网技术的运用和普及,降低了信息传递成本和搜寻成本,加快了落后地区和贫穷地区的信息传播速度(Aker et al.,2016)。互联网技术的使用也有助于降低教育成本,增加困难家庭教育支出(张永丽等,2019)。农村地区互联网的普及,能够从多维度降低城乡之间的数字鸿沟,使农村居民充分享受互联网红利,对于缩小城乡收入差距具有重要意义(程名望和张家平,2019)。另外,智能手机作为信息传播的重要媒介,有助于农户获取各类信息和知识,利用有益信息做出正确的农业生产决策,提高农业经营收入,缓解家庭的相对贫困程度。基于印度和非洲部分国家微观数据的实证研究也表明,手机信号的覆盖对优化农产品市场效率、提高农产品销售价格、改善中间商和农民的福利有着显著的积极作用(Aker,2010;Andrianarison,2010)。

已有文献较少研究支付方式变化对家庭相对贫困的影响,本小节将重

---

① 习近平. 在网络安全和信息化工作座谈会上的讲话 [EB/OL]. http://politics.people.cn/n1/2016/0426/c1024 - 28303544. html.

点关注这一问题，运用 2019 年中国普惠金融调查的数据，实证检验支付方式的使用是否影响家庭陷入相对贫困的概率。这是对现有文献的合理补充，也为分析我国相对贫困问题提供了新思路。

3.5.2 描述性统计

本小节关注支付方式与家庭相对贫困，表 3 - 32 具体描述了是否使用某种支付方式时相对贫困的家庭比例。对比 2019 年数据可知，使用银行卡支付和第三方支付的家庭中，相对贫困的比例更低。使用银行卡作为支付方式的家庭平均相对贫困的比例为 0.06，使用第三方支付的家庭相对贫困的比例为 0.09，均显著低于未使用的家庭。根据分组描述性统计表现出的差异，本小节将针对支付方式与家庭是否相对贫困的关系进行深入的实证分析。

表 3 - 32　　　　　　　　　　支付方式与家庭相对贫困

项目		相对贫困		均值检验
		使用	未使用	
2017 年	现金支付	0.15	0.08	- 0.07 ***
	银行卡支付	0.05	0.17	0.12 ***
	第三方支付	0.06	0.17	0.11 ***
2019 年	现金支付	0.14	0.09	- 0.04 ***
	银行卡支付	0.06	0.14	0.08 ***
	第三方支付	0.09	0.18	0.09 ***

3.5.3 实证研究

1. 模型设定

本小节首先使用 2019 年截面数据分析现金支付、银行卡支付与第三方支付三类支付方式对家庭相对贫困的影响，构建如下回归模型：

$$Relative\_poverty_i = \beta_0 + \beta_i Cash_i + \beta_x X + \mu \qquad (3-19)$$

其中，$Relative\_poverty_i$ 表示家庭 i 2019 年是否处于相对贫困，是哑变量，$Cash_i$ 代表家庭在日常生活中是否使用现金支付，为哑变量。X 是一系列控制变量，包括户主特征变量、家庭特征变量和地区特征变量。μ 是误差项。

$$Relative\_poverty_i = \beta_0 + \beta_i Card_i + \beta_x X + \mu \qquad (3-20)$$

其中，$Relative\_poverty_i$ 表示家庭 i 2019 年是否处于相对贫困，是哑变量。$Card_i$ 代表家庭在日常生活中是否使用银行卡支付，为哑变量。X 是一系列控制变量，包括户主特征变量、家庭特征变量和地区特征变量。μ 是误差项。

$$Relative\_poverty_i = \beta_0 + \beta_i Online\_payment_i + \beta_x X + \mu \qquad (3-21)$$

其中，$Relative\_poverty_i$ 表示家庭 i 2019 年是否处于相对贫困，是哑变量。$Online\_payment_i$ 代表家庭在日常生活中是否使用第三方支付，为哑变量。X 是一系列控制变量，包括户主特征变量、家庭特征变量和地区特征变量。μ 是误差项。

进一步地，本小节综合使用 2017 年和 2019 年 CHFIS 数据，构建面板模型进行估计，具体模型如下：

$$Relative\_poverty_{it} = \beta_0 + \beta_i Cash_{it} + \beta_x X_{it} + c_i + \lambda_t + \varepsilon_{it} \qquad (3-22)$$

其中，$Relative\_poverty_{it}$ 表示家庭 i 第 t 年是否处于相对贫困。$Cash_{it}$ 代表家庭在日常生活中是否使用现金支付，为哑变量。X_{it} 是一系列控制变量，包括户主特征变量、家庭特征变量和地区特征变量。c_i 是不随时间变化的不可观测变量，λ_t 是时间固定效应，ε_{it} 是随机扰动项。

$$Relative\_poverty_{it} = \beta_0 + \beta_i Card_{it} + \beta_x X_{it} + c_i + \lambda_t + \varepsilon_{it} \qquad (3-23)$$

其中，$Relative\_poverty_i$ 表示家庭 i 第 t 年是否处于相对贫困。$Card_{it}$ 代表家庭在日常生活中是否使用银行卡支付，为哑变量。X_{it} 是一系列控制变量，包括户主特征变量、家庭特征变量和地区特征变量。c_i 是不随时间变化的不可观测变量，λ_t 是时间固定效应，ε_{it} 是随机扰动项。

$$Relative\_poverty_{it} = \beta_0 + \beta_i Online\_payment_{it} + \beta_x X_{it} + c_i + \lambda_t + \varepsilon_{it} \qquad (3-24)$$

其中，$Relative\_poverty_{it}$ 表示家庭 i 第 t 年是否处于相对贫困。$Online\_payment_{it}$ 代表家庭在日常生活中是否使用第三方支付，为哑变量。X_{it} 是一系列控制变量，包括户主特征变量、家庭特征变量和地区特征变量。c_i 是不随时间变化的不可观测变量，λ_t 是时间固定效应，ε_{it} 是随机扰动项。

2. 内生性讨论

在使用本节设定的模型（3 - 19）~模型（3 - 24）分析支付方式对家庭是否相对贫困的影响时，可能由于内生性问题带来估计偏误。家庭是否处于相对贫困受到多种因素影响，除了已经控制的变量外，家庭成员的勤奋程度、努力程度和智商等不可观测的文化、心理因素均会对其产生影响。地区的政策和资源保障程度等也会对家庭产生影响。但这些变量尚不可度量，遗漏变量问题会引起内生性，导致关注变量的系数估计偏误。此外，家庭是否相对贫困也会影响家庭支付方式选择，家庭经济状况过差时往往使用银行卡的需求较低，动机不强。家庭是否相对贫困对支付方式选择产生的逆向因果影响将导致内生性问题，使估计结果有偏。因此，我们使用是否持有现金作为现金支付的工具变量，使用是否拥有银行卡作为银行卡支付的工具变量，将是否使用智能手机作为第三方支付的工具变量。这三个工具变量与家庭支付方式选择息息相关，但与家庭是否相对贫困的关系较小，实证分析中将针对工具变量的合理性进行检验，并报告结果。

此外，不随时间变化的不可观测的变量也会影响家庭是否处于相对贫困，但这些变量引起的内生性无法通过工具变量解决，本节将使用 2017 年和 2019 年数据构建平衡面板，进行固定效应估计。

3. 变量描述

本小节关注支付方式对家庭相对贫困的影响，为减少遗漏变量带来的估计偏误，控制其他可能对家庭是否处于相对贫困状态产生影响的因素，参考以往文献，选取户主特征变量、家庭特征变量和地区特征变量作为控制变量。其中，户主特征变量有性别、年龄、年龄平方/100、是否已婚、风险态度、金融知识、是否自评不健康、是否失业，家庭特征变量有家庭规模、家庭是否工商业经营、家庭资产、是否有房、是否有车，地区特征变量为地区人均 GDP 和是否为农村。表 3 - 33 报告了主要变量的描述性统计结果。

表 3 – 33 　　　　　　　　　　描述性统计

变量	2017 年		2019 年	
	均值	标准差	均值	标准差
现金支付	0.96	0.20	0.93	0.26
银行卡支付	0.22	0.42	0.14	0.34
第三方支付	0.26	0.44	0.49	0.50
是否相对贫困	0.12	0.33	0.11	0.31
男性户主	0.81	0.39	0.75	0.43
户主年龄	55.57	13.46	57.03	13.19
户主年龄平方/100	32.70	15.16	34.27	15.19
户主已婚	0.87	0.33	0.86	0.34
风险偏好	0.03	0.16	0.05	0.22
风险厌恶	0.15	0.36	0.65	0.48
金融知识	11.58	24.52	22.86	24.56
户主自评不健康	0.19	0.39	0.18	0.38
户主是否失业	0.36	0.48	0.08	0.27
家庭规模	3.28	1.56	3.19	1.54
家庭是否工商业经营	0.13	0.33	0.12	0.32
ln 家庭资产	3.38	1.88	3.75	1.68
家庭自有住房	0.92	0.27	0.92	0.46
家庭自有汽车	0.27	0.44	0.30	0.46
ln 地区人均 GDP	10.98	0.44	11.07	0.41
农村	0.36	0.48	0.36	0.48

4. 实证结果

本小节重点关注支付方式对相对贫困的影响，表 3 – 34 报告了主要的估计结果。OLS 和 2SLS 数据表明，支付方式的使用能够显著改善家庭相对贫困状况。相对于不使用银行卡支付和第三方支付的家庭，使用银行卡支付和第三方支付显著降低了家庭陷入相对贫困的概率，估计系数均在 1% 的水平下显著。

表 3 - 34   支付方式与家庭相对贫困：截面数据

变量	家庭相对贫困					
	(1)	(2)	(3)	(4)	(5)	(6)
	OLS			2SLS		
现金支付	- 0. 0001 (0. 0054)			- 0. 2230 *** (0. 0536)		
银行卡支付		- 0. 0153 *** (0. 0041)			- 0. 4983 *** (0. 0420)	
第三方支付			- 0. 0464 *** (0. 0043)			- 0. 2326 *** (0. 0153)
男性户主	0. 0290 *** (0. 0043)	0. 0290 *** (0. 0043)	0. 0282 *** (0. 0043)	0. 0303 *** (0. 0043)	0. 0262 *** (0. 0043)	0. 0250 *** (0. 0043)
户主年龄	- 0. 0030 *** (0. 0010)	- 0. 0031 *** (0. 0009)	- 0. 0033 *** (0. 0009)	0. 0000 *** (0. 0012)	- 0. 0061 *** (0. 0010)	- 0. 0044 *** (0. 0009)
户主年龄 平方/100	0. 0027 *** (0. 0009)	0. 0028 *** (0. 0009)	0. 0025 *** (0. 0009)	0. 0008 *** (0. 0010)	0. 0046 *** (0. 0009)	0. 0012 (0. 0009)
户主已婚	- 0. 0481 *** (0. 0067)	- 0. 0482 *** (0. 0067)	- 0. 0496 *** (0. 0067)	- 0. 0438 *** (0. 0068)	- 0. 0520 *** (0. 0067)	- 0. 0556 *** (0. 0069)
户主受教育 年限	- 0. 0130 *** (0. 0006)	- 0. 0128 *** (0. 0006)	- 0. 0122 *** (0. 0006)	- 0. 0141 *** (0. 0007)	- 0. 0064 *** (0. 0008)	- 0. 0091 *** (0. 0006)
风险偏好	0. 0136 * (0. 0073)	- 0. 0124 * (0. 0073)	- 0. 0115 (0. 0073)	- 0. 0163 ** (0. 0073)	0. 0250 *** (0. 0079)	- 0. 0030 (0. 0072)
风险厌恶	- 0. 0177 *** (0. 0042)	- 0. 0182 *** (0. 0042)	- 0. 0186 *** (0. 0042)	- 0. 0167 *** (0. 0042)	- 0. 0348 *** (0. 0045)	- 0. 0223 *** (0. 0042)
金融知识	- 0. 0003 *** (0. 0001)	- 0. 0003 *** (0. 0001)	- 0. 0002 ** (0. 0001)	- 0. 0004 *** (0. 0001)	0. 0007 *** (0. 0001)	0. 0003 *** (0. 0001)
户主自评 不健康	0. 0673 *** (0. 0061)	0. 0672 *** (0. 0061)	0. 0639 *** (0. 0061)	0. 0686 *** (0. 0061)	0. 0628 *** (0. 0061)	0. 0502 *** (0. 0061)
户主是否失业	- 0. 0310 *** (0. 0050)	- 0. 0305 *** (0. 0050)	- 0. 0304 *** (0. 0050)	- 0. 0330 *** (0. 0051)	- 0. 0141 *** (0. 0052)	- 0. 0278 *** (0. 0050)
家庭是否 工商业经营	0. 0463 *** (0. 0058)	0. 0466 *** (0. 0058)	0. 0523 *** (0. 0058)	0. 0479 *** (0. 0058)	0. 0570 *** (0. 0059)	0. 0761 (0. 0061)

续表

变量	家庭相对贫困					
	（1）	（2）	（3）	（4）	（5）	（6）
	OLS			2SLS		
家庭规模	- 0. 0283 ***	- 0. 0283 ***	- 0. 0275 ***	- 0. 0273 ***	- 0. 0286 ***	- 0. 0245 ***
	（0. 0014）	（0. 0014）	（0. 0014）	（0. 0014）	（0. 0014）	（0. 0014）
家庭资产	0. 0000	- 0. 0000 **	- 0. 0000 **	- 0. 0000 **	0. 0000	- 0. 0000 ***
	（0. 0000）	（0. 0000）	（0. 0000）	（0. 0000）	（0. 0000）	（0. 0000）
家庭自有住房	- 0. 0243 ***	- 0. 0242 ***	- 0. 0247 ***	- 0. 0207 ***	- 0. 0199 ***	- 0. 0264 ***
	（0. 0072）	（0. 0072）	（0. 0072）	（0. 0072）	（0. 0072）	（0. 0071）
家庭自有汽车	- 0. 0193 ***	- 0. 0180 ***	- 0. 0130 ***	- 0. 0303 ***	0. 0243 ***	0. 0123 ***
	（0. 0038）	（0. 0038）	（0. 0038）	（0. 0045）	（0. 0051）	（0. 0043）
地区人均 GDP	- 0. 0476 ***	- 0. 0463 ***	- 0. 0453 ***	- 0. 0474 ***	- 0. 0043	- 0. 0359 ***
	（0. 0096）	（0. 0096）	（0. 0096）	（0. 0096）	（0. 0103）	（0. 0096）
农村	- 0. 0260 ***	- 0. 0259 ***	- 0. 0295 ***	- 0. 0199 ***	- 0. 0248 ***	- 0. 0438 ***
	（0. 0053）	（0. 0053）	（0. 0053）	（0. 0055）	（0. 0053）	（0. 0054）
省份哑变量	已控制					
R^2	0. 0946	0. 0949	0. 0980	0. 0953	0. 0983	0. 1048
样本数	26 526	26 526	26 526	26 526	26 526	26 526
一阶段 F 值				49. 95	83. 73	1 690. 12
工具变量 t 值				17. 16	17. 85	63. 89

进一步地，家庭是否处于相对贫困状态受到很多不随时间变化的因素的影响，如家庭成员的勤奋程度等性格因素。这些变量在截面数据估计中无法识别，使用工具变量也难以很好解决。因此本小节使用 2017 年和 2019 年 CHFIS 调查数据，构建平衡面板数据，使用固定效应模型进行估计。FE 估计结果在表 3 - 35 中报告。FE 估计结果表明，现金支付和银行卡支付对家庭是否处于相对贫困状态没有显著影响，第三方支付显著降低了家庭相对贫困的可能性。

表 3 - 35　　　　　　　　　支付方式与家庭相对贫困：面板数据

变量	家庭相对贫困		
	（1）	（2）	（3）
	FE		
现金支付	0.0061 （0.0106）		
银行卡支付		- 0.0113 （0.0073）	
第三方支付			- 0.0252 *** （0.0065）
户主已婚	- 0.0340 *** （0.0118）	- 0.0339 （0.0118）	- 0.0342 *** （0.0118）
金融知识	- 0.0000 （0.0001）	- 0.0001 （0.0001）	- 0.0000 （0.0001）
风险偏好	- 0.0065 （0.0127）	- 0.0060 （0.0127）	- 0.0058 （0.0126）
风险厌恶	- 0.0020 （0.0057）	- 0.0021 （0.0057）	- 0.0021 （0.0057）
户主自评不健康	0.0279 *** （0.0074）	0.0279 *** （0.0074）	0.0270 *** （0.0074）
户主是否失业	0.0068 （0.0056）	0.0064 （0.0056）	0.0080 （0.0056）
家庭规模	- 0.0367 *** （0.0030）	- 0.0366 *** （0.0030）	- 0.0359 *** （0.0030）
家庭是否经营工商业	- 0.0250 ** （0.0107）	- 0.0242 ** （0.0107）	- 0.0245 ** （0.0107）
家庭资产	- 0.0261 *** （0.0024）	- 0.0259 *** （0.0024）	- 0.0256 *** （0.0024）
家庭自有住房	0.0049 （0.0127）	0.0044 （0.0127）	0.0039 （0.0127）

续表

变量	家庭相对贫困		
	(1)	(2)	(3)
	FE		
家庭自有汽车	0.0019 (0.0090)	0.0025 (0.0090)	0.0035 (0.0090)
地区人均 GDP	−0.0349 (0.0231)	−0.0360 (0.0231)	−0.0335 (0.0231)
R^2	0.0964	0.0975	0.0989
样本数	27 086	27 086	27 086

3.5.4 主要结论

本小节采用 OLS、2SLS 和 FE 的估计方法，研究了支付方式对家庭相对贫困状态的影响。使用 2019 年 CHFIS 数据的研究表明，银行卡支付和第三方支付显著降低了家庭陷入相对贫困的概率，2SLS 的估计系数分别为 −0.4983 和 −0.2326，且在 1% 的水平下显著。在综合使用 2017 年和 2019 年 CHFIS 数据后，固定效应的估计结果表明，第三方支付仍能显著降低家庭相对贫困的可能性，FE 估计系数为 −0.0252，且在 1% 的水平下显著。

3.6 本 章 小 结

本章详细分析了中国家庭支付方式的选择，探究了支付方式对家庭消费、家庭经营绩效、家庭资产配置和家庭相对贫困的影响。实证研究主要有以下结论：

第一，中国家庭的支付方式发生了变化。现金支付、银行卡支付和第三方支付仍然是中国家庭普遍选择的支付方式。从全国来看，2019 年中国使用现金支付的家庭比例为 91.62%，使用银行卡支付的家庭比例为 12.37%，使用第三方支付的家庭比例为 47.66%。相较于 2017 年，使用现金支付和银行卡支付的家庭占比略有下降，使用第三方支付作为日常支付方式的家庭比例明显提高。支付方式的选择在户主年龄、户主受教育程度、户主风险态度、家庭收入和家庭资产方面呈现异质性。

第二，支付方式的选择会在一定程度上影响家庭消费。基于中国家庭普惠金融调查，本章实证检验了支付方式对家庭消费的影响。研究发现，银行卡支付和第三方支付显著促进了家庭消费，传统的现金支付对家庭消费没有显著影响。为解决内生性带来的估计偏误，本章进一步使用工具变量，进行 2SLS 估计，结果表明银行卡支付和第三方支付对家庭消费有积极影响。综合使用 2017 年和 2019 年 CHFIS 调查数据，面板模型的估计结果仍显著成立。支付方式的改变和新型支付方式的使用能够促进家庭消费。

第三，支付方式影响家庭的经营绩效。对于农业经营绩效，分组描述性分析显示，使用现金支付、银行卡支付和第三方支付的家庭未使用家庭均没有显著差异。使用 2019 年 CHFIS 数据研究发现，现金支付、银行可支付与第三方支付均对农业经营收入没有显著影响。对于工商业经营绩效，使用银行卡支付和第三方支付的家庭工商业经营绩效显著高于未使用家庭。使用 2019 年的 CHFIS 数据研究发现，第三方支付的使用显著提高了家庭工商业经营收入，改善了经营绩效。在使用面板数据后，银行卡支付和第三方支付对家庭工商业经营绩效的促进作用仍显著存在。

第四，支付方式对家庭金融资产种类多样性具有积极影响。使用 CHFIS 数据，本章研究发现，银行卡支付和第三方支付显著增加了中国家庭的金融资产种类，提高了家庭金融资产多样性。为解决内生性问题，本章选取工具变量进行 2SLS 分析，并构建面板模型，结果表明，银行卡和第三方支付对家庭金融资产的多样性仍产生了积极作用。

第五，支付方式的使用对家庭是否落入相对贫困具有一定影响。2019 年中国普惠金融调查数据表明，银行卡支付和第三方支付明显降低了家庭陷入相对贫困的概率。考虑到该结果可能受到内生性的影响而具有偏误，本章选取工具变量进行 2SLS 估计，并构建面板模型进行分析，实证结果表明，第三方支付仍显著降低了家庭相对贫困的可能性。

第4章

中国家庭的储蓄及分布

4.1 家庭储蓄概况

4.1.1 家庭储蓄

近年来，我国家庭的储蓄行为不断变化。表4-1基于中国家庭普惠金融调查数据（CHFIS），统计了我国家庭储蓄从2013年到2019年①的变化情况，分别从家庭拥有储蓄、家庭储蓄水平和家庭储蓄率方面进行分析。首先，家庭拥有储蓄的比率总体呈现下降趋势。其中，2013年家庭拥有储蓄的比率为56.50%，2015年家庭拥有储蓄的比率增长到66.11%，2017年和2019年连续下降，家庭储蓄拥有率分别为62.07%、61.82%。其次，我国家庭的储蓄水平增幅较小，基本保持不变。2013年、2015年、2017年、2019年，家庭储蓄水平分别为3.05万元、4.19万元、3.81万元和3.84万元，除2015年到2017年家庭储蓄水平下降外，家庭储蓄在其他年份均不断增加。最后，家庭储蓄率不断提高。2013年、2015年、2017年，我国家庭储蓄率分别为27.41%、28.19%、30.60%，2019年家庭储蓄率略微提高，为30.88%。

---

① 本书中，2013年到2019年的数据包含2013年、2015年、2017年、2019年的数据。

表 4 – 1 　　　　　　　　中国家庭储蓄变化

年份	拥有储蓄（%）	储蓄水平（万元）	储蓄率（%）
2013	56.50	3.05	27.41
2015	66.11	4.19	28.19
2017	62.07	3.81	30.60
2019	61.82	3.84	30.88

　　进一步，依据城乡分类，分析我国家庭储蓄变化的概况，如表 4 – 2 所示。首先分析农村地区。家庭拥有储蓄四个年份的比率分别为 42.28%、51.84%、53.76%、54.27%，不难发现，家庭拥有储蓄的比例不断增加；家庭的储蓄水平分别为 1.32 万元、1.88 万元、1.77 万元、2.25 万元，除 2017 年出现小幅下降外，家庭储蓄水平整体呈现增长的趋势；家庭的储蓄率分别为 26.11%、21.94%、28.79%、25.19%，整体呈现出不断下降的特征。其次分析城市地区。家庭拥有储蓄四个年份的比例分别为 65.82%、73.16%、66.72%、68.77%；家庭的储蓄水平分别为 4.18 万元、5.33 万元、4.97 万元、5.31 万元；家庭的储蓄率分别为 27.84%、29.81%、31.18%、33.40%。从以上数据可看出，城市地区家庭的储蓄水平和拥有储蓄的比例整体呈现上升的趋势，家庭储蓄率呈现上升的趋势。在同一时期，无论是家庭储蓄率、家庭储蓄水平，还是家庭拥有储蓄的比例，城市地区的储蓄指标均高于农村地区。

表 4 – 2 　　　　　　　　城乡家庭储蓄变化

年份	农村			城市		
	拥有储蓄（%）	储蓄水平（万元）	储蓄率（%）	拥有储蓄（%）	储蓄水平（万元）	储蓄率（%）
2013	42.28	1.32	26.11	65.82	4.18	27.84
2015	51.84	1.88	21.94	73.16	5.33	29.81
2017	53.76	1.77	28.79	66.72	4.97	31.18
2019	54.27	2.25	25.19	68.77	5.31	33.40

下面我们依据地区分类，分析我国家庭储蓄变化的概况，如表 4 - 3 所示。首先分析东部地区。家庭拥有储蓄四个年份的比例分别为 64.84%、68.86%、66.11%、66.26%；家庭的储蓄水平分别为 4.55 万元、5.48 万元、5.31 万元、5.36 万元；家庭的储蓄率分别为 29.87%、29.26%、33.61%、33.25%。其次分析中部地区。家庭拥有储蓄的比例分别为 48.48%、61.49%、59.78%、57.73%；家庭的储蓄水平分别为 1.97 万元、3.33 万元、2.82 万元、2.49 万元；家庭储蓄率分别为 20.48%、30.13%、28.29%、25.88%。最后分析西部地区。家庭拥有储蓄的比例分别为 52.54%、67.13%、57.63%、58.51%；家庭的储蓄水平分别为 1.85 万元、2.93 万元、2.37 万元、2.64 万元；家庭的储蓄率分别为 29.61%、23.03%、26.21%、30.82%。从以上数据可看出，同一时期，东部地区的储蓄指标高于中部地区和西部地区。

表 4 - 3 东部、中部、西部地区家庭储蓄变化

地区	储蓄概况	2013 年	2015 年	2017 年	2019 年
东部	拥有储蓄（%）	64.84	68.86	66.11	66.26
	储蓄水平（万元）	4.55	5.48	5.31	5.36
	储蓄率（%）	29.87	29.26	33.61	33.25
中部	拥有储蓄（%）	48.48	61.49	59.78	57.73
	储蓄水平（万元）	1.97	3.33	2.82	2.49
	储蓄率（%）	20.48	30.13	28.29	25.88
西部	拥有储蓄（%）	52.54	67.13	57.63	58.51
	储蓄水平（万元）	1.85	2.93	2.37	2.64
	储蓄率（%）	29.61	23.03	26.21	30.82

4.1.2 家庭储蓄特征

1. 财富与家庭储蓄

家庭的财富积累越多，则家庭的各项储蓄指标越高。我们将样本中的家庭财富水平五等分，根据表 4 - 4 可知，从财富最低的 20% 群体到财富

最高的 20% 群体，家庭拥有储蓄的比例分别为 31.48%、46.88%、59.13%、70.80%、79.80%，家庭拥有储蓄的比例随着财富水平的提高而增加；家庭的储蓄水平分别为 0.26 万元、0.93 万元、1.78 万元、3.48 万元、10.54 万元，不难发现，家庭的储蓄规模随着财富水平的提高而增加；家庭的储蓄率分别为 29.12%、27.91%、23.66%、22.48%、32.33%，家庭的储蓄率随着财富水平的积累呈现先下降后上升的趋势，呈倒 U 形特征。

表 4 - 4   不同财富水平家庭储蓄变化

财富水平	拥有储蓄（%）	储蓄水平（万元）	储蓄率（%）
最低 20%	31.48	0.26	29.12
次低 20%	46.88	0.93	27.91
中间 20%	59.13	1.78	23.66
次高 20%	70.80	3.48	22.48
最高 20%	79.80	10.54	32.33

　　进一步，我们依据中位数进行划分，分析不同财富群体的储蓄率随时间变化的概况。首先分析低财富家庭的储蓄变化概况。依据表 4 - 5，2013 ~ 2019 年，低财富家庭拥有储蓄的比例分别为 42.96%、50.80%、51.47%、49.14%，家庭拥有储蓄的比例小幅增加；家庭的储蓄水平分别为 0.80 万元、1.12 万元、0.83 万元、0.90 万元，家庭的储蓄水平基本保持不变；家庭储蓄率分别为 26.99%、15.78%、19.40%、20.43%，家庭储蓄率呈现不断下降的趋势，且下降幅度较大。其次分析高财富家庭的储蓄变化概况。依据表 4 - 5，2013 ~ 2019 年，高财富家庭拥有储蓄的比例分别为 72.35%、78.49%、71.11%、72.70%，除 2015 年有较大的增幅外，其他年份基本保持不变；家庭的储蓄水平分别为 5.68 万元、6.68 万元、6.39 万元、6.39 万元；家庭的储蓄率分别为 27.66%、32.84%、35.50%、35.22%，2013 ~ 2017 年，家庭的储蓄率不断增加，2017 ~ 2019 年，家庭储蓄率小幅度下降。

表 4 – 5 不同财富家庭储蓄变化

财富水平	年份	拥有储蓄（%）	储蓄水平（万元）	储蓄率（%）
低财富	2013	42.96	0.80	26.99
	2015	50.80	1.12	15.78
	2017	51.47	0.83	19.40
	2019	49.14	0.90	20.43
高财富	2013	72.35	5.68	27.66
	2015	78.49	6.68	32.84
	2017	71.11	6.39	35.50
	2019	72.70	6.39	35.22

2. 收入与家庭储蓄

表 4 – 6 依据家庭收入进行五等分，分别统计不同收入群体的储蓄指标。从收入最低 20% 群体到收入最高 20% 群体，家庭拥有储蓄的比例分别为 38.11%、52.10%、60.68%、69.99%、79.78%，家庭拥有储蓄的比例随着收入水平的提高而增加；家庭的储蓄水平分别为 0.78 万元、1.57 万元、2.23 万元、4.21 万元、10.36 万元，同样，家庭的储蓄水平随着收入的增加而增加；家庭的储蓄率分别为 – 11.90%、– 13.36%、16.95%、31.23%、55.47%。统计结果表明，家庭收入水平越高，家庭的储蓄率越高。

表 4 – 6 不同收入水平家庭储蓄变化

收入水平	拥有储蓄（%）	储蓄水平（万元）	储蓄率（%）
最低 20%	38.11	0.78	– 11.90
次低 20%	52.10	1.57	– 13.36
中间 20%	60.68	2.23	16.95
次高 20%	69.99	4.21	31.23
最高 20%	79.78	10.36	55.47

为动态分析不同收入群体的家庭储蓄率变化概况，表 4 – 7 按照收入的

中位数进行划分，分别统计了低收入群体和高收入群体 2013～2019 年的储蓄指标。首先分析低收入群体。2013～2019 年，家庭拥有储蓄的比例分别为 47.09%、55.69%、53.41%、52.08%，该群体拥有储蓄的比例变化幅度较小；家庭的储蓄水平分别为 1.30 万元、1.75 万元、1.23 万元、1.44 万元；家庭储蓄率分别为 −42.80%、−45.32%、−54.87%、−33.93%。总体上，家庭储蓄率呈不断下降趋势，并且为负值。其次分析高收入群体。2013～2019 年，家庭拥有储蓄的比例分别为 71.30%、77.75%、69.78%、71.56%；家庭的储蓄水平分别为 5.79 万元、6.92 万元、6.15 万元、6.27 万元；家庭储蓄率分别为 44.56%、42.91%、43.45%、43.44%。基于以上的统计数据可发现，在同一时期，低收入群体的储蓄指标均低于高收入群体，并且高收入群体的储蓄率远远高于低收入群体，且高收入群体的储蓄率为正，低收入群体的储蓄率为负值。

表 4 − 7 　　　　　　　　　　　不同收入家庭储蓄变化

收入水平	年份	拥有储蓄（%）	储蓄水平（万元）	储蓄率（%）
低收入	2013	47.09	1.30	− 42.80
	2015	55.69	1.75	− 45.32
	2017	53.41	1.23	− 54.87
	2019	52.08	1.44	− 33.93
高收入	2013	71.30	5.79	44.56
	2015	77.75	6.92	42.91
	2017	69.78	6.15	43.45
	2019	71.56	6.27	43.44

3. 负债与家庭储蓄

表 4 −8 反映了家庭有无负债对家庭储蓄指标的影响。首先分析无负债家庭储蓄的概况。2013～2019 年，家庭拥有储蓄的比例分别为 58.61%、68.89%、66.31%、64.85%；家庭储蓄水平分别为 3.34 万元、4.71 万元、4.71 万元、4.51 万元；家庭的储蓄率分别为 29.48%、28.11%、32.24%、

31.60%，家庭储蓄率基本保持在 30% 左右。其次分析有负债家庭。家庭拥有储蓄的比例分别为 51.36%、60.70%、55.65%、56.37%；家庭的储蓄水平分别为 2.34 万元、3.19 万元、2.46 万元、2.66 万元；家庭储蓄率分别为 22.75%、28.34%、27.95%、29.62%。从以上统计数据不难发现，在 2013 年和 2019 年，有负债家庭的储蓄指标低于无负债家庭。

表 4-8　　　　　　　　　　不同负债家庭储蓄变化

负债情况	年份	拥有储蓄（%）	储蓄水平（万元）	储蓄率（%）
无负债	2013	58.61	3.34	29.48
	2015	68.89	4.71	28.11
	2017	66.31	4.71	32.24
	2019	64.85	4.51	31.60
有负债	2013	51.36	2.34	22.75
	2015	60.70	3.19	28.34
	2017	55.65	2.46	27.95
	2019	56.37	2.66	29.62

进一步，我们按照负债规模将家庭五等分，考察不同负债群体家庭的储蓄概况。表 4-9 的统计数据显示，从家庭负债最低 20% 到最高 20% 的群体，家庭拥有储蓄的比例分别为 47.30%、42.90%、44.25%、60.90%、72.95%，呈现先下降后上升的趋势；家庭储蓄水平分别为 2.39 万元、1.03 万元、1.32 万元、2.89 万元、5.53 万元；家庭储蓄率分别为 27.45%、16.32%、19.91%、20.45%、26.88%。以上数据表明，最低负债和最高负债家庭各储蓄指标值较高，中等负债家庭各储蓄指标值较低。

表 4-9　　　　　　　　　　不同负债家庭储蓄变化

不同负债	拥有储蓄（%）	储蓄水平（万元）	储蓄率（%）
最低 20%	47.30	2.39	27.45
次低 20%	42.90	1.03	16.32

续表

不同负债	拥有储蓄（%）	储蓄水平（万元）	储蓄率（%）
中间20%	44.25	1.32	19.91
次高20%	60.90	2.89	20.45
最高20%	72.95	5.53	26.88

4. 年龄与家庭储蓄

表4－10描述了家庭储蓄随着户主年龄变化的概况。我们将户主的年龄分为六组，分别为25岁以下、25～35岁、36～45岁、46～55岁、56～65岁、65岁以上，以描述不同年龄段下的家庭储蓄率。依据数据可发现，六个年龄段，家庭拥有储蓄的比例分别为56.69%、68.72%、61.17%、53.32%、49.98%、49.57%；家庭的储蓄水平分别为0.93万元、3.77万元、3.35万元、2.94万元、2.57万元、3.16万元；家庭的储蓄率分别为33.40%、32.68%、27.17%、33.09%、38.85%、40.88%。从以上统计数据可以看出，随着户主年龄的增加，家庭拥有储蓄的比例逐步下降，家庭的储蓄水平也不断下降；家庭储蓄率户主年龄65岁以上家庭最高，而在户主年龄36～45岁家庭储蓄率最低，为27.17%，随着年龄的变化呈现出U形关系。

表4－10 不同户主年龄家庭储蓄变化

户主年龄	拥有储蓄（%）	储蓄水平（万元）	储蓄率（%）
25岁以下	56.69	0.93	33.40
25～35岁	68.72	3.77	32.68
36～45岁	61.17	3.35	27.17
46～55岁	53.32	2.94	33.09
56～65岁	49.98	2.57	38.85
65岁以上	49.57	3.16	40.88

5. 老龄化与家庭储蓄

表4－11描述了家庭储蓄随着老龄化变化的概况。首先，我们分析低

老龄化家庭储蓄变化的情况。2013～2019 年,家庭拥有储蓄的比例分别为 58.23%、67.90%、63.92%、64.20%;家庭储蓄水平分别为 3.12 万元、4.21 万元、3.94 万元、3.87 万元;家庭储蓄率分别为 24.24%、28.06%、30.02%、31.62%。从以上统计数据可发现,2013～2019 年,家庭储蓄率逐步增加。其次,进一步分析家庭高老龄化储蓄的变化概况。由表 4 - 11 的统计数据可知,家庭拥有储蓄的比例分别为 52.49%、62.36%、58.01%、57.80%;家庭的储蓄水平分别为 2.88 万元、4.15 万元、3.54 万元、3.79 万元;家庭储蓄率分别为 32.54%、28.42%、31.43%、29.98%。统计结果表明,高老龄化家庭储蓄拥有率从 2013 年到 2015 年有较大幅度增加,2015 年以后逐渐下降;家庭的储蓄水平 2015 年最高;家庭储蓄率呈现逐步下降的趋势。

表 4 - 11　　　　　　　　　老龄化与家庭储蓄变化

老龄化水平	年份	拥有储蓄(%)	储蓄水平(万元)	储蓄率(%)
低老龄化	2013	58.23	3.12	24.24
	2015	67.90	4.21	28.06
	2017	63.92	3.94	30.02
	2019	64.20	3.87	31.62
高老龄化	2013	52.49	2.88	32.54
	2015	62.36	4.15	28.42
	2017	58.01	3.54	31.43
	2019	57.80	3.79	29.98

6. 养老保险与家庭储蓄

表 4 - 12 描述了家庭储蓄随着家庭养老保险变化的概况,按照家庭有无养老保险进行分组,分别统计各组家庭储蓄率的变化概况。首先,分析无养老保险家庭的储蓄概况。2013～2019 年,家庭拥有储蓄的概率分别为 57.32%、68.98%、64.00%、63.93%;家庭的储蓄水平分别为 3.16 万元、4.64 万元、4.21 万元、4.22 万元;家庭储蓄率分别为 25.47%、

17.42%、22.12%、20.69%。统计数据表明，在无保险的家庭中，2015年家庭拥有储蓄的比例和储蓄规模最大，2013年家庭的储蓄率最高。然后，分析有养老保险家庭储蓄率的变化情况。表4-12的数据显示，家庭拥有储蓄的比例分别为55.14%、56.55%、55.07%、53.20%；家庭储蓄水平分别为2.85万元、2.69万元、2.36万元、2.30万元；家庭储蓄率分别为28.65%、30.67%、32.35%、32.79%。以上统计数据显示，在有养老保险的家庭中，2015年家庭拥有储蓄率最高，家庭的储蓄水平逐渐下降，储蓄率整体也呈现不断上升的趋势。

表 4 - 12　　　　　　　　　　　养老保险与家庭储蓄

养老保险	年份	拥有储蓄（%）	储蓄水平（万元）	储蓄率（%）
无养老保险	2013	57.32	3.16	25.47
	2015	68.98	4.64	17.42
	2017	64.00	4.21	22.12
	2019	63.93	4.22	20.69
有养老保险	2013	55.14	2.85	28.65
	2015	56.55	2.69	30.67
	2017	55.07	2.36	32.35
	2019	53.20	2.30	32.79

　　进一步，我们按照家庭养老保险金额的中位数进行分组，分别描述家庭储蓄的概况（见表4-13）。首先是低养老保险金额组的家庭。2013~2019年，家庭拥有储蓄的比例分别为37.74%、65.30%、61.80%、61.26%；家庭的储蓄水平分别为1.24万元、3.91万元、3.63万元、3.63万元；家庭储蓄率分别为44.02%、18.85%、25.71%、21.29%，储蓄率呈下降趋势。其次是高养老保险金额组的家庭。家庭拥有储蓄的比例分别为57.63%、71.85%、64.42%、66.03%；家庭的储蓄水平分别为3.16万元、6.13万元、5.36万元、5.44万元；家庭储蓄率分别为34.69%、35.77%、35.30%、34.64%。

表 4 – 13   养老保险金与家庭储蓄变化

养老保险金水平	年份	拥有储蓄（%）	储蓄水平（万元）	储蓄率（%）
低养老保险金	2013	37.74	1.24	44.02
	2015	65.30	3.91	18.85
	2017	61.80	3.63	25.71
	2019	61.26	3.63	21.29
高养老保险金	2013	57.63	3.16	34.69
	2015	71.85	6.13	35.77
	2017	64.42	5.36	35.30
	2019	66.03	5.44	34.64

7. 负储蓄家庭

近年来，我国负储蓄家庭越来越引起广泛关注。表 4 – 14 基于中国家庭普惠金融调查数据，统计了我国负储蓄家庭比例从 2013 年到 2019 年的变化情况。从 2013 年到 2019 年我国负储蓄家庭比例分别为 39.58%、42.11%、37.88%、39.71%，负储蓄家庭的比例维持在 40% 左右，其中 2015 年负储蓄家庭比例最高。

表 4 – 14   中国负储蓄家庭比例

年份	负储蓄家庭比例（%）
2013	39.58
2015	42.11
2017	37.88
2019	39.71

表 4 – 15 描述了负储蓄家庭比例随着户主年龄变化的概况。我们将户主的年龄分为六组，分别为 25 岁以下、25 ~ 35 岁、36 ~ 45 岁、46 ~ 55 岁、56 ~ 65 岁、65 岁以上，以描述不同年龄段下的负储蓄家庭比例。六个年龄段，家庭拥有储蓄的比例分别为 43.42%、39.97%、46.89%、

40.72%、34.87%、34.61%。根据统计数据可发现，随着户主年龄的增加，家庭拥有负储蓄的比例先增加再下降。家庭拥有负储蓄的比例在 36~45 岁年龄段最高，其次是 25 岁以下年龄段的群体，而在户主年龄 65 岁以上的群体拥有负储蓄比例最小。

表 4 – 15 不同户主年龄家庭负储蓄比例

户主年龄	负储蓄家庭比例（%）
25 岁以下	43.42
25~35 岁	39.97
36~45 岁	46.89
46~55 岁	40.72
56~65 岁	34.87
65 岁以上	34.61

4.2 财富对家庭储蓄率的影响

4.2.1 文献综述

对于财富积累对家庭储蓄率影响的文献，本小节主要从两个方面进行回顾：一方面是财富积累对储蓄率和消费的影响；另一方面是收入对家庭储蓄率的影响。

首先是财富积累对家庭储蓄率的影响。法格伦等（Fagereng et al.，2019）利用挪威行政管理数据研究发现，储蓄率与财富之间的关系取决于家庭财富中的资本收益。具体而言，当储蓄中不包含财富的资本收益时，实证检验与传统的储蓄理论相一致；当储蓄中包含财富的资本收益时，家庭储蓄随着财富的增加而增加，原因是家庭的财富资本收益能够作为收入的一部分转化为储蓄，进而导致家庭储蓄率的上升。巴赫等（Bach et al.，2016）和法格伦等（Fagereng et al.，2016）证明，较富裕家庭的财富能够获得更高的回报，从而较高的资本性收入提高了富裕群体的家庭储蓄率。巴赫等（Bech et al.，2015）研究发现，拥有不同财富的家庭的储蓄率存在较大差异，并且证实财富回报的异质性是最高财富群体财富增加的主要驱动力。企业家拥有的财富较多，一些学者研究发现企业家表现出较高的储蓄率（Quadrini，1997），且企业家在进入企业之前和之后会进行较多的储蓄（Buera，2009）。戴南等（Dynan et al.，2004）认为，遗产动机可以解释富裕家庭储蓄率较高的原因。戴南等（Dynan et al.，2004）基于美国三套不同的微观数据库——消费者支出调查数据（CEX）、消费者金融调查数据（SCF）、收入动态面板数据（PSID）——研究发现，越富有的群体储蓄率越高，并且家庭储蓄率与终身收入有很强的相关性。阿兰斯等（Alans et al.，2015）利用加拿大的数据研究发现，长期收入对储蓄率有显著的影响，并且发现除了最贫穷的群体（没有储蓄）以外，其他群体储蓄率在长期中没有表现出显著的差异。查克拉巴蒂等（Chakrabarty et al.，2008）基于澳大利亚的数据研究发现，富人储蓄了永久性收入的大部分，即使当控制了生命特征之后，永久性收入依然与储蓄率正相关，并且健康的改善与较高的家庭储蓄率和更好的储蓄习惯有关。甘德尔曼（Gandelman，2017）使用户主和配偶的受教育程度衡量家庭的永久性收入，并且使用房屋资产的信息构建家庭的财富指数，结果表明，南美的一些国家富裕群体更多，同时，还有一些国家并未发现终身收入或财富存在显著的因果关系。波齐奥等（Bozio et al.，2017）研究发现，私人财富的积累速度与终身收入水平存在显著的正相关关系，同时，相对于收入而言，处于终身收入分配中间的人积累财富最少。堀等（Hori et al.，2016）利用日本的微观调查数据研究得出，适龄家庭的储蓄率与终身财富之间的关系因各个家庭的生命阶段而异，终身拥有较高财富的老年家庭也在积极储蓄，这与消费的生命周期理论基本一致。纳尔迪等（Nardi et al.，2010）研究发现，自付的医疗费用随着年龄和永久收入的增加而增加，从而使得老年人进行更多的储蓄。胡格特和文图拉（Huggett and Ventura，2000）基于美国的截面数据，使用校准的生命周期模型评估为什么高收入家庭的储蓄率较高，结果发现个体年龄和相对固定的收入差异以及社会保障体系能够给予解释。

其次是收入及收入差距对储蓄率的影响。国内的文献研究较少。杨碧云等（2019）利用2014年中国动态追踪调查数据研究发现，我国并不存在越富裕家庭储蓄率越高的现象，但以当期收入为代理变量时，富裕家庭的储蓄率更高。一些学者基于居民收入分配视角，研究发现，家庭收入差距过大是导致居民消费下降、储蓄率上升的重要原因（杨汝岱和朱诗娥，2007；陈斌开，2012；甘犁等，2018）。金烨等（2011）利用城镇住户调查数据，实证分析得出，我国家庭储蓄率过高是由收入差距和社会不平等所造成，人们为追求更高的社会地位而积累财富，降低了家庭的消费水平。谢勇（2011）基于2006年的综合调查数据研究发现，农村家庭的财富水平与家庭储蓄率呈负向的关系。一些学者从目标性消费视角研究得出富人储蓄率未必比穷人高（汪伟、郭新强，2011）。一些学者认为收入差距、财富差距等因素可能导致富人和穷人的储蓄率存在显著差异（米增渝等，2012；袁鹏飞、冯蕾，2014）。还有一些学者从住房需求、住房价格等角度，分析我国家庭的高储蓄率。陈彦斌和邱哲圣（2011）通过理论模型的构建分析得出，房价的快速增长使得高收入家庭投资性住房需求提升，进一步推高了房价，使年轻一代为高昂的房价增加储蓄。陈斌开和杨汝岱（2013）基于国家统计局城镇住户调查数据，从土地供应、房屋市场价格角度探究我国居民高储蓄率的原因，结果同样认为，居民不得不为过高的房价而进行储蓄。李雪松和黄彦彦（2015）利用中国家庭金融调查数据实证分析了住房对家庭储蓄率的影响，结果表明，房价上涨是促进家庭高储蓄率的重要原因。

总结以上文献不难发现，关于相关领域的研究，主要聚焦于永久性收入对家庭储蓄的影响，鲜有基于中国的微观数据进行经验分析。本节将基于中国家庭普惠金融调查数据，实证分析财富积累以及财富差距对家庭储蓄率的影响。一方面，本节利用2017年和2019年的普惠金融调查数据，在省级和社区层面考察财富差距对家庭储蓄率的影响；另一方面，在家庭层面，实证分析财富积累及不同财富水平对家庭储蓄率的影响。

4.2.2　实证研究

1. 模型设定

本节以家庭储蓄率作为被解释变量，以省级和社区层面的家庭净财富差距、家庭财富的对数作为关键解释变量，研究居民财富差距、家庭财富对家庭储蓄率的影响，模型设定如下：

$$Saving_{it} = \alpha Wealth\_gap_{it} + \beta X_{it} + c_i + \gamma_t + \varepsilon_{it} \qquad (4-1)$$

$$Saving_{it} = \alpha Wealth_{it} + \beta X_{it} + c_i + \gamma_t + \varepsilon_{it} \qquad (4-2)$$

其中，$Saving_{it}$ 为 t 时期家庭 i 的储蓄率，其计算方式是用家庭收入减去消费，再除以收入，$Wealth\_gap_{it}$ 表示省级层面家庭的财富差距，出于稳健性考虑，本节在社区层面进行再次定义，使用家庭财富取对数后的 90 分位数和 10 分位数的差进行衡量。X_{it} 是一系列控制变量，包括户主特征变量和家庭特征变量，c_i 是不随时间变化的不可观测变量，λ_t 是时间固定效应，ε_{it} 是随机扰动项。

2. 变量的描述性统计

为检验家庭财富对储蓄率的影响，表 4 – 16 报告了变量的描述性统计结果，其中包括本节的被解释变量家庭储蓄率。解释变量包括财富差距、家庭的净资产、老龄化、养老保险参与、家庭领取养老保险金、家庭负债；控制变量主要包括家庭规模、家庭 6 岁以下孩子数目、家庭 7 ~ 15 岁孩子数目、户主的年龄、家庭是否拥有汽车、家庭是否工商业经营、家庭是否居住在农村地区、家庭所在地区。表 4 – 16 给出了具体的变量描述性统计。

表 4 – 16　　　　　　　　　　变量的描述性统计

变量	2017 ~ 2019 年		2017 年		2019 年	
	均值	标准差	均值	标准差	均值	标准差
储蓄率	0.04	0.49	0.10	0.49	− 0.01	0.48
财富差距（省份）	4.13	0.47	4.44	0.44	3.87	0.32
财富差距（社区）	3.33	1.22	3.52	1.26	3.17	1.15

续表

变量	2017～2019 年		2017 年		2019 年	
	均值	标准差	均值	标准差	均值	标准差
净资产对数	12.55	1.76	12.56	1.80	12.54	1.72
老龄化	0.34	0.41	0.27	0.37	0.41	0.43
养老保险参与	0.81	0.39	0.81	0.40	0.81	0.39
养老保险金（万元）	0.06	0.01	0.05	0.12	0.06	0.01
家庭负债（万元）	4.89	25.34	5.04	14.38	4.76	31.93
家庭规模	3.22	1.57	3.44	1.60	3.03	1.53
6 岁以下孩子	0.08	0.31	0.10	0.33	0.06	0.28
7～15 岁孩子	0.18	0.46	0.20	0.48	0.16	0.44
户主年龄	55.47	13.65	53.23	13.73	57.41	13.29
拥有汽车	0.27	0.44	0.30	0.46	0.24	0.43
工商业经营	0.13	0.34	0.16	0.37	0.10	0.30
农村	0.43	0.49	0.36	0.48	0.48	0.50
东部	0.46	0.50	0.45	0.50	0.46	0.50
中部	0.30	0.46	0.30	0.46	0.30	0.46
西部	0.24	0.43	0.25	0.43	0.24	0.42

注：描述性统计结果通过加权进行调整，数据来自中国家庭金融普惠调查（CHFIS）。

3. 实证结果

表 4-17 报告了省级层面的财富差距对家庭储蓄率的影响。第（1）列是普通最小二乘法的估计结果，第（2）列是面板随机效应的估计结果，第（3）列是面板固定效应的估计结果。第（1）列财富差距的估计系数为 -0.0918，在 1% 的统计水平显著，表明居民财富差距每提高 1%，家庭储蓄率则显著下降 9.18%。由于估计方程的扰动项可能存在序列自相关，同时存在不随时间变化且与解释变量相关的不可观测的遗漏变量，如家庭的储蓄偏好、消费习惯风险偏好以及预防性储蓄动机，均会对本节的估计结果造成影响，因此，本节基于 2017 年和 2019 年的中国家庭普惠金融调查数据，构造平衡面板，利用面板的估计方法对普通最小二乘法的

估计结果进行矫正。第（2）列随机效应的估计系数为 - 0.0775，在 1%
的统计水平上显著。第（3）列是面板固定效应的估计结果显示，财富差
距的系数为 - 0.0458，在 5% 的统计水平上显著，表明省级财富差距提高
1%，家庭的储蓄率水平显著下降 4.58%。一般情形下，模型会存在不随
时间变化的遗漏变量，因此面板固定效应的估计结果更加可靠。上述估计
结果表明，财富差距的扩大对家庭储蓄率具有显著的抑制作用。

表 4 - 17　　　　财富差距对家庭储蓄率的影响（省级层面）

变量	OLS (1)	RE (2)	FE (3)
财富差距	- 0.0918 *** (0.0130)	- 0.0775 *** (0.0090)	- 0.0458 ** (0.0208)
家庭规模	0.0335 *** (0.0038)	0.0363 *** (0.0026)	0.0649 *** (0.0054)
6 岁以下少儿	- 0.0676 *** (0.0186)	- 0.0912 *** (0.0133)	- 0.1050 *** (0.0211)
7~15 岁少儿	- 0.1024 (0.0124)	- 0.0928 *** (0.0087)	- 0.0537 *** (0.0181)
户主年龄	- 0.0009 (0.0028)	- 0.0045 ** (0.0020)	0.0010 (0.0041)
户主年龄平方	- 0.0000 (0.0079)	0.0000 (0.0000)	- 0.0000 (0.0000)
拥有汽车	- 0.0092 (0.0129)	- 0.0258 *** (0.0092)	- 0.1563 *** (0.0172)
工商业经营	0.0415 ** (0.0165)	0.0427 *** (0.0116)	0.1712 *** (0.0206)
农村	- 0.1496 *** (0.0110)	- 0.1620 *** (0.0080)	- 0.0206 (0.0597)
地区控制	是	是	是
时间固定	—	是	是

变量	OLS (1)	RE (2)	FE (3)
个体固定	—	是	是
观测值	34 975	34 975	34 975
拟合值 R^2	0.058	—	0.042

其他控制变量的估计结果基本符合预期，为避免重复，本节用第（3）列面板固定效应的估计结果进行分析。家庭规模的估计系数在1%的统计水平上显著为正，表明家庭人口有助于提高家庭的储蓄率，可能的原因是家庭人口越多，劳动力人数越多，进而促进家庭储蓄率水平的提高。家庭6岁以下少儿和7～15岁少儿的数目的估计系数，均在1%的统计水平上显著为负，原因可能是家庭对这个年龄段孩子的支出较多，导致家庭储蓄率水平的下降。户主年龄的估计系数显著为负，表明家庭储蓄率随着户主年龄的增加而下降。家庭拥有汽车的估计系数显著为负，表明家庭拥有汽车会降低家庭的储蓄水平，原因是家庭拥有汽车，需要的支出相应较多。家庭拥有工商业经营显著提高家庭的储蓄率水平，原因是拥有工商业的家庭收入水平较高，从而导致家庭储蓄率水平的提高。与城市地区相比，农村地区的估计系数在10%的统计上不显著。

表4－18的估计结果显示，在社区层面，财富差距在1%的统计水平上显著抑制家庭的储蓄率。为验证上述估计结果的可靠性，本节进一步在社区层面定义家庭的财富差距，重新对模型进行估计。表4－18的第（1）列是普通最小二乘法的估计结果，估计系数在1%的统计水平上显著为负，表明财富差距每提高1%，家庭的储蓄率水平下降1.44%；第（2）列和第（3）列分别是面板随机效应和面板固定效应的估计结果，估计系数分别为－0.0246、－0.0081，均在1%的统计水平上显著为负，其中面板固定效应的结果表明，社区的财富差距每提高1%，家庭的储蓄率水平显著降低0.81%。以上的估计结果进一步证实，财富差距会抑制家庭储蓄率水平的提高。

表 4 - 18   财富差距对家庭储蓄率的影响（社区层面）

变量	OLS (1)	RE (2)	FE (3)
财富差距	- 0.0144 *** (0.0027)	- 0.0246 ** (0.0030)	- 0.0081 * (0.0047)
家庭规模	0.0375 *** (0.0025)	0.0360 *** (0.0026)	0.0654 *** (0.0054)
6 岁以下少儿	- 0.0812 *** (0.0113)	- 0.0918 *** (0.0133)	- 0.01050 *** (0.0211)
7 ~ 15 岁少儿	- 0.1105 *** (0.0079)	- 0.0936 *** (0.0087)	- 0.0538 *** (0.0181)
户主年龄	- 0.0015 (0.0016)	- 0.0045 ** (0.0020)	0.0010 (0.0041)
户主年龄平方	- 0.0000 (0.0000)	0.0000 (0.0000)	- 0.0000 (0.0000)
拥有汽车	0.0056 (0.0080)	- 0.0285 ** (0.0092)	- 0.1562 *** (0.0172)
工商业经营	0.0046 (0.0105)	0.0429 *** (0.0116)	0.1719 *** (0.0206)
农村	- 0.1506 *** (0.0077)	- 0.1620 *** (0.0080)	- 0.0204 (0.0597)
地区控制	是	是	是
时间固定	—	是	是
个体固定	—	是	是
观测值	64 572	34 983	34 983
拟合值 R^2	0.058	—	0.042

　　为进一步探究财富差距降低家庭储蓄率的原因，本节进一步分析了家庭财富对储蓄率的影响。表 4 - 19 报告了家庭财富对数对储蓄率的影响。

第（1）列是普通最小二乘法的估计结果，第（2）列是面板随机效应的估计结果，第（3）列是面板固定效应的估计结果。第（1）列中，家庭财富的估计系数为0.0656，在1%的统计水平上显著，表明家庭财富每提高1%，家庭储蓄率显著上升6.56%。同样，由于模型存在不随时间变化且与解释变量相关的不可观测的遗漏变量，如家庭的储蓄偏好、消费习惯风险偏好以及预防性储蓄动机，以上的情形均会对本节的估计结果造成影响。因此，本节基于2017年和2019年的中国家庭普惠金融调查数据，构造平衡面板，利用面板的估计方法对普通最小二乘法的估计结果进行矫正。第（2）列随机效应的估计系数为0.0682，在1%的统计水平上显著，表明居民财富每提高1%，家庭储蓄率显著上升6.82%。第（3）列是面板固定效应的估计结果，家庭财富的估计系数为0.0218，在1%的统计水平上显著，表明家庭财富每提高1%，家庭的储蓄率水平显著增加2.18%。上述估计结果表明，财富的积累有助于家庭储蓄率水平的提高。

表4-19　　　　　　　家庭财富对储蓄率的影响（家庭层面）

变量	OLS (1)	RE (2)	FE (3)
家庭净财富对数	0.0656 *** (0.0034)	0.0682 *** (0.0023)	0.0218 *** (0.0041)
家庭规模	0.0303 *** (0.0038)	0.0303 *** (0.0026)	0.0611 *** (0.0056)
6岁以下少儿	-0.0649 *** (0.0187)	-0.0865 *** (0.0133)	-0.1080 *** (0.0219)
7~15岁少儿	-0.0984 *** (0.0125)	-0.0838 *** (0.0087)	-0.0601 *** (0.0189)
户主年龄	-0.0045 * (0.0028)	-0.0069 *** (0.0020)	0.0014 (0.0042)
户主年龄平方	0.0000 (0.0000)	0.0001 *** (0.0000)	-0.0000 (0.0000)

续表

变量	OLS （1）	RE （2）	FE （3）
拥有汽车	− 0.0934 *** （0.0132）	− 0.0977 *** （0.0094）	− 0.1623 *** （0.0177）
工商业经营	0.0095 （0.0164）	0.0043 （0.0116）	0.1545 *** （0.0212）
农村	− 0.0959 *** （0.0116）	− 0.0886 *** （0.0083）	− 0.0227 （0.0607）
地区控制	是	是	是
时间固定	—	是	是
个体固定	—	是	是
观测值	33 747	33 747	33 747
拟合值 R^2	0.055	—	0.046

表 4 - 20 报告了不同财富群体家庭对储蓄率的影响。本节将家庭划分
为财富最低 20% 家庭[①]、财富次低 20% 家庭、财富中间 20% 家庭、财富
次高 20% 家庭、财富最高 20% 家庭。第（1）列是在 2017 年和 2019 年样
本下普通最小二乘法的估计结果，第（2）列是 2017 年样本的估计结果，
第（3）列是 2019 年样本的估计结果。第（1）列 OLS 的估计系数分别为
0.1239、0.2254、0.2933、0.3855，均在 1% 的统计水平上显著，表明随
着分位数的提高，估计系数依次递增，表明高财富群体更偏好储蓄。第
（2）列随机效应的估计系数分别为 0.1495、0.2367、0.3342、0.4092，
均在 1% 的统计水平上显著，表明随着分位数的提高，估计系数逐步递
增。第（3）列面板固定效应的估计系数分别为 0.1088、0.2240、
0.2687、0.3968，均在 1% 的统计水平上显著，表明随着家庭财富分位
数的提高，估计系数逐步递增。这进一步说明，越富有的群体，家庭储
蓄率水平越高。

---

① 最低 20% 家庭数据作为参照组，在回归时共线，因此不报告。

表 4 – 20　　　　不同财富群体家庭对储蓄率的影响（家庭层面）

变量	全样本 （1）	2017 年 （2）	2019 年 （3）
次低 20% 家庭	0. 1239 *** （0. 0115）	0. 1495 *** （0. 0159）	0. 1088 *** （0. 0168）
中间 20% 家庭	0. 2254 *** （0. 0116）	0. 2367 *** （0. 0156）	0. 2240 *** （0. 0172）
次高 20% 家庭	0. 2933 *** （0. 0118）	0. 3342 *** （0. 0160）	0. 2687 *** （0. 0174）
最高 20% 家庭	0. 3855 *** （0. 0125）	0. 4092 *** （0. 0169）	0. 3968 *** （0. 0182）
家庭规模	0. 0315 *** （0. 0026）	0. 0296 *** （0. 0035）	0. 0323 *** （0. 0037）
6 岁以下少儿	− 0. 0863 *** （0. 0131）	− 0. 0827 *** （0. 0172）	− 0. 0951 *** （0，0191）
7 ~ 15 岁少儿	− 0. 0911 *** （0. 0085）	− 0. 0863 *** （0. 0118）	− 0，0844 *** （0. 0120）
户主年龄	− 0. 0077 *** （0. 0019）	− 0. 0076 *** （0. 0025）	− 0. 0044 （0. 0028）
户主年龄平方	0. 0001 *** （0. 0000）	0. 0001 *** （0. 0000）	0. 0000 （0. 0000）
拥有汽车	− 0. 1031 *** （0. 0092）	0. 0607 *** （0. 0123）	− 0. 2483 *** （0. 0129）
工商业经营	− 0. 0028 （0. 0117）	− 0. 0030 （0. 0152）	− 0. 0296 * （0. 0173）
农村	− 0. 0783 *** （0. 0080）	− 0. 0795 *** （0. 0110）	− 0. 0722 *** （0. 0113）
地区控制变量	是	是	是
时间固定	是	—	—
观测值	34 975	17 488	17 487
拟合值 R^2	0. 059	0. 088	0. 059

4.2.3　主要结论

本节采用普通最小二乘法、面板随机效应及面板固定效应方法，研究了财富对家庭储蓄率的影响。其一，本节首先研究了财富差距对家庭储蓄率的影响。研究结果表明，基于面板固定效应的估计方法，在省级层面和社区层面度量的财富差距指标的估计系数分别为 −0.0458、−0.0081，分别在5%和10%的统计水平上显著，说明财富差距抑制家庭储蓄率水平的提高。其二，本节研究了家庭财富水平对储蓄率的影响。三种方法的估计系数分别为0.0656、0.0682、0.0281，且在1%的统计水平上显著为正，表明家庭财富水平显著提高了家庭的储蓄率，即越富有的群体储蓄率越高。其三，本节研究了不同财富群体的储蓄率概况，回归发现随着家庭财富分位数的提高，估计系数依次递增，表明财富越多的群体储蓄率越高。

4.3　养老保险对家庭储蓄率的影响

4.3.1　文献综述

对于老龄化对家庭储蓄率的文献，本节主要从两个方面进行回顾：一方面是社会保障对家庭储蓄率的影响；另一方面是养老金财富对家庭储蓄率的影响。

首先是社会保障对家庭储蓄率的影响。通过对以往的文献梳理发现，大多数学者的研究结果表明养老金制度会降低家庭的储蓄率。纵观以往研究，大部分学者认为养老保险制度与居民储蓄存在负相关关系。王瑞芳（2008）认为，我国养老金制度变迁过程中转轨成本的消化会对城镇居民储蓄产生负向作用。万春和邱长溶（2006）通过分析得出，社会养老保险制度的不健全和不完善是导致城镇居民储蓄率较高的重要原因之一。巴罗（Barro，1991）认为在一个家庭中，由于代际转移的存在，使养老保险既不会增加也不会减少居民的储蓄，即养老保险对居民储蓄的影响是中性的。李雪增等（2011）基于我国省际动态面板数据，得出惯性因素是导致我国居民进行储蓄的一个重要原因，而养老保险制度对居民储蓄率的影响与之相比，并没有如此显著。杨继军和张二震（2013）通过一系列深入分析，认为养老保险制度转轨对居民储蓄的影响显著为正。白重恩等（2012）通过构建家庭养老金缴费的工具变量进行实证分析，结果显示养老金缴费率的提高会使家庭消费显著减少，从而提高居民的储蓄率。自2003 年以来，我国居民养老金制度和公共医疗保健制度都有所改善，但在同一时期，家庭储蓄占可支配收入的比例急剧上升。何立新等（2008）利用 1995～1999 年的城镇入户调查数据，研究了养老保险改革政策对我国家庭储蓄率的影响，结果表明，养老金财富对家庭储蓄具有显著的替代效应。马光荣和周广肃（2014）利用两期的中国追踪调查数据研究了新型农村养老保险的参与对家庭储蓄和消费的影响，结果发现，新农保的参与对居民的家庭储蓄并无显著影响。高梦滔（2010）基于八省的微观农户数据，分析得出农户参与新型农村合作医疗会显著降低家庭的储蓄水平。

其次是养老金财富对家庭储蓄率的影响。关于公共养老金财富对私人储蓄率的影响，一些实证研究的文献也没有得出一致的结论。费尔德斯坦（Feldstein，1974）研究发现，家庭每增加 1 美元的养老保险金，家庭储蓄会减少 0.5 美元。其他学者同样发现，公共养老保险金与对私人储蓄具有很强的替代作用，替代效应通常为 0.5，或者更高（Feldstein and Pellechio，1979；Bernheim，1989；Alessie et al.，1997）。还有一些学者研究发现，养老保险金对私人储蓄的替代作用较小（King and Dicks - Mireaux，1982；Hubbard，1986；Hurd et al.，2012），极少的学者研究发现，社会公共养老保险金会提高家庭储蓄率（Pozo and Woobury，1986）。

本节将基于最新的中国家庭普惠金融调查数据，实证分析养老保险对家庭储蓄率的影响。首先，考察了家庭参与养老保险对储蓄率的影响；其次，考察了领取家庭养老保险金对储蓄率的影响。

4.3.2　实证研究

1. 模型设定

本节以家庭储蓄率作为被解释变量，以养老保险参与、养老保险金作为关键解释变量，研究居民养老保险对家庭储蓄率的影响，模型设定如下：

$$Saving_{it} = \alpha Old\_ins_{it} + \beta X_{it} + c_i + \gamma_t + \varepsilon_{it} \qquad (4-3)$$

$$Saving_{it} = \alpha Ins\_money_{it} + \beta X_{it} + c_i + \gamma_t + \varepsilon_{it} \qquad (4-4)$$

其中，$Saving_{it}$为 t 时期家庭 i 的储蓄率，其计算方式是用家庭收入减去消费，再除以收入，Old_ins_{it}表示养老保险参与，本节将户主参与养老保险设为 1，否则为 0；Ins_money_{it}表示家庭领取的养老保险金的额度。X_{it} 是一系列控制变量，包括户主特征变量和家庭特征变量，c_i 是不随时间变化的不可观测变量，γ_t 是时间固定效应，ε_{it} 是随机扰动项。

2. 实证结果

（1）养老保险参与对家庭储蓄率的影响。表 4 – 21 报告了养老保险参与对家庭储蓄率的影响。第（1）列是 2017 年和 2019 年样本下普通最小二乘法的估计结果，第（2）列是基于 2017 年和 2019 年平衡面板随机效应估计的结果，第（3）列是面板固定效应的估计结果。第（1）列的估计系数是 0.1210，在 1% 的统计水平上显著，结果表明养老保险参与使家庭储蓄率显著高 12.1% 。由于估计方程的扰动项可能存在序列自相关性，同时存在不随时间变化且与养老保险参与相关的不可观测的遗漏变量，可能会对我们的估计结果造成影响，因此，本节在第（2）列和第（3）列，利用面板随机效应和固定效应的方法对普通最小二乘法的估计结果进行矫正。第（2）列随机效应的估计系数为 0.1301，第（3）列固定效应的估计系数为 0.0347，且在 1% 的统计水平上显著为正。固定效应的估计结果表明，养老保险参与每提高 1%，家庭储蓄率水平将显著提高 3.47% 。

表 4 – 21　　　　　　　　　养老保险参与对家庭储蓄率的影响

变量	储蓄率		
	OLS （1）	RE （2）	FE （3）
养老保险参与	0.1210 *** （0.0136）	0.1301 *** （0.0090）	0.0347 *** （0.0135）
家庭规模	0.0363 *** （0.0039）	0.0359 *** （0.0026）	0.0649 *** （0.0054）

续表

变量	储蓄率		
	OLS (1)	RE (2)	FE (3)
6 岁以下少儿	- 0.0680 *** (0.0184)	- 0.0918 *** (0.0133)	- 0.1043 *** (0.0210)
7 ~ 15 岁少儿	- 0.1031 *** (0.0125)	- 0.0914 *** (0.0087)	- 0.0529 *** (0.0181)
户主年龄	- 0.0035 (0.0028)	- 0.0074 *** (0.0020)	- 0.0001 (0.0041)
户主年龄平方	- 0.0000 (0.0000)	0.0000 *** (0.0000)	- 0.0000 (0.0000)
拥有汽车	- 0.0209 (0.0130)	- 0.0324 *** (0.0092)	- 0.1573 *** (0.0172)
工商业经营	0.0500 ** (0.0166)	0.0474 *** (0.0116)	0.1720 *** (0.0206)
农村	- 0.1647 *** (0.0108)	- 0.1655 *** (0.0079)	- 0.0198 (0.0597)
时间固定	—	是	是
个体固定	—	是	是
观测值	34 975	34 975	34 975
拟合值 R^2	0.037		0.042

（2）养老保险金对家庭储蓄率的影响。表 4 - 22 报告了领取养老保险金与对家庭储蓄率的影响。第（1）列是 2017 年和 2019 年样本下普通最小二乘法的估计结果，第（2）列是面板随机效应的估计结果，第（3）列是面板固定效应的估计结果。第（1）列的估计系数是 0.0298，在 1% 的统计水平上显著，表明家庭领取养老保险金每提高 1%，家庭储蓄率显著高 2.98%。由于估计方程的扰动项可能存在序列自相关性，同时存在不随时间变化且与家庭领取养老保险金相关的不可观测的遗漏变量，可能

会对我们的估计结果造成影响，因此，本节在第（2）列和第（3）列利用面板随机效应和固定效应的方法对估计结果进行矫正。第（2）列随机效应的估计系数为 0.0346，第（3）列固定效应的估计系数为 0.0256，且在 1% 的统计水平上显著。固定效应的估计结果表明，家庭领取的养老保险金每提高 1%，则家庭储蓄率水平显著提高 2.56%。以上的估计结果说明，家庭领取的养老保险金对家庭储蓄有显著的促进作用，可能的原因是养老保险金能显著促进家庭收入水平的提高，进而提升家庭的储蓄率，同时也表明家庭养老保险未起到降低家庭储蓄率的作用。养老保险参与和医疗保险参与并没有抑制家庭的储蓄率，支持了马光荣和周广肃（2014）等的结论。赵昕东等（2017）研究表明，社会统筹模式的养老保险，在较大程度上挤占了家庭消费，当前的养老体系未能提供很好的保障，居民参与养老保险仍缺乏安全感。

表 4 - 22　　　　　　　　养老保险金与对家庭储蓄率的影响

变量	储蓄率		
	OLS（1）	RE（2）	FE（3）
养老保险金对数	0.0298 ***（0.0021）	0.0346 **（0.0015）	0.0256 ***（0.0026）
家庭规模	0.0377 ***（0.0039）	0.0385 ***（0.0026）	0.0656 ***（0.0054）
6 岁以下少儿	- 0.0787 ***（0.0187）	- 0.1033 ***（0.0132）	- 0.1064 ***（0.0210）
7 ~ 15 岁少儿	- 0.1059 ***（0.0124）	- 0.0937 ***（0.0086）	- 0.0527 ***（0.0180）
户主年龄	- 0.0015（0.0028）	- 0.0064 ***（0.0020）	0.0002（0.0041）
户主年龄平方	- 0.0001 **（0.0000）	- 0.0000（0.0000）	- 0.0000（0.0000）

续表

变量	储蓄率		
	OLS (1)	RE (2)	FE (3)
拥有汽车	- 0.0012 (0.0130)	- 0.0216 ** (0.0091)	- 0.1562 *** (0.0172)
工商业经营	0.0542 *** (0.0167)	0.0529 *** (0.0116)	0.1728 *** (0.0206)
农村	- 0.1327 *** (0.0112)	- 0.1256 *** (0.0081)	- 0.0156 (0.0595)
地区控制	是	是	是
时间固定	—	是	是
个体固定	—	是	是
观测值	34 936	34 936	34 936
拟合值 R^2	0.042	—	0.047

4.3.3 主要结论

本节采用普通最小二乘法和面板随机效应及面板固定效应的方法,研究了养老保险参与、养老金对家庭储蓄率的影响。其一,本节研究了养老保险参与对储蓄率的影响。三种方法的估计系数分别为 0.1210、0.1301、0.0347,且在 1% 的统计水平上显著为正,表明养老保险参与显著提高家庭的储蓄率。其二,本节研究了家庭领取养老保险金对储蓄率的影响。三种方法的估计系数分别为 0.0298、0.0346、0.0256,且在 1% 的统计水平上显著为正,表明养老保险金显著提高家庭的储蓄率。以上的估计结果说明,家庭领取的养老保险金对家庭储蓄有显著的促进作用,可能的原因是养老保险金能显著促进家庭收入水平的提高,进而提升家庭的储蓄率。现阶段,我国的养老保险参与及保险金额未降低家庭的预防性储蓄动机,反而使家庭储蓄率进一步增加。

4.4 人口结构对家庭储蓄率的影响

4.4.1 文献综述

关于家庭人口结构对家庭储蓄率的文献，本节主要从两个方面进行回顾：一方面是人口年龄结构及老龄化对储蓄率的影响；另一方面是少儿的性别结构对家庭储蓄率的影响。

首先是人口年龄结构及对家庭储蓄率的影响。约翰（John，2001）基于美国的数据研究得出，老人抚养比与个人储蓄呈反比例关系。王德文等（2004）基于莱斯利（Leslie）人口模型进行分析得出，老年抚养比与个人储蓄率呈现显著的负向关系。郑长德（2007）通过对我国各地区的人口总抚养比进行分析得出，老年人口抚养比的上升一定程度上会提高居民的储蓄率。还有一些学者考察了家庭老人抚养比对家庭储蓄率的影响。如汪伟（2009）将抚养比分为老人抚养比和儿童抚养比，基于省级面板数据进行分析，得出家庭储蓄率与老人抚养比呈现正比例关系的结论。刘雯和杭斌（2013）利用中国健康和营养调查数据（CHNS）分析得出，老龄化程度的加深会显著提高居民的储蓄水平，其主要原因可解释为我国现阶段养老保险制度的不完善，特别是养老保险覆盖率较低以及机关事业单位和非机关事业单位养老金福利待遇的显著差异。杨继军、张二震（2013）利用 1994～2010 年的省级面板数据分析发现，少儿抚养比上升会促进家庭的储蓄率，而非生产性的老年人口比重的上升则会抑制家庭储蓄率的增加。胡翠、许召元（2014）利用居民收入调查组的数据实证分析了人口老龄化对城乡居民家庭储蓄的影响，发现农村家庭储蓄率随着老龄人口比重的上升而下降，城镇家庭储蓄率随着老龄人口比重的上升而上升，其解释为农村居民养老保险制度的不断完善以及城市化进程的推进。李豫新、程谢君（2017）基于 2000～2014 年的省级面板数据，进行分析，发现老龄化对家庭储蓄率有显著的影响，二者呈现出倒 U 形的关系。孟令国等

（2019）在"全面二孩"政策的背景下，探究了人口年龄结构对居民储蓄率的影响，利用 1998 年和 2017 年的中国省级面板数据，实证分析得出人口老龄化的趋势会不断增加养老的压力，从而增加家庭的储蓄率。

其次是一些学者从家庭子女的性别结构、户主的经历等角度来分析。苏华山等（2016）认为家庭中未婚成员的数目是推动家庭高储蓄率的重要原因，未婚男性比未婚女性对家庭储蓄率的影响程度更大。魏和张（Wei & Zhang，2011）认为性别比例失衡程度提高，导致婚姻市场竞争加剧，从而使有儿家庭父母推迟消费、增加储蓄。此外，还有学者从教育投资角度解释少儿对家庭储蓄率的影响。谢勇（2011）运用 2006 年中国综合社会调查（CGSS2006）的微观数据对我国农村居民平均储蓄倾向的影响因素进行实证分析，发现在户主年龄达到 45～49 岁时农户储蓄倾向降到整个生命周期的最低点，随后开始回升，他认为这种 U 形特征与孩子的受教育过程基本吻合，即随着户主年龄增长，少儿的教育费用也在逐渐上升，当户主年龄超过 49 岁以后，少儿教育陆续结束，从而储蓄倾向出现一定幅度的回升。汪伟（2016）认为子女数量越多，父母会增加教育支出从而减少家庭储蓄。

以上学者大都基于省级层面或者宏观数据来分析老龄化或者少儿抚养比对家庭储蓄率的影响。本节基于最新的中国家庭普惠金融调查微观数据，分析人口结构对家庭储蓄率的影响。

4.4.2　实证研究

1. 模型设定

本节以家庭储蓄率作为被解释变量，以老人抚养比、少儿抚养比作为关键解释变量，研究居民老龄化和少儿抚养比对家庭储蓄率的影响，模型设定如下：

$$Saving_{it} = \alpha Old\_p_{it} + \beta X_{it} + c_i + \gamma_t + \varepsilon_{it} \qquad (4-5)$$

$$Saving_{it} = \alpha Child\_p_{it} + \beta X_{it} + c_i + \gamma_t + \varepsilon_{it} \qquad (4-6)$$

其中，$Saving_{it}$ 为 t 时期家庭 i 的储蓄率，其计算方式是用家庭收入减去消费，再除以收入；Old_p_{it} 表示家庭的老人抚养比程度，本节使用家庭

60 岁以上人口占家庭总人口的比例进行衡量；$Child\_p_{it}$ 表示少儿抚养比，本节用家庭子女的数目与家庭总人口的比例衡量。X_{it} 是一系列控制变量，包括户主特征变量和家庭特征变量，c_i 是不随时间变化的不可观测变量，γ_t 是时间固定效应，ε_{it} 是随机扰动项。

2. 实证结果

（1）老人抚养比对家庭储蓄率的影响。表 4 - 23 报告了老人抚养比对家庭储蓄率的估计结果。第（1）列是 2017 年和 2019 年样本下 OLS 的估计结果，第（2）列是两年平衡面板随机效应的估计结果，第（3）列是面板固定效应的估计结果。第（1）列老人抚养比的估计系数是 - 0.1488，且在 1% 的统计水平显著，表明老龄化显著抑制家庭储蓄率水平的上升，老龄化每提高 1%，家庭储蓄率下降 14.88%。第（2）列和第（3）列是 2017 年和 2019 年构造的平衡面板的估计结果，随机效应的估计结果在 1% 的统计水平上显著为负，固定的估计结果在 10% 的统计水平上显著为负，且估计系数为 - 0.0636，表明老人抚养比每提高 1%，家庭的储蓄率下降 6.36%。以上的结果均表明，老人抚养比抑制家庭储蓄率水平的提高。

表 4 - 23 老人抚养比对家庭储蓄率的影响

变量	储蓄率		
	（1） OLS	（2） RE	（3） FE
老人抚养比	- 0.1488 *** （0.0206）	- 0.0904 *** （0.0140）	- 0.0636 * （0.0322）
家庭规模	0.0268 *** （0.0041）	0.0296 *** （0.0028）	0.0604 *** （0.0058）
7 ~ 15 岁少儿	- 0.1029 *** （0.0125）	- 0.0921 *** （0.0087）	- 0.0534 *** （0.0181）
户主年龄	- 0.0028 *** （0.0028）	- 0.0056 *** （0.0020）	0.0006 （0.0041）

续表

变量	储蓄率		
	（1） OLS	（2） RE	（3） FE
户主年龄平方	0.0000 （0.0000）	0.0001 *** （0.0000）	－0.0000 （0.0000）
拥有汽车	－0.0205 （0.0130）	－0.0291 *** （0.0092）	－0.1585 *** （0.0173）
工商业经营	0.0399 ** （0.0165）	0.0367 *** （0.0116）	0.1706 *** （0.0206）
农村	－0.1653 *** （0.0108）	－0.1677 *** （0.0079）	－0.0186 （0.0597）
地区控制	是	是	是
时间固定	是	是	是
观测值	34 975	34 975	34 975
拟合值 R^2	0.035	—	0.042

（2）少儿抚养比与对家庭储蓄率的影响。表4－24报告了子女抚养比影响家庭储蓄率的估计结果。第（1）列是2017年和2019年样本下OLS的估计结果，第（2）列是两年平衡面板随机效应的估计结果，第（3）列是面板固定效应的估计结果。第（1）列少儿抚养比的估计系数是－0.0957，且在10%的统计水平内不显著，由于估计方程的扰动项可能存在序列自相关性，同时存在不随时间变化且与家庭少儿抚养比相关的不可观测的遗漏变量，可能会对我们的估计结果造成影响。第（2）列和第（3）列是利用2017年和2019年数据构造的平衡面板的估计结果，随机效应的估计结果在1%的统计水平上显著为负，固定效应的估计结果在1%的统计水平上显著为负，且估计系数为－0.3000，表明子女抚养比每提高1%，家庭的储蓄率下降0.3%。以上结果均表明，老人抚养比抑制家庭储蓄率水平的提高。

表 4 - 24 　　　　　　　　少儿抚养比对家庭储蓄率的影响

变量	储蓄率		
	(1) OLS	(2) RE	(3) FE
少儿抚养比	- 0. 0957 (0. 0733)	- 0. 1804 *** (0. 0556)	- 0. 3000 *** (0. 0910)
家庭规模	0. 0335 *** (0. 0038)	0. 0320 *** (0. 0026)	0. 0609 *** (0. 0054)
7 ~ 15 岁少儿	- 0. 0840 *** (0. 0212)	- 0. 0527 *** (0. 0149)	0. 0174 (0. 0244)
户主年龄	0. 0013 (0. 0028)	- 0. 0028 (0. 0020)	0. 0013 (0. 0041)
户主年龄平方	- 0. 0000 (0. 0000)	0. 0000 (0. 0000)	- 0. 0000 (0. 0000)
拥有汽车	- 0. 0129 (0. 0130)	- 0. 0235 ** (0. 0092)	- 0. 1562 *** (0. 0173)
工商业经营	0. 0432 *** (0. 0166)	0. 0400 *** (0. 0117)	0. 1718 *** (0. 0206)
农村	- 0. 1696 *** (0. 0109)	- 0. 1705 *** (0. 0079)	- 0. 0186 (0. 0597)
地区控制	是	是	是
时间固定	是	是	是
观测值	34 975	34 975	34 975
拟合值 R^2	0. 032	—	0. 041

注：6 岁以下少儿前面的表格已报告，此处不再赘述。

4. 4. 3 　主要结论

本节采用普通最小二乘法和面板随机效应及面板固定效应的方法，研究了老人抚养比和少儿抚养比对家庭储蓄率的影响。其一，本节首先研究了老人抚养比对家庭储蓄率的影响。研究结果表明，老人抚养比的估计系

数分别为 -0.1488、-0.0904、-0.0636，且分别在1%和10%的统计水平上显著；面板固定效应和随机效应的估计结果依然显著，说明老龄化抑制家庭储蓄率水平的提高。其二，本节研究了家庭少儿抚养比对储蓄率的影响。三种方法的估计系数分别为 -0.0957、-0.1804、-0.3000，其中，随机效应和估计效应的估计结果在1%的统计水平上显著为负，结果表明家庭的少儿抚养比显著降低家庭的储蓄率。以上估计结果说明，家庭老人抚养比和少儿抚养比均显著降低家庭的储蓄率，可能的原因是家庭老人和子女越多，家庭需要的赡养费用和抚养子女的支出越多，从而在一定程度上降低了家庭的储蓄率。

4.5　负债对家庭储蓄率的影响

4.5.1　文献综述

直接研究负债对家庭储蓄率影响的文献较少，本节主要从两个方面进行回顾：一方面是家庭负债不断攀升的原因；另一方面是负债对家庭经济行为的影响。

首先是解释家庭负债不断上升的原因。越来越多的学者意识到，不断增加的家庭信贷对家庭的影响很大（Wildauer, Stockhammer and Wildauer, 2018；Bezemer et al., 2016；Bezemer and Grydaki, 2014；Schularick and Taylor, 2012；Mian and Sufi, 2009）。已有的研究主要从以下几个方面给予解释。第一，收入不平等的视角。库姆霍夫等（Kumhof et al., 2015）通过构建两期的DSGE模型得出，低收入群体为维持当期的消费水平推高家庭负债，中低收入群体消费的"攀比效应"导致负债水平不断攀升（Frank et al., 2014；Kapeller and Schütz, 2014；Ryoo and Kim, 2014；Behringer and van Treeck, 2013）。第二，房价上涨导致家庭负债上升。约达等（Jordà et al., 2016）利用宏观数据论证了此观点，证明房价已成为影响金融和商业周期的关键变量（Borio, 2014；Goodhart and Hofmann,

2008；Leamer，2007；Bezemer and Zhang et al.，2017）。莱奥（Ryoo，2016）基于理论研究发现，家庭负债主要由住房价格所驱动。第三，利率水平不断下降。央行将利率保持在非常低的水平，较低的（抵押）利率可能会吸引那些在利率上升时难以偿还利息的借款人，从而导致家庭负债水平的上升（Taylor，2009；Sinn and Valentinyi，2013）。第四，信贷市场管制不断放松。随着金融市场的蓬勃发展，金融部门不断放松对家庭部门的风险承担要求，信贷规定得到缓解，个人信贷供应增加，一定程度上导致家庭负债水平的提升（Borio，2014；Borio and White，2004；Mian and Sufi，2009；Justiniano et al.，2015）。

其次是负债对家庭经济的影响。一是负债对收入和产出的影响。负债提高家庭的收入水平，主要的研究集中于农户的信贷（Khandker，2005；Karlan and Zinman et al.，2010；Imai and Azam，2012；冯海红，2016）、消费信贷与收入（赵爱玲，2000）。负债扩大收入不平等（Berisha et al.，2015；Saez and Zucman，2016；Fasianos et al.，2017），负债主要为高收入群体或顶层富人创造收益（Berisha et al.，2018；Berisha and Meszaros，2018；刘晓光等，2019）。宏观层面，适度负债有助于经济增长，超过一定水平则会阻碍经济发展（Cecchetti et al.，2011），降低宏观经济产出和提高失业率（Mian and Sufi，2015）。二是关于负债对消费的影响，其研究结论出现分歧。一些学者研究发现，负债显著降低家庭消费（潘敏和刘知琪，2018；Dynan and Edelberg，2013）；还有一些观点认为，负债促进家庭消费水平的提升（Mian，2013；Yao et al.，2015），不同群体的负债对消费调整具有异质性（Johnson and Li，2007；Baker，2015）。三是负债对创业的影响。研究发现，负债缓解了流动性约束，促进了家庭创业（刘艳等，2015；Banerjee et al.，2015）。

已有学者在分析债务与家庭经济的关系时，发现信贷影响家庭经济行为，其原因可归结为金融资源的集中性。第一，信贷提高家庭的财产性收入。初始禀赋（收入和财富）较高的群体更容易获取信贷，通过加杠杆的方式进行金融投资或住房投资，从而在资本市场上获取财产性收入。第二，信贷促进个体的工资性收入增加，个体可以利用信贷进行人力资本投资，如培训及接受更高的教育水平。第三，高收入群体利用信贷进行创业和扩大生产经营。家庭负债更多地为高收入和高财富群体创造收益，降低其他群体的收入，阻碍了低收入群体的流动；另外，低收入家庭的负债主要为抵押信贷和住房信贷，挤占了用于投资生产经营的债务，从而加剧了收入不平等。还有一些学者认为，个体获取金融资源具有广泛性的特征。随着金融市场的不断完善和发展，越来越多的低收入群体能够参与信贷市场，一定程度上起到降低不平等的作用（Beck et al. , 2007；Prete, 2013）。以上关于信贷对家庭经济影响的研究结论并不一致。这些研究大都基于时间序列和数值模拟的方法，利用宏观数据或宏观理论进行定性分析，没有文献直接利用微观数据对中国的家庭储蓄情况进行经验分析。

4.5.2 实证研究

1. 模型设定

本节以家庭储蓄率作为被解释变量，以家庭负债作为关键解释变量，研究家庭负债对储蓄率的影响，模型设定如下：

$$Saving_{it} = \alpha Debt_{it} + \beta X_{it} + c_i + \gamma_t + \varepsilon_{it} \tag{4-7}$$

其中，$Saving_{it}$ 为 t 时期家庭 i 的储蓄率，其计算方法是用家庭收入减去消费，再除以收入，$Debt_{it}$ 表示家庭负债，本节将家庭的不同负债类型进行加总，衡量家庭的总负债。X_{it} 是一系列控制变量，包括户主特征变量和家庭特征变量，c_i 是不随时间变化的不可观测变量，γ_t 是时间固定效应，ε_{it} 是随机扰动项。

2. 实证结果

表 4-25 报告了负债对家庭储蓄率的影响。第（1）列是 2017 年和 2019 年样本下普通最小二乘法的估计结果，第（2）列是面板随机效应的估计结果，第（3）列是面板固定效应的估计结果。第（1）列的估计系数是 -0.0050，在 1% 的统计水平上显著，表明家庭负债规模每提高 1%，家庭储蓄率显著下降 0.5%，说明家庭负债显著降低家庭的储蓄率。由于估计方程的扰动项可能存在序列自相关性，同时存在不随时间变化且与家庭负债相关的不可观测的遗漏变量，可能会对我们的估计结果造成影响，

因此本节在第（2）列和第（3）列利用面板随机效应和固定效应的方法
对普通最小二乘法的估计结果进行矫正。第（2）列随机效应的估计系数
为 - 0.0058，第（3）列固定效应的估计系数为 - 0.0081，且在 1% 的统
计水平上显著。固定效应的估计结果表明，家庭负债规模每提高 1%，则
家庭储蓄率水平显著下降 0.81%。以上估计结果说明，家庭负债规模对
家庭储蓄有显著的抑制作用，可能的原因是偿还家庭债务导致支出增加，
进而降低家庭储蓄率。

表 4 - 25　　　　　　　　　　负债对家庭储蓄率的影响

变量	储蓄率		
	OLS （1）	RE （2）	FE （3）
家庭负债对数	- 0.0050 *** （0.0011）	- 0.0058 *** （0.0007）	- 0.0081 *** （0.0012）
家庭规模	0.0379 *** （0.0039）	0.0379 *** （0.0026）	0.0680 *** （0.0054）
6 岁以下少儿	- 0.0681 *** （0.0187）	- 0.0902 *** （0.0133）	- 0.1054 *** （0.0210）
7 ~ 15 岁少儿	- 0.1039 *** （0.0124）	- 0.0921 *** （0.0087）	- 0.0514 *** （0.0180）
户主年龄	- 0.0008 *** （0.0028）	- 0.0048 *** （0.0020）	0.0009 （0.0041）
户主年龄平方	- 0.0000 （0.0000）	0.0000 （0.0000）	- 0.0000 （0.0000）
拥有汽车	- 0.0094 （0.0130）	- 0.0196 ** （0.0092）	- 0.1491 *** （0.0173）
工商业经营	0.0489 *** （0.0107）	0.0455 *** （0.0117）	0.1784 *** （0.0206）

续表

变量	储蓄率		
	OLS (1)	RE (2)	FE (3)
农村	−0.1667*** (0.0109)	−0.1660*** (0.0079)	−0.0234 (0.0596)
时间固定	—	是	是
个体固定	—	是	是
观测值	34 975	34 975	34 975
拟合值 R^2	0.033		0.045

表 4-26 报告了不同负债家庭对储蓄率的影响。本小节将家庭划分为负债最低 20% 家庭、负债次低 20% 家庭、负债中间 20% 家庭、负债次高 20% 家庭、负债最高 20% 家庭。第（1）列是在 2017 年和 2019 年样本下普通最小二乘法的估计结果，第（2）列是 2017 年样本的估计结果，第（3）列是 2019 年样本的估计结果。第（1）列 OLS 的估计系数分别为 −0.1253、−0.1154、−0.0268、0.1020。其中，次低 20% 家庭和中间 20% 家庭的估计系数均在 1% 的统计水平上显著，次高 20% 家庭的估计系数在 10% 的统计水平上显著，最高 20% 的家庭在 1% 的统计水平上显著为正。第（2）列的估计系数分别为 −0.1449、−0.0987、−0.0233、0.1215；第（3）列的估计系数分别为 −0.1079、−0.1400、−0.0276、0.1093。结果依然是次低 20% 家庭和中间 20% 家庭的估计系数均在 1% 的统计水平上显著，次高 20% 家庭的估计系数在 10% 的统计水平内不显著，最高 20% 的家庭在 1% 的统计水平上显著为正。以上估计结果表明，相比较于最低负债家庭，中低负债家庭的负债水平降低家庭储蓄率；次高负债家庭负债对储蓄率影响较小；最高负债家庭负债显著促进储蓄率水平的提升。

表 4 - 26 不同负债家庭对储蓄率的影响

变量	2017～2019 年	2017 年	2019 年
	(1)	(2)	(3)
次低 20% 家庭	- 0.1253 *** (0.0176)	- 0.1449 *** (0.0234)	- 0.1079 *** (0.0263)
中间 20% 家庭	- 0.1154 *** (0.0154)	- 0.0987 *** (0.0204)	- 0.1400 *** (0.0226)
次高 20% 家庭	- 0.0268 * (0.0153)	- 0.0233 (0.0210)	- 0.0276 (0.0217)
最高 20% 家庭	0.1020 *** (0.0151)	0.1215 *** (0.0210)	0.1093 *** (0.0206)
家庭规模	0.0372 *** (0.0026)	0.0356 *** (0.0035)	0.0381 *** (0.0038)
6 岁以下少儿	- 0.0910 *** (0.0132)	- 0.0858 *** (0.0174)	- 0.1014 *** (0.0193)
7～15 岁少儿	- 0.0981 *** (0.0086)	- 0.0927 *** (0.0120)	- 0.0936 *** (0.0122)
户主年龄	- 0.0052 *** (0.0019)	- 0.0048 * (0.0025)	- 0.0022 (0.0029)
户主年龄平方	0.0000 * (0.0000)	0.0000 (0.0000)	0.0000 (0.0000)
拥有汽车	- 0.0304 *** (0.0090)	0.1382 *** (0.0120)	- 0.1759 *** (0.0127)
工商业经营	0.0211 * (0.0118)	0.0255 * (0.0154)	- 0.0062 (0.0174)
农村	- 0.1604 *** (0.0075)	- 0.1669 *** (0.0104)	- 0.1560 *** (0.0105)
地区控制	是	是	是
观测值	34 975	17 488	17 487
拟合值 R^2	0.035	0.058	0.035

4.5.3　主要结论

本节采用普通最小二乘法和面板随机效应及面板固定效应的方法，研究了家庭负债、不同负债家庭对储蓄率的影响。其一，本节研究了负债对家庭储蓄率的影响。回归结果显示，全样本下 OLS、面板随机效应和面板固定效应的估计系数分别为 –0.0050、–0.0058、–0.0081，且在 1% 的统计水平上显著，说明家庭负债抑制家庭储蓄率水平的提高。其二，本节研究了不同负债家庭对储蓄率的影响。OLS 的估计结果表明，次低 20% 家庭和中间 20% 家庭的估计系数均在 1% 的统计水平上显著，次高 20% 家庭的估计系数在 10% 的统计水平内不显著，最高 20% 家庭在 1% 的统计水平上显著为正。以上估计结果表明，相比较于最低负债家庭，中低负债家庭负债降低家庭储蓄率；次高负债家庭负债对储蓄率影响较小；最高负债家庭负债显著促进储蓄率水平的提升。

4.6　本章小结

本章首先描述了近些年家庭储蓄变化的特征，然后分析了财富、人口结构、养老保险、家庭负债对家庭储蓄率的影响，得到以下结论。

第一，家庭储蓄率依然较高。近些年，我国家庭储蓄率水平高达 30% 左右。在同一时期，无论是家庭储蓄率、家庭储蓄水平，还是家庭拥有储蓄的比例，城市地区的指标均高于农村地区。家庭储蓄的各项指标呈现出地区异质性、家庭财富异质性、家庭收入异质性和户主年龄异质性。

第二，财富积累显著提升家庭储蓄率。研究结果表明，基于面板固定效应的估计方法，财富差距抑制家庭储蓄率水平的提高。家庭财富水平显著提高家庭的储蓄率，即越富有的群体储蓄意愿越高，财富越高的群体储蓄率越高。

第三，养老保险参与显著提高家庭储蓄率。结果表明，养老保险参与显著提高家庭的储蓄率。家庭领取的养老保险金金额对家庭储蓄有显著的促进作用，可能的原因是养老保险金能显著促进家庭收入水平的提高，进而提升家庭的储蓄率。现阶段，我国的养老保险参与及保险金额未能降低家庭的预防性储蓄动机，反而使家庭储蓄率进一步增加。

第四，人口结构对家庭储蓄率的影响。面板固定效应和随机效应的估计结果说明老人抚养比提高抑制家庭储蓄率水平的提高。家庭老人抚养比和少儿抚养比均显著降低家庭的储蓄率，可能的原因是家庭老人和少儿越多，家庭需要的赡养费用和抚养子女的支出越多，从而在一定程度上降低家庭的储蓄率。

第五，负债程度不同的家庭，对储蓄率的影响存在显著差异。家庭负债抑制家庭储蓄率水平的提高，相比较于最低负债家庭，中低负债家庭负债降低家庭储蓄率，次高负债家庭负债对储蓄率影响较小，最高负债家庭负债显著促进储蓄率水平的提升。

第 5 章

中国家庭的信贷及影响

5.1 家庭信贷特征

5.1.1 家庭信贷概况

根据资金用途的不同，家庭信贷可分为生产型信贷和消费型信贷。生产型信贷指因生产经营活动向银行、信用社等正规金融机构进行贷款，或者向亲朋好友、民间金融组织、小额贷款公司、网络借贷平台等非银行融资渠道借款。消费型信贷指因日常消费、投资活动向银行、信用社等正规金融机构进行贷款，或者向亲朋好友、民间金融组织、小额贷款公司、网络借贷平台等非银行融资渠道借款。具体来说，生产型信贷包括农业信贷、工商业信贷和商铺信贷，消费型信贷包括住房信贷、汽车信贷、耐用品信贷、金融信贷、教育信贷、医疗信贷和信用卡。若家庭有尚未还清的生产型负债，则认为其参与生产型信贷，若有尚未还清的消费型负债，则认为其参与消费型信贷，既不属于生产型信贷也不属于消费型信贷的负债，则归为其他信贷。只要有三者之一，则说明家庭参与了信贷市场。

表 5 - 1 显示了 2015 ~ 2019 年家庭信贷参与情况。由数据可知，2015年，41.60% 的家庭参与信贷，其中，7.28% 的家庭参与生产型信贷，36.60% 的家庭参与消费型信贷。2017 年，45.35% 的家庭参与信贷，其

中，9.22%的家庭参与生产型信贷，39.80%的家庭参与消费型信贷。2019 年，34.97%的家庭参与信贷，其中，6.84%的家庭参与生产型信贷，30.09%的家庭参与消费型信贷。综观三年数据可知，参与消费型信贷的比例远远高于参与生产型信贷的比例。在生产型信贷中，参与农业信贷的比例最大，2015～2019 年分别为 3.95%、5.73%和 4.94%。在消费型信贷中，参与住房信贷和使用信用卡的比例最大，2015～2019 年，参与住房信贷的比例分别为 16.55%、18.09%和 14.43%。使用信用卡的比例分别为 17.60%、19.58%和 13.08%。

表 5-1 家庭信贷参与 单位：%

信贷参与	2015 年	2017 年	2019 年
农业信贷参与	3.95	5.73	4.94
工商业信贷参与	3.44	3.45	1.81
住房信贷参与	16.55	18.09	14.43
商铺信贷参与	—	0.40	0.26
汽车信贷参与	2.74	2.70	2.70
耐用品信贷参与	0.51	0.78	0.60
金融信贷参与	0.16	0.13	0.09
教育信贷参与	2.77	4.04	2.82
医疗信贷参与	4.90	5.90	4.98
信用卡参与	17.60	19.58	13.08
其他信贷参与	2.67	3.13	3.00
生产型信贷参与	7.28	9.22	6.84
消费型信贷参与	36.60	39.80	30.09
信贷参与	41.60	45.35	34.97

我们绘出了家庭信贷参与情况的柱状图。由图 5-1 不难发现，随着时间的推移，家庭参与信贷的比例先上升后下降。2017 年，无论是生产型信贷、消费型信贷还是家庭总体信贷，参与程度均最高。2019 年，家

庭生产型信贷、消费型信贷和总体信贷参与程度均最低。

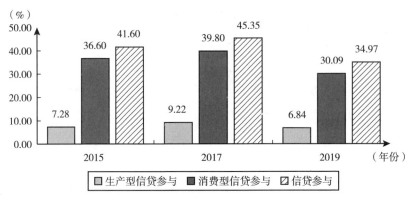

图 5 - 1　家庭信贷参与

信贷需求指家庭因生产经营活动或日常消费、投资活动需要的资金。根据资金用途的不同，信贷需求也分为生产型信贷需求和消费型信贷需求。在数据可得的情况下，生产型信贷需求又可细分为农业信贷需求和工商业信贷需求。表 5 - 2 显示了 2015 ~ 2019 年家庭信贷需求情况。由数据可知，2015 年，8.35% 的家庭有信贷需求。2017 年，25.48% 的家庭有信贷需求，其中，8.18% 的家庭有生产型信贷需求，20.96% 的家庭有消费型信贷需求。2019 年，17.13% 的家庭有信贷需求，其中，9.03% 的家庭有生产型信贷需求，10.41% 的家庭有消费型信贷需求。综观数据可知，家庭消费型信贷需求的比例略高于生产型信贷需求。

表 5 - 2　　　　　　　　　家庭信贷需求　　　　　　　　　单位：%

信贷需求	2015 年	2017 年	2019 年
农业信贷需求	—	5.44	7.26
工商业信贷需求	—	2.93	1.98
生产型信贷需求	—	8.18	9.03
消费型信贷需求	—	20.96	10.41
信贷需求	8.35	25.48	17.13

我们绘出了家庭信贷需求情况的柱状图。由图 5 - 2 不难发现，随着时间的推移，家庭信贷需求的比例先上升后下降。2017 年，家庭消费型信贷需求和总体信贷需求占比最高。2019 年，家庭消费型信贷需求和总体信贷需求占比相比 2017 年有所下降，但生产型信贷需求比例略微上升。总体来看，消费型信贷需求是家庭信贷需求的重要组成部分。

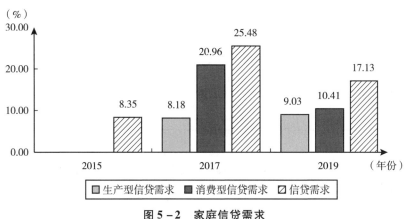

图 5 - 2　家庭信贷需求

5.1.2　家庭特征与信贷参与

1. 户主受教育程度与信贷参与

教育是体现家庭成员人力资本水平的重要信号，与家庭信贷行为也有着密切关系。一般而言，正规金融机构在对贷款客户进行资格审查时会更青睐教育程度较高的群体。根据户主受教育程度的不同，我们将家庭分为五组，依次为低学历（没上过学或小学）、较低学历（初中）、中等学历（高中/中专/职高）、较高学历（大专/高职/本科）、高学历（研究生及以上）。

表 5 - 3 给出了户主受教育程度与家庭信贷参与的关系。由数据可知，户主学历越高，参与信贷的家庭比例越高。2015 年，低学历家庭中仅有 32.62% 的家庭参与信贷，而高学历家庭中这一比例高达 85.91%。2017 年，低学历家庭中仅有 37.88% 的家庭参与信贷，而高学历家庭中这一比例高达 84.40%。2019 年，低学历家庭中仅有 27.35% 的家庭参与信贷，

而高学历家庭中这一比例高达78.52%。此外，随着时间的推移，高学历家庭的信贷参与比例在不断下降，其余学历类型家庭的信贷参与比例先上升后下降。

表5-3 　　　　　　　　户主受教育程度与信贷参与 　　　　　　　单位：%

户主受教育程度	2015年	2017年	2019年
小学以下	32.62	37.88	27.35
初中	37.36	41.86	34.21
高中	43.06	46.24	36.37
大学	63.70	66.49	58.76
研究生	85.91	84.40	78.52

我们绘出了受教育程度与信贷参与关系的柱状图。由图5-3可知，以中等学历为分界，中等学历以下的家庭信贷参与率总体不高，中等学历以上的家庭信贷参与率快速上升，这证实了高学历家庭更容易获得信贷。此外，高学历家庭2015年的信贷参与率最高，其余学历类型的家庭2017年的信贷参与率最高。

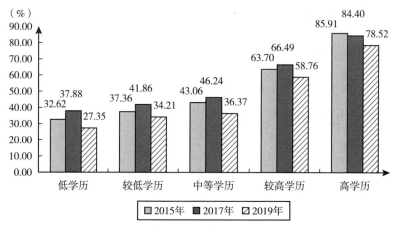

图5-3 　户主受教育程度与信贷参与

2. 户主政治面貌与信贷参与

家庭成员的政治面貌在一定程度上反映了其政治关系网络或者政治地位。一方面,中共党员(以下简称"党员")身份可能会被正规金融机构识别为体现个人偿债能力的信号,从而使个人贷款申请通过的可能性更大。另一方面,党员身份可能更加保守,不愿意承担风险,因此可能参与信贷市场的概率更低。

根据户主的政治面貌,我们将家庭分为两组:户主党员家庭和户主非党员家庭。表 5 - 4 给出了不同政治面貌家庭的信贷参与差异。由表可知,2015 ~ 2019 年,党员家庭信贷参与比例分别为 40.12%、49.04% 和 35.53%,非党员家庭信贷参与比例分别为 41.91%、44.91% 和 34.49%。2017 年和 2019 年,党员家庭负债比例高于非党员家庭。而 2015 年,党员家庭负债比例低于非党员家庭。

表 5 - 4　　　　　　　　　　户主政治面貌与信贷参与　　　　　　　　单位:%

户主政治面貌	2015 年	2017 年	2019 年
党员	40.12	49.04	35.53
非党员	41.91	44.91	34.49

我们绘出了政治面貌与信贷参与关系的柱状图。由图 5 - 4 可知,随着时间的推移,无论是党员家庭还是非党员家庭,信贷参与的比例均呈先上升后下降的趋势。

3. 社会网络与信贷参与

社会网络的度量已经得到了学者们的广泛研究,参照已有文献做法,我们以家庭因节假日、红白喜事等事由发生的人情收支总和来衡量家庭社会关系,人情收支总和越大,家庭社会关系网络越广,越容易获取信贷。我们按照社会网络的不同分位数,将家庭分为 8 组。

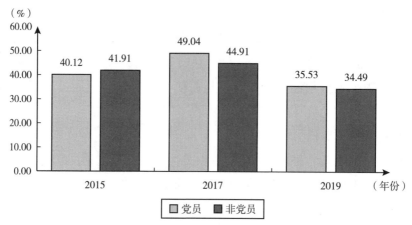

图 5 - 4　户主政治面貌与信贷参与

表 5 - 5 给出了不同分位数组家庭的信贷参与情况。由表可知，总体而言，社会关系越强，家庭信贷参与比例越高。对于 2017 年和 2019 年，社会网络资源在 30 ~ 40 分位数的家庭，其信贷参与比例略低于社会网络资源在 30 及以下分位数的家庭。综观三年数据，对于不同分位数的社会网络，家庭信贷参与比例均呈先上升后下降的趋势。

表 5 - 5　　　　　　　　　　社会网络与信贷参与　　　　　　　　　单位：%

社会网络	2015 年	2017 年	2019 年
30 及以下分位数	32.94	39.70	30.64
30 ~ 40 分位数	36.47	39.47	30.37
40 ~ 50 分位数	38.90	41.61	32.09
50 ~ 60 分位数	42.14	45.44	34.94
60 ~ 70 分位数	45.83	47.40	37.17
70 ~ 80 分位数	46.47	51.05	39.01
80 ~ 90 分位数	51.26	52.22	40.98
90 以上分位数	57.06	59.28	47.10

进一步，我们绘出了关系网络与信贷参与关系的柱状图。由图 5 - 5 可知，总体上看，随着社会关系不断增强，家庭负债比例呈现上升趋势。

综上可知，社会网络对家庭信贷资源获取具有重要影响。在我国人情社会的背景下，社会关系成为影响家庭信贷参与的又一重要因素。

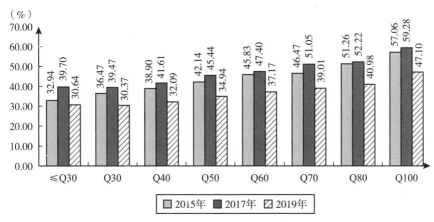

图 5 - 5　关系网络与信贷参与

诸多学者发现，社会关系会影响家庭信贷行为（马光荣和杨恩艳，2011；杨汝岱等，2011），社会网络作为一种非正式保险机制有助于穷人获得信贷（Van，2000）。比加特和卡斯塔尼亚斯（Biggart & Castanias，2001）还提出社会网络在金融交易中可扮演抵押品的角色，进而缓解由于信息不对称所导致的逆向选择和道德风险问题。

4. 户主身体状况与信贷参与

家庭成员的身体状况也可能会影响家庭参与信贷市场。根据户主的身体状况，将家庭分为三组：户主身体状况好、户主身体状况一般和户主身体状况不好。

表 5 - 6 给出了户主不同身体状况家庭的信贷参与差异。由表可知，2015 年，户主身体状况好、身体状况一般和身体状况不好的家庭信贷参与比例分别为 43.61%、39.91% 和 39.78%。2017 年，户主身体状况好、身体状况一般和身体状况不好的家庭信贷参与比例分别为 47.42%、43.12% 和 43.94%。2019 年，户主身体状况好、身体状况一般和身体状况不好的家庭信贷参与比例分别为 37.16%、32.71% 和 35.35%。总体来看，户主健康的家庭参与信贷市场的比例更高。

表5-6　　　　　　　户主身体状况与信贷参与　　　　　　单位：%

户主身体状况	2015 年	2017 年	2019 年
好	43.61	47.42	37.16
一般	39.91	43.12	32.71
不好	39.78	43.94	35.35

进一步，我们绘出了身体状况与信贷参与关系的柱状图。由图5-6可知，随着时间的推移，对于户主不同身体状况的家庭，信贷参与比例均呈先上升后下降的趋势。2017年和2019年，户主身体状况不好的家庭，信贷参与比例高于身体状况一般的家庭，可能的原因是，这些家庭面临巨额的医疗支出，需要为医疗支出融资。

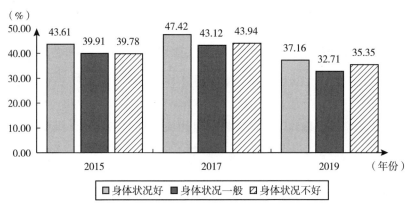

图5-6　户主身体状况与信贷参与

5. 户主婚姻状况与信贷参与

家庭成员的婚姻状况也可能会影响家庭参与信贷市场。根据CHFIS数据，户主的婚姻状况包括未婚、已婚、同居、分居、离婚、丧偶。表5-7给出了不同婚姻状况家庭的信贷参与差异。由表可知，2015年和2017年，户主同居的家庭信贷参与比例最高，分别为61.43%和58.98%。2019年，户主未婚的家庭信贷参与比例更高，为42.48%。综观三年数据，户主丧偶的家庭信贷参与比例最低，分别为23.12%、27.67%和

21.67%。可能的原因是，户主丧偶之后，信贷需求减少的同时，融资渠道也减少。

表 5 – 7　　　　　　　　户主婚姻状况与信贷参与　　　　　　　　单位：%

户主婚姻状况	2015 年	2017 年	2019 年
未婚	44. 74	50. 67	42. 48
已婚（含再婚）	42. 74	46. 59	36. 11
同居	61. 43	58. 98	30. 67
分居	50. 66	33. 44	33. 66
离婚	41. 84	47. 59	38. 04
丧偶	23. 12	27. 67	21. 67

　　进一步，我们绘出了婚姻状况与信贷参与关系的柱状图。由图 5 – 7 可知，总体来看，随着时间的推移，户主未婚、户主已婚、户主离婚和户主丧偶的家庭参与信贷市场的比例先上升后下降，户主同居的家庭参与信贷市场的比例呈下降趋势，且 2017 ~ 2019 年呈断崖式下降，户主分居的家庭参与信贷市场的比例大致呈"V"形，2017 年的信贷参与率最低，2019 年略微增加。

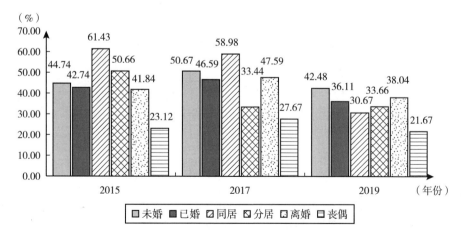

图 5 – 7　户主婚姻状况与信贷参与

6. 户主风险态度与信贷参与

家庭信贷参与是一项风险活动，家庭融入资金以后，可能由于无法偿还贷款，面临抵押品处置、破产等风险，若是从亲朋好友之类的非正规渠道融资，也可能因为无法偿还债务而损害家庭成员声誉。因此，家庭风险态度也会影响信贷参与和选择。CHFIS调查通过询问家庭对于投资项目的选择①来了解家庭风险态度。根据风险态度将家庭分为三组，依次为风险偏好家庭（选择高风险、高回报的项目或略高风险、略高回报的项目）、风险中性家庭（选择平均风险、平均回报的项目）、风险厌恶家庭（选择略低风险、略低回报的项目或不愿意承担任何风险）。

表5-8给出了不同风险态度家庭的信贷参与情况，由数据可知，2015年，户主风险偏好、风险中性和风险厌恶家庭的信贷参与比例分别为63.84%、57.44%和35.98%。2017年，户主风险偏好、风险中性和风险厌恶家庭的信贷参与比例分别为47.75%、44.14%和45.43%，户主风险中性家庭的信贷参与比例略低于户主风险厌恶家庭的信贷参与比例。2019年，户主风险偏好、风险中性和风险厌恶家庭的信贷参与比例分别为61.17%、52.17%和31.81%。综观三年数据，户主越偏好风险，家庭信贷参与比例越高。

表5-8 户主风险态度与信贷参与 单位：%

户主风险态度	2015 年	2017 年	2019 年
风险偏好	63.84	47.75	61.17
风险中性	57.44	44.14	52.17
风险厌恶	35.98	45.43	31.81

进一步，我们绘出了风险态度和信贷参与关系的柱形图。由图5-8

---

① 需要说明的是，2017年的问卷仅询问了新受访户的风险态度，老样本的风险态度需要从2015年补充过来。问卷对应的问题是：如果您有一笔资金用于投资，您最愿意选择哪种投资项目？1. 高风险、高回报的项目；2. 略高风险、略高回报的项目；3. 平均风险、平均回报的项目；4. 略低风险、略低回报的项目；5. 不愿意承担任何风险。

可知，随着时间的推移，户主风险偏好和户主风险中性的家庭信贷参与比例呈先下降后上升的"V"形，户主风险厌恶的家庭信贷参与比例呈先上升后下降趋势。也就是说，2017 年，户主风险偏好和风险中性家庭的信贷参与比例最低，但户主风险厌恶家庭的信贷参与比例最高。

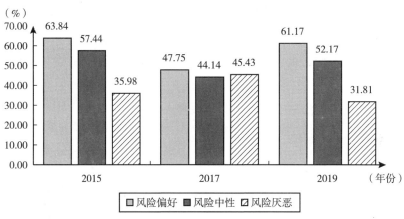

图 5-8　户主风险态度与信贷参与

7. 家庭收入与信贷参与

家庭收入是影响信贷参与的又一重要因素。将家庭按照收入水平由低到高排序，从不同收入组家庭的信贷参与率来看，收入最高 20% 组家庭的信贷参与率最高，2015 年、2017 年、2019 年分别为 62.23%、64.03% 和 55.22%。2015 年，收入最低 20% 组家庭的信贷参与率最低，为 33.52%。2017 年，收入 20%～40% 组家庭的信贷参与率最低，为 39.54%。2019 年，收入最低 20% 组家庭的信贷参与率最低，为 28.08%（见表 5-9）。

表 5-9　　　　　　　　　　　　家庭收入与信贷参与　　　　　　　　　　单位：%

家庭收入水平	2015 年	2017 年	2019 年
收入最低 20%	33.52	39.61	28.08
收入 20%～40%	34.52	39.54	28.15
收入 40%～60%	36.77	39.85	32.37

续表

家庭收入水平	2015 年	2017 年	2019 年
收入 60% ~80%	41. 54	45. 44	36. 23
收入最高 20%	62. 23	64. 03	55. 22

进一步，我们绘出了家庭收入和信贷参与关系的柱形图。由图 5 - 9 可知，对于所有收入分位组的家庭，2017 年的信贷参与率均最高，2019 年的信贷参与率均最低。此外，综观三年数据，从收入 60% ~80% 组到收入最高 20% 组，家庭的信贷参与率急剧上升。对于收入处在前 80% 分位组的家庭，信贷参与率则基本保持水平。

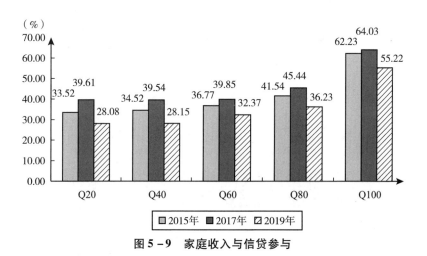

图 5 - 9　家庭收入与信贷参与

5. 1. 3　金融网点、城市规模与信贷参与

1. 金融网点与信贷参与

家庭居住地的金融发展水平是影响家庭信贷市场参与的又一重要因素。一般而言，家庭居住地附近金融服务网点越多，金融供给越充裕，家庭越有可能通过银行之类的正规融资渠道获取资金。接下来我们将金融服务网点①分为社区银行、小额贷款公司和担保公司进行详细考察。

---

① 城市样本的金融服务网点包括社区银行、小额贷款公司、担保公司等。排除农村样本。

（1）社区银行与信贷参与。社区银行指资产规模较小、主要为经营区域内中小企业和居民家庭服务的地方性小型商业银行。需要强调的是，此处的信贷参与是社区层面的信贷参与，即社区所有家庭的平均信贷参与比例。

根据家庭所住的社区是否有社区银行进行分组，表 5 – 10 给出了是否有社区银行与家庭信贷参与的关系。由数据可知，2015 年和 2017 年，所在社区有社区银行的家庭信贷参与比例分别为 48.69% 和 45.11%，高于没有社区银行的家庭（信贷参与比例分别为 45.68% 和 43.57%）。而2019 年，没有社区银行的家庭（比例为 39.11%）信贷参与比例却高于有社区银行的家庭（比例为 36.43%）。

表 5 – 10	社区银行与信贷参与		单位：%
有无社区银行	2015 年	2017 年	2019 年
有社区银行	48.69	45.11	36.43
无社区银行	45.68	43.57	39.11

进一步，我们绘出了有无社区银行和信贷参与关系的柱形图。由图 5 – 10 可知，无论是有社区银行还是无社区银行的家庭，随着时间的推移，信贷参与比例均呈下降的趋势，且有社区银行的家庭信贷参与比例降低更快。

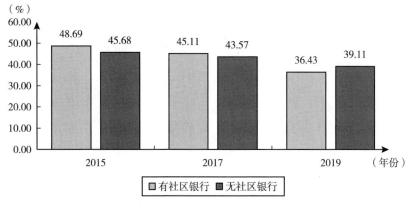

图 5 – 10　社区银行与信贷参与

（2）小额贷款公司与信贷参与。小额贷款公司是由自然人、企业法人与其他社会组织投资设立，不吸收公众存款，经营小额贷款业务的有限责任公司或股份有限公司。其属于非正规信贷，但与民间借贷相比，小额贷款更加规范，贷款利息可双方协商。

根据家庭所住的社区是否有小额贷款公司进行分组，表 5 - 11 给出了是否有小额贷款公司与家庭信贷参与的关系。由数据可知，2015 年，所在社区有小额贷款公司的家庭信贷参与比例为 45.66%，略低于无小额贷款公司的家庭（为 45.72%），2017 年和 2019 年，所在社区有小额贷款公司的家庭信贷参与比例分别为 46.80% 和 45.13%，高于没有小额贷款公司的家庭（比例分别为 43.01% 和 38.04%）。

表 5 - 11	小额贷款公司与信贷参与		单位：%
有无小额贷款公司	2015 年	2017 年	2019 年
有小额贷款公司	45.66	46.80	45.13
无小额贷款公司	45.72	43.01	38.04

进一步，我们绘出了有无小额贷款公司和信贷参与关系的柱形图。由图 5 - 11 可知，随着时间的推移，居住地有小额贷款公司的家庭信贷参与比例先略微上升后略微下降，基本保持不变，但无小额贷款公司的家庭信贷参与比例呈下降趋势。

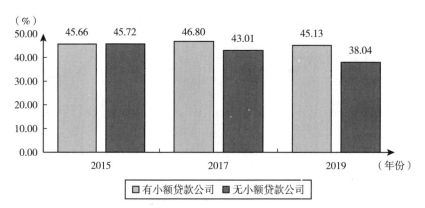

图 5 - 11　小额贷款公司与信贷参与

（3）担保公司与信贷参与。个人或企业在向银行借款的时候，银行为了降低风险，不直接放款给个人，而是要求借款人找到第三方（担保公司或资质好的个人）为其做担保。担保公司会根据银行的要求，让借款人出具相关的资质证明进行审核，之后将审核好的资料交到银行，银行复核后放款，担保公司收取相应的服务费用。

根据家庭所住的社区是否有担保公司进行分组，表 5 – 12 给出了是否有担保公司与家庭信贷参与的关系。由数据可知，2015 年，所在社区无担保公司的家庭信贷参与比例为 45.92%，略高于有担保公司的家庭（比例为 45.71%）。2017 年和 2019 年，所在社区有担保公司的家庭信贷参与比例分别为 45.69% 和 42.43%，高于没有担保公司的家庭（比例分别为43.43% 和 38.70%）。

表 5 – 12　　　　　　　　　担保公司与信贷参与　　　　　　　　单位：%

有无担保公司	2015 年	2017 年	2019 年
有担保公司	45.71	45.69	42.43
无担保公司	45.92	43.43	38.70

进一步，我们绘出了有无担保公司和信贷参与关系的柱形图。由图 5 – 12可知，随着时间的推移，居住地有担保公司和无担保公司的家庭，其信贷

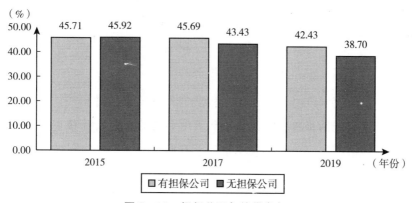

图 5 – 12　担保公司与信贷参与

参与比例都呈下降趋势。但对于居住地有担保公司的家庭,2015 年和 2017 年的信贷参与率基本一致。

2. 城市规模与信贷参与

城市规模是指每个城市的人口数量、用地面积和社会经济实力等,反映了一个地区的城市化水平。我们根据不同的城市规模,将全国 338 个城市划分为一线城市、二线城市和其他城市。

表 5 - 13 给出了不同规模城市与家庭信贷参与的关系。由数据可知,2015 年,一线城市的家庭信贷参与比例高于其他规模城市,为 46.88%。2017 年和 2019 年,二线城市的家庭信贷参与比例高于其他规模城市,分别为 44.80% 和 38.26%。2015 年,其他城市的家庭信贷参与比例最低,为 42.79%。2017 年和 2019 年,一线城市的家庭信贷参与比例最低,分别为 42.34% 和 36.68%。

表 5 - 13　　　　　　　　　　　城市规模与信贷参与　　　　　　　　　单位:%

城市	2015 年	2017 年	2019 年
一线 *	46.88	42.34	36.68
二线 **	44.05	44.80	38.26
其他	42.79	42.57	37.91

*目前中国地产行业,上海、北京、深圳、广州四个城市明显领先于其他城市,四个城市代表着中国房地产行业发展的最高水准,一般作为一线城市。另外,我们将成都、杭州等其余 15 个新一线城市也作为一线城市。

**除一线城市外,达到或超过下列数据指标的为二线城市:(1)国内生产总值 2 000 亿元人民币;(2)人均国内生产总值 1.4 万元;(3)城区常住人口 100 万;(4)城市建成区面积 100 平方千米;(5)全年商品房销售面积 150 万平方米;(6)商品房销售均价 3 000 元/平方米。

进一步,我们绘出了城市规模和信贷参与关系的柱形图。由图 5 - 13 可知,随着时间的推移,一线城市和其他城市的家庭信贷参与率在不断下降。二线城市的家庭信贷参与率呈先上升后下降的趋势。

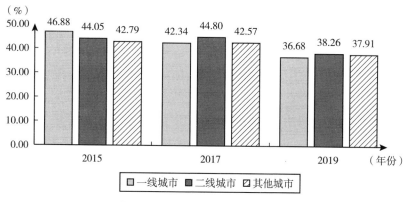

图 5 - 13　城市规模与信贷参与

5.1.4　家庭信贷余额及结构

信贷余额是指家庭尚未还清的债务金额。根据家庭融资用途不同，我们将家庭信贷余额分为生产型信贷余额和消费型信贷余额。其中，生产型信贷余额包括农业信贷余额、工商业信贷余额和商铺信贷余额。消费型信贷余额由住房信贷余额、汽车信贷余额、耐用品信贷余额、金融信贷余额、教育信贷余额和医疗信贷余额构成。表 5 - 14 给出了家庭分项贷款余额分布情况。由表 5 - 14 可知，2015～2019 年，生产型信贷余额中，工商业信贷余额均最大，但呈不断减少的趋势。消费型信贷余额中，住房信贷余额均最大，呈先增加后略微减少的趋势。消费型信贷余额构成主要的信贷余额。随着时间的推移，家庭总的信贷余额呈先增加后减少的趋势。

表 5 - 14　　　　　　　　　　家庭分项信贷余额　　　　　　　　　单位：元

信贷余额	2015 年	2017 年	2019 年
农业信贷余额	3 469.94	3 533.03	4 082.80
工商业信贷余额	14 424.50	13 779.42	9 604.83
住房信贷余额	28 836.21	34 902.12	33 504.97
商铺信贷余额	—	935.48	453.43
汽车信贷余额	2 435.88	1 959.87	1 432.33
耐用品信贷余额	103.34	164.23	139.47

续表

信贷余额	2015 年	2017 年	2019 年
金融信贷余额	270.23	188.36	49.75
教育信贷余额	537.93	1 219.16	751.73
医疗信贷余额	1 203.11	1 988.50	1 899.03
其他信贷余额	2 450.46	2 970.10	3 892.89
生产型信贷余额	17 894.43	18 247.94	14 141.07
消费型信贷余额	33 386.71	40 422.24	37 777.27
总信贷余额	53 731.59	61 640.27	55 811.23

表 5 - 15 给出了家庭分项负债余额的占比情况。由表可知，家庭住房信贷和工商业信贷是家庭负债的主要构成部分。随着时间的推移，消费型负债占比在不断上升，生产型负债占比在不断下降。具体分类型来看，2015～2019 年，住房负债占比、医疗负债占比和其他信贷占比在不断上升，而工商业负债占比、汽车负债占比却在不断下降，农业信贷占比呈先下降后上升的趋势，耐用品信贷占比以及教育信贷占比呈先上升后下降的趋势。家庭负债总体结构分布证实了住房支出是家庭负债的主要来源，对于这一大额支出，多数家庭需要借助外部融资渠道来弥补自身资金不足。

表 5 - 15　　　　　　　　　　家庭分项信贷余额占比　　　　　　　　单位：%

信贷余额	2015 年	2017 年	2019 年
农业信贷余额	6.46	5.73	7.32
工商业信贷余额	26.85	22.35	17.21
住房信贷余额	53.67	56.62	60.03
商铺信贷余额	—	1.52	0.81
汽车信贷余额	4.53	3.18	2.57
耐用品信贷余额	0.19	0.27	0.25
金融信贷余额	0.50	0.31	0.09
教育信贷余额	1.00	1.98	1.35
医疗信贷余额	2.24	3.23	3.40

续表

信贷余额	2015 年	2017 年	2019 年
其他信贷余额	4.56	4.82	6.98
生产型信贷余额	33.30	29.60	25.34
消费型信贷余额	62.14	65.58	67.69
总信贷余额	100.00	100.00	100.00

5.2　家庭信贷参与和收入

信贷作为金融发展的重要内容，作为金融普惠四个维度之一，对家庭的一系列经济行为如创业、资产选择等会产生影响。通过参与信贷市场，家庭可以对资源进行跨期配置，从而实现家庭福利水平提升。家庭收入、消费、净财富等经济状况能够反映家庭福利状况。下面分析不同信贷参与状况下家庭的各方面福利状况差异。本节主要分析家庭信贷参与和收入的关系。

5.2.1　文献综述

国内文献关于信贷参与和收入之间关系的研究主要集中于农村样本。赵爱玲（2000）阐述了消费信贷与收入、经济增长之间的关系。她发现，消费信贷使个人与家庭能够在收入的不断变动中平滑消费。冯海红（2016）基于 2009 ~ 2014 年山东省 17 个地市小额贷款公司的面板数据，运用固定效应模型、工具变量等估计方法，实证研究了小额信贷对农民收入的影响。研究发现，小额信贷对农民收入具有显著的正向影响。王慧玲和孔荣（2019）发现，正规借贷对农业收入、总收入均有显著正向影响，但是对非农收入没有显著影响。

国外关于信贷与收入的研究没有得出一致的结论。一些研究发现信贷对收入具有显著的正向影响（Khandker，2005；Karlan et al.，2010）。孔德卡尔（Khandker，2005）发现小额信贷有助于促进整个地区的经济增长。今井胜志和阿扎姆（Imai and Azam，2012）也发现，孟加拉国小额信贷对于居民收入具有显著的正向影响，并且发现生产性小额信贷有助于提高家庭人均收入。今井胜志等（Imai et al.，2012）运用孟加拉国1997～2005年全国代表性的家庭面板数据发现，家庭从小额供资机构获得用于生产目的的贷款能够增加家庭的人均收入。另外，一些研究发现信贷对总体收入的影响不显著（Angelucci et al.，2015；Augsburg et al.，2015；Crepon et al.，2015；Banerjee et al.，2015），主要原因可能在于农业、畜牧业等家庭经营收入增加而打零工收入减少（Crepon et al.，2015）。安格鲁奇等（Angelucci et al.，2015）研究了扩展信贷供给对过去6个月不同种类收入的影响，结果表明，家庭总收入、打工收入、汇款收入、经营活动收入和储蓄都没有明显影响。也没有证据证明获得信贷有助于缓解收入波动（Crepon et al.，2015；Banerjee et al.，2015；Karlan et al.，2010，2011；Berhane et al.，2011）。

纵览以往研究，信贷与收入之间的关系仍然需要从学术上进行更深入的讨论。国内的研究对于信贷参与和收入之间的关系主要集中于农村样本，研究农村小额信贷项目对农村居民收入的影响，而忽视了城市家庭。并且鲜有基于微观数据的实证研究，本节将基于最新的微观面板数据，为理解信贷参与和收入之间的关系提供新的证据。

5.2.2 描述性统计

1. 家庭信贷参与的收入效应

表5-16描述了家庭信贷参与和收入之间的关系。由表5-16可知，2015年，无生产型负债家庭年收入均值为77 511.53元，低于有生产型负债家庭的117 353.00元；无消费型负债家庭的年收入均值为56 966.64元，低于有消费型负债家庭的121 904.80元；无负债家庭的年收入均值为54 997.58元，低于有负债家庭的116 658.30元。2017年，无生产型负债家庭年收入均值为82 718.40元，低于有生产型负债家庭的100 093.20元；无消费型负债家庭的年收入均值为64 191.70元，低于有消费型负债家庭的115 343.20元；无负债家庭的年收入均值为63 669.87元，低于有负债

家庭的 109 547.80 元。2019 年，无生产型负债家庭年收入均值为 71 486.10
元，低于有生产型负债家庭的 72 904.78 元；无消费型负债家庭的年收入
均值为 56 850.82 元，低于有消费型负债家庭的 106 629.80 元；无负债家
庭的年收入均值为 57 161.15 元，低于有负债家庭的 99 322.90 元。

表 5 – 16 　　　　　　　　家庭信贷参与的收入效应　　　　　　　　单位：元

信贷参与	2015 年	2017 年	2019 年
无生产型负债	77 511.53	82 718.40	71 486.10
有生产型负债	117 353.00	100 093.20	72 904.78
无消费型负债	56 966.64	64 191.70	56 850.82
有消费型负债	121 904.80	115 343.20	106 629.80
无负债	54 997.58	63 669.87	57 161.15
有负债	116 658.30	109 547.80	99 322.90

不难看出，总体上，负债家庭收入水平更高，且生产型负债和消费型
负债的收入效应均为正。随着时间的推移，分类型看，有负债家庭的收入
效应在减少，无负债家庭的收入效应先增加后减少。

2. 信贷需求与家庭收入

表 5 – 17 描述了家庭信贷需求和收入之间的关系。2015 ~ 2019 年，
信贷需求对家庭收入的效应为负。2015 年，有信贷需求的家庭收入为
63 474.39 元，无信贷需求的家庭收入为 82 119.80 元。2017 年，有信贷
需求的家庭收入为 80 103.59 元，无信贷需求的家庭收入为 86 036.06 元；
2019 年，有信贷需求的家庭收入为 65 041.22 元，无信贷需求的家庭收入
为 73 073.55 元。可见，有信贷需求家庭和无信贷需求家庭的收入差距显
著。此外，随着时间的推移，无论是有信贷需求家庭还是无信贷需求家
庭，家庭收入均呈先增加后减少的趋势。

表 5-17   信贷需求与家庭收入   单位: 元

有无信贷需求	2015 年	2017 年	2019 年
有信贷需求	63 474.39	80 103.59	65 041.22
无信贷需求	82 119.80	86 036.06	73 073.55

3. 家庭信贷和家庭收入差距

表 5-18 描述了家庭信贷参与和收入差距之间的关系。表 5-18 显示，2015 年，在农村地区，信贷家庭与无信贷家庭总收入差距 20 168.91 元，信贷家庭总收入是无信贷家庭总收入的 1.55 倍。在城镇地区，信贷家庭与无信贷家庭总收入差距 78 638.04 元，信贷家庭总收入是无信贷家庭总收入的 2.16 倍。2017 年，在农村地区，信贷家庭与无信贷家庭总收入差距 12 687.02 元，信贷家庭总收入是无信贷家庭总收入的 1.27 倍。在城镇地区，信贷家庭与无信贷家庭总收入差距 64 406.05 元，信贷家庭总收入是无信贷家庭总收入的 1.86 倍。2019 年，在农村地区，信贷家庭与无信贷家庭总收入差距 11 933.20 元，信贷家庭总收入是无信贷家庭总收入的 1.31 倍。在城镇地区，信贷家庭与无信贷家庭总收入差距 64 010.84 元，信贷家庭总收入是无信贷家庭总收入的 1.82 倍。可见，从城乡比较来看，城镇的信贷家庭和无信贷家庭的总收入差距明显高于农村。此外，随着时间的推移，农村地区信贷家庭和无信贷家庭的总收入差距呈先减少后增加的趋势，而城镇地区信贷家庭和无信贷家庭的总收入差距呈下降趋势。

表 5-18   家庭信贷和收入差距

年份	地区	信贷家庭（元）	无信贷家庭（元）	差距（元）	倍数
2015	农村	57 130.93	36 962.02	20 168.91	1.55
	城镇	146 308.60	67 670.56	78 638.04	2.16
2017	农村	58 941.88	46 254.86	12 687.02	1.27
	城镇	139 108.80	74 702.75	64 406.05	1.86
2019	农村	49 881.53	37 948.33	11 933.20	1.31
	城镇	141 981.50	77 970.66	64 010.84	1.82

5.2.3　实证研究

1. 模型设定

为了考察生产型信贷参与对家庭经营性收入的影响，本节模型设定
如下：

$$Business\_income = \alpha_0 + \alpha_1 Production\_credit + X_i\beta + \pi_t + \mu$$

式中，$\mu \sim N(0, \sigma^2)$，$Business\_income$ 是家庭经营性收入。$Production\_credit$ 是我们关注的生产型信贷参与和生产型信贷余额，具体来说，我们将生产型信贷分为生产型正规信贷和生产型民间信贷来考察。X 是控制变量，主要包括家庭特征变量和户主特征变量。π_t 表示时间趋势项。

2. 内生性讨论

关注变量生产型信贷余额可能是内生的，其内生性可能来自两方面：一方面，收入是决定家庭能否获取信贷的关键因素（Jappelli，1990）。而经营性收入作为家庭收入的重要构成，可能间接导致信贷参与概率的变化，继而影响负债金额。另一方面，生产型信贷余额和家庭经营性收入可能会同时受到其他因素的影响，比如，对未来经济的预期、个人偏好习惯、个人贴现率等，而这些变量又是不可观测的。因此，本节要处理的一个关键问题是生产型信贷余额的内生性。在数据可得的基础上，本节将选取同一社区其他家庭生产型信贷余额的平均值作为该家庭生产型信贷余额的工具变量。由于群体效应，同一社区其他家庭生产型信贷余额的平均值与该家庭生产型信贷余额满足相关性，另外，同一社区其他家庭生产型信贷余额的平均值与该家庭的经营性收入没有直接的关系，满足严格外生性。因此我们认为同一社区其他家庭生产型信贷余额的平均值作为该家庭生产型信贷余额的工具变量是合适的。后面还将在估计中给出具体的检验结果，对工具变量做进一步说明。

3. 变量描述

为了检验生产型信贷参与和家庭经营性收入之间的因果关系，结合现有数据库并参照以往文献，我们选取以下控制变量：家庭特征变量包括家庭净财富、家庭规模、家庭参与股票市场、家庭拥有自有汽车、家庭拥有

自有住房、家庭是农村家庭；户主特征变量包括户主身体健康、户主身体不好、户主受教育年限、户主已婚、户主风险偏好、户主风险厌恶、户主有工作。我们在处理数据过程中，将受教育年限转换为连续变量①。在实证部分，我们将家庭经营性收入、家庭净财富采用加1再取自然对数的方法。表5-19详细给出了变量的描述性统计。

表5-19 描述性统计

	变量	样本量	均值	标准差
被解释变量	家庭总收入	34 929	68 783.88	212 345.70
	工资薪金类收入	34 929	31 415.52	58 092.22
	生产经营类收入	34 929	11 955.79	170 280.20
	财产性收入	34 929	11 307.26	120 737.30
	转移性收入	34 929	16 793.80	32 116.67
	其他收入	34 929	275.98	8 459.81
关注变量	信贷参与	34 929	0.3833	0.4862
	生产型信贷参与	34 929	0.0916	0.2885
	生产型正规信贷参与	34 926	0.0381	0.1915
	生产型民间信贷参与	34 928	0.0647	0.2460
	消费型信贷参与	34 929	0.3237	0.4679
	正规信贷参与	34 929	0.1088	0.3114
	非正规信贷参与	34 929	0.1567	0.3635
家庭特征变量	家庭净财富	34 929	836 048.70	6 856 771.00
	农村家庭	34 929	0.4475	0.4972
	家庭规模	34 929	3.4477	1.6517
	参与股票市场	34 929	0.0517	0.2214
	拥有自有汽车	34 929	0.2061	0.4045
	拥有自有住房	34 929	0.9357	0.2453

① 没上过学=0，小学=6，初中=9，高中=12，中专=13，大专=15，大学本科=16，硕士研究生=19，博士研究生=22。

续表

	变量	样本量	均值	标准差
户主特征 变量	户主已婚	34 929	0.8447	0.3622
	户主有工作	34 929	0.6696	0.4704
	户主受教育年限	34 929	8.5128	3.9248
	户主身体健康	34 929	0.3936	0.4886
	户主身体不好	34 929	0.2143	0.4103
	户主风险偏好	34 929	0.0706	0.2561
	户主风险厌恶	34 929	0.6365	0.4810

由表 5 - 19 可知，家庭总收入均值为 68 783.88 元，工资薪金类收入是家庭收入的重要组成部分。家庭参与信贷的比例平均为 38.33%。其中，9.16% 的家庭参与生产型信贷，3.81% 的家庭参与生产型正规信贷，6.47% 的家庭参与生产型民间信贷，32.37% 的家庭参与消费型信贷，10.88% 的家庭参与正规信贷，15.67% 的家庭参与非正规信贷。可见，消费型信贷是家庭信贷参与的主要形式，民间借贷依然是家庭参与信贷活动的重要方式。此外，对于家庭特征变量，家庭净财富的均值为 836 048.70 元，44.75% 的家庭为农村家庭，样本的家庭规模平均为 3 人，分别有 20.61% 和 93.57% 的家庭拥有自有车辆和自有住房。对于户主特征变量，84.47% 的户主已婚，66.96% 的户主有工作，户主的平均受教育年限总体偏低，只有初中学历，大部分户主厌恶风险。

4. 实证结果

本部分首先研究生产型信贷参与对家庭经营性收入的影响。表 5 - 20 给出了具体的估计结果。第（1）~（3）列的关注变量分别是生产型信贷参与、生产型正规信贷参与和生产型民间信贷参与。由表可知，生产型信贷参与对家庭经营性收入具有显著正向影响，其中，生产型正规信贷参与的边际效应最大，参与生产型正规信贷的家庭，相比未参与生产型正规信贷的家庭，其经营性收入增加约 1.55 倍。

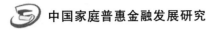

表 5－20　　　　　　　　　　生产型信贷参与和家庭经营性收入

被解释变量	生产经营收入		
	（1）	（2）	（3）
生产型信贷参与	0. 9829 *** (0. 1519)		
生产型正规信贷参与		1. 5471 *** (0. 2378)	
生产型民间信贷参与			0. 5554 *** (0. 1757)
家庭特征变量	控制	控制	控制
户主特征变量	控制	控制	控制
省区固定效应	控制	控制	控制
时间固定效应	控制	控制	控制
N	34 929	34 926	34 928
R^2	0. 0963	0. 0966	0. 0947
F 统计量	107. 98 ***	107. 84 ***	107. 72 ***

其次，我们考察生产型信贷余额和家庭经营性收入之间的关系。表 5－21 给出了具体的估计结果，第（1）列用 OLS 进行了估计，第（2）列考虑到生产型信贷余额可能存在的内生性，引入工具变量进行了估计。由表可知，在第（1）列的估计中，关注变量生产型信贷余额的边际效应为 0. 1103，即生产型信贷余额每增加 1%，家庭经营性收入增加 11. 03%。第（2）列的两阶段工具变量估计中，第一阶段估计的 F 值为 83. 09，大于 10% 偏误下的临界值 10，不存在弱工具变量问题。因而，用同一社区其他家庭生产型信贷余额的平均值作为工具变量是合适的。在第（2）列的估计中，关注变量生产型信贷余额的边际效应为 0. 9302，因此，第（2）列用工具变量估计的结果进一步表明，生产型信贷余额对家庭经营性收入具有显著正向影响。

表 5 - 21   生产型信贷余额和经营性收入

被解释变量	经营性收入（OLS）	经营性收入（2SLS）
生产型信贷余额	0.1103 *** (0.0137)	0.9302 *** (0.1189)
家庭特征变量	控制	控制
户主特征变量	控制	控制
省区固定效应	控制	控制
时间固定效应	控制	控制
N	34 929	34 681
R^2	0.0976	
F 统计量	108.11 ***	
Wald 统计量		4 193.56 ***
第一阶段 F 值		83.09 ***
工具变量 t 值		16.48 ***

最后，我们研究生产型信贷余额对家庭经营性收入对不同规模城市和不同身体状况家庭的异质性影响。

表 5 - 22 报告了生产型信贷余额对家庭经营性收入在不同规模城市的异质性影响。由表可知，生产型信贷余额对家庭经营性收入的促进作用在一、二线城市更大。

表 5 - 22   生产型信贷余额和家庭经营性收入：不同规模城市

被解释变量	家庭经营性收入
生产型信贷余额	0.2012 *** (0.0271)
生产型信贷余额 × 一、二线城市	0.0898 ** (0.0458)
家庭特征变量	控制

续表

被解释变量	家庭经营性收入
户主特征变量	控制
省区固定效应	控制
时间固定效应	控制
N	19 297
R^2	0.0995
F 统计量	43.88 ***

表 5 – 23 报告了生产型信贷余额对家庭经营性收入对不同身体状况家庭的异质性影响。由表可知,交互项系数显著为正,说明生产型信贷余额对家庭经营性收入的促进作用在户主身体健康的家庭影响更大。

表 5 – 23　　　　生产型信贷余额和家庭经营性收入:不同身体状况

被解释变量	家庭经营性收入
生产型信贷余额	0.0719 *** (0.0172)
户主身体健康	0.1168 * (0.0678)
生产型信贷余额 × 户主身体健康	0.0966 *** (0.0268)
家庭特征变量	控制
户主特征变量	控制
省区固定效应	控制
时间固定效应	控制
N	34 929
R^2	0.0982
F 统计量	106.05 ***

5.2.4　主要结论

首先，生产型信贷参与、生产型正规信贷参与和生产型民间信贷参与对家庭经营性收入均具有显著正向影响。其次，不仅生产型信贷参与能显著提高家庭经营性收入，生产型信贷余额对家庭经营性收入也有积极促进作用。最后，生产型信贷余额对家庭经营性收入的影响在一、二线城市和户主身体健康的家庭更大。

5.3　家庭信贷与消费

5.3.1　文献综述

1. 国内关于信贷与消费间关系的研究

国内关于信贷与消费之间关系的研究非常丰富，大致可分为以下两类。

第一类是基于宏观数据。马德功等（2017）运用 2000～2015 年的省际面板数据，研究了互联网消费金融对我国城镇居民消费行为的影响。研究发现，互联网消费金融促进了城镇居民的消费，并且银行部门对个人消费提供的消费信贷可以促进城镇居民消费。任文龙等（2019）运用 2005～2017 年 30 个省级行政单位的面板数据，实证检验了金融发展、收入水平对居民文化消费的影响。研究发现，金融发展的规模对城乡居民文化消费没有显著影响，金融发展效率以及收入水平的提高对城乡居民文化消费有显著的促进作用。巩师恩和范从来（2012）在构建信贷供给情形下收入不平等对消费波动影响的微观机制模型的基础上，运用 1988～2011 年中国省级面板数据，检验了不同经济发展水平下收入不平等、信贷供给对消费波动的影响。研究发现，在样本期内，信贷供给对消费波动具有负向影响。刘艳华（2016）运用 1983～2013 年 31 个省份的面板数据，采用面板门槛模型研究了农业信贷配给对农民消费的间接效应。研究发现，农业信贷配给对农民消费的负向间接效应存在双重门槛，低收入区间农业信贷配给对农民消费的抑制作用高于高收入区间。臧旭恒和李燕桥（2012）基于2004~2009年省际面板数据，研究了消费信贷、流动性约束与中国城镇居民消费行为之间的关系。研究发现，当前的消费信贷主要缓解了居民当期流动性约束，促进了耐用品消费的增长，但对非耐用品与服务消费的影响较弱。尹学群等（2011）基于2000~2008年全国统计数据研究了农户信贷水平对农村经济增长、农村居民消费的影响。研究发现，农业生产性信贷水平对农村经济增长、农户收入水平、农户消费支出水平具有较显著的正向作用，但消费型信贷水平对农户平均消费水平有负向影响。

第二类是基于微观调查数据。阮小莉等（2017）基于2013年中国家庭金融调查（CHFS）数据，实证分析了不同消费信贷对城镇家庭消费行为的影响。研究发现，拥有消费贷款或者信用卡的家庭消费水平会更高，而拥有消费借款的家庭消费总量会更低。进一步分析发现，各类消费信贷对家庭温饱类消费占比的影响都显著为负，而对居住类和文教类消费占比的影响大都为正。刘雯（2017）基于借出方视角，运用中国家庭追踪调查2010~2012年的平衡面板数据，研究了个体信贷与可视性消费行为之间的关系。研究发现，借款比例增加会使得借出方改变可视性消费，衣着支出减少，住房支出增加，从而影响消费结构。易行健等（2017）基于2011年中国家庭金融调查数据，研究了消费性贷款对居民消费的影响。研究发现，正规消费信贷通过减少消费者面临的流动性约束促进其消费，尤其是耐用品消费。李江一和李涵（2017）基于2011年和2013年中国家庭金融调查的面板数据，采用倾向匹配和固定效应模型相结合的方法，考察了信用卡消费信贷对家庭消费的影响。研究发现，信用卡消费信贷通过缓解流动性约束进而促进消费。具体来说，持有信用卡可使家庭总消费提高约14%，持有信用卡对耐用品消费的影响大于对食品衣着消费的影响，对低收入、零活期存款、遭受疾病或失业冲击家庭消费的影响更大。李广子和王健（2017）基于国内某银行信用卡中心信用额度调整这一事件，从微观角度考察了消费信贷对消费行为的影响。研究发现，信用额度调增对消费起到促进作用，显著提高了信用卡使用频率和交易金额。研究还发现，信用额度调增会促进消费者调整消费结构，减少日常性消费，增加经营性消费和耐用品消费，还会更少地采取全额还款方式，并增加取现行为。邱黎源和胡小平（2018）运用2014年和2016年中国劳动力动态调查（CLDS）数据，研究了正规信贷约束对农户家庭消费结构的影响，发现正规信贷约束并不影响农户的消费结构。消费结构的定义是改善性消费支出与家庭总消费支出之间的比值。王慧玲和孔荣（2019）基于山东省622户农户的实地调查数据，运用倾向得分匹配法（PSM）测算了正规借贷对农村居民家庭总消费、生产性消费和生活性消费的影响。研究发现，正规借贷会促使农户家庭总消费、生产性消费和生活性消费分别显著提升82.1%、164.3%和71.1%，对生产性消费的促进作用大于对生活性消费的促进作用。

2. 国外关于信贷与消费间关系的研究

国外关于信贷和消费之间关系的研究大多基于田野实验。有研究表明，小额信贷有助于提升穷人的总体消费水平（Khandker，2005；Karlan et al.，2010；Berhane et al.，2011）。近藤等（Kondo et al.，2008）研究发现，获得小额信贷可以显著提高借款户的食物消费水平。但是，班纳吉等（Banerjee et al.，2015）在印度城镇、安格鲁奇等（Angelucci et al.，2015）在墨西哥的研究均发现，获得小额信贷并未使项目组成员的消费显著增加。值得注意的是，小额信贷对居民消费结构的影响显著。班纳吉等（Banerjee et al.，2015）发现，与对照组相比，借款前已有经营活动的实验组家庭购买了更多的耐用品，没有经营活动的实验组家庭购买了更多的非耐用消费品。而借款后才开始新的经营活动的实验组家庭压缩了奢侈性消费（非生活必需品），如烟、酒、茶叶、赌博、在外饮食等，把资金用于投资，试图紧紧抓住新的经济机会。克里彭等（Crepon et al.，2015）、安格鲁奇等（Angelucci et al.，2015）也有类似发现，实验组家庭非生活必需品消费显著下降。

纵览以往研究，对于被解释变量，不仅研究了总消费，还研究了消费结构和消费波动。对于关注变量，不仅研究了各类信贷，还研究了信贷配给和信贷约束。对于样本，有的以城市家庭为样本，有的以农村家庭为样本。对于研究方法，有的以某一外生冲击为自然实验，有的运用倾向得分匹配、固定效应和门槛模型等方法。在已有文献的基础上，本节将基于最新的微观面板数据，进一步研究信贷参与、信贷余额对家庭消费升级的影响，并进行异质性分析，将为信贷参与和消费之间的关系提供新的证据。

5.3.2 描述性统计

1. 家庭信贷参与的消费效应

家庭消费水平是反映家庭福利状况的另一重要指标。表 5 - 24 描述了家庭信贷参与和消费之间的关系。由表 5 - 24 可知，2015 年，无生产型负债家庭年消费均值为 54 454.82 元，低于有生产型负债家庭的 78 378.16 元；无消费型负债家庭的年消费均值为 42 937.46 元，低于有消费型负债家庭的 79 434.25 元；无负债家庭的年消费均值为 42 712.53 元，低于有负债家庭的 75 479.51 元。2017 年，无生产型负债家庭年消费均值为 59 793.63 元，低于有生产型负债家庭的 69 723.98 元；无消费型负债家庭的年消费均值为 47 756.70 元，低于有消费型负债家庭的 80 787.26 元；无负债家庭的年消费均值为 47 464.20 元，低于有负债家庭的 77 045.69 元。2019 年，无生产型负债家庭年消费均值为 77 646.07 元，低于有生产型负债家庭的 90 961.05 元；无消费型负债家庭的年消费均值为 64 413.55 元，低于有消费型负债家庭的 112 088.30 元；无负债家庭的年消费均值为 64 402.78 元，低于有负债家庭的 105 571.80 元。

表 5 - 24　　　　　　　　　　家庭信贷参与的消费效应

信贷参与	2015 年	2017 年	2019 年
无生产型负债	54 454.82	59 793.63	77 646.07
有生产型负债	78 378.16	69 723.98	90 961.05
无消费型负债	42 937.46	47 756.70	64 413.55
有消费型负债	79 434.25	80 787.26	112 088.30
无负债	42 712.53	47 464.20	64 402.78
有负债	75 479.51	77 045.69	105 571.80

不难看出，总体上，负债家庭消费水平更高，分负债类型看，家庭信贷的消费效应和总体一致。随着时间的推移，有生产型负债家庭的消费效应先减少后增加，有消费型负债和有负债家庭的消费效应在增加，无负债家庭的消费效应在增加。

2. 信贷需求与家庭消费

表 5 - 25 描述了家庭信贷需求和消费之间的关系。由表 5 - 25 可知，2015 ~ 2019 年，信贷需求对家庭消费的效应为正。2015 年，有信贷需求的家庭消费为 57 697.54 元，无信贷需求的家庭消费为 56 108.32 元。2017 年，有信贷需求的家庭消费为 65 168.14 元，无信贷需求的家庭消费为 59 263.77 元；2019 年，有信贷需求的家庭消费为 85 173.95 元，无信贷需求的家庭消费为 77 287.42 元。可见，有信贷需求家庭和无信贷需求家庭的消费差距显著。此外，随着时间的推移，无论是有信贷需求家庭还是无信贷需求家庭，家庭消费均呈上升趋势，且有信贷需求的家庭消费增加的速度更快。

表 5 - 25　　　　　　　　　信贷需求与家庭消费

有无信贷需求	2015 年	2017 年	2019 年
有信贷需求	57 697.54	65 168.14	85 173.95
无信贷需求	56 108.32	59 263.77	77 287.42

3. 家庭信贷与家庭消费差距

表 5 - 26 描述了家庭信贷参与和消费差距之间的关系。表 5 - 26 显示，2015 年，在农村地区，信贷家庭与无信贷家庭总消费差距 18 733.45 元，信贷家庭总消费是无信贷家庭总消费的 1.63 倍。在城镇地区，信贷家庭与无信贷家庭总消费差距 37 106.75 元，信贷家庭总消费是无信贷家庭总消费的 1.72 倍。2017 年，在农村地区，信贷家庭与无信贷家庭总消费差距 15 003.15 元，信贷家庭总消费是无信贷家庭总消费的 1.44 倍。在城镇地区，信贷家庭与无信贷家庭总消费差距 37 436.89 元，信贷家庭总消费是无信贷家庭总消费的 1.67 倍。2019 年，在农村地区，信贷家庭

与无信贷家庭总消费差距 25 961.89 元，信贷家庭总消费是无信贷家庭总消费的 1.65 倍。在城镇地区，信贷家庭与无信贷家庭总消费差距 48 948.78 元，信贷家庭总消费是无信贷家庭总消费的 1.54 倍。可见，从城乡比较来看，除 2019 年外，城镇的信贷家庭和无信贷家庭的家庭总消费差距明显高于农村。此外，随着时间的推移，农村地区，信贷家庭和无信贷家庭的家庭总消费差距呈先减少后增加的趋势；城镇地区，信贷家庭和无信贷家庭的家庭总消费差距呈下降趋势。

表 5 – 26　　　　　　　　　　家庭信贷和消费差距

年份	地区	信贷家庭（元）	无信贷家庭（元）	差距（元）	倍数
2015	农村	48 490.54	29 757.09	18 733.45	1.63
	城镇	88 922.62	51 815.87	37 106.75	1.72
2017	农村	49 096.12	34 092.97	15 003.15	1.44
	城镇	93 372.14	55 935.25	37 436.89	1.67
2019	农村	66 118.79	40 156.90	25 961.89	1.65
	城镇	139 612.40	90 663.62	48 948.78	1.54

5.3.3　实证研究

1. 模型设定

为了考察信贷参与对家庭消费的影响，本节模型设定如下：

$$Consumption_{it} = \alpha_0 + \alpha_1 Credit_{it} + X_{it}\beta + c_i + \pi_t + \mu_{it}$$

式中，$\mu_{it} \sim N(0, \sigma^2)$，$Consumption_{it}$ 是家庭总消费，包括食品消费、衣着消费、日常用品消费、教育保健消费、交通通信消费、文化娱乐消费、生活居住消费以及其他消费。$Credit_{it}$ 是我们关注的信贷参与，具体来说，我们将信贷参与分为生产型信贷、消费型信贷、正规信贷和非正规信贷来考察。X_{it} 是控制变量，主要包括家庭特征变量和户主特征变量。c_i 表示不随时间变化的个体异质性，π_t 表示时间趋势项。我们预测 $\alpha_1 > 0$，即信贷参与对家庭消费有积极的促进作用。

2. 内生性讨论

关注变量信贷参与可能是内生的，其内生性可能来自两方面：一方面，家庭进行不同类型的消费可能导致信贷参与概率的变化，比如家庭如果过度消费、超前消费，则可能会从正规或非正规渠道为消费融资，从而参与信贷市场的概率增加。另一方面，信贷参与和家庭消费可能会同时受到其他因素的影响，比如当地的文化背景、风俗习惯、家庭自身的传统和偏好等，而这些变量又是不可观测的。因此，本节要处理的一个关键问题是信贷参与的内生性。考虑到我们采用平衡面板数据和数据可得性，本节运用面板固定效应（FE）方法来解决不随时间变化的不可观测变量所造成的内生性问题。

3. 变量描述

为了检验信贷参与和家庭消费之间的因果关系，结合现有数据库并参照以往文献，我们选取以下控制变量：家庭特征变量包括家庭净财富、家庭规模、家庭参与股票市场、家庭拥有自有汽车、家庭拥有自有住房、家庭是农村家庭；户主特征变量包括户主身体健康、户主身体不好、户主受教育年限、户主已婚、户主风险偏好、户主风险厌恶、户主有工作。由于风险即未来事件发生的不确定性是现代经济社会的重要特征，消费作为家庭日常生活的重要方面，必然受到不确定性的影响。风险态度是人们对重要的不确定性所选择的回应方式，个体或家庭的消费决策因风险态度不同也存在差异。户主风险态度必然影响家庭的消费行为，因此本节也控制了户主的风险态度。在实证部分，我们对家庭总消费、家庭各类消费、家庭净财富采用加 1 再取自然对数的方法。表 5 - 27 详细给出了家庭总消费和各类消费的描述性统计，其余变量的描述性统计同表 5 - 19。

表 5 - 27 家庭消费的描述性统计

	变量	样本量	均值	标准差
被解释变量	家庭总消费	34 929	62 268. 06	909 556. 00
	食品支出	34 929	19 852. 68	17 140. 18
	衣着支出	34 929	2 060. 65	3 512. 79

续表

变量		样本量	均值	标准差
被解释变量	生活居住支出	34 929	7 216.48	26 039.82
	日常用品支出	34 929	3 149.27	8 704.89
	文化娱乐支出	34 929	2 107.10	7 809.85
	交通通信支出	34 929	5 489.68	18 939.02
	教育保健支出	34 929	9 886.38	907 002.20
	其他支出	34 929	1 405.74	6 338.87

由表 5 – 27 可知，家庭总消费的均值为 62 268.06 元，食品支出是家庭支出中最大的一部分，随后是教育保健支出和生活居住支出，分别占家庭总支出的 31.88%、15.88% 和 11.59%。交通通信支出的均值为 5 489.68 元，依然是家庭一笔不小的开支。文化娱乐支出、日常用品支出和其他支出则相对占比较低。

4. 实证结果

第一，本节研究不同类型信贷参与对家庭消费的影响。表 5 – 28 给出了具体的估计结果。第（1）~（5）列的关注变量分别是信贷参与、生产型信贷参与、消费型信贷参与、正规信贷参与和非正规信贷参与。由表可知，无论是总的信贷参与还是不同类型信贷参与，对家庭总消费均有显著正向影响，边际效应分别为 14.57%、5.79%、15.75%、12.15% 和 7.83%。可见，家庭参与信贷对家庭消费活动有积极促进作用。

表 5 – 28　　　　　　　　不同类型信贷参与和家庭消费

被解释变量	家庭总消费				
	（1）	（2）	（3）	（4）	（5）
信贷参与	0.1457 *** (0.0108)				
生产型信贷参与		0.0579 *** (0.0171)			

续表

被解释变量	家庭总消费				
	（1）	（2）	（3）	（4）	（5）
消费型 信贷参与			0.1575 *** （0.0110）		
正规信贷参与[a]				0.1215 *** （0.0166）	
非正规 信贷参与[b]					0.0783 *** （0.0133）
家庭特征变量	控制	控制	控制	控制	控制
户主特征变量	控制	控制	控制	控制	控制
个体固定效应	控制	控制	控制	控制	控制
时间固定效应	控制	控制	控制	控制	控制
N	34 929	34 929	34 929	34 929	34 929
R^2	0.2871	0.2755	0.2903	0.2827	0.2741
F 统计量	225.53 ***	211.42 ***	226.61 ***	214.31 ***	213.24 ***

注：a. 正规信贷参与包括农业正规信贷、工商业正规信贷和住房正规信贷。b. 非正规信贷参与包括农业民间信贷、工商业民间信贷和住房民间信贷。

第二，我们研究信贷参与对不同类型消费的影响。根据国家统计局的分类标准，并且在数据可得的情况下，我们将家庭消费分为食品消费、衣着消费、生活居住消费、日常用品消费、文化娱乐消费、交通通信消费、教育保健消费和其他消费。表 5 – 29 给出了具体的估计结果。由表可知，信贷参与对教育保健消费、文化娱乐消费和其他消费的边际影响最大。除了衣着消费外，信贷参与对其他类型消费的影响均在 1% 的水平上显著为正。

表 5 – 29　　　　　　　　　　信贷参与和不同类型消费

Panel A			
被解释变量	食品支出	衣着支出	生活居住支出	日常用品支出
信贷参与	0.0442 *** （0.0116）	0.0661 * （0.0373）	0.1673 *** （0.0205）	0.0920 *** （0.0209）

续表

Panel A				
被解释变量	食品支出	衣着支出	生活居住支出	日常用品支出
家庭特征变量	控制	控制	控制	控制
户主特征变量	控制	控制	控制	控制
个体固定效应	控制	控制	控制	控制
时间固定效应	控制	控制	控制	控制
N	34 929	34 929	34 929	34 929
R^2	0.1709	0.1902	0.1166	0.1870
F 统计量	67.86 ***	42.54 ***	40.04 ***	376.68 ***

Panel B				
被解释变量	文化娱乐支出	交通通信支出	教育保健支出	其他支出
信贷参与	0.2265 *** (0.0499)	0.1464 *** (0.0199)	0.3940 *** (0.0578)	0.4629 *** (0.0519)
家庭特征变量	控制	控制	控制	控制
户主特征变量	控制	控制	控制	控制
个体固定效应	控制	控制	控制	控制
时间固定效应	控制	控制	控制	控制
N	34 929	34 929	34 929	34 929
R^2	0.1760	0.2783	0.2605	0.2179
F 统计量	245.93 ***	74.40 ***	375.69 ***	81.40 ***

　　第三，我们考察信贷余额和不同类型消费之间的关系。表 5 - 30 给出了具体的估计结果。由表可知，信贷余额对衣着支出和文化娱乐支出没有显著影响，对教育保健支出的边际影响最大，约为 4.07%。

表 5 – 30 信贷余额和不同类型消费

Panel A				
被解释变量	食品支出	衣着支出	生活居住支出	日常用品支出
信贷余额	0.0032 *** (0.0011)	– 0.0008 (0.0036)	0.0218 *** (0.0020)	0.0039 * (0.0020)
家庭特征变量	控制	控制	控制	控制
户主特征变量	控制	控制	控制	控制
个体固定效应	控制	控制	控制	控制
时间固定效应	控制	控制	控制	控制
N	34 929	34 929	34 929	34 929
R^2	0.1692	0.1878	0.1123	0.1836
F 统计量	67.45 ***	42.32 ***	41.80 ***	376.21 ***
Panel B				
被解释变量	文化娱乐支出	交通通信支出	教育保健支出	其他支出
信贷余额	0.0075 (0.0050)	0.0116 *** (0.0019)	0.0407 *** (0.0057)	0.0301 *** (0.0052)
家庭特征变量	控制	控制	控制	控制
户主特征变量	控制	控制	控制	控制
个体固定效应	控制	控制	控制	控制
时间固定效应	控制	控制	控制	控制
N	34 929	34 929	34 929	34 929
R^2	0.1726	0.2752	0.2592	0.2075
F 统计量	244.51 ***	73.49 ***	375.64 ***	79.29 ***

第四，我们考察信贷参与、信贷余额和家庭消费升级之间的关系。我们借鉴尹志超等（2019）的做法，家庭的消费类型多，则代表家庭消费升级。表 5 – 31 给出了具体的估计结果。由表可知，不仅参与信贷市场能够促进家庭消费升级，负债余额也能促进家庭消费升级。

表 5 – 31 信贷参与、信贷余额和消费升级

被解释变量	消费种类	
	（1）	（2）
信贷参与	0.1375 *** （0.0153）	
信贷余额		0.0090 *** （0.0015）
家庭特征变量	控制	控制
户主特征变量	控制	控制
个体固定效应	控制	控制
时间固定效应	控制	控制
N	34 929	34 929
R^2	0.3009	0.2940
F 统计量	247.96 ***	244.02 ***

第五，我们研究信贷余额对家庭消费在不同规模城市、不同地区、不同受教育程度和不同背景下的异质性影响。

表 5 – 32 报告了信贷余额对家庭消费在不同规模城市的异质性影响。由表可知，信贷余额对家庭消费的促进作用在三、四、五线城市的影响更大。可能的原因是，三、四、五线城市经济欠发达，家庭收入水平不高，信贷的杠杆效应更明显。

表 5 – 32 信贷余额和家庭总消费：不同规模城市

被解释变量	家庭总消费
信贷余额	0.0072 *** （0.0019）
信贷余额 × 三、四、五线城市	0.0063 ** （0.0027）
家庭特征变量	控制

续表

被解释变量	家庭总消费
户主特征变量	控制
个体固定效应	控制
时间固定效应	控制
N	19 297
R^2	0.2629
F 统计量	147.35 ***

表 5 - 33 报告了信贷余额对家庭消费在不同地区的异质性影响。由表可知，信贷余额对家庭消费的促进作用在中部、西部地区更大。可能的原因是，中部、西部地区经济欠发达，家庭收入水平不高，信贷的杠杆效应更明显。

表 5 - 33　　　　信贷余额和家庭总消费：不同地区

被解释变量	家庭总消费
信贷余额	0.0109 *** (0.0019)
信贷余额×中部、西部地区	0.0045 ** (0.0023)
家庭特征变量	控制
户主特征变量	控制
个体固定效应	控制
时间固定效应	控制
N	34 929
R^2	0.2784
F 统计量	212.27 ***

表5-34报告了信贷余额在不同受教育程度家庭对家庭消费的异质性影响。由表可知，户主未接受高等教育对家庭总消费有显著负向影响，交互项系数显著为正，说明信贷余额对家庭消费的促进作用在户主未接受高等教育的家庭影响更大。可能的原因是，户主未受过高等教育的家庭，收入水平不高，信贷的杠杆效应更明显。

表5-34　　　　　　　　信贷余额和家庭总消费：不同受教育程度

被解释变量	家庭总消费
信贷余额	0.0053 (0.0036)
户主未接受高等教育	-0.1169 *** (0.0342)
信贷余额 × 户主未接受高等教育	0.0092 ** (0.0037)
家庭特征变量	控制
户主特征变量	控制
个体固定效应	控制
时间固定效应	控制
N	34 929
R^2	0.2407
F 统计量	208.83 ***

表5-35报告了信贷余额在不同背景家庭对家庭消费的异质性影响。由表可知，户主无工作对家庭总消费有显著负向影响，交互项系数显著为正，说明信贷余额对家庭消费的促进作用在户主无工作的家庭影响更大。可能的原因是，户主没有工作的家庭，面临更多的不确定性，收入水平不高，信贷的杠杆效应更明显。

表 5 – 35　　　　　　　信贷余额和家庭总消费：不同背景

被解释变量	家庭总消费
信贷余额	0.0120 *** （0.0012）
户主无工作	− 0.0374 *** （0.0146）
信贷余额 × 户主无工作	0.0072 *** （0.0021）
家庭特征变量	控制
户主特征变量	控制
个体固定效应	控制
时间固定效应	控制
N	34 929
R^2	0.2782
F 统计量	212.56 ***

5.3.4　主要结论

首先，参与信贷市场对家庭总消费具有显著正向影响。生产型信贷、消费型信贷、正规信贷和非正规信贷对家庭总消费均有显著正向影响。其次，信贷参与不仅能显著促进家庭总消费，对食品消费、衣着消费、生活居住消费、日常用品消费、交通通信消费等各类消费均有积极促进作用。再次，不仅参与信贷市场能够促进家庭消费升级，负债余额也能促进家庭消费升级。最后，信贷余额对家庭消费的影响在三、四、五线城市，中部、西部地区，户主未接受高等教育家庭和户主无工作家庭的影响更大。

5.4　家庭信贷与创业

5.4.1　文献综述

约瑟夫·熊彼特认为创业家是创造性的破坏者，并以创新性的要素组合方式促进经济发展。由此，创业活动和创业经济一直备受各国研究人员与公共政策决策者们的关注，并逐步形成了各具特色的鼓励和支持创业的公共政策体系。布莱克和斯特拉恩（Black and Strahan，2002）、克拉佩拉等（Klappera et al.，2006）的研究进一步显示，完善的信贷市场和充分的创业信贷支持将有利于促进创业的产生和企业的增长。

一些文献直接研究了信贷参与和创业之间的关系。湛泳和徐乐（2017）运用 2014 年中国家庭追踪调查（CFPS）数据，采用离散选择模型和两阶段最小二乘方法，研究了"互联网＋"和包容性金融对家庭创业决策的影响。研究发现，"互联网＋"与包容性金融通过降低家庭创业融资中的风险，提高家庭正规金融市场参与度，从而提升家庭的创业概率。李祎雯和张兵（2016）运用江苏省农村家庭调查数据，实证分析了非正规金融对农村家庭创业决策的影响。研究发现，非正规金融基于信息获取、契约执行和交易成本优势，通过缓解供给型与需求型信贷约束进而促进了农村家庭创业。张正平和石红玲（2019）运用 2013 年 CHFS 数据，实证研究了家庭普惠金融水平对家庭创业决策的影响。他们从信贷可得、商业保险、第三方支付三个维度衡量了普惠金融水平。研究发现，家庭普惠金融水平对家庭创业决策具有显著的促进作用。此外，李锦玲等（2011）研究了关系融资、银行信贷与新创企业绩效之间的关系。

一些文献则从信贷参与的反面——信贷约束来研究其与创业之间的关系。张龙耀和张海宁（2013）基于 2008 年中国健康与养老追踪调查（CHARLS）数据，采用 Probit 模型研究了金融约束对家庭创业行为的影响及其城乡差异。实证结果表明，金融约束是家庭创业选择的重要决定因素。蔡栋梁等（2018）运用 2011 年和 2013 年中国家庭金融调查（CHFS）数据，考察了流动性约束、社会资本与家庭创业选择之间的关系。研究发现，无论是在城市还是农村，创业家庭都面临显著的流动性约束，推进金融市场化程度可以显著缓解创业的财富门槛效应。但物质资本的储蓄并非家庭实现创业的主要措施。相反，增加家庭在社会网络上的支出，则有助于家庭实现创业。翁辰和张兵（2015）基于 2011 年中国家庭金融调查数据，采用工具变量的条件混合过程估计法，分析了信贷约束对中国农村家庭创业选择的影响。结果表明，信贷约束对农村家庭创业选择具有显著的负向影响。但是程郁和罗丹（2009）却发现，信贷约束对创业的影响并不是单调的。

国外关于信贷和创业的文献也很丰富。安格鲁奇等（Angelucci et al.，2015）研究发现，拓展信贷渠道有助于现有经营活动规模的扩大，但没有增加雇工数量，对经营利润没有影响。班纳吉等（Banerjee et al.，2015）发现获得信贷会增加对现有经营活动的投资，但是对新开办企业的影响不显著。获得小额信贷对客户的经营利润产生显著的正面影响（Crepon et al.，2015）。

5.4.2 描述性统计

表 5-36 描述了家庭信贷参与和创业活动之间的关系。由表 5-36 可知，2015 年，负债家庭创业、主动创业和未来创业意愿的比例分别为 22.18%、16.76% 和 13.85%，均高于无负债家庭（分别为 12.05%、8.33% 和 6.50%）。2017 年，负债家庭创业、主动创业和未来创业意愿的比例分别为 21.81%、15.56% 和 13.86%，均高于无负债家庭（分别为 12.66%、8.06% 和 6.74%）。2019 年，负债家庭创业、主动创业和未来创业意愿的比例分别为 16.31%、11.02% 和 9.06%，均高于无负债家庭（分别为 7.83%、4.95% 和 3.39%）。可见，有负债家庭的创业概率、主动创业概率和未来创业概率均高于无负债家庭。此外，随着时间的推移，对于有负债家庭，创业和主动创业的比例在不断下降，创业意愿基本也呈下降趋势。对于无负债家庭，创业比例和创业意愿呈先上升后下降的趋势，主动创业比例在不断下降。

表 5-36　　　　　　　　　　　信贷参与和创业活动　　　　　　　　　　单位：%

有无负债	年份	家庭创业	家庭主动创业	未来创业意愿
有负债	2015	22.18	16.76	13.85
	2017	21.81	15.56	13.86
	2019	16.31	11.02	9.06

续表

有无负债	年份	家庭创业	家庭主动创业	未来创业意愿
	2015	12.05	8.33	6.50
无负债	2017	12.66	8.06	6.74
	2019	7.83	4.95	3.39

5.4.3 实证研究

1. 模型设定

为了考察信贷参与对家庭创业活动的影响，本节模型设定如下：

$$Entrepreneurship_{it} = \alpha_0 + \delta_1 Credit_{it} + X_{it}\gamma + c_i + \pi_t + \mu_{it}$$

式中，$\mu_{it} \sim N(0, \sigma^2)$。$Entrepreneurship_{it} = 1$ 表示家庭的创业活动，具体包括家庭创业、家庭主动创业和家庭未来有创业意愿。$Credit_{it}$ 是我们关注的信贷参与，具体来说，我们将信贷参与分为生产型信贷、消费型信贷、正规信贷和非正规信贷来考察。X_{it} 是控制变量，主要包括家庭特征变量和户主特征变量。c_i 表示不随时间变化的个体异质性，π_t 表示时间趋势项。我们预测 $\delta > 0$，即信贷参与对家庭创业活动有正向影响。

2. 内生性讨论

关注变量信贷参与可能是内生的，其内生性可能来自两方面：一方面，家庭从事生产经营活动可能导致信贷参与概率的变化，比如家庭从事生产经营活动，对资金的需求增加，则会更多地进行借贷，从而参与信贷市场。另一方面，信贷参与和家庭从事生产经营活动可能会同时受到其他因素的影响，比如当地的文化背景、风俗习惯、家庭自身的传统和偏好等，而这些变量又是不可观测的。因此，本节要处理的一个关键问题是信贷参与的内生性。考虑到我们采用平衡面板数据和数据可得性，本节运用面板固定效应（FE）方法来解决不随时间变化的不可观测变量所造成的内生性问题。

3. 变量描述

为了检验信贷参与和家庭创业活动之间的因果关系，结合现有数据库并参照以往文献，我们选取以下控制变量：家庭特征变量包括家庭净财富、家庭规模、家庭参与股票市场、家庭拥有自有汽车、家庭拥有自有住房、家庭是农村家庭；户主特征变量包括户主身体健康、户主身体不好、户主受教育年限、户主已婚、户主风险偏好、户主风险厌恶、户主有工作。表 5 - 37 详细给出了家庭创业、家庭主动创业和家庭有创业意愿的描述性统计，其余变量的描述性统计同表 5 - 19。由表可知，有 12.09% 的家庭创业，其中，7.96% 的家庭主动创业，7.72% 的家庭有创业意愿。

表 5 - 37　　　　　　　　　　　　　描述性统计

被解释变量	样本量	均值	标准差
家庭创业	34 929	0.1209	0.3260
家庭主动创业	34 841	0.0796	0.2707
家庭创业意愿	34 486	0.0772	0.2669

4. 实证结果

本节首先研究信贷参与对家庭创业决策的影响。表 5 - 38 给出了具体的估计结果。第（1）~（3）列的被解释变量分别是家庭创业、家庭主动创业和家庭创业意愿。由表可知，信贷参与不仅对家庭创业决策有显著正向影响，还促进了家庭主动创业，对家庭未来的创业意愿也有积极促进作用。

表 5 - 38　　　　　　　　　　　　信贷参与和家庭创业决策

被解释变量	家庭创业	家庭主动创业	家庭创业意愿
信贷参与	0.0204 *** （0.0043）	0.0105 *** （0.0040）	0.0213 *** （0.0048）
家庭特征变量	控制	控制	控制
户主特征变量	控制	控制	控制
个体固定效应	控制	控制	控制
时间固定效应	控制	控制	控制

续表

被解释变量	家庭创业	家庭主动创业	家庭创业意愿
N	34 929	34 841	34 486
R^2	0.0667	0.0509	0.0169
F 统计量	22.28 ***	14.30 ***	21.69 ***

其次，我们研究信贷余额对家庭创业决策的影响。表 5 – 39 给出了具体的估计结果。第（1）~（3）列的被解释变量分别是家庭创业、家庭主动创业和家庭创业意愿。由表可知，信贷余额不仅对家庭创业决策有显著正向影响，还促进了家庭主动创业，对家庭未来的创业意愿也有积极促进作用。

表 5 – 39　　　　　　　　　信贷余额和家庭创业决策

被解释变量	家庭创业	家庭主动创业	家庭创业意愿
信贷余额	0.0032 *** （0.0004）	0.0020 *** （0.0004）	0.0009 * （0.0005）
家庭特征变量	控制	控制	控制
户主特征变量	控制	控制	控制
个体固定效应	控制	控制	控制
时间固定效应	控制	控制	控制
N	34 929	34 841	34 486
R^2	0.0717	0.0545	0.0136
F 统计量	23.50 ***	15.08 ***	21.01 ***

最后，我们研究不同类型信贷参与对家庭创业决策的影响。表 5 – 40 给出了具体的估计结果。第（1）~（4）列的关注变量分别是生产型信贷参与、消费型信贷参与、正规信贷参与以及非正规信贷参与。由表可知，生产型信贷参与对家庭创业决策有显著正向影响，但消费型信贷参与并没有促进家庭创业，可能的原因是，创业活动属于生产经营活动，消费型信

贷更多用于消费。此外，正规信贷参与和非正规信贷参与均对家庭创业有积极促进作用，且正规信贷参与的边际效应更大。综观不同类型的信贷参与，生产型信贷参与对家庭创业的作用最大，能使家庭创业的概率提高 12.56%。

表 5－40　　　　　　　　不同类型信贷参与和家庭创业

被解释变量	家庭创业			
	（1）	（2）	（3）	（4）
生产型信贷参与	0.1256 *** (0.0081)			
消费型信贷参与		0.0004 (0.0044)		
正规信贷参与			0.0483 *** (0.0077)	
非正规信贷参与				0.0244 *** (0.0053)
家庭特征变量	控制	控制	控制	控制
户主特征变量	控制	控制	控制	控制
个体固定效应	控制	控制	控制	控制
时间固定效应	控制	控制	控制	控制
N	34 929	34 929	34 929	34 929
R^2	0.0829	0.0640	0.0714	0.0645
F 统计量	32.48 ***	21.15 ***	22.80 ***	21.87 ***

5.4.4　主要结论

首先，参与信贷市场能够提高家庭创业的概率，还能促进家庭主动创业。信贷参与对家庭未来的创业意愿也有显著正向影响。其次，信贷余额不仅对家庭创业决策有显著正向影响，还促进了家庭主动创业，对家庭未来的创业意愿也有积极促进作用。最后，生产型信贷参与对家庭创业决策有显著正向影响，但消费型信贷参与并没有促进家庭创业，正规信贷参与和非正规信贷参与均对家庭创业有积极促进作用。

5.5　家庭信贷与资产选择

5.5.1　文献综述

家庭股市参与问题是经济学研究的重要命题（伍再华等，2017）。家庭金融资产投资所获得的利息和红利收入是中国居民财产性收入的重要来源。家庭金融投资不仅有利于增加家庭财产性收入，而且增加家庭资产投资比例有利于将储蓄转化为投资（尹志超等，2015）。在经济增长和国民收入普遍提高的大背景下，家庭收入的财富配置行为显得愈加重要，研究中国家庭资产选择行为的影响因素具有很强的现实指导意义（段军山和崔蒙雪，2016）。

现有关于信贷参与和家庭资产选择的文献主要从信贷约束这一视角进行研究。伍再华等（2017）基于2013年中国家庭金融调查数据，采用工具变量法，考察了借贷约束、金融素养对家庭股市参与的影响。研究发现，借贷约束降低了家庭股市参与的意愿，尤其是通过借贷方式参与股市的意愿，同时也降低了股市的投资金额、缩短了投资时长。户主金融素养显著提高了家庭股市参与的意愿、投资规模和投资时长，并增加了家庭股票市场获利的可能性。此外，金融素养水平的提高会缓解借贷约束对家庭股市参与的抑制作用。段军山和崔蒙雪（2016）运用2011年中国家庭金融调查数据，研究了信贷约束与风险态度对家庭资产配置的影响。研究发现，在控制其他因素的情况下，家庭信贷约束会提高家庭风险厌恶程度。受到信贷约束的家庭，其房产持有概率和房产市值均显著下降；股票持有概率会显著下降，但对其持有股票市值的影响并不显著。尹志超等（2015）基于2011年中国家庭金融调查数据，选取社区到市中心的距离作为工具变量，采用极大似然估计方法，从正规信贷供给和需求两个方面研究了信贷约束对家庭资产选择的影响。研究发现，信贷约束会阻碍家庭

金融市场参与，并降低家庭将财富配置于风险资产的比例。路晓蒙等
（2019）发现，房屋正规贷款能够促进家庭参与股市，降低住房对股市参
与的抑制作用，但房屋民间借款的存在增加了住房对家庭股市参与的挤出
效应。

本节在现有文献的基础上，考察不同类型信贷参与对家庭资产选择
的影响，不仅研究参与广度，还研究参与深度，是对现有文献的补充和
完善。

5.5.2 描述性统计

表 5-41 描述了家庭信贷参与和资产选择之间的关系。由表 5-41
可知，2015 年，负债家庭参与股票市场和金融市场的比例分别为
15.44% 和 26.26%，均高于无负债家庭（分别为 3.72% 和 9.06%）。
2017 年，负债家庭参与股票市场和金融市场的比例分别为 10.02% 和
21.47%，均高于无负债家庭（分别为 3.58% 和 9.08%）。2019 年，负
债家庭参与股票市场和金融市场的比例分别为 7.56% 和 66.27%，均高
于无负债家庭（分别为 2.72% 和 36.44%）。可见，有负债家庭的股市
参与率和金融市场参与率均高于无负债家庭。此外，随着时间的推移，
无论是有负债家庭还是无负债家庭，股市参与率均在下降；有负债家庭
金融市场参与率先有所下降后来迅速上升，无负债家庭金融市场参与率
在 2019 年迅速增加。

表 5-41　　　　　　　　　信贷参与和资产选择　　　　　　　单位：%

有无负债	年份	股市参与	金融市场参与
有负债	2015	15.44	26.26
	2017	10.02	21.47
	2019	7.56	66.27
无负债	2015	3.72	9.06
	2017	3.58	9.08
	2019	2.72	36.44

5.5.3 实证研究

1. 模型设定

为了考察信贷参与对家庭资产选择的影响，以股市参与为例，本节模型设定如下：

$$Stock_{it} = \alpha_0 + \delta_1 Credit_{it} + X_{it}\gamma + c_i + \pi_t + \mu_{it}$$

式中，$\mu_{it} \sim N(0, \sigma^2)$。$Stock_{it} = 1$ 表示家庭参与股票市场。$Credit_{it}$是我们关注的信贷参与，具体来说，我们将信贷参与分为生产型信贷、消费型信贷、正规信贷和非正规信贷来考察。X_{it}是控制变量，主要包括家庭特征变量和户主特征变量。c_i 表示不随时间变化的个体异质性，π_t 表示时间趋势项。我们预测 $\delta_1 > 0$，即信贷参与对家庭股市参与有正向影响。

进一步，我们研究信贷参与对家庭股市参与深度的影响，模型设定如下：

$$Stock\_ratio_{it} = \alpha_0 + \delta_2 Credit_{it} + X_{it}\gamma + c_i + \pi_t + \mu_{it}$$

式中，$\mu_{it} \sim N(0, \sigma^2)$。$Stock\_ratio_{it}$表示家庭股票资产占金融资产的比重。我们预测 $\delta_2 > 0$，即信贷参与对家庭股票资产占比也有正向影响。

2. 内生性讨论

关注变量信贷参与可能是内生的，其内生性可能来自两方面：一方面，家庭参与金融市场可能导致信贷参与概率的变化，比如家庭参与金融市场，对资金的需求增加，则会更多地进行借贷，从而参与信贷市场。另一方面，信贷参与和家庭金融市场参与可能会同时受到其他因素的影响，比如当地的文化背景、风俗习惯、家庭自身的传统和偏好等，而这些变量又是不可观测的。因此，本节要处理的一个关键问题是信贷参与的内生性。考虑到我们采用平衡面板数据和数据可得性，本节运用面板固定效应（FE）方法来解决不随时间变化的不可观测变量所造成的内生性问题。

3. 变量描述

为了检验信贷参与和家庭资产选择之间的因果关系，结合现有数据库并参照以往文献，我们选取以下控制变量：家庭特征变量包括家庭净财富、家庭规模、家庭拥有自有汽车、家庭拥有自有住房、家庭是农村家庭；户主特征变量包括户主身体健康、户主身体不好、户主受教育年限、户主已婚、户主风险偏好、户主风险厌恶、户主有工作。表 5 – 42 详细给出了家庭股市参与、金融市场参与、股票资产占比和风险资产占比的描述性统计，其余变量的描述性统计同表 5 – 19。由表可知，有 5.17% 的家庭参与股票市场，23.28% 的家庭参与金融市场，股票资产占金融资产的比重为 1.85%，风险资产占金融资产的比重为 7.06%。

表 5 – 42   描述性统计

变量		样本量	均值	标准差
被解释变量	股市参与	34 929	0.0517	0.2214
	金融市场参与	34 929	0.2328	0.4226
	股票资产占比	34 929	0.0185	0.1068
	风险资产占比	34 929	0.0706	0.2037

4. 实证结果

本节首先研究信贷参与对家庭资产选择的影响。表 5 – 43 给出了具体的估计结果。第 (1)~(4) 列的被解释变量分别是股市参与、金融市场参与、股票资产占比和风险资产占比。由表可知，信贷参与不仅对家庭股市参与有显著正向影响，还促进了家庭金融市场参与，提高了股票资产和风险资产在家庭金融资产中的比重。

表 5 – 43   信贷参与和家庭资产选择

被解释变量	股市参与	金融市场参与	股票资产占比	风险资产占比
信贷参与	0.0176 *** (0.0025)	0.0508 *** (0.0057)	0.0033 *** (0.0012)	0.0198 *** (0.0029)
家庭特征变量	控制	控制	控制	控制
户主特征变量	控制	控制	控制	控制
个体固定效应	控制	控制	控制	控制

续表

被解释变量	股市参与	金融市场参与	股票资产占比	风险资产占比
时间固定效应	控制	控制	控制	控制
N	34 929	34 929	34 929	34 929
R^2	0.0630	0.2924	0.0241	0.0732
F 统计量	8.62***	429.76***	9.02***	59.85***

其次，我们研究信贷余额对家庭资产选择的影响。表5-44给出了具体的估计结果。第（1）~（4）列的被解释变量分别是股市参与、金融市场参与、股票资产占比和风险资产占比。由表可知，信贷余额只对家庭金融市场参与广度和深度有显著促进作用，对家庭股市参与和股票资产占比均没有显著影响。

表5-44　　　　　　　　信贷余额和家庭资产选择

被解释变量	股市参与	金融市场参与	股票资产占比	风险资产占比
信贷余额	0.0003 (0.0003)	0.0027*** (0.0006)	-6.44e-06 (0.0002)	0.0016*** (0.0003)
家庭特征变量	控制	控制	控制	控制
户主特征变量	控制	控制	控制	控制
个体固定效应	控制	控制	控制	控制
时间固定效应	控制	控制	控制	控制
N	34 929	34 929	34 929	34 929
R^2	0.0561	0.2822	0.0216	0.0640
F 统计量	6.78***	425.08***	8.81***	58.80***

再次，我们研究不同类型信贷参与对家庭股市参与的影响。表5-45给出了具体的估计结果。第（1）~（4）列的关注变量分别是生产型信贷参与、消费型信贷参与、正规信贷参与以及非正规信贷参与。由表可知，生产型信贷参与、正规信贷参与以及非正规信贷参与对家庭股市参与均没有显著影响，只有消费型信贷参与显著促进家庭参与股票市场。

表 5 – 45 不同类型信贷参与和家庭资产选择

被解释变量	股市参与			
	（1）	（2）	（3）	（4）
生产型信贷参与	- 0.0034 （0.0024）			
消费型信贷参与		0.0199 *** （0.0026）		
正规信贷参与			0.0001 （0.0045）	
非正规信贷参与				0.0015 （0.0023）
家庭特征变量	控制	控制	控制	控制
户主特征变量	控制	控制	控制	控制
个体固定效应	控制	控制	控制	控制
时间固定效应	控制	控制	控制	控制
N	34 929	34 929	34 929	34 929
R^2	0.0581	0.0686	0.0570	0.0560
F 统计量	6.64 ***	9.05 ***	6.61 ***	6.82 ***

　　最后，我们考察信贷参与、信贷余额和家庭资产选择种类之间的关系。具体来说，资产选择的种类包括股票、债券、基金、金融产品、衍生品、黄金、非人民币资产和其他金融产品。表 5 – 46 给出了具体的估计结果。由表可知，参与信贷市场和持有信贷余额都能够促进家庭资产选择多样化。

表 5 – 46 信贷参与、信贷余额和资产选择种类

被解释变量	资产选择种类	
	（1）	（2）
信贷参与	0.0717 *** （0.0070）	

续表

被解释变量	资产选择种类	
	（1）	（2）
信贷余额		0.0035 *** （0.0007）
家庭特征变量	控制	控制
户主特征变量	控制	控制
个体固定效应	控制	控制
时间固定效应	控制	控制
N	34 929	34 929
R^2	0.2349	0.2206
F 统计量	372.28 ***	366.19 ***

5.5.4　主要结论

首先，参与信贷市场能够提高家庭参与股票市场和金融市场的概率。信贷参与还能提高股票资产和风险资产在家庭金融资产中的比重。其次，信贷余额只对家庭金融市场参与广度和深度有显著促进作用，对家庭股市参与和股票资产占比均没有显著影响。最后，生产型信贷参与、正规信贷参与以及非正规信贷参与对家庭股市参与均没有显著影响，只有消费型信贷参与显著促进家庭参与股票市场。参与信贷市场和负债金额都能够促进家庭资产选择多样化。

5.6　家庭信贷与相对贫困

5.6.1　文献综述

现有关于信贷和贫困间关系的研究都未集中于相对贫困。单德朋等（2016）构建理论模型分析了金融可得性、信贷需求影响贫困的理论机制。他们通过理论推导发现，金融减贫的精准性受金融可得性和贫困人口金融需求数量和结构的影响。周强和张全红（2019）运用2012年和2014年中国家庭追踪调查数据，实证分析了农村非正规金融对多维资产贫困的减贫效应。研究发现，农村非正规金融更多地有利于中高收入家庭而不利于中低收入家庭多维资产贫困的减缓，由此扩大了农村中高与中低收入家庭多维资产贫困不平等程度。林万龙和杨丛丛（2012）选择仪陇贫困村这一试点案例，实证研究了扶贫型小额信贷服务对缓解农户贫困的作用。研究发现，扶贫型小额信贷服务对解决贫困农户的发展问题作用有限。

国外学者关于信贷和贫困的研究没有得出一致的结论。孔德卡尔（Khandker，2005）发现小额信贷有助于降低参与者的贫困，并且极端贫困的家庭受益更多。今井胜志等（Imai et al.，2012）运用48个国家的宏观数据，采用人均小额信贷量衡量各国小额信贷的发展规模，在宏观层面上发现小额信贷显著降低了贫困。有学者（Crepon et al.，2015；Banerjee et al.，2015；Karlan et al.，2010，2011）研究发现，增加对家庭和微型企业的贷款，对缓解贫困没有显著影响。伯吉斯等（Burgess et al.，2005）运用印度农业信贷协会的数据，实证分析了穷人参与信贷活动对农村贫困的影响。其研究结果显示，信贷部门在农村的数量每增加1%，农村的贫困率就会下降0.34%。库马里和辛格（Kumari & Singhe，2014）通过对马特莱区域经济发展项目的研究，认为小额信贷有利于扶贫工作，小额信贷创造了一个更为健康的宏观经济环境。

5.6.2 描述性统计

表5-47描述了家庭信贷参与和相对贫困[①]之间的关系。由表5-47可知，2015年，负债家庭和无负债家庭相对贫困的比例分别为30.83%和36.13%。2017年，负债家庭和无负债家庭相对贫困的比例分别为33.06%和36.84%。2019年，负债家庭和无负债家庭相对贫困的比例分别为36.53%和40.75%。可见，有负债家庭的相对贫困比例低于无负债家庭。

---

① 本节借鉴陈宗胜等（2013）的做法，将人均收入低于平均水平的40%定义为相对贫困。

此外，随着时间的推移，无论是有负债家庭还是无负债家庭，相对贫困的比例都在不断提高。

表 5 - 47　　　　　　　　　信贷参与和相对贫困　　　　　　　　单位：%

有无负债	年份	相对贫困
有负债	2015	30.83
	2017	33.06
	2019	36.53
无负债	2015	36.13
	2017	36.84
	2019	40.75

5.6.3　实证研究

1. 模型设定

为了考察信贷参与对家庭相对贫困的影响，本节模型设定如下：

$$Relative\_poverty_{it} = \alpha_0 + \rho Credit_{it} + X_{it}\sigma + c_i + \pi_t + \mu_{it}$$

式中，$\mu_{it} \sim N(0, \sigma^2)$。$Relative\_poverty_{it} = 1$ 表示家庭处于相对贫困。$Credit_{it}$ 是我们关注的信贷参与，具体来说，我们将信贷参与分为生产型信贷、消费型信贷、正规信贷和非正规信贷来考察。X_{it} 是控制变量，主要包括家庭特征变量和户主特征变量。c_i 表示不随时间变化的个体异质性，π_t 表示时间趋势项。我们预测 $\rho < 0$，即信贷参与对家庭相对贫困有负向影响。

2. 内生性讨论

关注变量信贷参与可能是内生的，其内生性可能来自两方面：一方面，家庭是否处于相对贫困状态可能导致信贷参与概率的变化，比如家庭收入越低，则会更多地进行借贷，也会更容易陷入相对贫困状态。另一方面，信贷参与和家庭相对贫困可能会同时受到其他因素的影响，比如当地的文化背景、风俗习惯、家庭自身的传统和偏好等，而这些变量又是不可观测的。因此，本节要处理的一个关键问题是信贷参与的内生性。考虑到我们采用平衡面板数据和数据可得性，本节运用面板固定效应（FE）方法来解决不随时间变化的不可观测变量所造成的内生性问题。

3. 变量描述

为了检验信贷参与和家庭相对贫困之间的因果关系，结合现有数据库并参照以往文献，我们选取以下控制变量：家庭特征变量包括家庭净财富、家庭规模、家庭参与股票市场、家庭拥有自有汽车、家庭拥有自有住房、家庭是农村家庭；户主特征变量包括户主身体健康、户主身体不好、户主受教育年限、户主已婚、户主风险偏好、户主风险厌恶、户主有工作。在回归样本中，有 40.23% 的家庭处于相对贫困状态。

4. 实证结果

我们分别研究信贷参与、信贷余额对家庭相对贫困的影响。表 5 - 48 给出了具体的估计结果。由表可知，信贷参与对家庭相对贫困有显著负向影响，但是信贷余额对家庭相对贫困有显著正向影响。

表 5 - 48　　　　　　　　　信贷参与、信贷余额和家庭相对贫困

被解释变量	相对贫困	
	(1)	(2)
信贷参与	- 0.0197 *** (0.0065)	
信贷余额		- 0.0013 ** (0.0006)
家庭特征变量	控制	控制
户主特征变量	控制	控制
个体固定效应	控制	控制
时间固定效应	控制	控制
N	34 929	34 929
R^2	0.1871	0.1864
F 统计量	202.65 ***	202.30 ***

我们还考察了不同类型信贷参与对家庭相对贫困的影响。表 5 - 49 给出了具体的估计结果。第 (1) ~ (4) 列的关注变量分别是生产型信贷参

与、消费型信贷参与、正规信贷参与以及非正规信贷参与。由表可知，生产型信贷参与、消费型信贷参与和正规信贷参与能显著缓解家庭相对贫困状况，非正规信贷参与对家庭相对贫困没有显著影响。

表 5 – 49 不同类型信贷参与和家庭相对贫困

被解释变量	相对贫困			
	（1）	（2）	（3）	（4）
生产型信贷参与	– 0.0198 * （0.0110）			
消费型信贷参与		– 0.0173 *** （0.0065）		
正规信贷参与			– 0.0345 *** （0.0099）	
非正规信贷参与				0.0063 （0.0081）
家庭特征变量	控制	控制	控制	控制
户主特征变量	控制	控制	控制	控制
个体固定效应	控制	控制	控制	控制
时间固定效应	控制	控制	控制	控制
N	34 929	34 929	34 929	34 929
R^2	0.1859	0.1875	0.1891	0.1874
F 统计量	202.35 ***	202.32 ***	203.27 ***	201.74 ***

5.6.4 主要结论

首先，信贷参与对家庭相对贫困有显著负向影响。其次，信贷余额对家庭相对贫困有显著正向影响。最后，生产型信贷参与、消费型信贷参与和正规信贷参与能显著缓解家庭相对贫困状况，非正规信贷参与对家庭相对贫困没有显著影响。

5.7 本章小结

本章详细分析了 2015 年、2017 年和 2019 年中国家庭信贷特征和家庭信贷参与情况，同时实证研究了家庭信贷参与对家庭收入、消费、创业活动、资产选择等行为的影响。各小节中，我们还从信贷参与和信贷需求等方面对家庭信贷行为进行了详细分析。通过数据分析，我们得到以下结论：

第一，参与消费型信贷的比例远远高于生产型信贷。在生产型信贷中，参与农业信贷的比例最大，2015~2019 年分别为 3.95%、5.73% 和 4.94%。在消费型信贷中，参与住房信贷和使用信用卡的比例最大，2015~2019 年，参与住房信贷的比例分别为 16.55%、18.09% 和 14.43%，使用信用卡的比例分别为 17.60%、19.58% 和 13.08%。随着时间的推移，家庭参与信贷的比例先上升后下降。2017 年，无论是生产型信贷、消费型信贷还是家庭总体信贷，参与程度均最高。2019 年，家庭生产型信贷、消费型信贷和总体信贷参与程度均最低。家庭信贷参与不仅与自身特征有关，也受到居住地金融服务便利程度的影响。我们发现，户主学历越高，参与信贷的家庭比例越高。2015~2019 年，高学历的信贷参与比例在不断下降，其余学历类型的信贷参与比例先上升后下降。社会关系越强，家庭信贷参与比例越高。社会关系是影响家庭信贷参与的重要因素。户主健康的家庭参与信贷市场的比例更高，身体健康状况也是影响信贷参与的重要因素。偏好风险的家庭更多地参与信贷市场。收入最高 20% 组家庭的信贷参与率最高，2015~2019 年分别为 62.23%、64.03% 和 55.22%。最后，所在社区是否有社区银行、小额贷款公司和担保公司等，也会影响家庭信贷参与率。不同规模城市的信贷参与率也有显著差异。

第二，家庭生产型信贷与经营性收入的关系。首先，生产型信贷参与、生产型正规信贷参与和生产型民间信贷参与对家庭经营性收入均具有显著正向影响。其次，不仅生产型信贷参与能显著提高家庭经营性收入，生产型信贷余额对家庭经营性收入也有积极促进作用。最后，生产型信贷余额对家庭经营性收入的影响在一、二线城市和户主身体健康家庭的影响更大。

第三，家庭信贷与消费的关系。首先，参与信贷市场对家庭总消费具有显著正向影响。生产型信贷、消费型信贷、正规信贷和非正规信贷对家庭总消费均有显著正向影响。其次，信贷参与不仅能显著促进家庭总消费，对食品消费、衣着消费、生活居住消费、日常用品消费、交通通信消费等各类消费均有积极促进作用。另外，不仅参与信贷市场能够促进家庭消费升级，负债余额也能促进家庭消费升级。最后，信贷余额对家庭消费的影响在三、四、五线城市，中部、西部地区，户主未接受高等教育家庭和户主无工作家庭的影响更大。

第四，家庭信贷与创业的关系。首先，参与信贷市场能够提高家庭创业的概率，还能促进家庭主动创业。信贷参与对家庭未来的创业意愿也有显著正向影响。其次，信贷余额不仅对家庭创业决策有显著正向影响，还促进了家庭主动创业，对家庭未来的创业意愿也有积极促进作用。最后，生产型信贷参与对家庭创业决策有显著正向影响，但消费型信贷参与并没有促进家庭创业，正规信贷参与和非正规信贷参与均对家庭创业有积极促进作用。总之，家庭参与信贷市场能够显著地促进家庭从事生产经营活动。因此，应大力发展信贷市场，鼓励创业，为家庭从事生产经营活动提供良好的信贷条件。

第五，家庭信贷与资产选择的关系。首先，参与信贷市场能够提高家庭参与股票市场和金融市场的概率。信贷参与还能提高股票资产和风险资产在家庭金融资产中的比重。其次，信贷余额只对家庭金融市场参与广度和深度有显著促进作用，对家庭股市参与和股票资产占比均没有显著影响。最后，生产型信贷参与、正规信贷参与以及非正规信贷参与对家庭股市参与均没有显著影响，只有消费型信贷参与显著促进家庭参与股票市场。参与信贷市场和持有信贷余额都能够促进家庭资产选择多样化。

第六，家庭信贷与相对贫困的关系。首先，信贷参与对家庭相对贫困有显著负向影响。其次，信贷余额对家庭相对贫困有显著正向影响。最后，生产型信贷参与、消费型信贷参与和正规信贷参与能显著缓解家庭相对贫困状况，非正规信贷参与对家庭相对贫困没有显著影响。

第 6 章

中国家庭的保险及影响

6.1 中国家庭保险现状

6.1.1 社会保险现状

社会保险（social insurance）是国家通过立法手段，在劳动者遭遇年老、疾病、伤残、失业、生育及死亡风险，暂时或永久失去劳动能力或生活来源时，依法给予一定物质帮助，保障其基本生活需求的社会保障制度。我国《宪法》规定：中华人民共和国公民在年老、疾病或者丧失劳动能力的情况下，有从国家和社会获得物质帮助的权利。社会保险以社会群体中最基本而且最重要的部分——劳动者及其家属为保障对象，社会保险支出在社会保障体系中占有最大份额。同时，社会保险承担的风险也最多，涉及劳动者整个生命周期和所有重大生存风险。因此，社会保险是现代社会保障体系的核心与主体，关系到国家大计与民生建设，被称为"社会安全网与稳定器"。[①]

除此之外，国家机关、国有企业、城镇集体企业、外商投资企业、城镇私营企业及其他城镇企业、事业单位、民办非企业单位、社会团体及其在职职工缴存的长期住房储金——住房公积金，作为我国社会保障制度的

---

① 刘同芳、王志忠：《社会保险学》，科学出版社 2016 年版，第 3 页。

一部分，为职工较快、较好地解决住房问题提供了保障。

1. 社会养老保险

（1）社会养老保险覆盖率。表6-1分别展示了2015年、2017年和2019年我国居民养老保险分布情况。从表中可以看到，我国养老保险参与率随时间不断增加，分别为69.80%、70.73%、74.01%。其中参与社会基本养老保险的占比分别为60.90%、64.83%、67.90%，也在随时间不断上升。我们根据国家统计局公布的数据，计算出2015年、2017年、2019年社会基本养老保险参与率分别为62.44%、65.86%、69.10%。可以看到，用微观数据计算出来的结果与宏观数据基本匹配。另外，通过领退休金养老的人口占比分别为8.90%、5.90%、6.11%，通过其他方式养老的人口占比分别为0.88%、0.84%、1.65%。

表6-1   居民养老方式分布   单位：%

养老方式	2015 年	2017 年	2019 年
养老保险	69.80	70.73	74.01
一社会养老保险	60.90	64.83	67.90
一退休金	8.90	5.90	6.11
其他养老保险	0.88	0.84	1.65
无养老保险	29.32	28.44	24.34

表6-2展示的是在总样本中，人们参与四类社会基本养老保险的具体情况。城镇职工基本养老保险在这三年的占比分别为21.34%、20.52%、17.68%，呈逐年下降的趋势。新型农村社会养老保险参与率逐年提高，分别为32.58%、36.10%、38.62%。城镇居民社会养老保险2015年参与率为5.37%，2017年为6.11%，2019年为4.87%。城乡统一居民社会养老保险参与率也在逐年升高，三年分别为1.61%、2.10%、6.73%，这是因为在2014年召开的国务院常务会议决定合并新型农村社会养老保险和城镇居民社会养老保险，建立全国统一的城乡居民基本养老保险制度，由此导致城乡统一社会养老保险参保比例持续上升。

表 6 - 2	社会基本养老保险种类分布		单位：%
养老保险	2015 年	2017 年	2019 年
城镇职工基本养老保险	21. 34	20. 52	17. 68
新型农村社会养老保险	32. 58	36. 10	38. 62
城镇居民社会养老保险	5. 37	6. 11	4. 87
城乡统一居民社会养老保险	1. 61	2. 10	6. 73

注：本表计算所得比例基于全样本，包括未参与任何养老保险的人群。

（2）社会养老保险缴费情况。表 6 - 3 是社会基本养老保险个人缴费情况。整体来看，社会养老保险个人缴费额三年分别为 2 349. 01 元、2 505. 77 元、2 719. 62 元，呈逐年上升趋势。具体来看，城镇职工基本养老保险个人缴费额分别为 4 848. 54 元、5 752. 10 元、8 146. 31 元；新型农村社会养老保险个人缴费额分别为 631. 89 元、698. 21 元、1 033. 78 元；城镇居民社会养老保险个人缴费额分别为 5 095. 27 元、5 141. 35 元、5 503. 43 元；城乡统一居民社会养老保险个人缴费额分别为 3 354. 31 元、2 099. 69 元、1 485. 53 元。对比来看，除了城乡统一养老保险个人缴费额在逐年下降，其余三类养老保险的缴费额都在逐年增加。其中缴费额最高的是城职保，其次是城居保，然后是城乡统一养老保险，最后是新农保。

表 6 - 3	社会养老保险个人缴费情况		单位：元
养老保险	2015 年	2017 年	2019 年
社会基本养老保险	2 349. 01	2 505. 77	2 719. 62
城镇职工基本养老保险	4 848. 54	5 752. 10	8 146. 31
新型农村社会养老保险	631. 89	698. 21	1 033. 78
城镇居民社会养老保险	5 095. 27	5 141. 35	5 503. 43
城乡统一居民社会养老保险	3 354. 31	2 099. 69	1 485. 53

注：本表使用的是参与相应养老保险人群的样本。

（3）社会养老保险领取与收入情况。表 6 - 4 是社会基本养老保险和退休金这两类养老方式养老金金额大小的比较。我们可以看到，社会基本养老保险的养老金金额在这三年基本保持不变，分别为 11 931.43元、11 954.11 元、11 070.03 元。而退休金收入均值在逐年增加，分别为 34 483.90 元、37 328.95 元、43 381.19 元。2015 年和 2017 年，退休金收入大概是社会基本养老保险收入的 3 倍，这一数值在 2019 年上升到近 4 倍。

表 6 – 4   社会养老保险收入和退休金比较   单位：元

项目	2015 年	2017 年	2019 年
社会基本养老保险	11 931.43	11 954.11	11 070.03
退休金	34 483.90	37 328.95	43 381.19

注：本表使用的是参与相应养老保险人群的样本。

接下来，我们进一步分析了四类社会基本养老保险收入的情况，描述性统计如表 6 – 5 所示。可以看到，除了城乡统一居民社会养老保险以外，其余三类社会养老金收入都在不断增加。其中养老金最高的是城镇职工基本养老保险，三年分别为 27 438.46 元、30 025.68 元、32 992.19 元；其次是城镇居民社会养老保险，三年分别为 14 700.68 元、16 261.92 元、19 237.08 元；再次是城乡统一居民社会养老保险，三年分别为 10 558.75元、9 307.58 元、4 464.71 元；最后是新型农村社会养老保险，三年分别为 2 195.59 元、2 535.24 元、2 975.63 元。以新型农村社会养老保险为基准，城职保养老金大概是其养老金的 12 倍，城居保养老金是其养老金的 6 倍多。

表 6 – 5   社会基本养老保险收入情况   单位：元

养老保险	2015 年	2017 年	2019 年
城镇职工基本养老保险	27 438.46	30 025.68	32 992.19
新型农村社会养老保险	2 195.59	2 535.24	2 975.63
城镇居民社会养老保险	14 700.68	16 261.92	19 237.08
城乡统一居民社会养老保险	10 558.75	9 307.58	4 464.71

注：本表使用的是参与相应养老保险人群的样本。

（4）企业年金。企业年金是一种补充性质的养老金制度，是企业及其职工在依法参加基本养老保险的基础上，自主建立的补充养老保险制度。从表6-6中我们可以看到，在参与社会基本养老保险的基础上，还参与了企业年金的人群占比分别为6.04%、7.86%、6.93%。其中每年对应有16.81%、16.11%、13.48%的人在领取企业年金。

表 6-6　　　　　　　　　　企业年金拥有和领取情况　　　　　　　　　　单位：%

项目	2015 年	2017 年	2019 年
企业年金	6.04	7.86	6.93
企业年金领取	16.81	16.11	13.48

注：本表第一行使用的是全样本，第二行的样本只包括有企业年金的人群。

表6-7展示了企业年金缴费、收入和账户余额情况。企业年金缴费三年分别为4 001.59元、4 793.67元、7 673.11元，呈逐年增长的趋势。企业年金收入三年分别为16 384.93元、16 091.27元、35 437.88元。企业年金账户余额也在逐年增加，各年均值分别为14 424.09元、16 559.43元、18 068.21元。和前面社会基本养老保险收入对比，企业年金处于中上水平，只低于城镇职工基本养老保险收入。

表 6-7　　　　　　企业年金缴纳、收入和财产账户余额情况　　　　　　单位：元

项目	2015 年	2017 年	2019 年
企业年金缴费	4 001.59	4 793.67	7 673.11
企业年金收入	16 384.93	16 091.27	35 437.88
企业年金账户余额	14 424.09	16 559.43	18 068.21

注：本表使用的样本只包括有企业年金的人群。

2. 社会医疗保险

（1）社会医疗保险覆盖率。表6-8展示了2015年、2017年、2019年社会医疗保险覆盖率，分别为87.82%、90.18%、90.88%。可以看

到，截至 2019 年末，我国社会基本医疗保险覆盖了我国九成以上的城乡人口。

表 6 – 8	社会医疗保险覆盖率		单位：%
有无社会医疗保险	2015 年	2017 年	2019 年
有社会医疗保险	87. 82	90. 18	90. 88
无社会医疗保险	12. 18	9. 82	9. 12

表 6 – 9 展示的是各类社会基本医疗保险在有医保群体中的参与率。占比最高的是新型农村合作医疗保险，分别为 61.09%、62.86%、64.72%，呈逐年上升的趋势，其比重在整体中超过一半。其次是城镇职工基本医疗保险，比例分别为 23.07%、18.78%、17.43%，在有社会基本养老保险的群体中占比逐渐缩小。再次是城镇居民基本医疗保险，分别为 13.35%、15.37%、10.76%。最后是城乡居民基本医疗保险，分别为 2.09%、2.99%、7.09%，随时间推移不断增加，这是因为国务院提出的关于整合城镇居民基本医疗保险和新型农村合作医疗两项制度，建立统一的城乡居民基本医疗保险制度的意见造成的。

表 6 – 9	社会基本医疗保险种类分布		单位：%
医疗保险	2015 年	2017 年	2019 年
城镇职工基本医疗保险	23. 07	18. 78	17. 43
新型农村合作医疗保险	61. 09	62. 86	64. 72
城镇居民基本医疗保险	13. 35	15. 37	10. 76
城乡居民基本医疗保险	2. 09	2. 99	7. 09

注：本表展示的是在有社会基本医疗保险的人群中，各医疗保险的参与情况。

（2）社会医疗保险缴费情况。我们对比了各类医疗保险保费支出的具体情况，结果如表 6 – 10 所示。社会基本医疗保险缴费额在逐年增加，分别为 297.65 元、381.09 元、422.86 元。相比之下公费医疗保险缴费在逐年下降，各年分别为 1 402.19 元、1 270.65 元、646.90 元，但是其均值仍然高于社会基本医疗保险。接下来分析社会基本医疗包含的四类医疗保险缴费情况。缴费额最高的是城镇职工基本医疗保险，三年分别为724.71 元、969.98 元、1 072.07 元，逐年递增。其次是城镇居民基本医疗保险，分别为449.34 元、501.73 元、552.45 元，也在逐年增加。再次是城乡居民基本医疗保险，分别为431.14 元、478.01 元、315.08 元。最后是新型农村合作医疗保险，分别为103.81 元、170.04 元、234.99 元。

表 6 – 10　　　　　　　　社会医疗保险缴费支出　　　　　　　　单位：元

医疗保险	2015 年	2017 年	2019 年
社会基本医疗保险	297.65	381.09	422.86
—城镇职工基本医疗保险	724.71	969.98	1 072.07
—城镇居民基本医疗保险	449.34	501.73	552.45
—新型农村合作医疗保险	103.81	170.04	234.99
—城乡居民基本医疗保险	431.14	478.01	315.08
公费医疗	1 402.19	1 270.65	646.90

注：本表计算的是各医疗保险在全样本中的分布情况。

（3）社会医疗保险与住院情况。中国家庭普惠金融调查中询问了人们在上一年中的住院情况，鉴于社会基本医疗保险可能诱发人们改变行为从而导致道德风险发生，我们简单地分析了社会基本医疗保险对人们行为改变存在的潜在影响。表 6 – 11 显示，有社会医疗保险的人住院的比例三年分别为10.66%、10.61%、15.03%，而无医保的人住院的比例分别为4.81%、6.38%、9.44%，低于有医保的人住院的比例。

表 6 – 11　　　　　　　　有无医保住院比例对比　　　　　　　　单位：%

有无社会医疗保险	2015 年	2017 年	2019 年
有社会医疗保险	10.66	10.61	15.03
无社会医疗保险	4.81	6.38	9.44

表 6 - 12 对比了有无医保者住院费用的支出情况。有社会基本医疗保险者的住院费用分别为 13 438.91 元、16 300.87 元、16 387.22 元，无社会基本医疗保险者的住院费用分别为 13 098.96 元、11 929.90 元、15 441.42 元。总体来看，二者的差别不是很大，住院费用都在增加。

表 6 - 12 　　　　　　　　　　有无医保住院费用对比 　　　　　　　单位：%

有无社会医疗保险	2015 年	2017 年	2019 年
有社会医疗保险	13 438.91	16 300.87	16 387.22
无社会医疗保险	13 098.96	11 929.90	15 441.42

表 6 - 13 给出了各类医疗保险的报销比例。和社会基本医疗保险相比，公费医疗报销的比例更高，三年分别为 68.70%、69.38%、64.28%。社会基本医疗保险报销比例平均为 47.82%、45.22%、47.88%。其中，城镇职工基本医疗保险报销比例分别为 59.55%、60.30%、59.09%，是这四类社会基本医疗保险中报销比例最高的一种。城镇居民基本医疗保险报销比例分别为 46.31%、43.45%、45.41%。新型农村合作医疗保险报销比例为 42.55%、40.52%、45.10%，为四类社会基本医疗保险报销比例最小的一种。最后，城乡居民基本医疗保险报销比例分别为 48.91%、43.19%、44.17%。

表 6 - 13 　　　　　　　　　　社会医疗保险报销比例 　　　　　　　单位：%

医疗保险	2015 年	2017 年	2019 年
社会基本医疗保险	47.82	45.22	47.88
一城镇职工基本医疗保险	59.55	60.30	59.09
一城镇居民基本医疗保险	46.31	43.45	45.41
一新型农村合作医疗保险	42.55	40.52	45.10
一城乡居民基本医疗保险	48.91	43.19	44.17
公费医疗	68.70	69.38	64.28

（4）社会医疗保险账户余额。表 6 - 14 给出了各类医疗保险个人账户

余额的情况。公费医疗缴费最高，个人账户余额积累也最多，分别为 4 250.08 元、3 341.53 元、4 170.91 元。社会基本医疗保险个人账户余额平均为 1 032.79 元、1 551.54 元、988.61 元，大概只有公费医疗的 1/4。其中，城镇职工基本医疗保险个人账户余额分别为 1 837.62 元、3 371.81 元、2 442.70 元，是社会基本医疗保险个人账户中余额最多的一类。城镇居民基本医疗保险个人账户余额分别为 867.74 元、1 564.74 元、1 166.59 元。新型农村合作医疗保险个人账户余额分别为 317.00 元、599.18 元、321.41 元。城乡居民基本医疗保险个人账户余额分别为 1 420.62 元、2 006.97 元、623.95 元。

表 6 - 14　　　　　　　　　社会医疗保险账户余额　　　　　　　　单位：元

医疗保险	2015 年	2017 年	2019 年
社会基本医疗保险	1 032.79	1 551.54	988.61
—城镇职工基本医疗保险	1 837.62	3 371.81	2 442.70
—城镇居民基本医疗保险	867.74	1 564.74	1 166.59
—新型农村合作医疗保险	317.00	599.18	321.41
—城乡居民基本医疗保险	1 420.62	2 006.97	623.95
公费医疗	4 250.08	3 341.53	4 170.91

3. 失业保险

失业保险是指国家通过立法强制实行的，由用人单位、职工个人缴费及国家财政补贴等渠道筹集资金建立失业保险基金，对因失业而暂时中断生活来源的劳动者提供物质帮助以保障其基本生活的制度。表 6 - 15 给出了 16 周岁以上有非农工作的居民参与失业保险的比例，分别为 29.05%、15.96%、37.48%。

表 6 - 15　　　　　　　　　　失业保险覆盖率　　　　　　　　　　单位：%

有无失业保险	2015 年	2017 年	2019 年
有失业保险	29.05	15.96	37.48
无失业保险	70.95	84.04	62.52

4. 住房公积金

住房公积金是指国家机关、国有企业、城镇集体企业、外商投资企业、城镇私营企业及其他城镇企业、事业单位、民办非企业单位、社会团体及其在职职工缴存的长期住房储蓄金。从表 6 – 16 中可以看到，2015年、2017年、2019年我国拥有住房公积金的居民占比分别为 12.06%、20.26%、16.79%。其中，在有公积金的人群中继续缴费的比例分别为 93.73%、95.29%、93.35%。公积金缴费额逐年增加，分别为 6 358.22元、7 433.34元、8 681.12元。公积金账户余额也在逐年增加，分别为 30 403.61元、33 531.69元、34 163.90元。提取公积金的比例分别为 15.26%、16.98%、17.31%，提取额度分别为 31 415.57元、36 643.94元、34 963.71元。

表 6 – 16　　　　　　　　　　住房公积金基本情况

项目	2015 年	2017 年	2019 年
公积金（%）	12.06	20.26	16.79
继续缴费比例（%）	93.73	95.29	93.35
公积金缴费额（元）	6 358.22	7 433.34	8 681.12
公积金账户余额（元）	30 403.61	33 531.69	34 163.90
提取公积金比例（%）	15.26	16.98	17.31
公积金提取额（元）	31 415.57	36 643.94	34 963.71

注：本表第一行使用的是全样本，其余几行使用的是参与住房公积金居民的样本。

表 6 – 17 分析了几个主要的公积金提取原因，其中前两大原因是买房和偿还购房贷款本息。三个年份因为买房提取公积金的占比分别为 48.78%、51.56%、34.95%，因为偿还购房贷款本息提取公积金的占比分别为 34.42%、26.00%、36.89%。这两个因素在人们提取住房公积金的所有原因中占比高达 70%。因为房屋改造、大修、翻建而提取公积金的占比分别为 4.45%、6.57%、5.55%。因为付房租提取住房公积金的占比为 2.20%、3.27%、6.44%。因为离退休提取住房公积金的占比分

别为 2.30%、1.36%、1.62%。

表 6－17　　　　　　　　住房公积金提取原因　　　　　　　　单位：%

项目	2015 年	2017 年	2019 年
买房	48.78	51.56	34.95
房屋改造、大修、翻建	4.45	6.57	5.55
偿还购房贷款本息	34.42	26.00	36.89
付房租	2.20	3.27	6.44
离退休	2.30	1.36	1.62
与单位解除劳动关系	1.03	1.51	0.40

6.1.2　商业保险现状

与社会保险不同的是，商业保险是一种以营利为目的，由当事人和保险企业自愿缔结合同关系的保险形式。保险公司根据合同约定的、可能发生的事故，因其发生所造成的财产损失承担赔偿保险金责任，或者当被保险人死亡、伤残、疾病或达到约定的年龄、期限时承担给付保险金责任。社会保险为被保险人提供的保障是最基本的，其水平高于社会贫困线，保障程度较低。而商业保险提供的保障水平则取决于保险双方当事人的约定和投保人所缴纳保费的多少，只要符合投保条件并有一定的缴费能力，被保险人可以获得高水平的保障。

1. 商业保险

表 6－18 给出的是 2015 年、2017 年、2019 年我国家庭商业保险参保情况。家庭参与商业保险的定义是，在一个家庭中只要有人投保了商业保险就定义该家庭拥有商业保险。从表 6－18 中我们可以看到，这三年我国家庭商业保险参与率分别为 15.99%、17.39%、16.19%。商业人寿险的参保率分别为 9.10%、8.11%、7.58%，是人们投保最高的一类商业保险。其次是商业健康险，三年的参保率分别为 5.27%、5.42%、5.82%。其他商业保险的参保率分别为 3.99%、3.97%、3.77%。

表 6 – 18 家庭商业保险参与 单位：%

项目	2015 年	2017 年	2019 年
商业保险	15.99	17.39	16.19
一商业人寿险	9.10	8.11	7.58
一商业健康险	5.27	5.42	5.82
一其他商业险	3.99	3.97	3.77

经济的发展伴随着我国城乡发展差距的不断拉大，城乡之间的不均衡不仅体现在收入方面，还包括教育、医疗、消费、就业、政府公共投入等多方面的差距。接下来我们根据家庭居住地将样本分为城镇样本和农村样本，对比分析城乡间商业保险参与率的差别。

表 6 – 19 显示，城镇地区家庭商业保险的参保率分别为 20.40%、20.11%、21.24%，基本保持不变。商业人寿险的参保率分别为 11.80%、10.03%、10.22%，商业健康险的参保率分别为 7.11%、6.95%、8.76%，其他商业保险的参保率分别为 4.98%、4.51%、4.97%。

表 6 – 19 城镇地区家庭商业保险参与 单位：%

项目	2015 年	2017 年	2019 年
商业保险	20.40	20.11	21.24
一商业人寿险	11.80	10.03	10.22
一商业健康险	7.11	6.95	8.76
一其他商业险	4.98	4.51	4.97

表 6 – 20 给出的是农村地区家庭商业保险参保情况。农村地区家庭商业保险参保率分别为 8.68%、12.88%、11.16%，近年来虽有所增加，但整体只有城镇地区商业保险参保率的一半左右。其中商业人寿险的参保率为 4.63%、4.94%、4.95%，商业健康险参保率分别为 2.22%、2.88%、2.89%，不及城镇家庭商业健康险参保率的 1/3。其他商业保险参保率分别为 2.34%、3.06%、2.57%。

表 6 – 20	农村地区家庭商业保险参与		单位：%
项目	2015 年	2017 年	2019 年
商业保险	8.68	12.88	11.16
—商业人寿险	4.63	4.94	4.95
—商业健康险	2.22	2.88	2.89
—其他商业险	2.34	3.06	2.57

表 6 – 21 给出的是在有商业保险的家庭中商业保险保费支出情况。平均来看，家庭商业保险保费支出分别为 1 163.50 元、1 397.97 元、1 647.41元，商业人寿险的保费支出分别为 542.30 元、674.88 元、678.78 元，商业健康险的保费支出分别为 398.71 元、474.46 元、650.25 元，其他商业险保费支出分别为 222.50 元、248.62 元、318.39 元。从全国总体水平来看，商业保险保费支出及其包含的各类商业保险保费支出都在不断增加，其中增速最快的是商业健康险保费支出，2017 年比 2015 年增加了 19%，2019 年比 2017 年增加了 37%。

表 6 – 21	家庭商业保险保费支出		单位：元
项目	2015 年	2017 年	2019 年
商业保险保费	1 163.50	1 397.97	1 647.41
—商业人寿险保费	542.30	674.88	678.78
—商业健康险保费	398.71	474.46	650.25
—其他商业险保费	222.50	248.62	318.39

表 6 – 22 展示的是城镇地区家庭商业保险保费支出，三年分别为 1 698.30 元、1 995.66 元、2 677.42 元。前两年比全国平均水平高出 500多元，2019 年比全国平均保费支出高 1 030 元。商业人寿险保费支出分别为 769.60 元、968.54 元、1 056.32 元，商业健康险保费支出为 605.01元、678.96 元、1 047.33 元，其他商业险保费支出分别为 323.70 元、348.16 元、573.78 元。可以看到，增速最快的仍然是商业健康险保费支

出，2019 年同比增长 54%。

表 6 – 22 　　　　　　城镇地区家庭商业保险保费支出　　　　　　单位：元

项目	2015 年	2017 年	2019 年
商业保险保费	1 698.30	1 995.66	2 677.42
—商业人寿险保费	769.60	968.54	1 056.32
—商业健康险保费	605.01	678.96	1 047.33
—其他商业险保费	323.70	348.16	573.78

表 6 – 23 给出的是农村地区商业保险保费支出，分别为 277.57 元、407.20 元、621.46 元，只占城镇地区保费支出的 20% 左右。商业人寿险保费支出分别为 165.75 元、188.10 元、302.72 元，商业健康险保费支出分别为 56.96 元、135.47 元、254.73 元，其他商业险保费支出分别为 54.86 元、83.63 元、64.00 元。

表 6 – 23 　　　　　　农村地区家庭商业保险保费支出　　　　　　单位：元

项目	2015 年	2017 年	2019 年
商业保险保费	277.57	407.20	621.46
—商业人寿险保费	165.75	188.10	302.72
—商业健康险保费	56.96	135.47	254.73
—其他商业险保费	54.86	83.63	64.00

接下来我们分析家庭商业保险保费支出占总支出的比例。从表 6 – 24 中可以看到，商业保险保费支出占比分别为 1.64%、1.83%、1.20%，这一比例非常小。商业人寿险保费支出占比分别为 0.81%、0.88%、0.59%，商业健康险保费支出占比分别为 0.49%、0.55%、0.37%，其他商业险保费支出占比分别为 0.35%、0.40%、0.25%。商业人寿险不仅是人们参与比例最高的一类商业保险，也是人们保费支出最多的一类。

表 6 - 24　　　　　　　　　家庭商业保险保费支出占总支出的比例　　　　单位: %

项　目	2015 年	2017 年	2019 年
商业保险保费占比	1.64	1.83	1.20
一商业人寿险保费占比	0.81	0.88	0.59
一商业健康险保费占比	0.49	0.55	0.37
一其他商业险保费占比	0.35	0.40	0.25

表 6 - 25 给出的是城镇地区家庭商业保险保费支出占总支出的比例。城镇地区商业保险保费支出占比分别为 2.19%、2.30%、1.64%,商业人寿险保费占比分别为 1.06%、1.12%、0.72%,商业健康险保费占比分别为 0.67%、0.74%、0.51%,其他商业险保费占比分别为 0.46%、0.44%、0.41%。与表 6 - 24 对比我们可以看出,城镇地区无论是总的商业保险费支出占比,还是各项商业保险费支出占比,都要高于全国平均水平。

表 6 - 25　　　　　　　　城镇家庭商业保险保费支出占总支出的比例　　　　单位: %

项　目	2015 年	2017 年	2019 年
商业保险保费占比	2.19	2.30	1.64
一商业人寿险保费占比	1.06	1.12	0.72
一商业健康险保费占比	0.67	0.74	0.51
一其他商业险保费占比	0.46	0.44	0.41

表 6 - 26 显示了农村地区的商业保险费支出占总支出的比例,分别为 0.73%、1.04%、0.77%。其中商业人寿险保费支出占比分别为 0.40%、0.48%、0.46%,商业健康险保费支出占比分别为 0.18%、0.25%、0.23%,其他商业险保费占比分别为 0.15%、0.32%、0.09%。农村地区整体的商业险保费支出及其包含的各类保费支出占比均低于全国平均水平。

表 6 - 26　　　　农村家庭商业保险保费支出占总支出的比例　　　　单位：%

项目	2015 年	2017 年	2019 年
商业保险保费占比	0.73	1.04	0.77
—商业人寿险保费占比	0.40	0.48	0.46
—商业健康险保费占比	0.18	0.25	0.23
—其他商业险保费占比	0.15	0.32	0.09

2. 商业人寿保险

接下来我们分析家庭商业人寿险的具体情况。如表 6 - 27 所示，在有商业人寿险的家庭中，商业人寿险保额平均为 116 499.40 元、158 934.90 元、798 492.70 元。其中分红寿险占比分别为 40.04%、37.63%、34.27%，呈现出逐年下降的趋势。平均每年分红寿险金额为 823.04 元、1 262.54 元、1 069.12 元。在参保商业人寿险的家庭中，购买的是返本寿险的比例为 67.65%、62.66%、51.93%。在调查年份前一年获得过商业人寿险赔付的比例分别是 2.90%、2.41%、3.28%，赔付额分别为 7 612.16 元、5 536.27 元、4 753.00 元。

表 6 - 27　　　　　　　　家庭商业人寿保险情况

项目	2015 年	2017 年	2019 年
商业人寿险保额（元）	116 499.40	158 934.90	798 492.70
分红寿险占比（%）	40.04	37.63	34.27
分红寿险金额（元）	823.04	1 262.54	1 069.12
返本寿险占比（%）	67.65	62.66	51.93
商业人寿险赔付比（%）	2.90	2.41	3.28
商业人寿险赔付额（元）	7 612.16	5 536.27	4 753.00

3. 商业健康保险

图 6 - 1 是参与商业健康险家庭在调查前一年获得的平均商业健康险报销额，2015 年、2017 年、2019 年分别为 409.71 元、141.48 元、256.54 元，可以看出我国商业健康险的报销金额非常少。

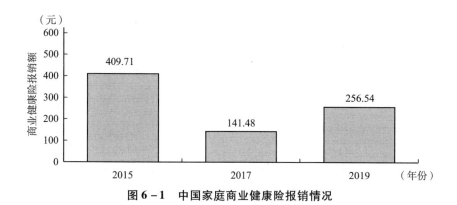

图 6 - 1　中国家庭商业健康险报销情况

4. 其他商业保险

图 6 - 2 是家庭获得的其他商业险赔付金额，如财产险、意外险等。从全国平均水平来看，在调查年份前一年，家庭获得其他商业险赔付额分别为 152.41 元、275.09 元、247.32 元。

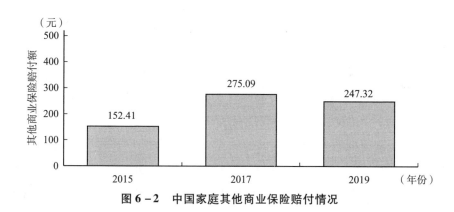

图 6 - 2　中国家庭其他商业保险赔付情况

6.2　家庭保险与收入差距

6.2.1　文献综述

伴随着改革开放，我国经济不断发展，居民收入持续增加。根据国家统计局数据计算，我国居民可支配收入在 1989 年、1999 年、2009 年和 2018 年分别是 804 元、3 477 元、10 964 元和 28 228 元。其中城镇居民可支配收入分别为 1 374 元、5 854 元、17 175 元和 39 251 元，农村居民可支配收入分别为 602 元、2 210 元、5 153 元和 14 617 元。除了城乡经济发展不平衡之外，我国东部、中部、西部地区间经济发展也不平衡。2018 年，我国居民可支配收入在东部、中部、西部地区分别为 36 298 元、23 798 元、21 936 元。由此可见，虽然我国居民收入随经济发展不断增加，但是仍然存在城乡间、地区间非均衡发展的问题。

关于社会保障和收入差距，杰苏伊特和马勒（Jesuit & Mahler，2004）对 13 个发达国家 1980～2000 年的财政再分配进行对比分析后发现，发达国家社会保障调节收入差距的作用要大于税收。孔德—鲁伊兹和普罗费塔（Conde – Ruiz & Profeta，2007）发现社会保障对英国基尼系数的降低起到的作用最大，减少了 15%。王延中等（2016）发现，从总体上看中国的社会保障制度缩小了收入差距，但是，还存在社会保险覆盖面不足，在低收入群体、非正规和非从业人员中发展不均衡，项目间割裂与共享性缺失以及待遇享受与缴费水平的强关联机制扩大收入差距等问题。高文书（2012）分析了陕西省宝鸡市数据，发现社会保障转移性收入降低了城乡居民收入的基尼系数。任苒和金凤（2007）指出，在获得新型农村合作医疗补偿后，人们收入不平等程度有所缓解。除此之外，谭晓婷和钟甫宁（2010）还发现低收入人群获得的新型农村合作医疗补偿高于高收入人群。但是，香伶（2006）、王茂福和谢勇才（2012）、王小鲁和樊纲（2005）以及何立新（2007）等发现社会保障拉大了收入差距，对收入分配产生了"逆向调节"作用。

有鉴于此，目前我国关于社会保障收入再分配作用的讨论仍然存在分歧。因此，本节将利用中国家庭普惠金融调查（CHFIS）2015 年、2017 年、2019 年的数据，从家庭保险对收入差距的影响这一角度展开研究，探索家庭保险与我国居民收入差距的关系，为相关方面的研究提供新的证据。

6.2.2 描述性统计

我们使用 2015 年、2017 年、2019 年的三年平衡面板数据,在剔除相关变量缺失的样本后,分别按有无社会基本养老保险、社会基本医疗保险和商业保险对家庭进行分组,对比分析了家庭收入差距。收入差距的定义是,各个县内家庭收入90%分位数与10%分位数的比并取对数。表 6-28 显示,从全国整体来看,有社会养老保险的家庭收入差距为 1.93,而没有社会养老保险的家庭收入差距为 2.55;有社会医疗保险的家庭收入差距为 1.98,没有社会医疗保险的家庭收入差距为 2.49;有商业保险的家庭收入差距为 1.72,没有商业保险的家庭收入差距为 2.06。可以看到收入差距最大的一组是按有社会养老保险分类的家庭。

表 6-28 家庭保险与收入差距

样本	均值	样本量	均值	样本量
	有社会养老保险		没有社会养老保险	
全样本	1.93	31 804	2.55	4 634
城镇地区	1.71	17 978	2.23	2 285
农村地区	2.21	13 826	2.87	2 349
	有社会医疗保险		没有社会医疗保险	
全样本	1.98	34 953	2.49	1 485
城镇地区	1.75	19 502	2.16	761
农村地区	2.28	15 451	2.83	724
	有商业保险		没有商业医疗保险	
全样本	1.72	5 436	2.06	30 819
城镇地区	1.61	3 790	1.81	16 361
农村地区	1.98	1 646	2.34	14 458

6.2.3 实证研究

1. 实证模型

为考察家庭保险对收入差距的影响,基于固定效应模型可剔除不可观测的个体异质性的影响，我们建立如下双向固定效应模型：

$$Income_{it} = \alpha_0 + \beta_1 Insurance_{it} + \beta_2 X_{it} + \lambda_t + \mu_i + \varepsilon_{it} \qquad (6-1)$$

其中，$Income_{it}$ 表示收入差距，定义已在上文给出。$Insurance_{it}$ 表示第 i 个县在时间 t 拥有保险的情况。具体为，家庭中有任何一个人持有保险则取值为 1，否则为 0，并在县级层面计算出保险参与率，以百分数表示。X_{it} 为控制变量，包括县级人均受教育水平、家庭规模、劳动力占比、老年抚养比、身体不健康比例、自有住房比例、家庭净财富均值（回归时取对数）、城镇化水平（所在县户籍人口与农村户籍人口之差再除以户籍人口数）。λ_t 是时间固定效应，能解决随时间而变但不随个体而变的遗漏变量问题。μ_i 是个体固定效应，能解决不随时间而变但随个体而异的遗漏变量问题。ε_{it} 为残差项。其中 β_1 是我们要关注的系数。

另外，回归模型中没有考虑到的一些遗漏变量可能会导致家庭是否持有保险存在内生性。比如，地区的文化习俗、特征偏好等，都会同时影响收入差距以及人们对保险的看法和需求。由于这些变量本身存在难以观测、难以度量等问题，所以它们作为遗漏变量而存在会使得模型设定存在内生性问题。但本节使用的双向固定效应模型可以剔除上述一些不随时间变化、不可观测的遗漏变量以及不随个体变化、不可观测的遗漏变量的影响，从而在一定程度上解决了可能存在的内生性问题。

2. 实证结果

表 6 - 29 是基于双向固定效应模型，用收入差距对社会保险、社会养老保险、社会医疗保险回归的结果。第（1）列结果显示，在控制了相关变量之后，社会保险会显著降低收入差距，回归系数为 0.1058。具体来看，拥有社会基本养老保险会显著减小收入差距，回归系数为 0.0379，拥有社会基本医疗保险会减小收入差距，回归系数为 0.0672。接下来，我们分析控制变量对收入差距的影响。从表 6 - 29 中我们可以看到，自有住房会显著增加收入差距，而家庭规模、劳动力占比、不健康比例和城镇化水平会显著降低收入差距。

表 6-29   社会保险对县级收入差距的影响（FE）

变量	收入差距		
社会保险	-0.1058* (0.0577)		
社会基本养老保险		-0.0379** (0.0159)	
社会基本医疗保险			-0.0672** (0.0301)
人均受教育水平	-0.0414 (0.1850)	-0.0242 (0.1868)	-0.0332 (0.1856)
家庭规模	-1.0347*** (0.3911)	-1.0678*** (0.3880)	-1.0287*** (0.3896)
劳动力占比	-5.7530*** (1.4605)	-5.1616*** (1.4224)	-6.2011*** (1.4577)
老年抚养比	2.5211 (2.4605)	2.2524 (2.4289)	2.4414 (2.4213)
身体不健康比例	-11.2645*** (2.8096)	-11.0738*** (2.8433)	-11.0688*** (2.8242)
自有住房占比	3.0646 (1.8825)	3.2491* (1.9082)	2.8850 (1.8652)
净财富	-0.4237 (0.3756)	-0.4576 (0.3651)	-0.4320 (0.3682)
城镇化水平	-3.3731* (1.7647)	-3.1229* (1.7771)	-3.4724* (1.8160)
个体固定效应	控制	控制	控制
时间固定效应	控制	控制	控制
样本量	867	867	867
R^2	0.238	0.239	0.241

表 6-30 是收入差距对商业保险的回归结果。结果显示，商业保险、商业人寿险和商业健康险对收入差距没有显著影响，但其他商业保险可以

显著降低收入差距,回归系数为 - 0.0566。控制变量中,家庭规模、劳动力占比、身体不健康比例、社会保险和城镇化水平会显著降低县级收入差距。

表 6 - 30　　　　　　商业保险对县级收入差距的影响(FE)

变量	收入差距			
商业保险	- 0. 0230 (0. 0165)			
商业人寿险		- 0. 0237 (0. 0250)		
商业健康险			0. 0012 (0. 0258)	
其他商业保险				- 0. 0566 ** (0. 0254)
人均受教育水平	0. 0081 (0. 1894)	- 0. 0154 (0. 1860)	- 0. 0428 (0. 1896)	- 0. 0126 (0. 1856)
家庭规模	- 0. 9338 ** (0. 3965)	- 0. 9996 ** (0. 3905)	- 1. 0373 ** (0. 3962)	- 0. 9575 ** (0. 3888)
劳动力占比	- 5. 5504 *** (1. 4556)	- 5. 6556 *** (1. 4523)	- 5. 7572 *** (1. 4581)	- 5. 6539 *** (1. 4457)
老年抚养比	2. 4422 (2. 4619)	2. 4122 (2. 4764)	2. 5199 (2. 4619)	2. 6283 (2. 4607)
身体不健康比例	- 11. 0606 *** (2. 8155)	- 11. 2862 *** (2. 8235)	- 11. 2703 *** (2. 8177)	- 10. 8388 *** (- 2. 7749)
社会保险	- 0. 0999 * (0. 0567)	- 0. 1095 * (0. 0574)	- 0. 1061 * (0. 0585)	- 0. 1075 * (0. 0574)
自有住房占比	2. 9341 (1. 8791)	3. 0441 (1. 8857)	3. 0611 (1. 8816)	2. 7775 (1. 8606)
净财富	- 0. 3971 (0. 3752)	- 0. 4130 (0. 3757)	- 0. 4242 (0. 3768)	- 0. 3701 (0. 3770)

续表

变量	收入差距			
城镇化水平	-3.1003* (1.8222)	-3.2413* (1.7945)	-3.3769* (1.7664)	-2.9985* (1.7942)
个体固定效应	控制	控制	控制	控制
时间固定效应	控制	控制	控制	控制
样本量	867	867	867	867
R^2	0.239	0.238	0.237	0.241

6.2.4 主要结论

本节使用 2015 年、2017 年、2019 年的三年平衡面板数据，分别按有无社会基本养老保险、社会基本医疗保险和商业保险对家庭进行分组，对比分析了这些家庭的收入差距。接下来，我们使用固定效应模型，分析了县级层面家庭保险对收入差距的影响。回归结果显示，社会保险会显著降低收入差距，回归系数为 -0.1058。其中，社会基本养老保险会显著减小收入差距，回归系数为 -0.0379，社会基本医疗保险也会减小收入差距，回归系数为 -0.0672。然后，我们分析了商业保险对收入差距的影响。实证结果显示，只有其他商业保险可以显著降低收入差距，回归系数为 -0.0566。

6.3 家庭保险与消费

6.3.1 文献综述

2008 年金融危机之后，国际市场需求不足导致我国出口增速放缓，经济发展方式急需转变，如何促进消费已经成为我国经济进一步稳定发展亟待解决的问题。由于我国居民在教育、医疗、就业等方面面临不确定性，在文化传统上也提倡勤俭节约、量入为出，只有在生活无后顾之忧时，居民才敢消费，因此，完善社会保障和保险市场相关制度，可以帮助改善民生，从而促进消费。社会保险作为政府保障民生的系列政策之一，经过多年的改革探索，最终建设成为保基本、广覆盖的系统性体系。有关社会保险对家庭消费的影响，国内外已有很多文献研究。胡巴德等（Hubbard et al.，1995）指出，社会保障体系健全，能够降低家庭未来面临的不确定性，使得居民储蓄水平显著降低。格鲁伯和耶洛维茨（Gruber & Yelowitz，1999）研究发现，20世纪80年代中后期，美国医疗保险条件的放宽使低收入家庭持有的财产降低了17.7%，消费升高了5.2%。周等（Chou et al.，2003）对我国台湾地区1995年开始施行的全民保险制度进行分析发现，医疗保险在不同程度上降低了不同经济情况家庭的储蓄率。国内相关文献也大多发现社会保险会显著促进家庭消费。岳爱等（2013）使用工具变量进行实证分析，回归发现参加新农保会显著增加家庭的日常性消费，尤其是在较富裕地区和中东部地区。石阳和王满仓（2010）使用2002~2007年30个省份的面板数据，回归发现个人账户中的养老金财富会显著促进家庭消费。白重恩等（2012a）使用2002~2009年9省份的城镇住户调查数据，分析发现养老保险缴费率会显著降低家庭消费。甘犁等（2010）通过使用双重差分模型发现，我国社会基本医疗保险对家庭消费有显著正向的影响，并且大于政府在其中投入的补贴成本。臧文斌等（2012）通过使用双重差分模型分析发现，城镇居民基本医疗保险会显著促进家庭非医疗消费，对医疗消费没有显著影响。高梦滔（2010）、白重恩等（2012b）、马双等（2010）、蔡伟贤和朱峰（2015）等均发现新农合会促进家庭消费。

但是，我国目前的社会保险保障水平较低，只能满足人们最基本的养老、医疗等需求。而商业保险的业务范围更广，产品设计更灵活细致，更能满足人们高层次的风险保障需求，在功能上对社会保险起到了很好的补充作用。研究商业保险在促进家庭消费方面能发挥多大作用很有必要。国内文献在商业保险实现保障功能、增加居民消费的效果方面还没有进行广泛的研究。吴庆跃等（2016）发现商业健康险对家庭消费的正向作用大于三大基本医疗保险对消费的拉动。王美娇和朱铭来（2015）、陈璐等（2018）都发现商业健康险会显著促进家庭消费。文乐等（2019）发现商业医疗保险显著提高了农民工人均家庭消费。在此背景下，本节除了分析社会保险对家庭消费的作用之外，还将分析家庭参与商业保险市场对消费的影响。

6.3.2 描述性统计

我们分别按有无社会基本养老保险、社会基本医疗保险和商业保险对家庭进行分组，然后对比分析这些家庭的消费差距。表 6-31 显示，有社会养老保险的家庭平均消费为 60 012.43 元，而无社会养老保险的家庭平均消费为 44 986.45 元，两者相差 15 025.98 元；有社会医疗保险的家庭平均消费为 58 773.85 元，无社会医疗保险的家庭平均消费为 42 307.44 元，两者相差 16 466.41 元；有商业保险的家庭平均消费为 94 870.12 元，无商业保险的家庭平均收入为 51 604.47 元，两者相差 43 265.65 元。可以看到消费差距最大的一组是按有无商业保险分类的家庭组。

表 6-31　　　　　　　　　家庭保险与消费

家庭消费	均值（元）	样本量（个）	均值（元）	样本量（个）
	有社会养老保险		无社会养老保险	
全样本	60 012.43	31 844	44 986.45	4 639
城镇地区	73 284.61	18 002	53 383.11	2 289
农村地区	42 751.49	13 842	36 807.76	2 350
	有社会医疗保险		无社会医疗保险	
全样本	58 773.85	34 994	42 307.44	1 489
城镇地区	71 774.31	19 526	52 285.48	765
农村地区	42 362.75	15 468	31 764.35	724
	有商业保险		无商业保险	
全样本	94 870.12	5 464	51 604.47	30 977
城镇地区	107 136.2	3 801	62 680.16	16 445
农村地区	66 834.46	1 663	39 070.77	14 532

6.3.3 实证研究

1. 实证模型

为考察家庭保险对消费的影响，基于固定效应模型可以剔除不可观测的个体异质性的影响，我们建立如下双向固定效应模型：

$$Total\_Consumption_{it} = \alpha_0 + \beta_1 Insurance_{it} + \beta_2 X_{it} + \lambda_t + \mu_i + \varepsilon_{it} \quad (6-2)$$

式中，$Total\_Consumption_{it}$ 表示家庭消费，在回归时我们将其进行取对数处理。$Insurance_{it}$ 表示家庭 i 在时间 t 拥有保险的情况，家庭中有任何一个人持有保险则取值为 1，否则为 0。X_{it} 为控制变量，包括个体层面的户主特征（婚姻状况、受教育水平、身体健康、是否有工作、非农户口），家庭层面特征（风险偏好、家庭规模、孩子数量、老年抚养比、劳动力占比、汽车数量、是否拥有自有住房、是否经营个体工商业、家庭成员身体不健康比例、家庭净财富、家庭工资薪金收入、家庭其他收入、城乡）。λ_t 是时间固定效应，能解决随时间而变但不随个体而变的遗漏变量问题。μ_i 是个体固定效应，能解决不随时间而变但随个体而异的遗漏变量问题。ε_{it} 为残差项。其中 β_1 是我们要关注的系数。

2. 实证结果

表 6-32 是基于双向固定效应模型，用家庭消费对社会保险、社会基本养老保险、社会基本医疗保险回归的结果。第（1）列结果显示，在控制了相关变量之后，拥有社会保险对家庭消费没有显著影响。但是，社会基本养老保险会显著增加家庭 4.11% 的消费，社会基本医疗保险会显著增加家庭 3.91% 的消费。接下来我们分析控制变量对家庭收入的影响。从表 6-32 中我们可以看到，户主已婚、受教育水平、风险偏好、家庭规模、汽车数量、经营个体工商业、家庭收入都会显著提高家庭消费支出，而户主身体健康会显著降低家庭消费支出。

表 6-32　　　　　　　　社会保险对家庭消费的影响（FE）

变量	家庭消费		
社会保险	0.0616 (0.0399)		

变量	家庭消费		
社会基本养老保险		0.0411 *** (0.0151)	
社会基本医疗保险			0.0391 * (0.0232)
婚姻状况	0.0907 *** (0.0299)	0.0913 *** (0.0299)	0.0903 *** (0.0299)
受教育水平	0.0195 *** (0.0027)	0.0195 *** (0.0027)	0.0195 *** (0.0027)
身体健康	− 0.0298 *** (0.0101)	− 0.0297 *** (0.0101)	− 0.0298 *** (0.0101)
工作	0.0113 (0.1264)	0.0106 (0.1264)	0.0113 (0.1265)
风险偏好	0.1319 *** (0.0137)	0.1324 *** (0.0136)	0.1321 *** (0.0137)
家庭规模	0.1110 *** (0.0057)	0.1106 *** (0.0057)	0.1109 *** (0.0057)
孩子数量	0.0042 (0.0120)	0.0048 (0.0120)	0.0042 (0.0120)
汽车数量	0.3615 *** (0.0242)	0.3613 *** (0.0242)	0.3613 *** (0.0242)
自有住房	0.0028 (0.0185)	0.0030 (0.0185)	0.0031 (0.0185)
个体工商业	0.0521 *** (0.0170)	0.0523 *** (0.0170)	0.0519 *** (0.0170)
收入	0.0064 *** (0.0014)	0.0062 *** (0.0014)	0.0064 *** (0.0014)
净财富	0.0018 (0.0012)	0.0018 (0.0012)	0.0018 (0.0012)

续表

变量	家庭消费		
城乡	- 0. 0563 (0. 0450)	- 0. 0570 (0. 0450)	- 0. 0559 (0. 0450)
个体固定效应	控制	控制	控制
时间固定效应	控制	控制	控制
样本量	36 469	36 469	36 469
R^2	0. 18	0. 18	0. 18

表 6 - 33 是消费对家庭商业保险的回归结果。结果显示，商业保险会显著增加家庭 10. 97% 的消费。进一步将商业保险细分为商业人寿、商业健康险和其他商业保险，消费对这三类商业保险的回归结果显示，商业人寿险会显著增加家庭 12. 40% 的消费，商业健康险会显著增加家庭 11. 28% 的消费，其他商业保险会显著增加家庭 12. 24% 的消费。在控制变量中，户主已婚、受教育水平、非农户口、风险偏好、家庭规模、少儿抚养比、经营个体工商业、家庭其他收入都会显著促进家庭消费增加，而老年抚养比越高家庭消费越低。

表 6 - 33　　　　　　　　　商业保险对家庭消费的影响（FE）

变量	家庭消费			
商业保险	0. 1097 *** (0. 0132)			
商业人寿险		0. 1240 *** (0. 0178)		
商业健康险			0. 1128 *** (0. 0191)	
其他商业保险				0. 1224 *** (0. 0221)
婚姻状况	0. 0984 *** (0. 0303)	0. 0977 *** (0. 0303)	0. 0990 *** (0. 0303)	0. 0996 *** (0. 0303)

续表

变量	家庭消费			
受教育水平	0.0195 *** (0.0026)	0.0196 *** (0.0026)	0.0197 *** (0.0026)	0.0195 *** (0.0026)
非农户口	0.0586 ** (0.0229)	0.0589 ** (0.0229)	0.0578 ** (0.0229)	0.0579 ** (0.0229)
风险偏好	0.1498 *** (0.0139)	0.1531 *** (0.0139)	0.1543 *** (0.0139)	0.1561 *** (0.0139)
家庭规模	0.1142 *** (0.0051)	0.1153 *** (0.0051)	0.1153 *** (0.0051)	0.1153 *** (0.0051)
劳动力占比	0.0264 (0.0186)	0.0273 (0.0186)	0.0274 (0.0186)	0.0281 (0.0186)
老年抚养比	− 0.2774 *** (0.0270)	− 0.2302 *** (0.0270)	− 0.2296 *** (0.0270)	− 0.2308 *** (0.0270)
少儿抚养比	0.1373 *** (0.0496)	0.1441 *** (0.0496)	0.1403 *** (0.0496)	0.1454 *** (0.0497)
身体不健康比例	0.0161 (0.0205)	0.0167 (0.0205)	0.0169 (0.0206)	0.0168 (0.0205)
个体工商业	0.0879 *** (0.0177)	0.0876 *** (0.0177)	0.0902 *** (0.0178)	0.0878 *** (0.0178)
社保	0.0629 (0.0404)	0.0635 (0.0404)	0.0633 (0.0403)	0.0626 (0.0403)
工资薪金收入	− 0.0018 (0.0011)	− 0.0018 (0.0011)	− 0.0017 (0.0011)	− 0.0018 (0.0013)
其他收入	0.0083 *** (0.0013)	0.0084 *** (0.0013)	0.0085 *** (0.0013)	0.0085 *** (0.0013)
城乡	− 0.0660 (0.0459)	− 0.0610 (0.0461)	− 0.0670 (0.0460)	− 0.0660 (0.0459)
个体固定效应	控制	控制	控制	控制
时间固定效应	控制	控制	控制	控制
样本量	36 441	36 441	36 441	36 441
R^2	0.159	0.159	0.158	0.158

接下来我们将样本按家庭所在地分为城镇地区和农村地区，分析商业保险在城乡地区对家庭消费影响的差异性。如表 6 - 34 所示，商业保险会显著促进农村家庭消费上升 12.02%，相比较而言，商业保险对城镇地区家庭消费的影响是 10.40%。更进一步来看，商业人寿险会显著增加城镇家庭 12.25% 的消费，增加农村家庭 14.22% 的消费；商业健康险会显著增加城镇家庭 11.20% 的消费，增加农村家庭 12.11% 的消费；其他商业保险会显著增加城镇家庭 11.07% 的消费，增加农村家庭 14.30% 的消费。

表 6 - 34　　　　　　　　商业保险对城乡家庭消费的影响 （FE）

城镇地区	回归系数	标准差	样本量	R^2
商业保险	0.1040 ***	0.0159	20 246	0.165
商业人寿险	0.1225 ***	0.0209	20 246	0.165
商业健康险	0.1120 ***	0.0207	20 246	0.164
其他商业保险	0.1107 ***	0.0280	20 246	0.164
农村地区	回归系数	标准差	样本量	R^2
商业保险	0.1202 ***	0.0239	16 195	0.152
商业人寿险	0.1422 ***	0.0349	16 195	0.151
商业健康险	0.1211 ***	0.0446	16 195	0.151
其他商业保险	0.1430 ***	0.0365	16 195	0.151

6.3.4　主要结论

本节使用三年平衡面板数据，分析了家庭保险对消费的影响。描述性统计的结果显示，消费差距最大的一组是按有无商业保险分类的家庭组，两类家庭收入相差 43 265.65 元。实证部分使用固定效应模型，分析了家庭保险对消费的影响。结果显示，社会养老保险会显著增加家庭 4.11% 的消费，社会医疗保险会显著增加家庭 3.91% 的消费。商业保险对家庭消费的回归结果显示，商业保险会显著增加家庭 10.97% 的消费。其中，商业人寿险会显著增加家庭 12.40% 的消费，商业健康险会显著增加家庭 11.28% 的消费，其他商业保险会显著增加家庭 12.24% 的消费。

6.4　家庭保险与相对贫困

6.4.1　文献综述

所谓相对贫困，世界银行指出，当某些人、某些家庭或某些群体没有足够的资源获取所处社会公认的、一般都能享受到的饮食、生活条件和参加某些活动的机会就是相对贫困。根据之前的分析我们知道，家庭保险可以显著降低收入差距，在本节我们将分析家庭保险对相对贫困的影响。

直接研究家庭保险与相对贫困关系的已有文章较少。波塞尔等（Posel et al.，2006）利用 1993 年的数据研究了南非社会养老金收入对适龄劳动力供应的影响，发现当非洲农村妇女是领取养老金的家庭成员时，她们更有可能成为外出务工人员。阿丁顿和豪斯古德（Ardington & Hosegood，2009）发现，对老年人的大量现金转移导致壮年成年人就业增加，这主要是通过劳动力迁移实现的。养老金的影响可以归因于它所代表的家庭资源的增加，同时，养老金领取者可以照顾年幼的孩子，这使得壮年的成年人可以到其他地方找工作。有些学者（Hamid et al.，2011；Chen & Jin，2012；王弟海，2012；黄薇，2017）发现，医疗保险可以通过降低人们的预防性储蓄，增加家庭的生产性和人力资本投资，也达到了降低贫困的效果。

关于家庭保险和贫困的文献。张川川等（2014）估计了"新农保"对农村老年人收入、贫困、消费、主观福利和劳动供给的影响，发现"新农保"显著提高了农村老年人的收入水平、减少了贫困的发生。刘子宁等（2019）发现参与医疗保险和提高医疗保险保障水平的减贫效果存在健康异质性，对健康状况差的群体有显著的减贫效果，而对健康状况好的群体减贫效果不显著。弗兰科等（Franco et al.，2008）利用意大利银行家庭收入和财富调查（SHIW）的微观数据，证明意大利养老金领取者的贫困发生率和强度远远低于其他的公民。但是，养老金领取者的经济状况因年龄、性别、地区和家庭特征而异。卡克瓦尼和苏巴罗（Kakwani & Subbarao, 2008）利用家庭调查信息，分析了15个低收入撒哈拉以南非洲国家中老年人的贫困状况。研究表明，与儿童一起生活的老年人和老人户主的贫困状况比许多国家的平均水平严重得多，并分析了向老年人提供社会养老金对特定群体、贫穷人数和贫穷差距的影响。得出的结论是，以老年人中的穷人为目标的社会养老金可以以较低成本获得大量福利收益。

6.4.2 描述性统计

跟前两节一样，我们分别按有无社会基本养老保险、社会基本医疗保险和商业保险对家庭进行分组，对比分析家庭处于相对贫困的情况。表6-35显示，有社会养老保险的家庭处于相对贫困状态的概率是36.70%，而没有社会养老保险的家庭处于相对贫困状态的概率为59.48%；有社会医疗保险的家庭处于相对贫困状态的概率是38.69%，而没有社会医疗保险的家庭处于相对贫困状态的概率为60.88%；有商业保险的家庭处于相对贫困状态的概率是19.60%，而没有商业保险的家庭处于相对贫困状态的概率为43.19%。

表6-35　　　　　　　　　　家庭保险与相对贫困

相对贫困	均值（%）	样本量（个）	均值（%）	样本量（个）
	有社会养老保险		无社会养老保险	
全样本	36.70	32 483	59.48	4 726
城镇地区	32.27	18 342	64.42	2 330
农村地区	42.44	14 141	54.68	2 396
	有社会医疗保险		无社会医疗保险	
全样本	38.69	35 701	60.88	1 508
城镇地区	35.00	19 897	58.71	775
农村地区	43.37	15 804	63.17	733
	有商业保险		无商业保险	
全样本	19.60	5 474	43.19	31 024
城镇地区	18.30	3 814	40.07	16 480
农村地区	22.59	1 660	46.71	14 544

6.4.3　实证研究

1. 实证模型

为考察家庭保险对相对贫困的影响，基于固定效应模型可以剔除不可观测的个体异质性的影响，我们建立如下双向固定效应模型：

$$Relative\_poverty_{it} = \alpha_0 + \beta_1 Insurance_{it} + \beta_2 X_{it} + \lambda_t + \mu_i + \varepsilon_{it} \quad (6-3)$$

式中，$Relative\_poverty_{it}$是相对贫困哑变量，当一个家庭的收入小于当年所在城镇/农村家庭收入均值的40%时，该变量取1，否则取0。$Insurance_{it}$表示家庭i在时间t拥有保险的情况，家庭中有任何一个人持有保险则取值为1，否则为0。X_{it}为控制变量，包括个体层面的户主特征（婚姻状况、受教育水平、身体健康、是否有工作、非农户口）、家庭层面特征（风险偏好、家庭规模、少儿抚养比、老年抚养比、劳动力占比、汽车数量、是否拥有自有住房、家庭成员不健康比例、家庭负债、家庭资产、城乡）。λ_t是时间固定效应，能解决随时间而变但不随个体而变的遗漏变量问题。μ_i是个体固定效应，能解决不随时间而变但随个体而异的遗漏变量问题。ε_{it}为残差项。其中β_1是我们要关注的系数。

2. 实证结果

表6-36是基于双向固定效应模型，用相对贫困对社会保险、社会基本养老保险、社会基本医疗保险回归的结果。第（1）列结果显示，在控制了相关变量之后，社会保险会显著降低家庭相对贫困发生概率，回归系数为-0.0456。其中，社会基本养老保险会显著降低家庭发生相对贫困的概率，回归系数为-0.0650。社会基本医疗保险也会显著降低家庭发生相对贫困的概率，回归系数为-0.0492。关于控制变量对相对贫困的影响，从表6-36中我们可以看到，老年抚养比、少儿抚养比、自有住房、负债都会显著增加家庭相对贫困发生概率，户主受教育水平、户主身体健康、户主有工作、家庭规模、汽车数量、家庭资产和居住在农村地区会显著降低相对贫困发生概率。

表 6 – 36 社会保险对相对贫困的影响（FE）

变量	相对贫困		
社会保险	– 0. 0456 ** （0. 0213）		
社会基本养老保险		– 0. 0650 *** （0. 0096）	
社会基本医疗保险			– 0. 0492 *** （0. 0127）
婚姻状况	– 0. 0128 （0. 0127）	– 0. 0138 （0. 0127）	– 0. 0123 （0. 0127）
受教育水平	– 0. 0051 *** （0. 0013）	– 0. 0051 *** （0. 0013）	– 0. 0051 *** （0. 0013）
身体健康	– 0. 0146 ** （0. 0059）	– 0. 0147 ** （0. 0059）	– 0. 0146 ** （0. 0059）
非农户口	– 0. 0173 （0. 0144）	– 0. 0158 （0. 0144）	– 0. 0178 （0. 0144）
工作	– 0. 0928 *** （0. 0075）	– 0. 0915 *** （0. 0075）	– 0. 0927 *** （0. 0075）
家庭规模	– 0. 0693 *** （0. 0031）	– 0. 0686 *** （0. 0031）	– 0. 0691 *** （0. 0031）
老年抚养比	0. 0971 *** （0. 0148）	0. 0973 *** （0. 0148）	0. 0964 *** （0. 0148）
少儿抚养比	0. 1166 *** （0. 0333）	0. 1119 *** （0. 0333）	0. 1173 *** （0. 0333）
汽车数量	– 0. 0347 *** （0. 0074）	– 0. 0345 *** （0. 0074）	– 0. 0345 *** （0. 0074）
自有住房	0. 0644 *** （0. 0115）	0. 0641 *** （0. 0115）	0. 0642 *** （0. 0115）
负债	0. 0023 *** （0. 0006）	0. 0023 *** （0. 0006）	0. 0023 *** （0. 0006）
资产	– 0. 0386 *** （0. 0024）	– 0. 0380 *** （0. 0024）	– 0. 0385 *** （0. 0024）

续表

变量	相对贫困		
城乡	-0.1990 *** (0.0299)	-0.1968 *** (0.0299)	-0.1990 *** (0.0298)
个体固定效应	控制	控制	控制
时间固定效应	控制	控制	控制
样本量	37 209	37 209	37 209
R^2	0.074	0.076	0.075

表 6 - 37 是相对贫困对家庭商业保险的回归结果。结果显示，商业保险会显著降低家庭相对贫困发生率，回归系数为 -0.0485。进一步将商业保险细分为商业人寿险、商业健康险和其他商业保险，相对贫困对这三类商业保险的回归结果显示，商业人寿险会显著降低家庭相对贫困发生率，回归系数为 -0.0388；商业健康险会显著降低家庭相对贫困发生率，回归系数为 -0.0213；其他商业险会显著降低家庭相对贫困发生率，回归系数为 -0.0363。在控制变量中，老年抚养比、少儿抚养比、家庭成员不健康比例、自有住房、负债会显著增加家庭相对贫困发生率，而户主受教育水平、风险偏好、有工作、家庭规模、劳动力占比、社会保险、家庭资产和居住在农村地区会显著降低家庭相对贫困发生概率。

表 6 - 37　　　　商业保险对相对贫困的影响（FE）

变量	相对贫困		
商业保险	-0.0485 *** (0.0082)		
商业人寿险		-0.0388 *** (0.0103)	
商业健康险			-0.0213 * (0.0115)
其他商业保险			-0.0363 *** (0.0129)

变量	相对贫困			
婚姻状况	− 0.0175 (0.0128)	− 0.0173 (0.0128)	− 0.0177 (0.0128)	− 0.0179 (0.0128)
受教育水平	− 0.0058 *** (0.0013)	− 0.0059 *** (0.0013)	− 0.0059 *** (0.0013)	− 0.0059 *** (0.0013)
风险偏好	− 0.0233 *** (0.0084)	− 0.0253 *** (0.0084)	− 0.0261 *** (0.0084)	− 0.0262 *** (0.0084)
工作	− 0.0292 *** (0.0097)	− 0.0291 *** (0.0097)	− 0.0292 *** (0.0098)	− 0.0289 *** (0.0098)
家庭规模	− 0.0707 *** (0.0031)	− 0.0713 *** (0.0031)	− 0.0713 *** (0.0031)	− 0.0713 *** (0.0031)
劳动力占比	− 0.1419 *** (0.0127)	− 0.1426 *** (0.0127)	− 0.1428 *** (0.0127)	− 0.1431 *** (0.0127)
老年抚养比	0.0726 *** (0.0148)	0.0738 *** (0.0148)	0.0738 *** (0.0148)	0.0739 *** (0.0148)
少儿抚养比	0.0906 *** (0.0335)	0.0873 *** (0.0335)	0.0878 *** (0.0336)	0.0869 *** (0.0336)
身体不健康比例	0.0681 *** (0.0112)	0.0678 *** (0.0112)	0.0676 *** (0.0112)	0.0677 *** (0.0112)
自有住房	0.0595 *** (0.0116)	0.0603 *** (0.0116)	0.0600 *** (0.0116)	0.0597 *** (0.0116)
社保	− 0.0372 * (0.0025)	− 0.0375 * (0.0022)	− 0.0375 * (0.0022)	− 0.03721 * (0.0022)
资产	− 0.0375 *** (0.0025)	− 0.0378 *** (0.0025)	− 0.0379 *** (0.0025)	− 0.0378 *** (0.0025)
负债	0.0021 *** (0.0007)	0.0020 *** (0.0007)	0.0020 *** (0.0007)	0.0020 *** (0.0007)
城乡	− 0.2056 *** (0.0297)	− 0.2072 *** (0.0297)	− 0.2052 *** (0.0297)	− 0.2051 *** (0.0297)
个体固定效应	控制	控制	控制	控制
时间固定效应	控制	控制	控制	控制
样本量	36 498	36 498	36 498	36 498
R^2	0.080	0.080	0.079	0.079

接下来我们将样本按家庭所在地分为城镇地区和农村地区，分析商业保险在城市和农村地区家庭对相对贫困影响的差异性。如表 6 - 38 所示，商业保险会显著降低城乡的相对贫困发生率，在城镇地区的回归系数为 - 0.0420，在农村地区的回归系数为 - 0.0630。更进一步来看，商业人寿险会显著降低城镇家庭相对贫困发生率，回归系数为 - 0.0339，也会显著降低农村家庭相对贫困发生率，回归系数为 - 0.0514；商业健康险显著降低城镇家庭相对贫困发生率，回归系数为 - 0.0265，但对农村地区的相对贫困没有显著影响；其他商业保险会显著降低城镇家庭相对贫困发生率，回归系数为 - 0.0315，也会显著降低农村家庭相对贫困发生率，回归系数为 - 0.0549。

表 6 - 38 　　　　　商业保险对城乡家庭相对贫困的影响（FE）

城镇地区	回归系数	标准差	样本量	R^2
商业保险	- 0.0420 ***	0.0100	20 294	0.083
商业人寿险	- 0.0339 ***	0.0117	20 294	0.083
商业健康险	- 0.0265 **	0.0150	20 294	0.082
其他商业保险	- 0.0315 **	0.0150	20 294	0.082
农村地区	回归系数	标准差	样本量	R^2
商业保险	- 0.0630 ***	0.0141	16 204	0.076
商业人寿险	- 0.0514 **	0.0208	16 204	0.075
商业健康险	- 0.0130	0.0251	16 204	0.074
其他商业保险	- 0.0549 **	0.0249	16 204	0.075

6.4.4 主要结论

本节分析了家庭保险对相对贫困的影响。描述性统计的结果显示，有社会养老保险、社会医疗保险和商业保险的家庭，相对贫困发生的概率都比没有的家庭小。实证分析的结果显示，在控制了相关变量之后，社会保险、社会基本养老保险和社会基本医疗保险都会显著降低家庭发生相对贫困的概率。另外，商业保险也会显著减小家庭相对贫困发生率。进一步将商业保险细分为商业人寿险、商业健康险和其他商业保险，再用相对贫困分别对这三类商业保险进行回归。结果显示，在单独回归时这三类保险也可以显著减少家庭相对贫困发生率。最后，将样本按家庭所在地分为城镇地区和农村地区，分析结果显示，除了商业健康险对农村家庭相对贫困发生率没有显著影响外，其余商业保险对农村家庭的负向影响都要大于城镇家庭。

6.5 家庭保险与资产选择

6.5.1 文献综述

随着经济的不断发展，我国家庭的财富水平大幅度提高，资产种类越来越丰富。然而，调查发现，我国居民家庭金融市场存在着风险资产市场参与率低、金融资产结构单一、风险金融资产比重过低和城乡风险资产选择失衡等问题。关于影响家庭资产选择行为的因素，已有文献从人口统计学特征、资产流动性、健康状况、金融知识、社会互动等方面进行研究。本节将从家庭保险这一角度分析其对家庭资产选择的影响，以正确认识和理解我国家庭资产选择问题，为促进我国经济发展模式顺利转换提供参考。

波特巴和萨姆维克（Poterba & Samwick，1997）分析了美国家庭年龄与投资组合结构的关系，发现年长的家庭更倾向于持有股票。伯陶特和斯塔尔—雅佩利（Bertaut & Starr - McCluer，2002）使用美国数据，发现家庭投资行为与年龄、财产、收入风险和信息成本有显著关系。古伊索和雅佩利（Guiso & Jappelli，2000）认为家庭持有的风险资产随着年龄和教育程度上升呈现出倒 U 形的变化，而风险金融资产的比例随着财富上升而上升。阿莱西等（Alessie et al.，2002）发现荷兰家庭资产的组成和分散程度与家庭年龄、教育相关，年龄越大、越富有的家庭，持有的风险资产比例更高。科科（Cocco，2005）把住房引入模型，由于年轻和较穷的家庭要投资住房，所以较少配置金融资产，住房价格挤出了投资者在股票市场的份额。史代敏和宋艳（2005）发现家庭财富、年龄、学历等因素显著影响家庭金融资产配置。雷晓燕和周月刚（2010）以及吴卫星等（2011）发现健康对我国居民金融资产配置有显著影响。尹志超等（2014）研究发现，金融知识的增加会推动家庭参与金融市场，并增加家庭在风险资产尤其是股票资产上的配置。

有关家庭保险和资产选择的文献较少。宗庆庆等（2015）利用 2011 年 CHFS 数据，分析发现社会养老保险显著提高了家庭持有风险金融资产的可能性和风险金融资产的比重。周钦等（2015）发现医疗保险对家庭资产选择有显著影响，增加了城市家庭持有金融资产和风险资产的可能性，却促使农村家庭的金融资产向生产性资产转移。吴洪等（2017）、曹兰英（2019）都发现社会保险会显著增加家庭参与风险金融市场的可能性。易行健等（2019）发现商业医疗保险会显著增加家庭对风险金融资产投资的可能性和投资份额，且仅显著作用于城镇居民。除此之外，社会医疗保险和商业医疗保险在促进风险金融资产投资时存在相互替代的作用。

6.5.2　描述性统计

我们根据家庭有无商业保险对家庭进行分组，对比分析不同特征家庭资产选择的差异性。表 6 - 39 显示，有商业保险的家庭持有金融风险资产的概率为 21.59%，而没有商业保险的家庭持有金融风险资产的概率为 6.01%。这一差异在城乡间更明显，城镇地区有商业保险的家庭持有金融风险资产的概率为 29.37%，没有商业保险的为 10.61%。而农村地区有商业保险的家庭持有金融风险资产的概率为 3.68%，没有商业保险的为 0.79%。

表 6 - 39　　　　　　　　　商业保险与家庭资产选择

样本	均值（%）	样本量（个）	均值（%）	样本量（个）
	有商业保险		没有商业保险	
全样本	21.59	5 471	6.01	31 012
城镇地区	29.37	3 813	10.61	16 478
农村地区	3.68	1 658	0.79	14 534

6.5.3 实证研究

1. 实证模型

为考察家庭保险对资产选择的影响，基于固定效应模型可以剔除不可观测的个体异质性的影响，我们建立如下双向固定效应模型：

$$Risk\_Asset_{it} = \alpha_0 + \beta_1 Insurance_{it} + \beta_2 X_{it} + \lambda_t + \mu_i + \varepsilon_{it} \qquad (6-4)$$

式中，$Risk\_Asset_{it}$ 是持有金融风险资产哑变量，当家庭持有股票、基金、债券、理财产品、期权期货、非人民币资产、黄金等任何一类金融资产时，该变量取 1，否则为 0。$Insurance_{it}$ 表示家庭 i 在时间 t 拥有保险的情况，家庭中有任何一个人持有保险则取值为 1，否则为 0。X_{it} 为控制变量，包括个体层面的户主特征（婚姻状况、受教育水平、身体健康、是否有工作、外出工作经历）、家庭层面特征（风险偏好、家庭规模、少儿抚养比、老年抚养比、劳动力占比、是否拥有自有住房、家庭成员不健康比例、社会保险、家庭收入、家庭净财富、城乡）。λ_t 是时间固定效应，能解决随时间而变但不随个体而变的遗漏变量问题。μ_i 是个体固定效应，能解决不随时间而变但随个体而异的遗漏变量问题。ε_{it} 为残差项。其中 β_1 是我们要关注的系数。

2. 实证结果

表 6-40 是家庭资产选择对商业保险的回归结果。结果显示，商业保险会显著促进家庭参与金融风险市场，回归系数为 0.0323。进一步将商业保险细分为商业人寿险、商业健康险和其他商业保险，金融风险资产对这三类商业保险的回归结果显示，它们会显著促进家庭持有金融风险资产的概率，回归系数分别为 0.0403、0.0382、0.0189。在控制变量中，风险偏好、外出务工经历、少儿抚养比、家庭净财富会显著增加家庭参与金融风险市场的概率，而户主身体健康、家庭规模会显著降低家庭风险资产持有概率。

表 6 - 40　　　　　　　　商业保险对家庭资产选择的影响（FE）

变量	金融风险资产			
商业保险	0. 0323 *** （0. 0056）			
商业人寿险		0. 0403 *** （0. 0084）		
商业健康险			0. 0382 *** （0. 0098）	
其他商业保险				0. 0189 * （0. 0098）
婚姻状况	0. 0069 （0. 0060）	0. 0066 （0. 0060）	0. 0071 （0. 0061）	0. 0072 （0. 0060）
受教育水平	0. 0005 （0. 0006）	0. 0005 （0. 0006）	0. 0005 （0. 0006）	0. 0005 （0. 0006）
身体健康	- 0. 0060 * （0. 0031）	- 0. 0060 * （0. 0031）	- 0. 0059 * （0. 0031）	- 0. 0060 * （0. 0031）
风险偏好	0. 1070 *** （0. 0069）	0. 1078 *** （0. 0069）	0. 1081 *** （0. 0069）	0. 1090 *** （0. 0069）
工作	0. 0062 （0. 0045）	0. 0061 （0. 0045）	0. 0062 （0. 0045）	0. 0060 （0. 0045）
外出工作经历	0. 0106 ** （0. 0046）	0. 0109 ** （0. 0046）	0. 0109 ** （0. 0046）	0. 0110 ** （0. 0046）
家庭规模	- 0. 0029 *** （0. 0011）	- 0. 0026 ** （0. 0011）	- 0. 0026 ** （0. 0011）	- 0. 0025 *** （0. 0011）
劳动力占比	0. 0032 （0. 0058）	0. 0036 （0. 0058）	0. 0035 （0. 0058）	0. 0040 （0. 0058）
老年抚养比	- 0. 0098 （0. 0070）	- 0. 0105 （0. 0070）	- 0. 0104 （0. 0070）	- 0. 0108 （0. 0070）
少儿抚养比	0. 0258 * （0. 0148）	0. 0276 * （0. 0148）	0. 0262 * （0. 0148）	0. 0283 * （0. 0148）
身体不健康比例	- 0. 0051 （0. 0044）	- 0. 0050 （0. 0044）	- 0. 0049 （0. 0044）	- 0. 0049 （0. 0044）

续表

变量	金融风险资产			
自有住房	-0.0064 (0.0065)	-0.0069 (0.0065)	-0.0064 (0.0065)	-0.0063 (0.0065)
社保	0.0089 (0.0068)	0.0091 (0.0068)	0.0090 (0.0068)	0.0090 (0.0068)
收入	0.0002 (0.0004)	0.0002 (0.0004)	0.0002 (0.0004)	0.0002 (0.0004)
净财富	0.0011*** (0.0002)	0.0011*** (0.0002)	0.0011*** (0.0002)	0.0011*** (0.0002)
城乡	-0.0001 (0.0087)	-0.0002 (0.0087)	-0.0001 (0.0087)	-0.0004 (0.0087)
个体固定效应	控制	控制	控制	控制
时间固定效应	控制	控制	控制	控制
样本量	36 483	36 483	36 483	36 483
R^2	0.030	0.030	0.029	0.028

表 6-41 是我们将样本按家庭所在地分为城镇地区和农村地区,来分析商业保险在城镇和农村家庭对家庭资产选择影响的差异性。可以看到,商业保险促进家庭参与风险金融市场主要发生在城镇地区。除了商业保险整体会促进农村家庭金融风险资产的持有外,商业人寿险、商业健康险和其他商业保险对农村家庭的资产选择行为没有显著影响。

表 6-41　　　　　　商业保险对城乡家庭资产选择的影响 (FE)

城镇地区	回归系数	标准差	样本量	R^2
商业保险	0.0423***	0.0083	20 291	0.044
商业人寿险	0.0501***	0.0112	20 291	0.044
商业健康险	0.0439***	0.0125	20 291	0.043
其他商业保险	0.0179	0.0140	20 291	0.042

续表

农村地区	回归系数	标准差	样本量	R^2
商业保险	0.0121***	0.0051	16 192	0.008
商业人寿险	0.0142	0.0094	16 192	0.008
商业健康险	0.0179	0.0110	16 192	0.008
其他商业保险	0.0151	0.0094	16 192	0.008

6.5.4 主要结论

本节分析了家庭保险对资产选择的影响。描述性统计的结果显示，有商业保险的家庭持有金融风险资产的概率为 21.59%，而没有商业保险的家庭持有金融风险资产的概率为 6.01%。这一差异在城乡间更明显。实证分析结果显示，在控制了相关变量之后，商业保险会显著促进家庭参与金融风险市场，回归系数为 0.0323。进一步将商业保险细分为商业人寿险、商业健康险和其他商业保险，金融风险资产对这三类商业保险的回归结果显示，它们都会显著促进家庭持有金融风险资产的概率。最后，异质性分析的结果显示，商业保险促进家庭参与风险金融市场主要发生在城镇地区。

6.6 家庭保险与创业

6.6.1 文献综述

国务院在《关于推动创新创业高质量发展打造"双创"升级版的意见》中提到，"'大众创业、万众创新'对推动新旧动能转换和经济结构升级、扩大就业和改善民生、实现机会公平和社会纵向流动发挥了重要作用，为促进经济增长提供了有力支撑"。习近平总书记指出，"十三五"期间我国经济发展的显著特征就是进入新常态。新常态就意味着我国经济发展进入了效率与创新共同驱动的新阶段，中小微企业作为最活跃的经济体和创业的载体，具有广阔的发展空间。促进创业已经成为我国的一项重要发展战略，创业不但可以促进创新，还是解决就业问题的主要渠道。

现有文献分析影响创业的因素大致可以分为创业者及其家庭的特征，包括性别（Rosenthal & Strange，2012）、年龄（Rees & Shah，1986）、工作经历（王戴黎，2014）、人力资本水平（Lazear，2005）、社会资本水平（周广肃等，2015）等。除了个人特征和家庭特征以外，社会和经济环境对家庭创业选择也有显著影响，舒策（Schuetze，2000）发现地区收入水平与家庭创业选择有显著关系。贾科夫等（Djankov et al.，2002）发现制度环境对创业有显著影响，政府管制较少、民主程度较低、干涉主义较强的国家对进入市场的管制较重，而实行更严格的市场准入制度通常与更严重的腐败和更大规模的非官方经济联系在一起。加尼等（Ghani et al.，2014）分析了影响印度创业的空间因素，他们发现地方教育水平和物质基础设施质量在促进创业方面发挥了作用。另外还发现，严格的劳动法规将会打击创业活动。汉和哈尔（Han & Hare，2013）通过分析中国农村金融市场和创业的关系，发现正式金融机构的存在可以显著促进当地企业的建立。吴晓瑜等（2014）分析发现，房价收入比高的地区居民创业的可能性较低，房屋所有权也显著降低了创业的概率，房价对创业的挤出效应非常显著。

关于家庭保险和创业行为的研究较少。威灵顿（Wellington，2001）通过使用美国数据分析配偶得到的健康保险对另一半自我雇佣的影响，发现健康保险将使丈夫个体经营的可能性增加 2.3 ~ 4.4 个百分点，妻子增加 1.2 ~ 4.6 个百分点。隆巴德（Lombard，2001）研究了女性自我雇佣的影响因素，发现丈夫拥有健康保险会显著促进女性选择自我雇佣。德西卡（DeCicca，2010）研究了美国新泽西州在 1993 年实施的个人医疗保险政策对个体创业的影响，认为医疗保险对个体创业有正向的促进作用。郭云南和王春飞（2016）考察了新农合对农村居民创业的影响，发现在新农合试点村庄，农民每年进行自主创业的概率增加了约 5%，并且该影响具有一定的持续性。周广肃和李力行（2016）发现参加新农保能使农村家庭创业概率提高 1.9%，但是对其经营资产规模和盈利水平的影响并不显著。

6.6.2　描述性统计

我们根据有无商业保险对家庭进行分组，对比分析不同特征家庭创业的差异性。表 6 - 42 显示，有商业保险的家庭创业的概率为 20.64%，而没有商业保险的家庭创业的概率为 10.87%。更进一步，城镇地区有商业保险的家庭创业的概率为 21.97%，没有商业保险的为 13.59%。而农村地区有商业保险的家庭创业的概率为 17.60%，没有商业保险的为 7.78%。

表 6 - 42　　　　　　　　　　　商业保险与家庭创业

样本	均值（%）	样本量（个）	均值（%）	样本量（个）
	有商业保险		没有商业保险	
全样本	20.64	5 500	10.87	31 172
城镇地区	21.97	3 824	13.59	16 562
农村地区	17.60	1 676	7.78	14 610

6.6.3　实证研究

1. 实证模型

为考察商业保险对家庭创业的影响，基于固定效应模型可以剔除不可观测的个体异质性的影响，我们建立如下双向固定效应模型：

$$Entrepreneurship_{it} = \alpha_0 + \beta_1 Insurance_{it} + \beta_2 X_{it} + \lambda_t + \mu_i + \varepsilon_{it} \qquad (6-5)$$

式中，$Entrepreneurship_{it}$ 是家庭创业哑变量，当家庭目前从事工商业经营时取值为 1，否则为 0。$Insurance_{it}$ 表示家庭 i 在时间 t 拥有商业保险的情况，家庭中有任何一个人持有商业保险则取值为 1，否则为 0。X_{it} 为控制变量，包括个体层面的户主特征（婚姻状况、受教育水平、身体健康、是否有工作、外出工作经历）、家庭层面特征（风险偏好、家庭规模、少儿抚养比、老年抚养比、劳动力占比、是否拥有自有住房、家庭成员不健康比例、社会保险、家庭收入、家庭净财富、城乡）。λ_t 是时间固定效应，能解决随时间而变但不随个体而变的遗漏变量问题。μ_i 是个体固定效应，能解决不随时间而变但随个体而异的遗漏变量问题。ε_{it} 为残差项。其中 β_1

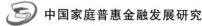

是我们要关注的系数。

2. 实证结果

表 6 - 43 是相对贫困对家庭创业的回归结果。结果显示，商业保险会显著促进家庭进行创业活动，回归系数为 0.0118。进一步，拥有商业人寿险也会显著促进家庭进行创业活动，回归系数为 0.0146。但是商业健康险和其他商业保险对家庭创业决策没有显著的影响。在控制变量中，风险偏好、外出务工经历、家庭规模、劳动力占比、拥有社会保险会显著增加家庭创业的概率，而老年抚养比、不健康比例、工资薪金收入会显著降低家庭创业的概率。

表 6 - 43　　　　　　　　商业保险对家庭创业的影响（FE）

变量	创业			
商业保险	0.0118 ** (0.0058)			
商业人寿险		0.0146 * (0.0077)		
商业健康险			- 0.0075 (0.0089)	
其他商业保险				0.0113 (0.0099)
婚姻状况	- 0.0031 (0.0072)	- 0.0032 (0.0072)	- 0.0031 (0.0072)	- 0.0030 (0.0072)
受教育水平	0.0009 (0.0007)	0.0010 (0.0007)	0.0010 (0.0007)	0.0009 (0.0007)
风险偏好	0.0191 *** (0.0062)	0.0194 *** (0.0062)	0.0202 *** (0.0062)	0.0191 *** (0.0062)
外出工作经历	0.0139 ** (0.0060)	0.0140 ** (0.0060)	0.0142 ** (0.0060)	0.0140 ** (0.0060)
家庭规模	0.0185 *** (0.0019)	0.0186 *** (0.0019)	0.0187 *** (0.0019)	0.0186 *** (0.0019)

续表

变量	创业			
劳动力占比	0.0574 *** (0.0057)	0.0575 *** (0.0057)	0.0578 *** (0.0057)	0.0576 *** (0.0057)
老年抚养比	− 0.0171 ** (0.0079)	− 0.0174 ** (0.0079)	− 0.0177 ** (0.0079)	− 0.0175 ** (0.0079)
少儿抚养比	0.0003 (0.0204)	0.0010 (0.0204)	0.0018 (0.0204)	0.0012 (0.0204)
身体不健康比例	− 0.0140 *** (0.0053)	− 0.0140 *** (0.0053)	− 0.0139 *** (0.0053)	− 0.0140 *** (0.0053)
社保	0.0045 (0.0115)	0.0046 (0.0115)	0.0047 (0.0115)	0.0045 (0.0115)
工资薪金收入	− 0.0017 *** (0.0004)	− 0.0017 *** (0.0004)	− 0.0017 *** (0.0004)	− 0.0017 *** (0.0004)
城乡	0.0106 (0.0151)	0.0112 (0.0151)	0.0109 (0.0152)	0.0104 (0.0152)
个体固定效应	控制	控制	控制	控制
时间固定效应	控制	控制	控制	控制
样本量	36 672	36 672	36 672	36 672
R^2	0.018	0.018	0.018	0.018

6.6.4 主要结论

本节首先根据有无商业保险对家庭进行分组，描述性统计的结果显示，有商业保险的家庭创业的概率为 20.64%，而没有商业保险的家庭创业的概率为 10.87%。城镇地区有商业保险的家庭创业的概率为 21.97%，没有商业保险的为 13.59%。而农村地区有商业保险的家庭创业的概率为 17.60%，没有商业保险的为 7.78%。实证分析的结果显示，商业保险会显著促进家庭进行创业活动。进一步，拥有商业人寿险会显著促进家庭进行创业活动，但是商业健康险和其他商业保险对家庭创业决策没有显著的影响。

6.7 本章小结

本章分析了我国家庭保险现状，包括社会保险和商业保险，还研究了家庭保险对家庭收入差距、消费、相对贫困、资产选择和创业的影响。

关于收入差距，从全国整体来看，有社会养老保险的家庭收入差距为1.93，而没有社会养老保险的家庭收入差距为2.55；有社会医疗保险的家庭收入差距为1.98，没有社会医疗保险的家庭收入差距为2.49；有商业保险的家庭收入差距为1.72，没有商业保险的家庭收入差距为2.06。关于消费，有社会养老保险的家庭平均消费为60 012.43元，而没有社会养老保险的家庭平均消费为44 986.45元，两者相差15 025.98元；有社会医疗保险的家庭平均消费为58 773.85元，没有社会医疗保险的家庭平均消费为42 307.44元，两者相差16 466.41元；有商业保险的家庭平均消费为94 870.12元，没有商业保险的家庭平均消费为51 604.47元，两者相差43 265.65元。关于相对贫困，有社会养老保险的家庭处于相对贫困状态的概率是36.70%，而没有社会养老保险的家庭处于相对贫困状态的概率为59.48%；有社会医疗保险的家庭处于相对贫困状态的概率是38.69%，而没有社会医疗保险的家庭处于相对贫困状态的概率为60.88%；有商业保险的家庭处于相对贫困状态的概率是19.60%，而没有商业保险的家庭处于相对贫困状态的概率为43.19%。关于资产选择，有商业保险的家庭持有金融风险资产的概率为21.59%，而没有商业保险的家庭持有金融风险资产的概率为6.01%。这一差异在城乡间更明显，城镇地区有商业保险的家庭持有金融风险资产的概率为29.37%，没有商业保险的为10.61%。而农村地区有商业保险的家庭持有金融风险资产的概率为3.68%，没有商业保险的为0.79%。关于创业，有商业保险的家庭创业的概率为20.64%，而没有商业保险的家庭创业的概率为10.87%。更进一步，城镇地区有商业保险的家庭创业的概率为21.97%，没有商业保险的为13.59%。而农村地区有商业保险的家庭创业的概率为17.60%，没有商业保险的为 7.78%。

　　实证结果显示，社会保险、社会基本养老保险、社会基本医疗保险和其他商业保险可以显著降低我国家庭收入差距；社会基本养老保险、社会基本医疗保险和商业保险可以显著促进家庭消费，并且商业保险在农村地区影响更大；社会基本养老保险、社会基本医疗保险和商业保险可以显著降低家庭相对贫困发生率，另外，总体来说商业保险在农村地区影响更大；商业保险可以显著提高家庭持有金融风险资产的概率，这一影响主要体现在城镇地区；商业保险可以显著促进家庭进行创业活动。

第7章

中国家庭普惠金融影响

7.1　普惠金融与家庭收入

7.1.1　文献综述

普惠金融意味着在金融发展过程中更加注重对弱势群体的关注，充分体现金融发展的包容性。研究普惠金融发展与收入关系的文献主要包括两类：一是从宏观角度研究普惠金融对收入不平等影响的相关文献；二是从微观视角研究普惠金融发展对微观家庭收入影响的相关文献。

关于普惠金融发展对收入不平等影响的相关文献，现有研究结论主要包括以下三种观点。

第一，普惠金融的发展降低了收入不平等。赫莱罗和图雷加诺（Herrero & Turegano，2015）的研究发现，尽管金融部门的规模不能对降低收入不平等产生显著影响，但普惠金融却能够在降低收入不平等中产生显著影响，这意味着促进低收入家庭以及中小企业的信贷使用具有重要意义。贝克等（Beck et al.，2004）利用跨国样本数据研究发现，金融发展导致穷人的收入增长快于人均国内生产总值的增长速度，穷人收入水平的快速增长降低了收入不平等。贝克等（Beck et al.，2007）研究发现，金融发展提高了收入最低20%群体的收入水平，显著降低了收入不平等，促进了经济增长。克莱森斯和佩罗蒂（Claessens & Perotti，2007）指出，从根本上看，发达的金融体系有助于减少不平等，促进经济增长。加勒和毛夫（Galor & Moav，2004）研究发现，金融市场与金融中介的发展能够消除市场的不完善性，缓解穷人面临的流动性约束，从而降低收入不平等。克拉克等（Clarke et al.，2003）使用 91 个国家 1960～1995 年的面板数据，检验了金融中介发展和收入不平等之间的关系。结果表明，平均而言，金融部门发展和收入不平等之间存在负向关系，且并未发现证据支持收入不平等与金融发展之间倒 U 形关系的假设。此外，与库兹涅茨（Kuznets，1955）的观点一致，收入不平等与金融中介发展之间的关系取决于经济结构：在金融中介发展水平相同的情况下，较大的现代部门（即非农业部门）往往与基尼系数的较小下降相关联，即在现代部门规模较大的国家，金融中介机构减少不平等的效果并不明显。

第二种观点则认为，金融发展扩大了收入不平等状况。孙永强和万玉琳（2011）基于 1978～2008 年我国 30 个省份的面板数据，研究了金融发展、对外开放与居民收入差距之间的关系。全样本的研究发现，长期内金融发展显著扩大了城乡居民收入差距，而随着对外开放水平的提高，金融发展将进一步扩大收入差距。考察地区的异质性发现，对东部地区而言，金融发展拉大收入差距的影响高于全国水平。汤森德和尤达（Townsend & Ueda，2001）使用 1976～1996 年泰国的数据进行了模拟，认为在金融体系开放不够自由、可及的情况下，仅有少数群体能够受惠于金融发展。

第三种观点则认为，金融发展与收入不平等之间呈现倒 U 形关系。库兹涅茨（Kuznets，1955）较早关注收入分配领域的研究，认为经济发展首先与收入不平等的增加相关联，经过一定的发展，将与收入不平等的减少相关联，导致两个变量之间呈现倒 U 形关系。格林伍德和约万诺维奇（Greenwood & Jovanovic，1990）以库兹涅茨假说为基础提出了一个理论模型，即金融发展促进经济发展，而经济发展反过来又促进对金融基础设施的必要投资。在模型中，只有当代理人通过投资金融中介组合来分散风险时，他们才能够在高风险下获取高回报。然而，与投资这些金融资产组合相关的固定成本阻止了低收入群体的参与。假设穷人储蓄较少，积累财富较慢，高收入成员和低收入"局外人"之间的收入差距将扩大，导致收入不平等加剧。然而，由于参与成本是固定的，最终所有的群体都会参与进来，导致上升趋势的逆转，从而说明了金融和经济发展的相互作用导致收入不平等和金融中介发展之间呈现倒 U 形关系。

关于普惠金融发展对微观家庭收入影响的相关文献较少。阿南德和奇卡拉（Anand & Chhikara，2013）研究指出，低收入阶层获得普惠金融服务时，往往会伴随着收入的提高。尹志超等（2019）利用 2017 年中国家庭普惠金融调查数据构建了社区和家庭层面的普惠金融指标体系，从而合成家庭普惠金融指数，通过研究发现，普惠金融的发展对低收入家庭的收入增长起到了更大的促进作用。

综上所述，大多数文献基于宏观视角研究普惠金融发展对收入不平等的影响，研究家庭普惠金融发展影响微观家庭收入的文献较少，且暂无相关文献基于微观面板数据研究普惠金融发展对家庭收入水平的影响。本节采用 OLS、2SLS、FE 和 IV－FE 的方法，研究普惠金融发展对家庭人均收入的影响。研究发现，家庭普惠金融的发展能够显著提升家庭的人均收入水平。

7.1.2　描述性统计

表 7－1 给出了普惠金融发展与家庭收入之间的描述性统计。以 2019 年样本为例，全样本下，高普惠金融指数家庭的人均收入为 30 935.27 元，是低普惠金融指数家庭的 2.34 倍；城市样本下，高普惠金融指数家庭的人均收入为 35 597.54 元，比低普惠金融指数家庭高 17 166.23 元，是其 1.93 倍；农村样本下，高普惠金融指数家庭的人均收入为 15 933.82 元，比低普惠金融指数家庭高 5 002.12 元，是其 1.46 倍。上述情况表明，普惠金融发展与家庭人均收入之间呈现显著的正相关关系。

表 7-1   普惠金融与家庭收入   单位：元

年份	样本	高普惠金融家庭人均收入	低普惠金融家庭人均收入	均值检验
2015	城市样本	27 526.14	13 102.72	14 423.42***
	农村样本	11 189.53	7 581.43	3 608.10***
	全样本	23 083.33	9 433.76	13 649.57***
2017	城市样本	35 406.39	18 324.78	17 081.61***
	农村样本	15 067.97	11 300.44	3 767.52***
	全样本	29 856.47	13 657.04	16 199.43***
2019	城市样本	35 597.54	18 431.31	17 166.23***
	农村样本	15 933.82	10 931.70	5 002.12***
	全样本	30 935.27	13 240.34	17 694.93***

注：按普惠金融指数的中位数将家庭划分为高普惠金融指数家庭和低普惠金融指数家庭。

7.1.3 实证研究

1. 模型设定

本节以家庭人均收入的对数值作为被解释变量，以家庭普惠金融指数作为关键解释变量，研究普惠金融发展对家庭人均收入的影响，模型设定如下：

$$\ln Income_{it} = \alpha FI_{it} + X_{it}\beta + c_i + \lambda_t + \varepsilon_{it} \tag{7-1}$$

式中，$\ln Income_{it}$ 为家庭人均收入的对数值，FI_{it} 为家庭普惠金融指数。X_{it} 是一系列控制变量，包括户主特征变量和家庭特征变量，c_i 是不随时间变化的不可观测变量，λ_t 是时间固定效应，ε_{it} 是随机扰动项。

2. 内生性讨论

本节重点关注的普惠金融指数可能是内生的，其内生性主要来源于两方面：一方面是反向因果问题。收入水平越高的家庭，金融资源和金融服务的可得性越高，家庭的普惠金融指数可能会越高。另一方面，家庭成员的认知能力等在一定时期内可能会发生改变的因素会同时影响家庭普惠金融指数和家庭收入水平，但这些变量是无法观测的。

一般来说，一个社区其他家庭在需求层面的普惠金融指数与本家庭的普惠金融水平是正相关的，然而，社区内其他家庭在需求层面的普惠金融指数与本家庭之间的收入水平之间并不存在直接的关系，选用社区内其他家庭在需求层面的普惠金融指数作为本家庭普惠金融指数的工具变量满足外生性。此外，为克服不随时间变化的不可观测遗漏变量对估计结果产生的影响，本节还使用了双向固定效应模型进行估计。

3. 变量描述

为检验普惠金融发展与家庭人均收入之间的因果关系，借鉴尹志超等（2019）的做法，我们引入如下控制变量：户主特征变量（户主年龄、户主年龄平方/100、户主性别、户主婚姻状况、户主受教育程度）、家庭特征变量（家庭少儿人口数、家庭老年人口数、家庭规模、风险金融市场参与、家庭公共部门就业人数、家庭农业活动参与人数、农村家庭）等。表7-2给出了变量的描述性统计。

表7-2 变量描述性统计

变量	2015 年		2017 年		2019 年	
	均值	标准差	均值	标准差	均值	标准差
普惠金融指数	49.17	10.98	51.37	12.14	50.49	13.49
户主年龄	54.68	12.95	54.58	12.60	58.86	12.37
户主年龄的平方/100	31.58	14.27	31.38	14.12	36.18	14.58
户主性别	0.80	0.40	0.84	0.37	0.79	0.41
户主已婚	0.89	0.31	0.88	0.32	0.86	0.35
户主初中以下学历	0.39	0.49	0.38	0.49	0.42	0.49
户主初中学历	0.34	0.47	0.34	0.47	0.35	0.48
户主高中学历	0.13	0.34	0.14	0.35	0.13	0.33
少儿人口数	0.53	0.82	0.57	0.84	0.41	0.74
老年人口数	0.61	0.82	0.57	0.79	0.73	0.84
家庭规模	3.72	1.75	3.55	1.63	3.55	1.73
风险金融市场参与	0.11	0.32	0.10	0.30	0.32	0.47
公共部门就业人数	0.08	0.27	0.07	0.26	0.09	0.29

续表

变量	2015 年		2017 年		2019 年	
	均值	标准差	均值	标准差	均值	标准差
农业活动参与人数	0.36	0.48	0.31	0.46	0.40	0.49
家庭人均收入的对数	8.22	3.20	8.85	2.72	8.67	3.20
家庭人均消费的对数	9.13	0.90	9.29	0.81	9.43	1.22
家庭人均资产的对数	12.33	1.51	12.22	1.79	12.33	1.75
家庭相对贫困	0.43	0.49	0.37	0.48	0.41	0.49
家庭人均非创业收入的对数	8.20	3.21	8.81	2.74	8.66	3.20
家庭创业	0.15	0.36	0.15	0.35	0.10	0.30
家庭净财富（万元）的对数	10.60	3.47	10.05	4.77	10.59	3.78
家庭自有住房	0.91	0.28	0.91	0.28	0.90	0.30
农村	0.55	0.50	0.52	0.50	0.61	0.49

注：描述性统计结果已使用家庭权数进行调整，以下相同。

4. 实证结果

表 7-3 展示了普惠金融发展对家庭人均收入影响的估计结果。第（1）列是 OLS 的估计结果，第（2）列是 2SLS 的估计结果，第（3）列是 FE 的估计结果，第（4）列是 IV-FE 的估计结果。第（1）列估计结果表明，普惠金融发展能够显著提升家庭的人均收入水平，影响系数为 2.12%。考虑到普惠金融指数的内生性问题，选用社区内其他家庭在需求层面的普惠金融指数作为本家庭普惠金融指数的工具变量进行两阶段最小二乘估计，工具变量估计的 t 值为 30.96，表明不存在弱工具变量问题，一阶段 F 值为 233.58，远大于 16.38 的临界值（Stock & Yogo，2002），两阶段工具变量法的估计结果依然在 1% 水平上显著为正。此外，第（3）列双向固定效应和第（4）列 IV-FE 的估计结果仍然显著为正。上述回归结果表明，普惠金融发展对家庭人均收入具有显著的正向影响。

表 7 – 3 　　　　　　　　　　普惠金融与家庭收入

变量	（1） OLS	（2） 2SLS	（3） FE	（4） IV – FE
普惠金融指数	0.0212 *** （0.0027）	0.0649 *** （0.0096）	0.0103 *** （0.0027）	0.0714 *** （0.0164）
户主已婚	0.1045 （0.0714）	0.0695 （0.0734）	0.1035 （0.0898）	0.0699 （0.0929）
户主初中以下学历	– 1.0150 *** （0.0814）	– 0.7408 *** （0.0993）	– 0.2220 ** （0.1124）	– 0.1253 （0.1311）
户主初中学历	– 0.6397 *** （0.0688）	– 0.4595 *** （0.0795）	– 0.2259 ** （0.0973）	– 0.1611 （0.1222）
户主高中学历	– 0.5734 *** （0.0820）	– 0.4512 *** （0.0846）	– 0.1071 （0.0961）	– 0.0785 （0.1242）
少儿人口数	– 0.1022 ** （0.0439）	– 0.1113 ** （0.0438）	0.1389 *** （0.0506）	0.0926 （0.0493）
老年人口数	– 0.0311 （0.0374）	– 0.0308 （0.0375）	0.0288 （0.0487）	0.0434 （0.0493）
家庭规模	– 0.0101 （0.0228）	0.0374 * （0.0234）	– 0.0713 *** （0.0243）	0.0235 （0.0269）
风险市场参与	0.2222 *** （0.0656）	– 0.0431 （0.0884）	– 0.0112 （0.0565）	– 0.2543 *** （0.0877）
公共部门就业人数	0.5293 *** （0.0623）	0.5145 *** （0.0632）	0.3067 *** （0.0444）	0.3228 *** （0.0668）
农业活动参与人数	– 0.7955 *** （0.0625）	– 0.7399 *** （0.0657）	– 0.5080 *** （0.0626）	– 0.5232 *** （0.0592）
户主年龄	0.0243 ** （0.0119）	0.0198 ** （0.0120）		
户主年龄平方/100	– 0.0143 （0.0107）	– 0.0090 （0.0108）		
户主性别	0.0039 （0.0558）	0.0167 （0.0567）		

续表

变量	（1） OLS	（2） 2SLS	（3） FE	（4） IV – FE
农村	− 0. 3845 *** （0. 0579）	0. 0053 ** （0. 0985）	0. 1969 （0. 1958）	0. 2374 （0. 2174）
年份固定效应	是	是	是	是
省级固定效应	是	是	否	否
家庭固定效应	否	否	是	是
R^2	0. 1136	0. 0947	0. 0174	
样本数	32 457	32 457	32 457	32 457
一阶段 F 值		233. 58		180. 18
工具变量 t 值		30. 96		22. 33
DWH 检验 Chi^2 （ P – value ）		69. 07 *** （0. 0000）		

注： *** 、 ** 、 * 分别表示在 1% 、 5% 和 10% 的水平上显著；OLS、2SLS 估计经权重调整。括号内为聚类到家庭层面的稳健标准误。

7.1.4　主要结论

本节采用 OLS、2SLS、FE 和 IV – FE 的估计方法，研究了普惠金融发展对家庭人均收入水平的影响。OLS 和 FE 的估计系数分别为 0. 0212 和 0. 0103，且均在 1% 水平上显著。为解决普惠金融指数的内生性问题，进一步选用社区内其他家庭在需求层面的普惠金融指数作为工具变量进行两阶段最小二乘估计和 IV – FE 估计，结果显示，普惠金融指数的估计系数依然显著为正。这表明，普惠金融发展对家庭人均收入具有显著的促进作用。

7.2　普惠金融与家庭消费

7.2.1　文献综述

根据凯恩斯的绝对收入假说，总消费是总收入的函数。弗里德曼则认为，消费者的消费水平并非由当期收入决定，而是由持久收入决定。也就是说，出于理性考虑，消费者为了实现效用最大化，根据长期中能维持的稳定收入水平即持久收入来做出理性的消费决策。目前，较少有文献对普惠金融发展与家庭消费之间的关系进行分析，仅有的几篇文献对金融约束、金融发展与消费之间的关系进行了研究。

已有文献研究表明，金融约束会对居民消费产生影响（Campbell & Mankiw，1991）。相比于金融市场不发达的国家，在金融体系发达、机构设置良好的国家，金融自由化后消费波动性下降。金融发展可以通过合理有效地分配资源，让那些受到流动性约束的消费者方便地利用金融市场实现消费的跨期平滑，进而释放被压抑的消费需求（Levchenko，2005）。巴尤米（Bayoumi，1993）研究发现，放松金融管制对消费行为产生了实质性的影响。在放松管制之前，大约60%的总消费受制于流动性约束。解除管制后，这一比例大幅下降，降至消费的30%左右，由于金融管制放松，消费者的消费行为和消费预期可能成为推动宏观经济波动日益重要的因素。贝斯利等（Besley et al.，2008）利用英国抵押贷款数据构建了一个衡量家庭获得外部融资条件的指标，并将其与总水平和群组水平的消费联系起来，研究发现，外部融资的可获得性对年轻群体的消费具有重要作用。有些学者（Kablana & Chhikara，2013；Dupas & Robinson，2013）指出，当低收入阶层获得普惠金融服务时，如设立银行账户并保持一定的使用频率，往往会伴随消费水平的提高。樊纲和王小鲁（2004）建立了消费条件模型考察了影响人均消费水平的因素，发现银行卡普及率对消费具有重要影响。

易行健和周利（2018）研究了数字普惠金融的发展对居民消费水平的影响。研究发现，数字普惠金融的发展能够显著促进居民消费，且这一结论在中低收入阶层、农村地区、中西部地区家庭产生了更大的影响。具体来看，数字普惠金融的发展显著促进了家庭的衣着、居住、日用品、交通通信等消费支出。

综上所述，基于中国的微观数据研究家庭普惠金融发展对家庭消费水平影响的相关文献较少，本节将基于面板数据，对普惠金融发展与家庭消费之间的因果关系展开研究。

7.2.2 描述性统计

表7-4给出了普惠金融发展与家庭人均消费之间的描述性统计。以2019年样本为例，全样本下，高普惠金融指数家庭的人均消费为27 827.98元，比低普惠金融指数家庭高13 131.77元，是其1.89倍；城市样本下，高普惠金融指数家庭的人均消费为30 952.89元，比低普惠金融指数家庭高11 994.05元，是其1.63倍；农村样本下，高普惠金融指数家庭的人均消费为17 773.20元，比低普惠金融指数家庭高4 972.75元，是其1.39倍。上述情况表明，普惠金融发展与家庭人均消费呈现显著的正相关关系。

表7-4　　　　　　　　　　普惠金融与家庭消费　　　　　　　　　单位：元

年份	样本	高普惠金融家庭人均消费	低普惠金融家庭人均消费	均值检验
2015	城市样本	20 221.87	12 696.64	7 525.23 ***
	农村样本	11 090.55	8 666.27	2 424.28 ***
	全样本	17 738.57	10 018.42	7 720.15 ***
2017	城市样本	23 288.99	15 380.59	7 908.40 ***
	农村样本	12 252.42	10 269.96	1 982.46 ***
	全样本	20 277.35	11 984.52	8 292.83 ***
2019	城市样本	30 952.89	18 958.83	11 994.05 ***
	农村样本	17 773.20	12 800.45	4 972.75 ***
	全样本	27 827.98	14 696.21	13 131.77 ***

注：按普惠金融指数的中位数将家庭划分为高普惠金融指数家庭和低普惠金融指数家庭。

7.2.3 实证研究

1. 模型设定

本节以家庭人均消费的对数值作为被解释变量，以家庭普惠金融指数作为关键解释变量，研究普惠金融发展对家庭人均消费的影响，模型设定如下：

$$\ln Consumption_{it} = \alpha FI_{it} + X_{it}\beta + c_i + \lambda_t + \varepsilon_{it} \qquad (7-2)$$

式中，$\ln Consumption_{it}$ 为家庭人均消费的对数值，FI_{it} 为家庭普惠金融指数。X_{it} 是一系列控制变量，包括户主和家庭特征变量，c_i 是不随时间变化的不可观测变量，λ_t 是时间固定效应，ε_{it} 是随机扰动项。

2. 内生性讨论

本节重点关注的普惠金融指数可能是内生的，其内生性主要来源于两方面：一方面是反向因果问题。消费水平越高的家庭，收入水平往往越高，金融服务的可得性越高，因而家庭的普惠金融指数可能会越高。尽管控制家庭的收入水平能够消除一部分反向因果问题，但不可忽视的是，消费水平存在差异的家庭，对普惠金融的需求程度也存在很大差异。另一方面，家庭成员的认知能力等在一定时期内可能会发生改变的因素会同时影响家庭普惠金融指数和家庭人均消费水平，但这些变量是无法观测的。

一般来说，一个社区其他家庭在需求层面的普惠金融指数与本家庭的普惠金融水平是正相关的，然而，社区内其他家庭在需求层面的普惠金融指数与本家庭之间的消费变化并不存在直接的关系，选用社区内其他家庭在需求层面的普惠金融指数作为本家庭普惠金融指数的工具变量满足外生性。此外，为克服不随时间变化的不可观测遗漏变量对估计结果产生的影响，本节还使用了双向固定效应模型进行估计。

3. 变量描述

为检验普惠金融发展与家庭人均消费之间的因果关系，我们引入如下控制变量：户主特征变量（户主年龄、户主年龄平方/100、户主性别、户主婚姻状况、户主受教育程度）、家庭特征变量（家庭少儿人口数、家庭老年人口数、家庭人均资产的对数、家庭人均收入的对数、农村家庭）等。表7-2是变量的描述性统计。

4. 实证结果

表7-5展示了普惠金融发展对家庭人均消费影响的估计结果。第（1）列是OLS的估计结果，第（2）列是2SLS的估计结果，第（3）列是FE的估计结果，第（4）列是IV-FE的估计结果。第（1）列估计结

果表明，普惠金融发展能够提高家庭人均消费水平，影响系数为 0.90%，考虑到普惠金融指数的内生性问题，选用社区内其他家庭在需求层面的普惠金融指数作为工具变量进行两阶段最小二乘估计，工具变量估计的 t 值为 30.34，表明不存在弱工具变量问题，一阶段 F 值为 233.17，远大于 16.38 的临界值（Stock & Yogo，2002），第（2）列两阶段工具变量法的估计系数依然为正，且在 1% 水平上显著。此外，第（3）列双向固定效应模型和第（4）列 IV – FE 的估计结果仍然显著为正。上述回归结果表明，普惠金融发展对家庭人均消费具有显著的正向影响。

表 7 – 5 普惠金融与家庭消费

变量	（1） OLS	（2） 2SLS	（3） FE	（4） IV – FE
普惠金融指数	0.0090 *** （0.0009）	0.0339 *** （0.0033）	0.0061 *** （0.0006）	0.0196 *** （0.0040）
户主已婚	− 0.0747 *** （0.0266）	− 0.0670 ** （0.0269）	− 0.0278 （0.0305）	− 0.0314 （0.0227）
户主初中以下学历	− 0.4008 *** （0.0263）	− 0.2445 *** （0.0312）	− 0.1728 *** （0.0307）	− 0.1510 *** （0.0322）
户主初中学历	− 0.2870 *** （0.0209）	− 0.1735 *** （0.0273）	− 0.0943 *** （0.0276）	− 0.0797 *** （0.0300）
户主高中学历	− 0.2184 *** （0.0231）	− 0.1395 *** （0.0273）	− 0.0492 * （0.0267）	− 0.0421 （0.0305）
少儿人口数	− 0.1438 *** （0.0087）	− 0.1258 *** （0.0100）	− 0.0781 *** （0.0116）	− 0.0762 *** （0.0100）
老年人口数	− 0.0662 *** （0.0117）	− 0.0600 *** （0.0121）	− 0.0551 *** （0.0121）	− 0.0463 *** （0.0122）
家庭人均资产对数	0.1582 *** （0.0067）	0.1215 *** （0.0074）	0.0682 *** （0.0047）	0.0592 *** （0.0053）
家庭人均收入对数	0.0179 *** （0.0025）	0.0129 *** （0.0025）	0.0113 *** （0.0017）	0.0103 *** （0.0017）

续表

变量	（1） OLS	（2） 2SLS	（3） FE	（4） IV－FE
家庭自有房产	－0.3079*** （0.0261）	－0.2420*** （0.0270）	－0.0940*** （0.0216）	－0.0820*** （0.0229）
户主年龄	－0.0240*** （0.0041）	－0.0229*** （0.0044）		
户主年龄平方/100	0.0194*** （0.0038）	0.0192*** （0.0040）		
户主性别	－0.0323 （0.0201）	－0.0192 （0.0202）		
农村	－0.1693*** （0.0205）	0.0422 （0.0328）	－0.0441 （0.0497）	－0.0338 （0.0535）
年份固定效应	是	是	是	是
省级固定效应	是	是	否	否
家庭固定效应	否	否	是	是
R^2	0.3041	0.2573	0.1110	0.0897
样本数	32 457	32 457	32 457	32 457
一阶段 F 值		233.17		148.09
工具变量 t 值		30.34		22.11
DWH 检验 Chi^2 （P－value）		147.89*** （0.0000）		

注：***、**、*分别表示在 1%、5% 和 10% 的水平上显著；OLS、2SLS 估计经权重调整。括号内为聚类到家庭层面的稳健标准误。

7.2.4 主要结论

本节采用 OLS、2SLS、FE 和 IV－FE 的估计方法，研究了普惠金融发展对家庭人均消费水平的影响。OLS 和 FE 的估计系数分别为 0.0090 和 0.0061，且均在 1% 水平上显著。为解决普惠金融指数的内生性问题，选用社区内其他家庭在需求层面的普惠金融指数作为工具变量进行两阶段最小二乘估计和 IV – FE 估计，结果显示，普惠金融指数的估计系数依然显著为正。这表明，普惠金融发展对家庭人均消费水平的提高具有显著的促进作用。

7.3 普惠金融与家庭创业

7.3.1 文献综述

信贷约束会阻碍创业活动（Evans & Jovanovic，1989），抑制创业活动的规模（Hurst & Lusardi，2004），传统金融供给的不足严重影响了创业活动的开展，而金融发展则可以通过资源的合理配置、缓解流动性约束等渠道来促进创业活动的开展（Bianchi，2010）。

普惠金融的发展可以缓解融资约束（Klapper et al.，2007），从而起到促进创业的作用。尹志超等（2019）考察了家庭普惠金融发展的经济影响，研究发现，家庭普惠金融的发展能够显著提升家庭收入水平，其中的机制之一是家庭从事创业活动概率的显著增加。张正平和石红玲（2019）从信贷、商业保险和第三方支付三个维度衡量了家庭普惠金融水平，并利用 CHFS 数据研究发现，家庭普惠金融的发展对家庭创业具有显著的促进作用，对农村家庭产生了更大的影响。邓晓娜等（2019）则利用省级面板数据实证分析发现，普惠金融发展显著提升了居民创业的概率，同时，普惠金融的渗透度、可获得性和使用情况也能够对创业产生显著的促进作用。此外，还有一些文献考察了数字普惠金融的发展对创业行为的影响。谢绚丽等（2018）将北京大学数字普惠金融指数与地区新增企业注册信息匹配，研究发现，数字普惠金融发展对创业活动具有显著的促进作用，此外，数字金融的覆盖广度、使用深度和数字支持服务程度也对创业具有显著的促进作用。张勋等（2019）使用中国数字普惠金融指数与中国家庭追踪调查（CFPS）数据，研究了数字普惠金融发展对包容性增长的影响，研究发现，数字普惠金融的发展改善了农村居民的创业行为，带来了创业机会的均等化，而且特别有助于促进低物质资本和低社会资本家庭的创业行为，进而促进了中国的包容性增长。

综上所述，少有文献基于供给和需求两个维度生成家庭普惠金融指数，研究普惠金融发展对家庭创业行为的影响，本节将使用面板数据研究家庭普惠金融发展对创业行为的影响。实证研究发现，家庭普惠金融的发展显著促进了家庭创业。

7.3.2 描述性统计

表 7 - 6 给出了普惠金融发展与家庭创业之间的描述性统计。以 2019 年样本为例，全样本下，高普惠金融指数家庭的创业比例为 15.22%，比低普惠金融指数家庭高 8.81 个百分点，是其 2.37 倍；城市样本下，高普惠金融指数家庭的创业比例为 15.93%，比低普惠金融指数家庭高 8.73 个百分点，是其 2.21 倍；农村样本下，高普惠金融指数家庭的创业比例为 12.95%，比低普惠金融指数家庭高 6.89 个百分点，是其 2.14 倍。上述情况表明，普惠金融发展与家庭创业呈现显著的正相关关系。

表 7 - 6 普惠金融与家庭创业

年份	样本	高普惠金融家庭创业（%）	低普惠金融家庭创业（%）	均值检验（百分点）
2015	城市样本	18.66	14.10	4.56 ***
	农村样本	13.12	8.37	5.55 ***
	全样本	17.16	10.30	6.86 ***
2017	城市样本	17.75	12.07	5.68 ***
	农村样本	12.53	7.53	5.00 ***
	全样本	16.32	9.06	7.26 ***
2019	城市样本	15.93	7.20	8.73 ***
	农村样本	12.95	6.06	6.89 ***
	全样本	15.22	6.41	8.81 ***

注：按普惠金融指数的中位数将家庭划分为高普惠金融指数家庭和低普惠金融指数家庭。

7.3.3 实证结果

1. 模型设定

本节以家庭创业作为被解释变量，以家庭普惠金融指数作为关键解释变量，研究普惠金融发展对家庭创业的影响，模型设定如下：

$$Entrepre_{it} = \alpha FI_{it} + X_{it}\beta + c_i + \lambda_t + \varepsilon_{it} \qquad (7-3)$$

式中，$Entrepre_{it}$ 为家庭是否创业，如果家庭从事工商业经营项目，则赋值为 1，否则为 0。FI_{it} 为家庭普惠金融指数。X_{it} 是一系列控制变量，包括户主和家庭特征变量，c_i 是不随时间变化的不可观测变量，λ_t 是时间固定效应，ε_{it} 是随机扰动项。

2. 内生性讨论

本节重点关注的普惠金融指数可能是内生的，其内生性主要来源于两方面：一方面是反向因果问题。参与创业活动的家庭，对于金融设备的需求更高，例如，从事创业活动的家庭可能会为提高交易效率等原因而增加使用移动支付工具进行结算的概率，从而使家庭的普惠金融指数增加。另一方面，家庭成员的认知能力等在一定时期内可能会发生改变的因素会同时影响家庭普惠金融指数和家庭创业行为，但这些变量是无法观测的。

一般来说，一个社区其他家庭在需求层面的家庭普惠金融指数与本家庭的普惠金融水平是正相关的，然而，社区内其他家庭在需求层面的普惠金融指数与本家庭之间的创业行为并不存在直接的关系，选用社区内其他家庭在需求层面的普惠金融指数作为本家庭普惠金融指数的工具变量满足外生性。此外，为克服不随时间变化的不可观测遗漏变量对估计结果产生的影响，本节还使用了双向固定效应模型进行估计。

3. 变量描述

为检验普惠金融发展与家庭创业之间的因果关系，我们引入如下控制变量：户主特征变量（户主年龄、户主年龄平方/100、户主性别、户主婚姻状况、户主受教育程度）、家庭特征变量（家庭少儿人口数、家庭老年人口数、家庭规模、人均非创业收入的对数、家庭自有房产、农村家庭）等。表 7 - 2 给出了变量的描述性统计。

4. 实证结果

表7-7展示了普惠金融发展对家庭创业行为影响的估计结果。第
(1) 列是 OLS 的估计结果，第 (2) 列是 2SLS 的估计结果，第 (3) 列
是 Probit 的估计结果，第 (4) 列是 IV - Probit 的估计结果，第 (5) 列是
FE 的估计结果，第 (6) 列是 IV - FE 的估计结果。第 (1) 列估计结果
表明，普惠金融发展能够显著促进家庭创业，影响系数为 0.30%，考虑
到普惠金融指数的内生性问题，选用社区内其他家庭在需求层面的普惠金
融指数作为本家庭普惠金融指数的工具变量进行两阶段最小二乘估计，工
具变量的 t 值为 40.82，表明不存在弱工具变量问题，一阶段 F 值为
324.23，远大于 16.38 的临界值（Stock & Yogo，2002），两阶段工具变
量法的估计系数依然为正，且影响系数仍然在 1% 水平上显著。由于创
业为二值虚拟变量，因此，表7-7 第 (3) 列和第 (4) 列展示了 Probit
和 IV - Probit 的估计结果，估计结果也显示，普惠金融发展能够显著提升
家庭创业的概率。此外，第 (5) 列双向固定效应和第 (6) 列 IV - FE 的
估计结果也显著为正。上述回归结果表明，普惠金融发展对家庭创业具有
显著的正向影响。

表7-7   普惠金融与家庭创业

变量	(1) OLS	(2) 2SLS	(3) Probit	(4) IV - Probit	(5) FE	(6) IV - FE
普惠金融指数	0.0030 *** (0.0003)	0.0016 * (0.0009)	0.0027 *** (0.0002)	0.0018 ** (0.0008)	0.0008 *** (0.0002)	0.0027 ** (0.0013)
户主已婚	0.0404 *** (0.0078)	0.0318 *** (0.0059)	0.0371 *** (0.0079)	0.0378 *** (0.0080)	0.0072 (0.0079)	0.0060 (0.0076)
户主初中以下 学历	0.0018 (0.0130)	- 0.0002 (0.0133)	0.0018 (0.0087)	0.0061 (0.0108)	- 0.0104 (0.0118)	- 0.0067 (0.0107)
户主初中学历	0.0406 *** (0.0128)	0.0370 *** (0.0101)	0.0377 *** (0.0079)	0.0322 *** (0.0090)	- 0.0036 (0.0114)	0.0013 (0.0100)
户主高中学历	0.0463 *** (0.0147)	0.0498 *** (0.0107)	0.0447 *** (0.0086)	0.0411 *** (0.0090)	0.0111 (0.0112)	0.0123 (0.0101)

续表

变量	（1）OLS	（2）2SLS	（3）Probit	（4）IV－Probit	（5）FE	（6）IV－FE
家庭规模	0.0157 *** (0.0022)	0.0183 *** (0.0019)	0.0213 *** (0.0018)	0.0207 *** (0.0018)	0.0154 *** (0.0024)	0.0166 *** (0.0021)
少儿人口数	0.0057 (0.0054)	0.0011 (0.0042)	－0.0030 (0.0034)	－0.0029 (0.0034)	0.0052 (0.0043)	0.0039 (0.0040)
老年人口数	－0.0269 *** (0.0045)	－0.0218 *** (0.0033)	－0.0241 *** (0.0036)	－0.0242 *** (0.0036)	－0.0073 * (0.0042)	－0.0062 (0.0041)
人均非创业收入对数	－0.0007 (0.0010)	－0.0020 ** (0.0008)	－0.0016 ** (0.0006)	－0.0013 * (0.0007)	－0.0010 (0.0007)	－0.0011 ** (0.0006)
家庭自有房产	－0.0202 * (0.0109)	－0.0246 *** (0.0082)	－0.0208 *** (0.0074)	－0.0211 *** (0.0074)	0.0037 (0.0071)	0.0036 (0.0072)
户主年龄	－0.0044 ** (0.0018)	－0.0047 *** (0.0013)	0.0009 (0.0014)	0.0009 (0.0014)		
户主年龄平方/100	0.0019 (0.0015)	0.0019 * (0.0011)	－0.0034 *** (0.0013)	－0.0035 *** (0.0013)		
户主性别	0.0032 (0.0078)	0.0062 (0.0054)	0.0095 * (0.0056)	0.0089 (0.0056)		
农村	－0.0410 *** (0.0084)	－0.0599 *** (0.0098)	－0.0468 *** (0.0057)	－0.0556 *** (0.0091)	0.0054 (0.0166)	0.0072 (0.0177)
年份固定效应	是	是	是	是	是	是
省级固定效应	是	是	是	是	否	否
家庭固定效应	否	否	否	否	是	是
Pseudo R^2/R^2	0.0827	0.0783	0.1169		0.0106	0.0059
样本数	32 457	32 457	32 457	32 457	32 457	32 457
一阶段 F 值		324.23				139.77
工具变量 t 值		40.82		40.85		21.86
内生性检验		1.96 (0.1618)		1.55 (0.2135)		

注：*** 、** 、* 分别表示在1%、5%和10%的水平上显著；OLS、2SLS 估计经权重调整。括号内为聚类到家庭层面的稳健标准误。

7.3.4　主要结论

本节采用 OLS、2SLS、Probit、IV – Probit、FE 和 IV – FE 的估计方法，研究了普惠金融发展对家庭创业行为的影响。OLS 和 FE 的估计系数分别为 0.0030 和 0.0008，Probit 模型的边际效应为 0.0027，且均在 1% 水平上显著。为克服普惠金融指数的内生性问题，选用社区内其他家庭在需求层面的普惠金融指数作为工具变量进行 2SLS、IV – Probit、IV – FE 估计，结果显示，普惠金融指数的影响系数或边际效应依然显著为正。这表明，普惠金融发展对家庭创业具有显著的促进作用。

7.4　普惠金融与家庭相对贫困

7.4.1　文献综述

虽然人们普遍认为，扩大金融市场有助于扩大信贷、储蓄和支付服务的覆盖范围，使其覆盖新的和银行存款不足的部分，并扩大获得保险和养老金的机会，但也可能出现不良影响，如产生过度负债问题和影响金融市场的稳定。金融服务的适当性，尤其是对较贫困的人群而言，成为一个关键问题（Nair，2015）。目前，少数文献研究普惠金融发展与家庭相对贫困之间的关系，大多数文献基于绝对贫困和贫困脆弱性的视角对普惠金融发展的影响进行分析。

卡布拉纳和奇卡拉（Kablana & Chhikara，2013）使用跨国数据对比分析发现，普惠金融可及性与贫困发生率呈显著负相关关系。帕克和默卡多（Park & Mercado，2015）通过构建普惠金融指数，实证研究了普惠金融发展对贫困的影响，研究发现，普惠金融显著降低了贫困发生率。霍诺汉（Honohan，2008）构建了 160 个经济体的金融可得性指标，将家庭调查数据集和公布的金融机构数据合并成一个综合指标，并评估了可能影响金融准入的国家特征，考察了贫困和金融可得性之间的关系。研究结果表明，金融可得性能够显著降低贫困，但这一结论只有在金融可得性是唯一的回归因素时才会成立，当其他变量作为回归因素加入时，这一结果就失去了意义。伯格斯和潘德（Burgess and Pande，2005）研究发现，在印度农村无银行网点地区开设银行分行与这些地区农村贫困率的降低有关，表明国家主导的农村银行分行的扩张有助于减少贫困。让纳内和波达（Jeanneney and Kpodar，2011）使用发展中国家 1966～2000 年的数据得出的结果表明，穷人受益于银行系统便利交易和提供储蓄机会的能力，但在某种程度上未能从更多的信贷中获益。此外，金融发展伴随着金融不稳定，破坏了减贫效应，因为穷人通常比富人更容易受到不稳定和运转不良的金融机构的影响，并间接受到负面宏观经济影响，这对穷人不利。然而总体来看，金融发展对穷人的好处大于成本。

乔杜里（Choudhury，2014）分析了金融普惠与家庭贫困脆弱性之间的联系，发现金融普惠提高了家庭对金融服务的可得性，进而通过提高家庭的风险抵抗能力降低了家庭的贫困脆弱性；而金融排斥则通过增加借贷和交易成本，导致家庭缺乏风险应对能力，无法有效应对未知风险。张栋浩和尹志超（2018）基于中国家庭金融调查 2015 年的数据，从金融服务的渗透度、使用度和满意度三个维度选取指标，构建了金融普惠指数，发现金融普惠对降低农村家庭的贫困脆弱性具有显著影响。进一步的研究发现，金融普惠指数是通过提高农村家庭的风险应对能力进而降低了贫困脆弱性。

综上所述，未有文献基于相对贫困视角，对普惠金融的经济影响进行研究。本节将研究普惠金融发展对家庭相对贫困的影响。研究发现，普惠金融发展显著降低了家庭相对贫困的发生率，具有显著的减贫效应。

7.4.2 描述性统计

表 7-8 给出了普惠金融发展与家庭相对贫困之间的描述性统计。以2019 年样本为例，全样本下，高普惠金融指数家庭的相对贫困比例为31.20%，比低普惠金融指数家庭低 18.41 个百分点，是其 1.59 倍；城市样本下，高普惠金融指数家庭的相对贫困比例为 30.69%，比低普惠金融

指数家庭低 27.29 个百分点，是其 1.89 倍；农村样本下，高普惠金融指数家庭的相对贫困比例为 32.84%，比低普惠金融指数家庭低 13.05 个百分点，是其 1.40 倍。上述情况表明，普惠金融发展与家庭相对贫困呈现显著的负相关关系。

表 7 - 8 　　　　　　　　　　　普惠金融与家庭相对贫困

年份	样本	高普惠金融家庭相对贫困（%）	低普惠金融家庭相对贫困（%）	均值检验（百分点）
2015	城市样本	32.35	58.73	- 26.38 ***
	农村样本	42.08	52.04	- 9.96 ***
	全样本	35.00	54.28	- 19.28 ***
2017	城市样本	25.53	52.40	- 26.87 ***
	农村样本	32.99	42.23	- 9.24 ***
	全样本	27.57	45.64	- 18.07 ***
2019	城市样本	30.69	57.98	- 27.29 ***
	农村样本	32.84	45.89	- 13.05 ***
	全样本	31.20	49.61	- 18.41 ***

注：按普惠金融指数的中位数将家庭划分为高普惠金融指数家庭和低普惠金融指数家庭。

7.4.3　实证研究

1. 模型设定

本节以家庭是否为相对贫困家庭作为被解释变量，以家庭普惠金融指数为关键解释变量，研究普惠金融发展对家庭相对贫困的影响，模型设定如下：

$$Re\_poverty_{it} = \alpha FI_{it} + X_{it}\beta + c_i + \lambda_t + \varepsilon_{it} \qquad (7-4)$$

式中，$Re\_poverty_{it}$ 表示是否为相对贫困家庭，借鉴陈宗胜等（2013）的做法，将城乡居民人均收入的 0.4 均值系数作为相对贫困线的下限。FI_{it} 为家庭普惠金融指数。X_{it} 是一系列控制变量，c_i 是不随时间变化的不可观测变量，λ_t 是时间固定效应，ε_{it} 是随机扰动项。

2. 内生性讨论

本节重点关注的普惠金融指数可能是内生的，其内生性主要来源于两方面：一方面是反向因果问题。由于收入较低，相对贫困家庭对于正规金融服务的使用较少，可得性较低，从而使得家庭的普惠金融指数较低。另一方面，家庭成员的认知能力等在一定时期内可能会发生改变的因素会同时影响家庭普惠金融指数和家庭是否处于相对贫困，但这些变量是无法观测的。

一般来说，一个社区其他家庭在需求层面的家庭普惠金融指数与本家庭的普惠金融水平是正相关的，然而，社区内其他家庭在需求层面的普惠金融指数与本家庭的贫困状况并不存在直接的关系，选用社区内其他家庭在需求层面的普惠金融指数作为本家庭普惠金融指数的工具变量满足外生性。此外，为克服不随时间变化的不可观测遗漏变量对估计结果产生的影响，本节还使用了双向固定效应模型进行估计。

3. 变量描述

为检验普惠金融发展与家庭相对贫困之间的因果关系，我们引入如下控制变量：户主特征变量（户主年龄、户主年龄平方/100、户主性别、户主婚姻状况、户主受教育程度）、家庭特征变量（家庭少儿人口数、家庭老人人口数、家庭规模、家庭人均资产的对数、公共部门就业人数、农业活动参与人数、农村家庭）等。表7-2给出了变量的描述性统计。

4. 实证结果

表7-9展示了普惠金融发展对家庭相对贫困影响的估计结果。第（1）列是OLS的估计结果，第（2）列是2SLS的估计结果，第（3）列是Probit的估计结果，第（4）列是IV-Probit的估计结果，第（5）列是FE的估计结果，第（6）列是IV-FE的估计结果。第（1）列估计结果表明，普惠金融发展能够显著降低家庭发生相对贫困的概率，影响系数为-0.0038，考虑到普惠金融指数的内生性问题，选用社区内其他家庭在需求层面的家庭普惠金融指数作为工具变量进行两阶段最小二乘估计，工具变量估计的 t 值为29.94，表明不存在弱工具变量问题，一阶段 F 值为229.78，远大于16.38的临界值（Stock & Yogo, 2002），第（2）列2SLS的估计系数依然显著为负，且影响系数仍然在1%水平上显著。由于相对

贫困为二值虚拟变量，因此，表7-9第（3）列、第（4）列展示了 Probit 和 IV-Probit 的估计结果，估计结果也显示，普惠金融发展能够显著降低家庭相对贫困的发生概率。此外，第（5）列双向固定效应和第（6）列 IV-FE 的估计结果也显著为负。上述回归结果表明，普惠金融发展对家庭相对贫困具有显著的抑制作用。

表7-9　　　　　　　　　普惠金融与家庭相对贫困

变量	OLS	2SLS	Probit	IV-Probit	FE	IV-FE
普惠金融指数	-0.0038 *** (0.0004)	-0.0176 *** (0.0016)	-0.0041 *** (0.0003)	-0.0169 *** (0.0007)	-0.0024 *** (0.0004)	-0.0141 *** (0.0024)
户主已婚	-0.0182 (0.0135)	-0.0164 (0.0137)	-0.0105 (0.0091)	-0.0073 (0.0082)	-0.0466 *** (0.0140)	-0.0413 *** (0.0135)
户主初中以下学历	0.1803 *** (0.0138)	0.0993 *** (0.0171)	0.2223 *** (0.0112)	0.1036 *** (0.0127)	0.0750 *** (0.0179)	0.0549 ** (0.0191)
户主初中学历	0.1046 *** (0.0120)	0.0475 *** (0.0140)	0.1473 *** (0.0107)	0.0653 *** (0.0110)	0.0498 *** (0.0165)	0.0366 (0.0178)
户主高中学历	0.0798 *** (0.0133)	0.0407 *** (0.0143)	0.1098 *** (0.0120)	0.0558 *** (0.0112)	0.0256 (0.0162)	0.0195 (0.0180)
家庭规模	0.0156 *** (0.0032)	0.0048 (0.0036)	0.0142 *** (0.0022)	0.0021 (0.0022)	0.0225 *** (0.0038)	0.0145 *** (0.0038)
少儿人口数	0.0258 *** (0.0064)	0.0290 *** (0.0066)	0.0323 *** (0.0046)	0.0295 *** (0.0042)	-0.0202 *** (0.0074)	-0.0133 (0.0071)
老年人口数	0.0192 *** (0.0063)	0.0200 *** (0.0065)	0.0153 *** (0.0043)	0.0125 *** (0.0039)	0.0125 * (0.0075)	0.0072 (0.0072)
家庭人均资产对数	-0.0840 *** (0.0026)	-0.0641 *** (0.0037)	-0.0737 *** (0.0019)	-0.0438 *** (0.0028)	-0.0398 *** (0.0027)	-0.0319 *** (0.0031)
公共部门就业人数	-0.1238 *** (0.0099)	-0.1172 *** (0.0104)	-0.1551 *** (0.0101)	-0.1207 *** (0.0094)	-0.0528 *** (0.0073)	-0.0533 *** (0.0097)
农业活动参与人数	0.1303 *** (0.0092)	0.1115 *** (0.0099)	0.1113 *** (0.0061)	0.0810 *** (0.0062)	0.0904 *** (0.0091)	0.0939 *** (0.0086)

续表

变量	OLS	2SLS	Probit	IV – Probit	FE	IV – FE
户主年龄	– 0.0005 (0.0022)	– 0.0001 (0.0023)	– 0.0000 (0.0016)	0.0007 (0.0015)		
户主年龄 平方/100	0.0006 (0.0020)	– 0.0005 (0.0020)	– 0.0005 (0.0015)	– 0.0015 (0.0013)		
户主性别	– 0.0006 (0.0102)	– 0.0067 (0.0106)	0.0108 (0.0073)	0.0023 (0.0066)		
农村	– 0.2315 *** (0.0094)	– 0.3449 *** (0.0161)	– 0.2308 *** (0.0069)	– 0.3014 *** (0.0065)	– 0.3373 *** (0.0341)	– 0.3467 *** (0.0315)
年份固定效应	是	是	是	是	是	是
省级固定效应	是	是	是	是	否	否
家庭固定效应	否	否	否	否	是	是
Pseudo R^2/R^2	0.1989	0.1249	0.1835		0.0331	0.0787
样本数	32 457	32 457	32 457	32 457	32 457	32 457
一阶段 F 值		229.78				142.16
工具变量 t 值		29.94		37.63		21.65
内生性检验		211.01 *** (0.0000)		218.41 *** (0.0000)		

注: *** 、** 、* 分别表示在 1%、5% 和 10% 的水平上显著;OLS、2SLS 估计经权重调整。括号内为聚类到家庭层面的稳健标准误。

7.4.4 主要结论

本节采用 OLS、2SLS、Probit、IV – Probit、FE 和 IV – FE 的估计方法,研究了普惠金融发展对家庭相对贫困的影响。OLS 和 FE 的估计系数分别为 – 0.0038 和 – 0.0024,Probit 模型的边际效应为 – 0.0041,且均在 1% 水平上显著。为解决普惠金融指数的内生性问题,选用社区其他家庭在需求层面的家庭普惠金融指数作为工具变量进行 2SLS、IV – Probit、IV – FE 估计,结果显示,普惠金融指数的估计系数或边际效应依然显著为负。这表明,普惠金融发展对家庭相对贫困具有显著的抑制作用。

7.5 普惠金融与家庭财富

7.5.1 文献综述

大量文献基于微观视角对家庭财富积累的因素进行了分析。伯曼等（Behrman et al.，2012）基于微观家庭数据研究发现，在解释家庭财富的积累上，金融知识比学校教育影响效应更大，说明金融知识的投资可能会有很高的回报。范·罗伊等（Van Rooij et al.，2012）基于荷兰银行的家庭调查数据，研究了金融素养与家庭净资产之间的关系，发现了金融素养与净资产之间强有力正相关的证据。机制分析发现，一方面，金融素养增加了投资股市的可能性，让个人受益于股票溢价；另一方面，较高的金融素养降低了退休规划成本，即减少了获取信息、进行计算和制定计划的经济和心理障碍，从而带动了家庭财富的增长。总的来说，金融素养，无论是直接效应还是间接效应，都对家庭财富的积累具有显著影响。吴雨等（2016）基于中国家庭金融调查 2013 年数据研究发现，金融知识能够通过优化家庭资产组合提升家庭财富。具体而言，较高金融知识水平的家庭会将资产更多地配置到金融资产上，尤其是风险金融资产上，同时会降低其在非金融资产上的配置，但会提高生产经营性资产的配置。异质性分析发现，金融知识对农村地区、高年龄组、低教育水平和低资产家庭的财富积累影响更大。此外，户主年龄与家庭财富呈现倒 U 形关系，教育对家庭财富积累具有显著的促进作用。家庭党员数量及兄弟姐妹数量对家庭财富积累具有显著促进作用。张龙耀等（2013）基于 CHARLS 数据研究发现，金融发展通过影响家庭创业活动，对中国城乡家庭人均收入水平产生了显著影响，对于家庭财富的积累具有重要作用。梁运文等（2010）基于奥尔多中心的调查数据探讨了财产分布及其不平等的内在因果关系，研究发现，职业、受教育程度以及党员身份对居民财产积累影响显著。

少有的几篇文献从普惠金融发展的角度对家庭财富积累的影响进行了

研究。尹志超等（2017）基于 CHFS 京津冀样本数据，在社区层面估计发现，京津冀社区金融普惠发展对家庭财富基尼系数的下降具有显著影响，进一步考察发现，金融普惠对中低财富组的影响高于高财富组是金融普惠显著降低家庭财富差距的内在原因。路晓蒙等（2019）同样基于 CHFS 数据分析发现，区域金融发展有助于促进家庭的理性投资行为，影响机制是通过降低市场摩擦，提升家庭金融素养、风险偏好和财富水平来实现。

综上所述，少有文献基于微观数据对普惠金融发展的财富效应进行研究，本节将基于面板数据，研究普惠金融发展对家庭财富的影响。研究结果表明，普惠金融发展能够显著促进家庭财富的积累。

7.5.2 描述性统计

表 7-10 给出了普惠金融发展与家庭净财富水平之间的关系。以 2019 年样本为例，全样本下，高普惠金融指数家庭的财富值为 1 510 085.00 元，比低普惠金融指数家庭高 1 107 451.90 元，是其 3.75 倍；城市样本下，高普惠金融指数家庭的财富值为 1 819 777.00 元，比低普惠金融指数家庭高 1 102 256.40 元，是其 2.54 倍；农村样本下，高普惠金融指数家庭的财富值为 513 611.80 元，比低普惠金融指数家庭高 251 022.10 元，是其 1.96 倍。上述情况表明，普惠金融发展与家庭净财富呈现显著的正相关关系。

表 7-10   普惠金融与家庭财富   单位：元

年份	样本	高普惠金融家庭财富	低普惠金融家庭财富	均值检验
2015	城市样本	1 086 653.00	535 031.80	551 621.20 ***
	农村样本	388 288.20	239 636.80	148 651.40 ***
	全样本	896 729.70	338 738.80	557 990.90 ***
2017	城市样本	1 453 929.00	634 740.40	819 188.60 ***
	农村样本	410 409.20	254 330.00	156 079.20 ***
	全样本	1 169 175.00	381 953.80	787 221.10 ***
2019	城市样本	1 819 777.00	717 520.60	1 102 256.40 ***
	农村样本	513 611.80	262 589.70	251 022.10 ***
	全样本	1 510 085.00	402 633.10	1 107 451.90 ***

注：按普惠金融指数的中位数将家庭划分为高普惠金融指数家庭和低普惠金融指数家庭。

7.5.3 实证研究

1. 模型设定

本节以家庭净财富（万元）的对数值作为被解释变量，以家庭普惠金融指数作为关键解释变量，研究普惠金融发展对家庭净财富的影响，模型设定如下：

$$Wealth_{it} = \alpha FI_{it} + X_{it}\beta + c_i + \lambda_t + \varepsilon_{it} \qquad (7-5)$$

式中，$Wealth_{it}$ 为家庭净财富（万元）的对数值，FI_{it} 为家庭普惠金融指数。X_{it} 是一系列控制变量，包括户主和家庭特征变量，c_i 是不随时间变化的不可观测变量，λ_t 是时间固定效应，ε_{it} 是随机扰动项。

2. 内生性讨论

本节重点关注的普惠金融指数可能是内生的，其内生性主要来源于两方面：一方面是反向因果问题。财富水平越高的家庭，家庭的收入水平往往越高，对于金融服务的需求程度更高，因而家庭的普惠金融指数可能会越高。另一方面，家庭成员的认知能力等在一定时期内可能会发生改变的因素会同时影响家庭普惠金融指数和家庭财富水平，但这些变量是无法观测的。

一般来说，一个社区内其他家庭在需求层面的普惠金融指数与本家庭的普惠金融水平是正相关的，然而，社区内其他家庭在需求层面的普惠金融指数与本家庭的财富变化并不存在直接的关系，选用社区内其他家庭在需求层面的普惠金融指数作为本家庭普惠金融指数的工具变量满足外生性。此外，为克服不随时间变化的不可观测变量对估计结果产生的影响，本节还使用了双向固定效应模型进行估计。

3. 变量描述

为检验普惠金融发展与家庭财富之间的因果关系，我们引入如下控制变量：户主特征变量（户主年龄、户主年龄平方/100、户主性别、户主婚姻状况、户主受教育程度）、家庭特征变量（家庭规模、家庭少儿人口数、家庭老年人口数、农村家庭）等。表7-2是变量的描述性统计。

4. 实证结果

表7-11展示了普惠金融发展对家庭财富水平影响的估计结果。第

（1）列是 OLS 的估计结果，第（2）列是 2SLS 的估计结果，第（3）列
是 FE 的估计结果，第（4）列是 IV－FE 的估计结果。第（1）列估计结
果表明，普惠金融发展会提高家庭财富水平，影响系数为 2.66%，考虑
到普惠金融指数的内生性问题，选用社区内其他家庭在需求层面的普惠金
融指数作为工具变量进行两阶段最小二乘估计，工具变量估计的 t 值为
38.61，表明不存在弱工具变量问题，一阶段 F 值为 617.91，远大于
16.38 的临界值（Stock & Yogo，2002），第（2）列估计系数依然显著为
正，且影响系数仍然在 1% 水平上显著。此外，第（3）列固定效应和第
（4）列 IV－FE 的估计结果仍然显著为正。上述回归结果表明，普惠金融
发展对家庭财富积累具有显著的正向影响。

表 7－11　　　　　　　　　普惠金融与家庭财富

变量	OLS	2SLS	FE	IV－FE
普惠金融指数	0.0266 *** (0.0013)	0.0864 *** (0.0046)	0.0075 *** (0.0011)	0.0281 *** (0.0068)
户主已婚	0.5086 *** (0.0496)	0.4593 *** (0.0531)	0.2202 *** (0.0434)	0.2071 *** (0.0385)
户主初中以下学历	－1.1849 *** (0.0492)	－0.6762 *** (0.0631)	－0.2393 *** (0.0546)	－0.2005 *** (0.0545)
户主初中学历	－0.7191 *** (0.0448)	－0.3583 *** (0.0538)	－0.0887 * (0.0506)	－0.0642 (0.0506)
户主高中学历	－0.4959 *** (0.0508)	－0.2443 *** (0.0558)	－0.0753 (0.0521)	－0.0635 (0.0514)
家庭规模	0.1449 *** (0.0113)	0.1745 *** (0.0122)	0.1113 *** (0.0110)	0.1238 *** (0.0106)
少儿人口数	－0.0875 *** (0.0232)	－0.0943 *** (0.0246)	0.0474 ** (0.0207)	0.0344 * (0.0202)
老年人口数	－0.0821 *** (0.0224)	－0.0739 *** (0.0235)	－0.0629 *** (0.0200)	－0.0524 ** (0.0206)
户主年龄	0.0220 *** (0.0085)	0.0190 ** (0.0089)		

续表

变量	OLS	2SLS	FE	IV – FE
户主年龄平方/100	– 0. 0166 ** (0. 0077)	– 0. 0108 (0. 0081)		
户主性别	– 0. 0369 (0. 0369)	– 0. 0051 (0. 0389)		
农村	– 0. 7134 *** (0. 0347)	– 0. 0995 * (0. 0578)	– 0. 0489 (0. 0788)	– 0. 0307 (0. 0900)
年份固定效应	是	是	是	是
省级固定效应	是	是	否	否
家庭固定效应	否	否	是	是
R^2	0. 2568	0. 1331	0. 0269	0. 0077
样本数	32 457	32 457	32 457	32 457
一阶段 F 值		617. 91		166. 41
工具变量 t 值		38. 61		21. 96
内生性检验		515. 17 *** (0. 0000)		

注：***、**、* 分别表示在1%、5%和10%的水平上显著；OLS、2SLS 估计经权重调整。括号内为聚类到家庭层面的稳健标准误。

7.5.4 主要结论

本部分采用 OLS、2SLS、FE 和 IV – FE 的估计方法，研究了普惠金融发展对家庭财富积累的影响。OLS 和 FE 的估计系数分别为 0. 0266 和 0. 0075，且均在 1% 水平上显著。为解决普惠金融指数的内生性问题，选用社区内其他家庭在需求层面的普惠金融指数作为工具变量进行两阶段最小二乘估计和 IV – FE 估计，结果显示，普惠金融指数的估计系数依然显著为正。这表明，普惠金融发展对家庭财富水平的提高具有显著的促进作用。

7.6　本 章 小 结

本章详细分析了普惠金融发展对家庭收入、家庭消费、家庭创业、家庭相对贫困和家庭财富的影响。实证研究主要有以下结论：

第一，普惠金融发展能够提高家庭人均收入。基于中国家庭金融调查数据，我们根据家庭普惠金融指数分组发现，普惠金融指数较高家庭的人均收入水平显著高于普惠金融指数较低的家庭。进一步使用社区内其他家庭在需求层面的普惠金融指数作为家庭普惠金融指数的工具变量，运用两阶段最小二乘法和 IV－FE 估计普惠金融发展对家庭人均收入的影响发现，克服内生性问题后，普惠金融发展能够显著提高家庭人均收入水平。

第二，普惠金融发展能够提升家庭人均消费水平。基于中国家庭金融调查数据，我们根据家庭普惠金融指数分组发现，普惠金融指数较高家庭的人均消费水平显著高于普惠金融指数较低的家庭。进一步使用社区内其他家庭在需求层面的普惠金融指数作为本家庭普惠金融指数的工具变量，运用两阶段最小二乘法和 IV－FE 估计普惠金融发展对家庭人均消费的影响发现，普惠金融发展能够显著提升家庭人均消费水平。

第三，普惠金融发展能够促进家庭创业。使用中国家庭金融调查数据，我们根据家庭普惠金融指数分组发现，普惠金融指数较高家庭的创业比例显著高于普惠金融指数较低的家庭。进一步使用社区内其他家庭在需求层面的普惠金融指数作为本家庭普惠金融指数的工具变量，运用两阶段最小二乘法、IV－Probit 和 IV－FE 估计普惠金融发展对家庭创业行为的影响发现，普惠金融发展能够显著提高家庭参与创业活动的可能性。

第四，普惠金融发展能够降低家庭相对贫困的发生率。使用中国家庭金融调查数据，我们根据家庭普惠金融指数分组发现，普惠金融指数较高家庭的相对贫困发生概率显著低于普惠金融指数较低的家庭。进一步使用社区内其他家庭在需求层面的普惠金融指数作为家庭普惠金融指数的工具变量，运用两阶段最小二乘法、IV－Probit 和 IV－FE 估计普惠金融发展对家庭相对贫困的影响发现，普惠金融发展能够显著降低家庭发生相对贫困的概率，具有显著的减贫效应。

第五，普惠金融发展能够提高家庭财富水平。运用中国家庭金融调查数据，我们根据家庭普惠金融指数分组发现，普惠金融指数较高家庭的净财富水平显著高于普惠金融指数较低的家庭。进一步使用社区内其他家庭在需求层面的普惠金融指数作为家庭普惠金融指数的工具变量，运用两阶段最小二乘法和 IV – FE 估计普惠金融发展对家庭净财富的影响发现，普惠金融发展能够显著提升家庭的净财富水平。

第8章

家庭普惠金融的国际比较

本章从普惠金融的供给和需求层面出发，对中国与其他金砖国家以及欧美发达国家的普惠金融发展状况进行多维度、全方位比较。数据来源于金融可得性调查（Financial Access Survey）和全球普惠金融指数数据库（The Global Findex Database）。

金融可得性调查由国际货币基金组织（International Monetary Fund）于2009年发起，该数据库汇集了全球最丰富的供给层面的金融服务信息，包括核心金融服务规模的GDP占比以及金融基础设施在人口和地理维度的分布情况。表8-1描述了金融可得性调查数据库中各项指标的完整性。普惠金融的供给水平，从核心金融服务使用度和金融服务渗透度两方面来刻画。其中，核心金融服务包括银行存款、信用合作机构存款、银行贷款和信用合作机构贷款，这些金融服务规模的GDP占比，反映了各国金融服务使用深度。金融基础设施则包括ATM、银行网点、信用合作机构和保险机构，通过对比金融基础设施的地理和人口渗透度，进一步确定中国与其他国家的普惠金融供给水平差异。中国、巴西、印度、法国和德国关于上述指标具有完整性，俄罗斯、南非、英国、美国、日本在部分指标上存在缺失状况。

表8-1 　　　　　2015~2018年金融可得性调查数据库数据完整性 　　　单位：年

项目		中国	巴西	印度	俄罗斯	南非	英国	美国	日本	法国	德国
使用度	银行存款	4	4	4	4	4	4	4	4	4	4
	信用合作机构存款	4	4	4	—	4	—	4	4	4	4

续表

项目		中国	巴西	印度	俄罗斯	南非	英国	美国	日本	法国	德国
使用度	银行贷款	4	4	4	4	4	4	4	4	4	4
	信用合作机构贷款	4	4	4	—	4	—	4	4	4	4
地理渗透	ATM	4	4	4	4	4	4	—	4	4	3
	银行网点	4	4	4	4	4	—	4	4	4	4
	信用合作机构数	4	4	4	—	—	—	—	—	4	4
	保险机构	4	4	4	4	4	—	—	4	4	4
人口渗透	ATM	4	4	4	4	4	4	—	4	4	3
	银行网点	4	4	4	4	4	—	4	4	4	4
	信用合作机构数	4	4	4	—	—	—	—	—	4	4
	保险机构	4	4	4	4	4	—	—	4	4	4

注：表中数字为 2015~2018 年各国数据完整的年份数量。

世界银行于 2011 年开始全球普惠金融调查项目，截止到 2020 年共进行了三次全球范围的调查，并构建了全球普惠金融指数数据库，提供有关金融服务需求层面的微观信息。最近一次调查于 2017 年展开，涉及 144 个国家，对全球超过 15 万成年人进行了详细的访问，搜集到了有关性别、年龄、教育、收入等个人基本信息，以及支付、储蓄、信贷、风险等方面的信息，为各国学者对普惠金融的研究提供了数据支撑。本章 8.2~8.4 节内容主要采用该数据库提供的数据信息，比较中国、巴西、印度、俄罗斯、南非等金砖国家和英、美、日、法、德五个发达国家共计十个国家的普惠金融需求状况。表 8 - 2 描述了十个样本国家各年调查的样本数量。我国各年的调查样本数量平均为 3 449，样本数量排名第二的为印度，平均样本数量为 2 554，第三为俄罗斯，平均样本数量为 1 667，其余国家的各年样本量大多在 900~1 000 之间。

表8-2			全球普惠金融指数数据库样本规模						单位：人	
年份	中国	巴西	印度	俄罗斯	南非	英国	美国	日本	法国	德国	合计
2011	3 832	1 005	2 895	1 655	995	925	955	960	956	950	15 128
2014	3 569	936	2 304	1 678	872	936	914	914	914	927	13 964
2017	2 946	941	2 462	1 668	905	936	949	932	977	958	13 674
总计	10 347	2 882	7 661	5 001	2 772	2 797	2 818	2 806	2 847	2 835	42 766

8.1　家庭普惠金融国际概况

8.1.1　金融服务使用度

表8-3描述了金砖五国和英美日法德银行存款占GDP比重情况。从时间上看，美国、中国、印度呈现下降趋势，巴西、俄罗斯、南非、英国、日本、法国和德国则表现出增长态势。2018年，中国的银行存款占GDP比重为147.32%，与其他金砖国家相比，远高于巴西、印度、俄罗斯和南非的35.13%、60.01%、45.13%和45.08%；与欧美发达国家相比，低于日本的147.51%，但高于英国、美国、法国和德国的134.89%、60.65%、39.44%和30.26%。总体来看，2015~2018年，中国的银行存款占GDP比重降低了5.04%，处于145%~160%范围内，与英国、日本接近，是其他国家的2~5倍，使用深度较高，除2018年略低于日本外，中国一直领先于其他金砖国家和欧美发达国家。

表8-3				银行存款占GDP比重				单位：%	
年份	中国	巴西	印度	俄罗斯	南非	英国	美国	日本	法国	德国
2015	155.14	32.48	64.79	44.94	43.94	125.34	58.85	134.63	36.31	28.13
2016	157.99	33.17	62.49	42.74	43.85	131.16	61.38	137.90	37.41	28.86
2017	152.03	34.01	62.77	44.23	44.15	133.55	60.82	143.80	38.68	29.68
2018	147.32	35.13	60.01	45.13	45.08	134.89	60.65	147.51	39.44	30.26

表 8 - 4 描述了部分国家信用合作机构存款占 GDP 比重情况。从时间来看,中国、印度均呈现下降趋势,巴西、美国、日本、法国和德国则表现出明确的增长态势,南非基本保持不变。2018 年,中国的信用合作机构存款占 GDP 比重为 5.46%,与其他金砖国家相比,高于巴西、南非的 2.93% 和 0.01%,低于印度的 5.52%;与欧美发达国家相比,虽然和美国的 6.07% 差距不大,但远低于日本、法国和德国的 117.78%、43.33% 和 19.46%。总体来看,2015 ~ 2018 年,中国的信用合作机构存款占 GDP 比重降低了 46.73%,处于 5% ~ 15% 范围内,与日本、法国有巨大差距,使用深度偏低,领先于部分金砖国家,但远远落后于欧美发达国家。

表 8 - 4　　　　　　　　　信用合作机构存款占 GDP 比重　　　　　单位:%

年份	中国	巴西	印度	南非	美国	日本	法国	德国
2015	10.25	1.99	5.80	0.01	5.69	112.47	40.02	18.71
2016	8.31	2.40	5.89	0.01	5.96	114.51	41.35	19.08
2017	6.86	2.66	5.94	0.01	6.06	115.68	42.50	19.11
2018	5.46	2.93	5.52	0.01	6.07	117.78	43.33	19.46

注:俄罗斯、英国数据缺失。

表 8 - 5 描述了金砖五国和英美日法德银行贷款占 GDP 比重情况。从时间上看,中国、英国、美国、日本、法国和德国总体表现出明确的增长态势,巴西、印度、俄罗斯和南非则呈现下降趋势。2018 年,中国的银行贷款占 GDP 比重为 105.73%,与其他金砖国家相比,高于巴西、印度、俄罗斯和南非的 36.49%、46.01%、41.70% 和 61.33%;与欧美发达国家相比,低于英国的 127.15%,高于美国、日本、法国和德国的 45.56%、101.17%、40.37% 和 22.46%。总体来看,2015 ~ 2018 年,中国的银行贷款占 GDP 提高了 7.55%,处于 95% ~ 110% 范围内,仅次于英国,使用深度较高,领先于其他金砖国家以及多数欧美发达国家。

表 8 – 5				银行贷款占 GDP 比重				单位：%	
年份	中国	巴西	印度	俄罗斯	南非	英国	美国	日本	法国	德国
2015	98.31	41.61	49.95	47.29	64.33	121.22	44.66	95.46	38.67	21.04
2016	101.79	39.03	48.97	42.61	62.98	123.73	46.05	96.50	38.74	21.25
2017	102.19	36.73	46.32	41.38	61.35	125.09	45.90	98.92	39.23	21.76
2018	105.73	36.49	46.01	41.70	61.33	127.15	45.56	101.17	40.37	22.46

表 8 – 6 描述了部分国家信用合作机构贷款占 GDP 比重情况。从时间上看，中国、印度呈现下降趋势，巴西、美国、法国和德国则表现出增长态势，南非、日本稍有波动但基本保持不变。2018 年，中国的信用合作机构贷款占 GDP 比重为 3.55%，与其他金砖国家相比，高于巴西、南非的 1.75% 和 0.01%，低于印度的 4.70%；与欧美发达国家相比，虽然和美国的 5.21% 差距不大，但远低于日本、法国和德国的 30.24%、42.31% 和 16.80%。总体来看，2015～2018 年，中国的信用合作机构贷款占 GDP 比重降低了 45.88%，处于 3%～10% 范围内，与日本、法国存在较大差距，使用深度不足，虽然领先于部分其他金砖国家，但明显落后于多数欧美发达国家。

表 8 – 6				信用合作机构贷款占 GDP 比重			单位：%
年份	中国	巴西	印度	南非	美国	日本	法国	德国
2015	6.56	1.29	5.30	0.00	4.42	30.27	37.55	16.06
2016	5.20	1.35	5.22	0.00	4.75	30.27	39.28	16.18
2017	4.30	1.48	4.95	0.00	5.02	30.13	40.55	16.46
2018	3.55	1.75	4.70	0.01	5.21	30.24	42.31	16.80

注：俄罗斯、英国数据缺失。

8.1.2 金融服务地理渗透

表 8 – 7 描述了部分国家每 1 000 平方公里 ATM 分布情况。从时间上

看，中国、印度和南非表现出增长态势，巴西、俄罗斯、英国、日本、法国则呈现下降趋势。2018 年，中国的 ATM 地理密度为 118.32 个/千平方公里，与其他金砖国家相比，高于巴西、印度、俄罗斯和南非的 20.65、71.80、11.67 和 22.61；与欧美发达国家相比，略高于法国的 98.62，低于英国、日本的 261.23 和 385.98。总体来看，2015～2018 年，中国的 ATM 地理渗透度提高了 28.16%，处于 90～120 范围内，并于 2017 年突破 100，领先于其他金砖国家，但与多数欧美发达国家仍存在一定差距。

表 8－7　　　　　　　　　　每 1 000 平方公里 ATM　　　　　　单位：个/千平方公里

年份	中国	巴西	印度	俄罗斯	南非	英国	日本	法国
2015	92.32	21.82	61.88	12.63	22.21	291.32	387.35	106.41
2016	98.44	21.55	67.91	12.30	22.62	289.42	387.59	104.35
2017	102.32	21.01	71.77	11.92	22.55	287.73	387.08	102.27
2018	118.32	20.65	71.80	11.67	22.61	261.23	385.98	98.62

注：美国、德国数据缺失。

　　表 8－8 描述了部分国家每 1 000 平方公里银行网点分布情况。从时间上看，中国、印度和南非整体表现出增长态势，但增速有限，巴西、俄罗斯、美国、日本、法国和德国则呈现下降趋势。2018 年，中国的银行网点地理密度为 10.81 个/千平方公里，与其他金砖国家相比，高于巴西、俄罗斯和南非的 3.74、1.90 和 3.43，但低于印度的 48.11；与欧美发达国家相比，高于美国的 8.97，低于日本、法国的 103.06 和 34.98，也低于德国 22.90 的水平。总体来看，2015～2018 年，中国的银行网点地理密度提高了 5.88%，处于 10～15 范围内，与日本存在明显差距，银行网点地理渗透度不足，虽然在金砖国家中处于领先地位，但明显落后于多数欧美发达国家。

表 8 - 8　　　　　　　　　每 1 000 平方公里银行网点　　单位：个/千平方公里

年份	中国	巴西	印度	俄罗斯	南非	美国	日本	法国	德国
2015	10.21	3.96	42.62	2.41	3.36	9.26	103.60	37.31	28.58
2016	10.61	3.91	45.63	2.20	3.32	9.18	103.43	37.05	27.68
2017	10.68	3.80	47.37	2.12	3.46	9.00	103.09	36.01	26.53
2018	10.81	3.74	48.11	1.90	3.43	8.97	103.06	34.98	22.90

注：英国数据缺失。

表 8 - 9 描述了部分国家每 1 000 平方公里信用合作机构分布情况。从时间上看，中国、德国呈现明显的下降趋势，巴西、印度和法国则整体表现出增长态势。2018 年，中国的信用合作机构地理密度为 2.37 个/千平方公里，与其他金砖国家相比，高于巴西的 0.87，但远低于印度的74.37；与欧美发达国家相比，低于法国、德国的 31.48 和 28.10。总体来看，2015 ~ 2018 年，中国的信用合作机构地理渗透度降低了 48.37%，处于 2 ~ 5 范围内，与印度、法国和德国差距较大，无论是在金砖国家中还是和欧美发达国家相比，均处于落后地位。

表 8 - 9　　　　　　　　每 1 000 平方公里信用合作机构数　单位：个/千平方公里

年份	中国	巴西	印度	法国	德国
2015	4.59	0.76	72.38	30.74	33.95
2016	3.65	0.77	72.71	30.93	31.86
2017	2.65	0.82	74.71	31.63	29.23
2018	2.37	0.87	74.37	31.48	28.10

注：俄罗斯、南非、英国、美国、日本数据缺失。

表 8 - 10 描述了部分国家每 10 万平方公里保险机构分布情况。从时间上看，中国、印度表现出增长态势，巴西、俄罗斯、南非、日本、法国和德国整体呈现下降趋势。2018 年，中国的保险机构地理密度为 2.39 个/10 万平方公里，与其他金砖国家相比，远低于南非的 10.17，高于巴西、印度

和俄罗斯的 1.77、2.28 和 1.23；与欧美发达国家相比，远低于日本、法国和德国的 25.40、148.00 和 109.69。总体来看，2015～2018 年，中国的保险机构地理密度提高了 18.04%，处于 2～5 范围内，绝对数值明显偏低，地理渗透度不足，在金砖国家中处于领先地位，但远远落后于多数欧美发达国家。

表 8 - 10 每 10 万平方公里保险机构 单位：个/10 万平方公里

年份	中国	巴西	印度	俄罗斯	南非	日本	法国	德国
2015	2.02	1.83	1.74	2.01	10.83	24.87	157.82	111.65
2016	2.14	1.81	1.78	1.57	10.58	24.60	142.91	110.53
2017	2.31	1.80	2.21	1.39	10.42	24.34	152.55	110.53
2018	2.39	1.77	2.28	1.23	10.17	25.40	148.00	109.69

注：英国、美国数据缺失。

8.1.3 金融服务人口渗透

表 8 - 11 描述了部分国家每 10 万成人 ATM 分布情况。从时间上看，中国、印度表现出增长态势，增幅分别为 26.08% 和 10.47%，巴西、俄罗斯、南非、英国、日本、法国则呈现下降趋势。2018 年，中国的 ATM 机人口密度为 96.82 个/10 万成人，与其他金砖国家相比，高于印度、南非的 21.74 和 66.66，低于巴西、俄罗斯的 104.79 和 160.92；与欧美发达国家相比，低于英国、日本和法国的 115.67、127.59 和 98.30。总体来看，2015～2018 年，中国的 ATM 人口密度提高了 26.08%，但仍未突破 100 的重要关卡，绝对数值仍然偏低，人口渗透度不足，在金砖国家中处于中等水平，落后于多数欧美发达国家。

表 8 - 11 每 10 万成人 ATM 单位：个/10 万成人

年份	中国	巴西	印度	俄罗斯	南非	英国	日本	法国
2015	76.79	115.11	19.68	172.65	68.85	131.31	127.65	107.04
2016	81.45	122.22	21.23	168.75	68.93	129.57	127.80	104.44

续表

年份	中国	巴西	印度	俄罗斯	南非	英国	日本	法国
2017	84.16	107.96	22.07	163.98	67.59	128.06	127.77	102.24
2018	96.82	104.79	21.74	160.92	66.66	115.67	127.59	98.30

注：美国、德国数据缺失。

表 8 - 12 描述了部分国家每 10 万成人银行网点分布情况。从时间上看，中国、印度表现出整体增长态势，巴西、俄罗斯、南非、美国、日本、法国和德国均呈现出不同程度的下降态势。2018 年，中国的银行网点人口密度为 8.85 个/10 万成人，与其他金砖国家相比，落后地位逐渐得到改善，但仍低于巴西、印度、俄罗斯、南非的 18.99、14.56、26.23 和 10.12；与欧美发达国家相比，同样低于美国、日本、法国、德国的 30.90、34.07、34.86 和 11.10。总体来看，2015～2018 年，中国的银行网点人口密度提高了 4.24%，处于 5～10 范围内，与日本、法国存在较大差距，人口渗透度不足，无论是在金砖国家范围内，还是与欧美发达国家相比，均处于落后地位。

表 8 - 12　　　　　　　　　**每 10 万成人银行网点**　　　　单位：个/10 万成人

年份	中国	巴西	印度	俄罗斯	南非	美国	日本	法国	德国
2015	8.49	20.88	13.56	32.91	10.43	32.69	34.14	37.56	14.05
2016	8.78	20.36	14.26	30.13	10.13	32.10	34.10	37.08	13.51
2017	8.78	19.52	14.57	29.22	10.38	31.23	34.03	36.00	12.90
2018	8.85	18.99	14.56	26.23	10.12	30.90	34.07	34.86	11.10

注：英国数据缺失。

表 8 - 13 描述了部分国家每 10 万成人信用合作机构分布情况。从时间上看，中国、印度、德国呈现下降趋势，巴西、法国整体呈增长态势。2018 年，中国的信用合作机构数人口密度为 1.94 个/10 万成人，与其他金砖国家相比，低于巴西、印度的 4.41 和 22.51；与欧美发达国家相比，

低于法国、德国的 31. 37 和 13. 62。总体来看，2015～2018 年，中国的信用合作机构数人口密度降低了 49. 21%，处于 1～5 范围内，无论是在金砖国家范围内，还是与欧美发达国家相比，均处于落后地位。

表 8-13　　　　　　　　每 10 万成人信用合作机构数　　　　单位：个/10 万成人

年份	中国	巴西	印度	法国	德国
2015	3. 82	4. 03	23. 02	30. 92	16. 69
2016	3. 02	3. 98	22. 73	30. 95	15. 55
2017	2. 18	4. 21	22. 88	31. 62	14. 21
2018	1. 94	4. 41	22. 51	31. 37	13. 62

注：俄罗斯、南非、英国、美国、日本数据缺失。

表 8-14 描述了部分国家每 1 000 万成人保险机构分布情况。从时间上看，中国、印度和日本表现出增长态势，巴西、俄罗斯、南非、法国和德国呈现下降趋势。2018 年，中国的保险机构数人口密度为 2. 00 个/1 000 万成人，与其他金砖国家相比，高于印度的 0. 69，低于巴西、俄罗斯和南非的 9. 17、17. 77 和 30. 13；与欧美发达国家相比，低于日本、法国和德国的 8. 70、148. 17 和 54. 38。总体来看，2015～2018 年，中国的保险机构人口密度提高了 16. 28%，处于 1～5 范围内，与法国 145～160 的水平差距悬殊，无论是在金砖国家范围内，还是与欧美发达国家相比，均处于落后地位。

表 8-14　　　　　　　　每 1 000 万成人保险机构数　　　　单位：个/1 000 万成人

年份	中国	巴西	印度	俄罗斯	南非	日本	法国	德国
2015	1. 72	9. 85	0. 56	28. 70	33. 73	8. 50	159. 47	56. 22
2016	1. 81	9. 59	0. 56	22. 45	32. 41	8. 41	143. 67	55. 19
2017	1. 95	9. 41	0. 68	19. 99	31. 37	8. 33	153. 18	54. 98
2018	2. 00	9. 17	0. 69	17. 77	30. 13	8. 70	148. 17	54. 38

注：英国、美国数据缺失。

8.2　家庭支付的国际比较

8.2.1　支付概况

1. 金融账户

如果被调查者在银行、其他金融机构拥有账户，或者使用 GMSA 移动货币服务，或者在过去一年中使用过金融账户获得收入、支付过账单，则视被调查者拥有金融账户，享受过金融服务。

表 8-15 描述了金砖五国和英美日法德金融账户拥有比例的情况。从账户的拥有比例来看，2017 年金砖五国和发达国家分别为 82.74%、70.42%、80.68%、75.84%、71.37%、97.10%、93.58%、98.30%、94.61% 和 99.54%，中国金融账户拥有比例略高于其他金砖国家，但发达国家金融账户拥有比例普遍在 93% 以上，几近达到全民拥有账户，我国距这一目标存在一定差距。从金融账户普及的速度来看，我国的普及速度不及其他金砖国家但快于发达国家，发达国家由于基数较高，发展速度慢，甚至有所下降。总体上，我国大部分人在金融机构都开设有账户，领先于其他金砖国家，和发达国家相比有差距但差距不大。

表 8-15　　　　　　　　　　　　金融账户拥有比例　　　　　　　　　　　单位：%

年份	中国	巴西	印度	俄罗斯	南非	英国	美国	日本	法国	德国
2011	64.85	56.18	35.55	48.18	53.73	98.41	88.96	97.86	97.36	99.17
2014	79.77	68.34	54.22	67.85	70.96	98.83	93.58	98.21	97.06	98.65
2017	82.74	70.42	80.68	75.84	71.37	97.10	93.58	98.30	94.61	99.54

图 8-1 是各国金融账户拥有比例的柱状图，中国的这一比例虽高于其他金砖国家，但低于发达国家。

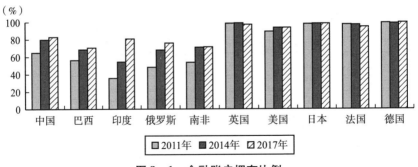

图 8-1　金融账户拥有比例

2. 银行卡支付

如果被调查者在银行机构用自己的姓名开户,并办理银行卡,则视被调查者为银行卡用户。

表 8-16 描述了金砖五国和英美日法德银行卡拥有比例的情况。从银行卡的拥有比例来看,2017 年金砖五国和发达国家分别为 65.53%、57.53%、30.06%、43.81%、31.91%、88.68%、80.15%、86.59%、84.34% 和 88.81%,中国的银行卡拥有比例略高于巴西,远高于其他金砖国家,但和发达国家 80% 以上的银行卡拥有比例相比还有很大差距。从银行卡普及的速度来看,我国及金砖国家的发展速度快于发达国家,我国在 2011~2014 年几乎没有发展,而日本在这一期间发展迅速,2014 年之后,我国的银行卡拥有比例快速提高,但距离发达国家的水平还有较大距离。总体上,我国过半人口拥有银行卡,领先于其他金砖国家,和发达国家有一定差距。

表 8-16　　　　　　　　　　　　银行卡拥有比例　　　　　　　　　　单位: %

年份	中国	巴西	印度	俄罗斯	南非	英国	美国	日本	法国	德国
2011	42.42	41.47	9.19	38.44	45.43	89.13	73.16	13.53	70.09	89.10
2014	42.21	58.73	20.41	36.79	51.43	95.33	75.91	89.43	79.82	91.29
2017	65.53	57.53	30.06	43.81	31.91	88.68	80.15	86.59	84.34	88.81

图 8-2 是各国银行卡账户拥有比例的柱状图,中国的这一比例虽高于其他金砖国家,但低于发达国家。

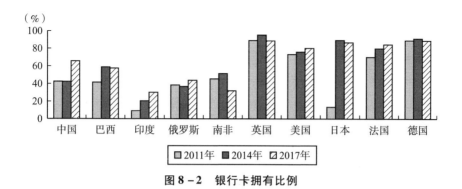

图 8 − 2　银行卡拥有比例

3. 信用卡支付

如果被调查者有信用卡，则视被调查者为信用卡用户。

表 8 − 17 描述了金砖五国和英美日法德信用卡拥有比例的情况。从信用卡的拥有比例来看，2017 年金砖五国和发达国家分别为 21.99%、27.88%、2.57%、20.76%、9.63%、66.72%、66.21%、69.18%、40.79% 和 53.80%，中国的信用卡拥有比例低于巴西，略高于俄罗斯，南非成年人拥有信用卡的比例不足 10%，印度不及 3%；发达国家拥有信用卡的比例远高于中国和其他金砖国家，大多国家半数以上成年人拥有信用卡。从信用卡普及的速度来看，中国和金砖国家的增长速度高于发达国家，一些国家存在比例下降现象，各国的信用卡拥有比例增长率普遍不高。总体上，信用卡相比其他的普惠金融服务，需求不是很强，即使发达国家，也没有达到全民普及的程度，中国仅 1/5 成年人拥有信用卡，领先于部分金砖国家，和发达国家相比差距较大。

表 8 − 17　　　　　　　　　信用卡拥有比例　　　　　　　　单位：%

年份	中国	巴西	印度	俄罗斯	南非	英国	美国	日本	法国	德国
2011	8.47	29.85	2.01	9.95	7.79	52.64	62.91	65.43	38.73	36.64
2014	16.87	32.62	3.15	21.66	13.91	61.81	59.89	67.96	43.63	47.53
2017	21.99	27.88	2.57	20.76	9.63	66.72	66.21	69.18	40.79	53.80

图 8 − 3 是各国信用卡账户拥有比例的柱状图，中国的这一比例虽高于除巴西外的其他金砖国家，但低于发达国家。

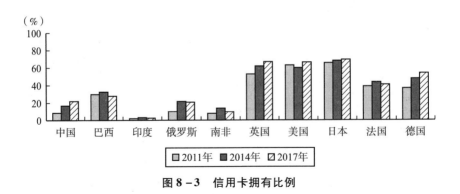

图 8 - 3　信用卡拥有比例

4. 移动支付

（1）移动支付的使用。表 8 - 18 描述了金砖五国和英美日法德成年人过去一年使用过移动支付的比例的情况。从 2017 年的调查结果来看，在过去的一年里金砖五国和发达国家使用过移动支付的成年人比例为 41.18%、12.66%、4.90%、29.09%、16.15%、48.10%、66.86%、32.90%、45.22% 和 57.24%，中国使用移动支付的成年人比例远高于其他金砖国家，高于日本的 32.90%，略低于其他发达国家。印度不足 5% 的成年人过去一年使用过移动支付，美国过去一年使用过移动支付的比例最高，发达国家中已有近半数成年人使用过移动支付。从移动支付用户的发展速度来看，中国发展速度较快，高于其他金砖国家，发达国家中日本、德国的发展速度较快，移动支付在各个国家近几年都得到了快速的发展。总体上，中国有近一半的成年人过去一年使用过移动支付，远远领先于其他金砖国家，和部分发达国家相比有差距但差距不大。

表 8 - 18　　　　　　　　　　　使用移动支付的成年人比例　　　　　　　　单位：%

年份	中国	巴西	印度	俄罗斯	南非	英国	美国	日本	法国	德国
2011	1.64	1.32	4.61	2.74	11.19	—	—	—	—	—
2014	14.73	3.49	2.15	14.36	17.70	30.24	33.13	5.95	12.02	13.29
2017	41.18	12.66	4.90	29.09	16.15	48.10	66.86	32.90	45.22	57.24

图 8 - 4 是各国移动支付使用比例的柱状图，中国的这一比例虽高于

其他金砖国家，但略低于部分发达国家。

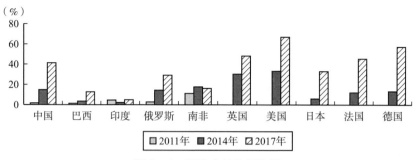

图 8 - 4　移动支付使用比例

（2）网购。表 8 - 19 描述了金砖五国和英美日法德成年人过去一年网购过的比例的情况。从 2017 年的调查结果来看，在过去的一年里金砖五国和发达国家网购过的成年人比例为 47.32%、14.44%、2.92%、26.40%、7.77%、75.96%、71.98%、46.46%、55.89% 和 67.95%，中国网购的成年人比例远高于其他金砖国家，略高于日本；南非和印度的这一比例不足 10%，英美的比例达到 70% 以上，为最高，其他发达国家也有过半的成年人网购。从网购发展的速度来看，中国近几年发展迅速，超过日本，并且发展速度快于其他金砖国家和发达国家，发达国家有所增长但速度较慢。总体上，中国有近一半的成年人网购，远远领先于其他金砖国家，和部分发达国家相比有差距但差距不大。

表 8 - 19　　　　　　　　　　　　网购比例　　　　　　　　　　　单位：%

年份	中国	巴西	印度	俄罗斯	南非	英国	美国	日本	法国	德国
2011	6.82	16.42	2.24	8.59	13.15	68.33	66.05	45.79	67.02	66.25
2014	19.40	8.70	1.12	17.65	6.94	73.71	67.20	37.08	47.07	59.76
2017	47.32	14.44	2.92	26.40	7.77	75.96	71.98	46.46	55.89	67.95

图 8 - 5 是各国网购比例的柱状图，中国的这一比例高于其他金砖国家，低于发达国家。

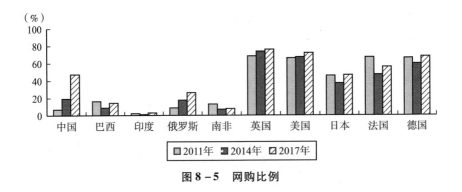

图 8 – 5　网购比例

（3）手机。表 8 – 20 描述了金砖五国和英美日法德成年人手机拥有比例的情况。从 2017 年的调查结果来看，金砖五国和发达国家拥有手机的成 年 人 比 例 为 94.80%、85.43%、68.50%、97.05%、79.15%、94.96%、95.44%、88.76%、87.99% 和 89.18%，中国略低于俄罗斯，高于其他金砖国家，低于英美，高于另外三个发达国家；除印度和南非之外，其他国家 85% 以上成年人都拥有手机，手机的普及度较高。总体上，我国几近人人都拥有手机，领先于大部分金砖国家和发达国家。

表 8 – 20　　　　　　　　　　　手机拥有比例　　　　　　　　　　　单位：%

年份	中国	巴西	印度	俄罗斯	南非	英国	美国	日本	法国	德国
2017	94.80	85.43	68.50	97.05	79.15	94.96	95.44	88.76	87.99	89.18

8.2.2　支付特征

1. 性别与支付

（1）性别与金融账户。表 8 – 21 描述了性别和金融账户拥有比例的关系。从男女性别的差异来看，中国女性拥有金融账户的比例低于男性，印度和巴西与我国情况类似，俄罗斯和南非近年来女性拥有金融账户的比例逐渐超过男性；发达国家中，英法女性拥有金融账户的比例低于男性，美日德部分年份女性拥有金融账户的比例高于男性。从差异的大小来看，2017 年金砖国家和发达国家金融账户拥有比例的性别差异的大小为 5.10

个、6.50 个、4.79 个、-0.14 个、-1.34 个、0.93 个、1.29 个、0.36
个、5.69 个和 -0.03 个百分点，中国、巴西、印度和法国的性别差异较
大，男性处于优势地位，大多发达国家性别差异较小，女性拥有比例即使
高于男性，差异也不大。总体上，中国男女性别在金融账户拥有比例上的
差异大，金砖国家性别差异迥异，发达国家大多性别差异较小。虽有个别
国家女性拥有金融账户的比例高于男性的情况，但总体不处于优势地位。

表 8-21　　　　　　　　　　性别和金融账户　　　　　　　　单位：%

年份	性别	中国	巴西	印度	俄罗斯	南非	英国	美国	日本	法国	德国
2011	男	68.15	61.18	44.70	49.06	56.43	98.33	93.26	98.16	98.13	98.47
	女	61.56	51.49	25.58	47.53	51.15	98.49	84.82	97.59	96.72	99.82
2014	男	82.44	72.43	62.72	64.87	71.51	99.16	91.82	97.85	97.52	97.92
	女	77.02	64.35	44.33	70.20	70.50	98.51	95.38	98.52	96.62	99.38
2017	男	85.22	73.81	82.96	75.76	70.69	97.57	94.24	98.50	97.60	99.52
	女	80.12	67.31	78.17	75.90	72.03	96.64	92.95	98.14	91.91	99.55

图 8-6 是 2017 年性别和金融账户拥有比例的柱状图，除俄罗斯、南
非和德国外，男性拥有金融账户的比例高于女性。

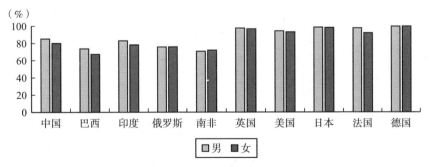

图 8-6　2017 年性别和金融账户拥有比例

（2）性别和银行卡。表 8-22 描述了性别和银行卡拥有比例的关系。
从男女性别的差异来看，中国女性拥有银行卡账户的比例低于男性，除俄

罗斯 2014 年女性比例略高于男性外，金砖国家女性拥有账户的比例普遍低于男性；美法女性拥有银行卡账户的比例低于男性，英日德女性拥有银行卡账户的比例高于男性。从差异的大小来看，2017 年金砖国家和发达国家银行卡账户拥有比例的性别差异的大小为 4.50 个、13.78 个、18.83 个、3.70 个、9.19 个、－1.27 个、3.64 个、－2.27 个、5.07 个、－1.38 个百分点，中国银行卡男女性别差异除高于俄罗斯之外，远低于其他金砖国家；美法的性别差异大小和我国基本相当，英日德女性银行卡账户拥有比例并未远超于男性，略有优势。总体上，中国男女性别在银行卡账户拥有率上有一定差异，差异小于大部分金砖国家，大于发达国家。虽有个别国家女性拥有银行卡账户的比例高于男性的情况，但总体不处于优势地位。

表 8－22　　　　　　　　　　　　性别和银行卡　　　　　　　　　　　单位：%

年份	性别	中国	巴西	印度	俄罗斯	南非	英国	美国	日本	法国	德国
2011	男	44.57	46.73	12.86	39.62	48.66	88.97	79.44	13.49	64.13	89.94
	女	40.28	36.56	5.19	37.58	42.35	89.28	67.11	13.57	74.99	88.33
2014	男	43.46	64.92	29.23	36.54	52.37	96.91	75.37	86.98	81.58	90.07
	女	40.93	52.69	10.13	36.98	50.65	93.79	76.46	91.53	78.14	92.49
2017	男	67.71	64.72	39.04	45.83	36.61	88.04	82.02	85.34	87.00	88.09
	女	63.21	50.94	20.21	42.13	27.42	89.31	78.38	87.61	81.93	89.47

图 8－7 是 2017 年性别和银行卡拥有比例的柱状图，除英国、日本和德国外，男性拥有银行卡的比例高于女性。

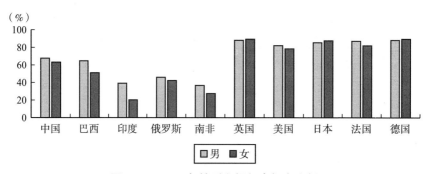

图 8－7　2017 年性别和银行卡拥有比例

（3）性别和信用卡。表 8-23 描述了性别和信用卡拥有比例的关系。从男女性别的差异来看，我国女性拥有信用卡账户的比例低于男性，金砖国家女性拥有账户的比例普遍低于男性，英美日部分年份女性拥有账户的比例低于男性，部分年份女性拥有账户的比例高于男性，基本相当，法德大多年份女性拥有账户的比例低于男性。从差异的大小来看，2017 年金砖五国和发达国家信用卡账户拥有比例的性别差异的大小为 5.14 个、10.79 个、1.03 个、0.54 个、1.88 个、-2.99 个、3.94 个、-4.32 个、-0.23 个和 11.44 个百分点，除低于巴西外，我国信用卡男女性别差异大于其他金砖国家，大于除德国外的其他发达国家；除我国和巴西、德国外，其他国家在信用卡拥有比例上性别的差异不大。总体上，中国在信用卡拥有率的男女性别差异为 5.14 个百分点，略高于除巴西外的其他金砖国家和除德国外的其他发达国家。

表 8-23　　　　　　　　　　　性别和信用卡　　　　　　　　　　　单位：%

年份	性别	中国	巴西	印度	俄罗斯	南非	英国	美国	日本	法国	德国
2011	男	9.34	32.17	2.71	12.04	8.67	56.00	69.48	67.60	44.53	43.06
	女	7.60	27.68	1.25	8.42	6.96	49.55	56.58	63.47	33.96	30.69
2014	男	18.47	38.90	4.81	23.24	14.52	65.29	58.36	61.88	48.68	50.30
	女	15.22	26.50	1.22	20.42	13.40	58.40	61.45	73.17	38.83	44.77
2017	男	24.48	33.51	3.06	21.06	10.59	65.21	68.23	66.79	40.67	59.75
	女	19.34	22.72	2.03	20.52	8.71	68.20	64.29	71.11	40.90	48.31

图 8-8 是 2017 年性别和信用卡拥有比例的柱状图，除英国、日本和法国外，男性拥有信用卡的比例高于女性。

（4）性别和移动支付。表 8-24 描述了性别和过去一年使用过移动支付的比例的关系。从男女性别的差异来看，我国女性使用过移动支付的比例在大部分年份高于男性，金砖国家除巴西在 2014 年例外，女性使用过移动支付的比例普遍低于男性，发达国家中除日本在 2014 年例外，女性使用过移动支付的比例普遍低于男性。从差异的大小来看，2017 年金砖五国和发达国家使用过移动支付的比例的性别差异大小为 - 1.00 个、2.94 个、2.73 个、0.35 个、3.79 个、13.89 个、1.21 个、9.08 个、9.09 个、1.72 个百分点，我国女性在移动支付的使用上占比更高但性别差异不大，金砖国家男性在移动支付的使用上占比更高但性别差异不大；英日法男性在移动支付的使用上占比更高并且性别差异较大，美德男性在移动支付的使用上占比更高但性别差异不大。总体上，我国女性更偏爱移动支付，其他金砖国家和发达国家男性更偏爱移动支付，金砖国家的性别差异相对发达国家较小，女性总体不占优势。

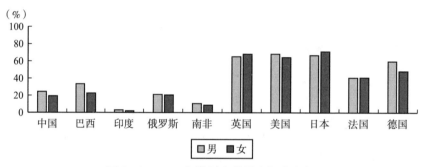

图 8 - 8　2017 年性别和信用卡拥有比例

表 8 - 24　　　　　　　　　　性别和移动支付　　　　　　　　　　单位：%

年份	性别	中国	巴西	印度	俄罗斯	南非	英国	美国	日本	法国	德国
2011	男	1.58	1.49	5.79	3.73	14.32	—	—	—	—	—
	女	1.70	1.15	3.32	2.01	8.20	—	—	—	—	—
2014	男	15.16	2.82	2.80	14.53	20.39	34.96	34.59	4.84	16.22	14.41
	女	14.29	4.14	1.40	14.23	15.46	25.61	31.63	6.91	8.02	12.18
2017	男	40.70	14.20	6.20	29.28	18.09	55.12	67.48	37.91	49.99	58.14
	女	41.70	11.26	3.47	28.93	14.30	41.23	66.27	28.83	40.90	56.42

　　图 8 - 9 是 2017 年性别和移动支付使用比例的柱状图，除中国外，男性使用移动支付的比例高于女性。

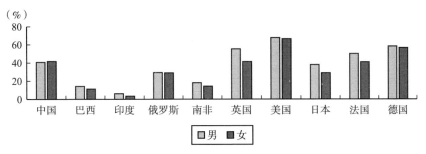

图 8 - 9　2017 年性别和移动支付使用比例

（5）性别和网购。表 8 - 25 描述了性别和过去一年使用过网购的比例的关系。从男女性别的差异来看，我国在大多年份女性在过去一年里使用过网购的比例高于男性，其他国家男性在过去一年里网购过的比例高于女性，英美日女性在过去一年里使用过网购的比例低于男性，法德和我国情况类似，大部分年份女性在过去一年里使用过网购的比例高于男性。从差异的大小来看，2017 年金砖五国和发达国家使用过网购的比例的性别差异大小为 - 4.17 个、6.76 个、1.74 个、0.55 个、4.15 个、9.20 个、0.32 个、6.29 个、- 5.60 个、- 0.79 个百分点，我国和法国女性在网购上占比较大而且性别差异较大，德国女性在网购上占比较大但性别差异不大；除巴西和美国男性在网购上占比较大而且性别差异较大之外，其他金砖国家男性在网购上占比较大但性别差异不大。总体上，我国女性比男性更偏爱网购，其他金砖国家和大多发达国家男性偏爱网购，部分国家存在较大的性别差异，女性总体上不占优势。

表 8 - 25　　　　　　　　　　　　　性别和网购　　　　　　　　　　　　　单位：%

年份	性别	中国	巴西	印度	俄罗斯	南非	英国	美国	日本	法国	德国
2011	男	7.23	20.56	3.13	9.46	15.50	72.50	70.64	46.25	70.03	70.89
	女	6.42	12.54	1.28	7.95	10.91	64.50	61.63	45.39	64.54	61.96
2014	男	17.14	9.20	1.68	18.16	7.29	73.87	70.28	37.50	53.23	64.79
	女	21.73	8.22	0.46	17.25	6.65	73.56	64.06	36.72	41.21	54.75
2017	男	45.30	17.97	3.75	26.70	9.89	80.61	72.14	49.93	52.95	67.54
	女	49.47	11.21	2.01	26.15	5.74	71.41	71.82	43.64	58.55	68.33

图 8 – 10 是 2017 年性别和网购比例的柱状图，除中国、法国和德国外，男性网购的比例高于女性。

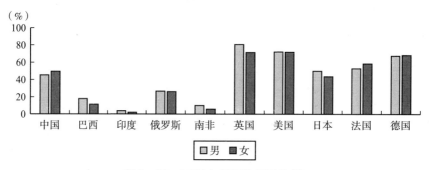

图 8 – 10　2017 年性别和网购比例

（6）性别和手机。表 8 – 26 描述了性别和手机拥有比例的关系。从男女性别的差异来看，我国男性拥有手机的比例高于女性，巴西和俄罗斯女性拥有手机的比例高于男性，其他金砖国家和发达国家男性拥有手机的比例高于女性。从差异的大小来看，2017 年金砖五国和发达国家使用手机的性别差异大小为 1. 80 个、 – 1. 66 个、19. 05 个、 – 0. 25 个、0. 89 个、1. 64 个、1. 26 个、3. 88 个、4. 62 个、6. 85 个百分点，我国男性在手机使用上占比大但性别差异不大，印度和俄罗斯女性在手机使用上占比大但性别差异不大，印度男性占比大而且性别差异大，南非和其他发达国家男性占比大但有一定性别差异。总体上，我国男性更偏爱使用手机但差异较小，大部分金砖国家和发达国家存在一定性别差异，女性总体上不占优势。

表 8 – 26　　　　　　　　　　　　性别和手机　　　　　　　　　　单位：%

年份	性别	中国	巴西	印度	俄罗斯	南非	英国	美国	日本	法国	德国
2017	男	95. 67	84. 56	77. 59	96. 91	79. 61	95. 79	96. 09	90. 90	90. 41	92. 74
	女	93. 87	86. 22	58. 54	97. 16	78. 72	94. 15	94. 83	87. 02	85. 79	85. 89

图 8 – 11 是 2017 年性别和手机使用比例的柱状图，除巴西、俄罗斯外，男性使用手机的比例高于女性。

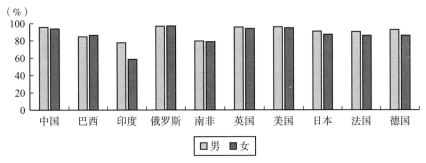

图 8 - 11   2017 年性别和手机拥有比例

2. 年龄与支付

（1）年龄和金融账户。表 8 - 27 描述了年龄和金融账户拥有比例的关系。从 2017 年的调查结果来看，随着年龄的上升，我国不同年龄段的群体拥有金融账户的比例从 92.7% 下降到 74%，巴西 46 ~ 60 岁年龄段拥有金融账户比例最高，达到 78.58%，印度 46 ~ 60 岁年龄段拥有金融账户比例最高，达到 85.50%，俄罗斯 30 ~ 45 岁年龄段拥有金融账户比例最高，达到 81.94%；英日法德等发达国家 30 ~ 45 岁年龄段拥有金融账户比例最高，几近 100%，南非和美国情况特殊，成年人拥有金融账户的比例随着年龄的增长而增长。从各年龄段之间的差距来看，我国和金砖国家金融账户使用具有年轻化趋势，随着年龄上升，金融账户的使用比例明显大幅下降，60 岁以上老年人拥有账户的比例较低，各年龄段之间有着明显的差别，发达国家各个年龄段之间拥有金融账户的比例差异较小，随着年龄上升，金融账户的使用比例略微下降。总体上，30 ~ 45 岁年龄段的中年人拥有金融账户的比例最高，我国和金砖国家金融账户使用具有年轻化趋势，发达国家各个年龄段比较均衡，发达国家老年人相比金砖国家的老年人使用金融账户更活跃。

表 8 - 27　　　　　　　　　年龄和金融账户　　　　　　　　单位：%

年龄	中国	巴西	印度	俄罗斯	南非	英国	美国	日本	法国	德国
30 岁以下	92.71	58.62	76.14	70.15	69.16	89.08	88.15	90.96	76.90	98.08
30 ~ 45 岁	87.64	75.87	84.26	81.94	75.16	98.78	94.65	99.85	100.00	100.00

续表

年龄	中国	巴西	印度	俄罗斯	南非	英国	美国	日本	法国	德国
46~60 岁	68.93	78.58	85.50	79.50	69.12	98.23	95.07	99.60	99.78	99.86
61~75 岁	65.69	77.74	85.47	77.33	71.17	100.00	95.99	98.52	97.26	100.00
75 岁以上	74.00	73.19	68.89	59.24	90.19	100.00	98.92	99.47	96.60	100.00

（2）年龄和银行卡。表 8-28 描述了年龄和银行卡账户拥有比例的关系。从 2017 年的调查结果来看，随着年龄的上升，我国不同年龄段的群体拥有银行卡账户的比例从 77.65% 下降到 40.55%，巴西 61~75 岁年龄段拥有银行卡账户的比例最高，达到 65.72%，印度 30~45 岁年龄段拥有银行卡账户比例最高，达到 33.66%，俄罗斯和我国情况相同，拥有银行卡账户的比例随着年龄段从 49.89% 下降到 14.74%，南非 30~45 岁人口拥有银行卡账户的比例最高，达到 40.21%；英国 61~75 岁年龄段拥有银行卡账户的比例最高，达到 91.44%，美日法德 30~45 岁年龄段拥有银行卡账户比例最高，分别达到 84.34%、94.29%、94.32% 和 92.91%。从各年龄段之间的差距来看，我国和印度、俄罗斯等金砖国家银行卡账户使用具有年轻化趋势，随着年龄上升，银行卡账户的使用比例明显下降，60 岁以上老年人拥有账户的比例较低，发达国家各个年龄段之间变化较小，随着年龄上升，银行卡账户的使用比例只有小幅下降。总体上，30~45 岁年龄段的中年人拥有银行卡账户的比例最高，我国和金砖国家银行卡账户使用具有年轻化趋势，发达国家各个年龄段比较均衡，发达国家老年人相比金砖国家的老年人使用银行卡更活跃。

表 8-28　　　　　　　　　　　　年龄和银行卡　　　　　　　　　　单位：%

年龄	中国	巴西	印度	俄罗斯	南非	英国	美国	日本	法国	德国
30 岁以下	77.65	47.08	32.12	49.89	30.07	80.98	81.50	76.88	66.66	86.67
30~45 岁	72.66	62.06	33.66	48.41	40.21	91.10	84.34	94.29	94.32	92.91
46~60 岁	50.29	65.33	22.09	45.70	31.27	90.60	82.87	91.31	90.55	90.60
61~75 岁	39.37	65.72	26.24	33.70	15.38	91.44	77.67	85.99	83.84	87.78
75 岁以上	40.55	51.28	4.04	14.74	33.45	84.30	58.27	70.33	64.82	75.98

（3）年龄和信用卡。表 8 - 29 描述了年龄和信用卡账户拥有比例的关系。从 2017 年的调查结果来看，随着年龄的上升，我国不同年龄段的群体拥有信用卡账户的比例从 29.5% 下降到 2.02%，巴西 61～75 岁年龄段拥有信用卡账户的比例最高，达到 38.02%，印度 75 岁以上年龄段拥有信用卡账户比例最高，达到 17.85%，俄罗斯和南非 30～45 岁年龄段拥有信用卡账户比例最高，分别达到 30.37% 和 11.17%；英国 46～60 岁年龄段拥有信用卡账户比例最高，达到 74.01%，美国 75 岁以上年龄段拥有信用卡账户比例最高，达到 90.63%，日法德 30～45 岁年龄段拥有信用卡账户比例最高，分别达到 87.57%、54.00%、66.00%。从各年龄段之间的差距来看，我国和南非、俄罗斯等金砖国家银行卡账户使用具有年轻化趋势，随着年龄上升，银行卡账户的使用比例明显下降，60 岁以上老年人极少使用信用卡，大多发达国家各个年龄段之间变化较小，随着年龄上升，信用卡账户的使用比例只有小幅下降。总体上，30～45 岁年龄段的中年人拥有信用卡账户的比例最高，我国和金砖国家银行卡账户使用具有年轻化趋势，发达国家各个年龄段比较均衡，发达国家老年人相比金砖国家的老年人使用信用卡更活跃。

表 8 - 29　　　　　　　　　年龄和信用卡　　　　　　　　单位：%

年龄	中国	巴西	印度	俄罗斯	南非	英国	美国	日本	法国	德国
30 岁以下	29.46	20.38	1.79	15.89	9.41	57.73	43.84	58.57	18.15	31.12
30～45 岁	29.34	27.69	2.92	30.37	11.17	71.85	69.85	87.57	54.00	66.00
46～61 岁	9.74	35.62	2.60	24.02	11.05	74.01	71.23	78.19	45.79	64.70
61～75 岁	3.30	38.02	2.68	15.80	4.94	64.18	77.57	62.37	41.67	54.47
75 岁以上	2.02	25.78	17.85	4.03	0.00	46.90	90.63	33.16	26.98	36.18

（4）年龄和移动支付。表 8 - 30 描述了年龄和过去一年使用过移动支付的成年人比例的关系。从 2017 年的调查结果来看，随着年龄的上升，我国不同年龄段的群体使用移动支付的比例从 63.72% 下降到 3.49%，巴西从 15.20% 下降到 1.15%，印度从 5.84% 下降到没有人使用，俄罗斯从 42.43% 下降到 6.40%。南非 30～45 岁年龄段使用移动支付的比例最

高，达到21.72%；英国46~60岁年龄段使用移动支付的比例最高，达到68.53%，美日法德30~45岁年龄段使用移动支付的比例最高，分别达到79.35%、54.60%、61.26%、78.74%。从各年龄段之间的差距来看，我国和其他金砖国家移动支付使用具有年轻化趋势，随着年龄上升，移动支付的使用比例明显下降，60岁以上老年人极少使用移动支付。发达国家各个年龄段之间也有明显变化，随着年龄上升，移动支付账户的使用也出现大幅下降的现象。总体上，30岁以下年龄段的年轻人使用移动支付的比例最高，各个国家移动支付的使用都具有年轻化的趋势，老年人在移动支付的使用上普遍不活跃。

表8–30   年龄和移动支付   单位：%

年龄	中国	巴西	印度	俄罗斯	南非	英国	美国	日本	法国	德国
30岁以下	63.72	15.20	5.84	42.43	18.62	37.11	68.57	49.88	40.13	62.63
30~45岁	49.70	14.27	4.82	35.07	21.72	55.24	79.35	54.60	61.26	78.74
46~60岁	14.73	10.41	3.39	23.07	6.04	68.53	68.47	35.49	48.75	58.50
61~75岁	2.96	7.20	3.93	13.27	7.49	32.18	56.77	11.90	32.56	40.41
75岁以上	3.49	1.15	0.00	6.40	0.00	9.57	42.46	4.32	3.80	13.11

（5）年龄和网购。表8–31描述了年龄和过去一年网购过的成年人比例的关系。从2017年的调查结果来看，随着年龄的上升，我国不同年龄段的群体网购的比例从76.91%下降到0.69%，巴西从21.14%下降到无人网购，印度从4.20%下降到无人网购，俄罗斯从44.45%下降到6.02%。南非30~45岁年龄段成年人网购的比例最高，达到10.56%，英国46~60岁年龄段成年人网购的比例最高，达到89.00%，美日法德30~45岁年龄段成年人网购的比例最高，分别达到84.43%、80.72%、64.35%、79.67%。从各年龄段之间的差距来看，我国和其他金砖国家成年人的网购比例具有年轻化趋势，随着年龄上升，网购的比例明显下降，60岁以上老年人极少使用网购，发达国家各个年龄段之间也有明显变化，随着年龄上升，网购的比例也出现下降的现象。总体上，45岁以下年龄段的成年人网购的比例最高，各个国家网购的群体都具有年轻化的趋势，

老年人在网购上普遍不活跃。

表 8 – 31　　　　　　　　　　　　年龄和网购　　　　　　　　　单位：%

年龄	中国	巴西	印度	俄罗斯	南非	英国	美国	日本	法国	德国
30 岁以下	76.91	21.14	4.20	44.45	8.91	75.25	75.45	70.33	61.16	71.05
30~45 岁	56.00	16.38	2.60	31.44	10.56	85.76	84.43	80.72	64.35	79.67
46~60 岁	13.86	7.12	0.83	17.97	2.65	89.00	71.24	49.39	60.49	69.20
61~75 岁	2.27	5.30	1.79	6.27	2.84	55.95	62.40	14.51	41.32	57.92
75 岁以上	0.69	0.00	0.00	6.02	5.67	38.09	47.81	4.60	14.00	43.54

（6）年龄和手机。表 8 – 32 描述了年龄和手机拥有比例的关系。从 2017 年的调查结果来看，随着年龄的上升，我国不同年龄段手机的拥有比例从 96.59% 下降到 72.02%，巴西从 90.87% 下降到 42.51%，印度从 72.13% 下降到 51.24%，俄罗斯从 98.37% 下降到 85.51%。南非 75 岁以上老年人拥有手机的比例最高，达到 100.00%；英国 30 岁以下成年人拥有手机的比例最高，达到 100.00%，美日法德 30~45 岁年龄段成年人拥有手机的比例最高，分别达到 98.64%、98.46%、95.23%、97.07%。从各年龄段之间的差距来看，我国和其他金砖国家成年人拥有手机的比例具有年轻化趋势，随着年龄上升，拥有手机的比例虽然下降但降幅较小，60 岁以上老年人大部分也拥有手机，发达国家各个年龄段之间也有明显变化，随着年龄上升，手机的拥有比例也出现下降的现象，但 60 岁以上老年人大部分也拥有手机。总体上，45 岁以下年龄段的成年人拥有手机的比例最高，各个国家拥有手机的群体具有年轻化的趋势，但大部分老年人也拥有手机。

表 8 – 32　　　　　　　　　　年龄和手机拥有比例　　　　　　　　单位：%

年龄	中国	巴西	印度	俄罗斯	南非	英国	美国	日本	法国	德国
30 岁以下	96.59	90.87	72.13	98.37	82.06	100.00	96.91	96.03	87.30	88.93
30~45 岁	97.72	89.60	68.99	97.78	81.43	99.67	98.64	98.46	95.23	97.07

续表

年龄	中国	巴西	印度	俄罗斯	南非	英国	美国	日本	法国	德国
46~60 岁	94.25	84.00	62.47	98.30	71.55	95.96	95.43	91.11	89.71	85.85
61~75 岁	83.64	69.12	61.43	96.04	66.61	89.18	92.77	87.59	80.96	89.08
75 岁以上	72.02	42.51	51.24	85.51	100.00	71.08	86.95	55.58	66.89	78.35

3. 教育与支付

（1）教育和金融账户。表 8-33 描述了教育和金融账户拥有比例的关系。从不同受教育等级的差异来看，随着受教育水平的提升，我国和其他金砖国家的成年人拥有金融账户的比例明显增加，不同受教育程度的成年人拥有金融账户的比例也随着时间增加。发达国家中，除英国在 2014 年和德国在 2017 年例外之外，随着受教育水平的提升，也存在成年人拥有金融账户的比例增加的现象，但不同受教育程度的成年人拥有金融账户的比例随时间增加的趋势不明显。从差异的大小来看，我国和其他金砖国家 50% 左右的初级受教育水平的成年人拥有金融账户，而近 90% 高级受教育水平的成年人拥有金融账户，不同受教育水平的成年人拥有普惠金融的比例差异较大。发达国家中，除美国 50% 左右初级受教育水平的成年人拥有金融账户外，其他国家不同受教育等级的成年人 90% 左右拥有金融账户，不同受教育水平的成年人拥有普惠金融的比例差异较小。总体上，我国虽不同受教育水平的成年人拥有金融账户的比例均高于其他金砖国家，但不同受教育水平之间差异较大，和发达国家不同受教育水平的成年人普遍拥有金融账户相比，还是有很大的差距。

表 8-33 　　　　　　教育和金融账户拥有比例 　　　　　　单位：%

年份	受教育水平	中国	巴西	印度	俄罗斯	南非	英国	美国	日本	法国	德国
2011	初级	57.68	46.90	30.19	22.14	42.55	93.23	47.19	91.06	97.53	96.95
	中级	80.66	62.62	51.49	50.63	56.03	98.85	87.61	99.64	96.10	99.12
	高级	96.26	85.25	76.80	71.68	94.21	99.56	97.58	100.00	100.00	100.00

续表

年份	受教育水平	中国	巴西	印度	俄罗斯	南非	英国	美国	日本	法国	德国
2014	初级	73.62	59.71	44.28	34.36	61.75	100.00	49.77	89.01	82.34	97.03
	中级	90.17	73.39	62.54	67.20	72.75	98.67	92.35	99.74	97.62	98.63
	高级	91.40	98.40	86.87	89.37	95.95	98.98	99.00	99.81	99.72	98.97
2017	初级	74.04	63.00	75.84	55.95	64.54	91.10	64.57	91.02	79.66	100.00
	中级	94.74	72.13	84.51	77.21	72.43	97.55	91.95	99.36	97.77	99.34
	高级	99.58	92.24	97.38	86.16	89.73	99.80	99.85	100.00	98.95	100.00

图 8 - 12 是 2017 年教育和金融账户的柱状图，可以看出，随着受教育水平的提高，金融账户拥有比例也在提高。

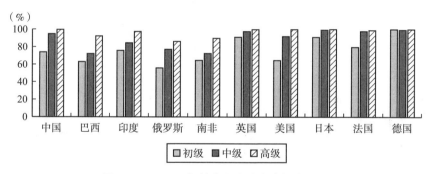

图 8 - 12　2017 年教育和金融账户拥有比例

（2）教育和银行卡。表 8 - 34 描述了教育和银行卡拥有比例的关系。从不同受教育等级的差异来看，随着受教育水平的提升，我国和其他金砖国家的成年人拥有银行卡的比例明显增加，不同受教育程度的成年人拥有银行卡的比例也随着时间增加。发达国家中，除法国在 2011 年、英国在 2014 年和德国在 2017 年例外之外，随着受教育水平的提升，也存在成年人拥有银行卡的比例增加的现象，除日本和美国例外，英法德不同受教育程度的成年人拥有银行卡的比例随时间增加的趋势不明显。从差异的大小来看，我国和其他金砖国家只有小部分初级受教育水平的成年人拥有银行卡,而近大半高级受教育水平的成年人拥有银行卡,不同受教育水平的成年人拥有银行卡的比例差异较大。发达国家中,除美国和日本初级受教育水平的成年人拥有银行卡的比例较低外,英法德不同受教育水平的大部分成年人拥有银行卡,不同受教育水平的成年人拥有银行卡的比例差异比金砖国家小。总体上,我国不同受教育水平的成年人拥有银行卡的比例虽均高于其他金砖国家,但不同受教育水平之间差异较大,和发达国家不同受教育水平的成年人普遍拥有银行卡相比,还是有很大的差距。

表 8－34　　　　　　　　　　　教育和银行卡拥有比例　　　　　　　　单位:%

年份	受教育水平	中国	巴西	印度	俄罗斯	南非	英国	美国	日本	法国	德国
2011	初级	33.34	26.82	5.17	13.62	35.28	69.40	42.49	7.27	62.73	81.84
	中级	62.91	52.12	18.35	41.24	47.70	89.08	70.07	11.82	71.78	88.10
	高级	78.65	82.91	45.38	59.06	79.39	98.85	84.62	24.70	69.11	96.51
2014	初级	31.88	47.01	7.11	8.72	39.78	95.70	44.31	67.36	43.70	84.34
	中级	58.09	65.78	30.99	36.61	53.02	94.13	71.87	92.33	79.81	91.05
	高级	68.87	97.18	69.21	53.92	92.52	97.57	86.91	95.48	92.11	93.04
2017	初级	52.67	47.04	12.66	27.44	19.68	80.43	58.44	65.11	64.83	66.75
	中级	84.03	60.04	45.68	43.81	34.01	88.06	77.70	89.24	89.26	89.55
	高级	85.54	87.56	73.79	54.90	61.97	94.68	87.29	93.00	87.44	90.58

图 8－13 是 2017 年教育和银行卡拥有比例关系的柱状图,可以看出,随着受教育水平的提高,银行卡拥有比例也在提高。

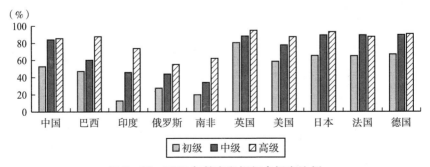

图 8－13　2017 年教育和银行卡拥有比例

（3）教育和信用卡。表 8-35 描述了教育和信用卡拥有比例的关系。从不同受教育等级的差异来看，随着受教育水平的提升，我国和其他金砖国家的成年人拥有信用卡的比例明显增加，不同受教育水平的成年人拥有信用卡的比例也随着时间增加。发达国家中，除法国在 2014 年、英国在 2011 年例外之外，随着受教育水平的提升，也存在成年人拥有信用卡的比例增加的现象，不同受教育程度的成年人拥有信用卡的比例也存在随时间增加的趋势。从差异的大小来看，我国和其他金砖国家只有极少部分初级受教育水平的成年人拥有信用卡，中国、巴西和南非一半左右高级受教育水平的成年人拥有信用卡，印度和俄罗斯小部分中级受教育水平的成年人拥有信用卡，不同受教育水平的成年人拥有信用卡的比例差异较大。发达国家中，只有小部分初级受教育水平的成年人拥有信用卡，而大部分高级受教育水平的成年人拥有信用卡，不同受教育水平的成年人拥有信用卡的比例差异同样较大。总体上，我国不同受教育水平的成年人拥有信用卡的比例除低于巴西，高于其他金砖国家，但不同受教育水平之间差异较大，和发达国家不同受教育水平的成年人普遍拥有信用卡相比，还是有很大的差距。

表 8-35　　　　　　　　　　教育和信用卡拥有比例　　　　　　　　单位：%

年份	受教育水平	中国	巴西	印度	俄罗斯	南非	英国	美国	日本	法国	德国
2011	初级	3.86	16.16	1.33	2.15	0.53	33.46	30.03	38.19	17.83	34.27
	中级	16.31	40.12	3.13	11.17	8.61	48.49	55.50	67.64	37.21	32.41
	高级	46.21	65.39	8.88	15.15	44.84	75.02	85.27	87.64	49.57	60.99
2014	初级	6.14	19.60	0.39	5.96	5.58	64.64	13.15	26.74	22.49	32.16
	中级	29.85	42.04	5.42	23.58	15.14	51.73	50.80	71.85	45.29	40.66
	高级	60.60	55.24	12.61	26.32	41.99	80.58	83.14	83.63	43.96	68.38
2017	初级	11.35	17.30	1.58	5.78	5.70	45.14	19.32	34.44	21.89	22.17
	中级	34.38	30.28	2.56	21.71	9.71	66.70	57.94	71.77	41.51	46.53
	高级	56.75	59.31	13.17	28.76	27.58	79.51	87.53	84.41	56.78	79.68

图 8 - 14 是教育和信用卡拥有比例关系的柱状图，可以看出，随着受教育水平的提高，信用卡拥有比例也在提高。

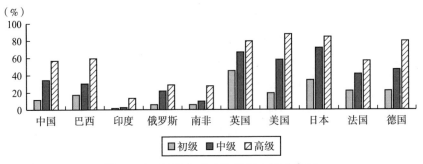

图 8 - 14　2017 年教育和信用卡拥有比例

（4）教育和移动支付。表 8 - 36 描述了教育和移动支付使用比例的关系。从不同受教育等级的差异来看，随着受教育水平的提升，除巴西在 2011 年和 2014 年例外之外，我国和其他金砖国家的成年人使用移动支付的比例明显增加，除印度之外，其他金砖国家不同受教育水平的成年人使用移动支付的比例也随着时间增加。发达国家中，随着受教育水平的提升，也存在成年人使用移动支付的比例增加的现象，不同受教育程度的成年人使用移动支付的比例也存在随时间增加的趋势。从差异的大小来看，2014 年及以前，我国和其他金砖国家只有极少部分初级受教育水平的成年人使用移动支付，2017 年，印度高级受教育水平成年人使用移动支付的比例较低，中国大部分高级受教育水平的成年人使用移动支付，其他金砖国家近一半高级受教育水平的成年人使用移动支付，不同受教育水平的成年人使用移动支付的比例差异较大。发达国家中，除英国之外，只有极小部分初级受教育水平的成年人使用移动支付，而大部分高级受教育等级的成年人使用移动支付，不同受教育水平的成年人使用移动支付的比例差异同样较大。总体上，我国不同受教育水平的成年人使用移动支付的比例高于其他金砖国家和发达国家，但不同受教育水平之间差异较大。

表 8 - 36　　　　　　　　　教育和移动支付使用比例　　　　　　单位：%

年份	受教育水平	中国	巴西	印度	俄罗斯	南非	英国	美国	日本	法国	德国
2011	初级	0.71	0.82	3.53	0.00	3.73	—	—	—	—	—
	中级	2.72	1.88	7.64	3.44	12.18	—	—	—	—	—
	高级	13.03	0.83	13.19	3.46	46.86	—	—	—	—	—
2014	初级	3.36	1.28	0.68	3.17	8.49	39.71	3.00	0.00	4.20	3.47
	中级	30.86	5.27	3.21	13.77	18.74	29.35	31.56	5.18	11.37	12.77
	高级	50.24	5.05	8.63	22.48	53.25	30.63	38.48	12.04	17.36	16.26
2017	初级	24.51	1.05	1.49	20.28	4.11	25.15	29.63	14.56	30.84	23.28
	中级	63.21	15.77	7.05	24.79	18.09	48.83	61.42	29.37	44.91	53.68
	高级	79.34	42.79	21.67	44.96	47.45	60.32	81.57	55.16	60.10	73.16

图 8 - 15 是 2017 年教育和移动支付使用比例关系的柱状图，可以看出，随着受教育水平的提高，使用移动支付的比例也在提高。

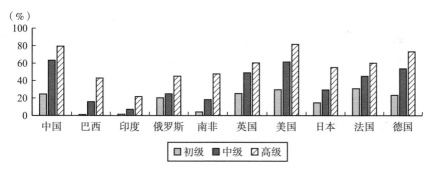

图 8 - 15　2017 年教育和移动支付使用比例

（5）教育和网购。表 8 - 37 描述了教育和网购比例的关系。从不同受教育等级的差异来看，随着受教育水平的提升，我国和其他金砖国家的成年人网购的比例有明显的增加，除巴西、印度、南非在 2014 年例外之外，其他金砖国家不同受教育水平的成年人使用网购的比例也随着时间增加。发达国家中，随着受教育水平的提升，也存在成年人使用网购的比例增加

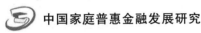

的现象，除美法德在 2014 年例外之外，不同受教育程度的成年人使用网购的比例也存在随时间增加的趋势。从差异的大小来看，2014 年及以前，我国和其他金砖国家只有极少部分初级受教育水平的成年人使用网购。2017 年，中国绝大部分高级受教育水平的成年人使用网购，其他金砖国家近一半高级受教育水平的成年人使用网购，不同受教育水平的成年人使用网购的比例差异较大。发达国家中，小部分初级受教育水平的成年人使用网购，而绝大部分高级受教育等级的成年人使用网购，不同受教育水平的成年人使用网购的比例差异同样较大。总体上，我国不同受教育水平的成年人使用网购的比例高于其他金砖国家和发达国家，但不同受教育水平之间差异较大。

表 8 - 37　　　　　　　　　　　　教育和网购比例　　　　　　　　　单位：%

年份	受教育水平	中国	巴西	印度	俄罗斯	南非	英国	美国	日本	法国	德国
2011	初级	2.43	6.72	1.47	1.91	5.72	34.75	32.15	17.67	46.02	42.59
	中级	14.50	21.73	3.97	7.78	13.76	66.44	59.92	49.85	63.28	65.30
	高级	41.35	60.19	9.29	20.18	54.58	90.54	85.40	63.81	82.67	77.43
2014	初级	5.68	3.65	0.47	9.48	1.36	46.81	19.91	18.48	30.76	12.36
	中级	38.60	10.52	1.16	14.75	7.00	72.40	61.22	33.45	43.46	58.78
	高级	63.40	40.78	8.10	29.60	36.68	79.87	83.52	59.62	67.53	70.01
2017	初级	27.61	2.66	0.34	21.84	0.18	56.31	40.00	20.41	40.49	35.25
	中级	73.02	17.46	3.95	20.79	8.35	77.65	65.07	42.94	55.44	65.96
	高级	94.54	46.27	21.05	42.42	36.68	84.48	89.03	73.75	72.25	79.23

图 8 - 16 是 2017 年教育和网购比例关系的柱状图，随着受教育水平的提高，比例也在提高。

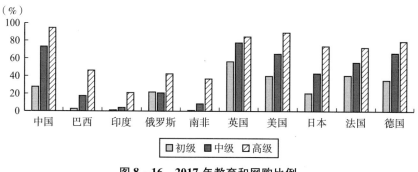

图 8-16 2017 年教育和网购比例

（6）教育和手机。表 8-38 描述了教育和手机拥有比例的关系。从 2017 年的调查结果来看，我国和其他金砖国家拥有手机的比例随着教育水平的提高而提升，发达国家中英日德也存在拥有手机的比例随着教育水平的提高而提升的现象。美国初等受教育水平的成年人拥有手机的比例最高，达到 100%，法国中等受教育水平的成年人拥有手机的比例最高，达到 90%。从不同受教育水平之间拥有手机比例的差异来看，金砖五国和发达国家高等受教育水平和初等受教育水平之间拥有手机比例的差异分别为 6.21 个、26.36 个、24.73 个、5.62 个、20.50 个、8.00 个、-2.86 个、20.89 个、-3.79 个和 23.1 个百分点，我国和俄罗斯的差异相比于其他金砖国家和部分发达国家较小，日德两国不同受教育水平的差异较大。总体上，我国手机拥有比例高，不同受教育水平之间差异小，领先于其他金砖国家和部分发达国家。

表 8-38　　　　　　　　　　　教育和手机拥有比例　　　　　　　　　　单位：%

年份	受教育水平	中国	巴西	印度	俄罗斯	南非	英国	美国	日本	法国	德国
2017	初级	92.46	69.90	60.26	93.76	71.62	87.70	100.00	73.72	86.70	73.01
	中级	98.13	92.66	76.38	97.00	80.84	96.90	94.35	90.14	89.96	87.71
	高级	98.67	96.26	84.99	99.38	92.12	95.70	97.14	94.61	82.91	96.11

图 8-17 是 2017 年教育和手机拥有比例关系的柱状图，可以看出，

随着受教育水平的提高，手机拥有比例也在提高。

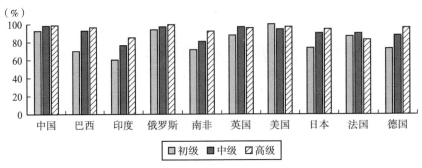

图 8 – 17　2017 年教育和手机拥有比例

8.3　家庭储蓄的国际比较

8.3.1　储蓄行为

1. 储蓄比例

（1）储蓄拥有比例。如果被调查者在调查时间之前的一年内存储过货币，则视被调查者拥有储蓄。

表 8 – 39 描述了各个国家成年人储蓄拥有比例的情况。从储蓄拥有比例来看，各个国家 2017 年拥有储蓄的成年人比例分别为 48.45%、24.21%、29.31%、23.80%、50.06%、72.40%、71.86%、71.68%、58.22% 和 70.75%，除低于南非，我国成年人拥有储蓄的比例高于其他金砖国家；发达国家拥有储蓄的比例远高于我国和其他金砖国家。从时间上看，我国存在先增长后下降的趋势，其他金砖国家先下降后增长，发达国家也普遍表现出先下降后增长的趋势。总体上，我国有近一半成年人拥有储蓄，这一比例低于发达国家，高于金砖国家，并且近几年在其他国家储蓄比例普遍上升的情况下出现了下降趋势。

表 8 - 39			储蓄拥有比例					单位：%	
年份	中国	巴西	印度	俄罗斯	南非	英国	美国	日本	法国	德国
2011	43.24	26.09	26.71	29.52	34.72	62.19	73.00	67.22	70.18	72.42
2014	61.54	13.47	23.33	22.82	34.27	51.60	61.43	58.74	41.86	66.48
2017	48.45	24.21	29.31	23.80	50.06	72.40	71.86	71.68	58.22	70.75

图 8 - 18 是 2011 年、2014 年、2017 年各国储蓄拥有比例的柱状图，我国的这一比例虽高于其他金砖国家，但低于发达国家。

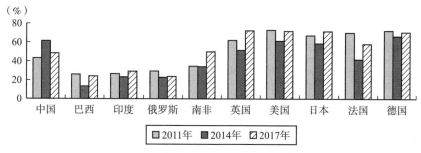

图 8 - 18　2011 年、2014 年、2017 年储蓄拥有比例

（2）经营性储蓄拥有比例。如果被调查者在过去一年内，以经营和发展工商业、农业活动为目的进行储蓄，则视被调查者拥有经营性储蓄。

表 8 - 40 描述了各个国家成年人经营性储蓄拥有比例的情况。从经营性储蓄拥有比例来看，各个国家 2017 年拥有经营性储蓄的成年人比例分别为 16.43%、13.55%、9.30%、4.99%、14.12%、9.89%、15.59%、17.04%、7.17% 和 8.36%，我国成年人拥有经营性储蓄的比例高于其他金砖国家；除了低于日本，我国成年人拥有经营性储蓄的比例也高于其他发达国家。从时间上看，我国出现下降的趋势，其他金砖国家均出现增加的趋势，美日出现增加的趋势，英法德出现下降的趋势。总体上，我国拥有经营性储蓄的比例高于其他国家，但在其他部分国家经营性储蓄比例增加的情况下出现了下降趋势，值得注意。

中国家庭普惠金融发展研究

表 8-40 经营性储蓄拥有比例 单位：%

年份	中国	巴西	印度	俄罗斯	南非	英国	美国	日本	法国	德国
2014	22.61	7.17	6.89	3.79	10.98	10.98	9.08	5.26	7.80	11.23
2017	16.43	13.55	9.30	4.99	14.12	9.89	15.59	17.04	7.17	8.36

　　图 9-19 是各国经营性储蓄拥有比例的柱状图，我国的这一比例高于其他金砖国家。

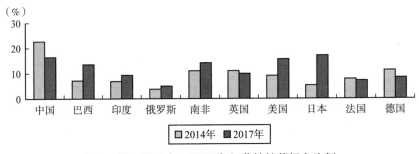

图 8-19　2014 年、2017 年经营性储蓄拥有比例

　　（3）养老储蓄拥有比例。如果被调查者在调查时间的过去一年内以养老为目的进行储蓄，则被定义为拥有养老储蓄。

　　表 8-41 描述了各个国家成年人养老储蓄拥有比例的情况。从养老储蓄拥有比例来看，各个国家 2017 年拥有养老储蓄的成年人比例分别为 22.76%、11.00%、10.77%、14.49%、10.51%、44.28%、54.90%、51.81%、31.83% 和 55.55%，我国成年人拥有养老储蓄的比例高于其他金砖国家，但远低于发达国家。金砖国家的养老储蓄拥有比例在 10% 水平以上，而发达国家的养老储蓄在 30% 以上，二者有很大的差距。从时间上看，我国和南非的养老储蓄比例出现下降的趋势，俄罗斯基本保持不变，其他金砖国家出现增加的趋势，发达国家除德国外均表现出增加的趋势。总体上，我国拥有养老储蓄的比例虽高于金砖国家，但低于发达国家，并且出现了下降趋势，值得注意。

表 8－41 养老储蓄拥有比例 单位：%

年份	中国	巴西	印度	俄罗斯	南非	英国	美国	日本	法国	德国
2014	39.17	3.72	9.62	14.50	15.44	43.13	46.31	44.61	30.77	57.61
2017	22.76	11.00	10.77	14.49	10.51	44.28	54.90	51.81	31.83	55.55

图 8－20 是 2014 年、2017 年各国养老储蓄拥有比例的柱状图，我国的这一比例虽高于其他金砖国家，但低于发达国家。

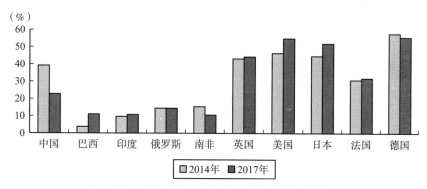

图 8－20 2014 年、2017 年养老储蓄拥有比例

2. 正规储蓄

如果被调查者在调查时间的过去一年内，使用自己或他人的账户，在银行或其他金融机构存款，则被定义为正规储蓄拥有者。

表 8－42 描述了各个国家成年人正规储蓄拥有比例的情况。从正规储蓄拥有比例来看，各个国家 2017 年拥有正规储蓄的成年人比例分别为 37.19%、14.72%、20.01%、13.68%、22.35%、66.52%、63.60%、66.29%、48.53% 和 56.87%，我国成年人拥有正规储蓄的比例高于其他金砖国家，但远低于发达国家，金砖国家的正规储蓄拥有比例在 21% 左右；发达国家的正规储蓄在 60% 左右的水平上，二者有很大的差距。从时间上看，我国和俄罗斯、南非的正规储蓄比例出现先增加后下降的趋势，巴西和印度的正规储蓄比例一直呈增加趋势，英美日的正规储蓄一直呈增加趋势，法德的正规储蓄比例出现先增加后下降的趋势。总体上，我

国拥有正规储蓄的比例虽高于金砖国家，但低于发达国家，并且和部分国家一样近年来正规储蓄的拥有比例出现下降趋势。

表 8 – 42   正规储蓄拥有比例   单位：%

年份	中国	巴西	印度	俄罗斯	南非	英国	美国	日本	法国	德国
2011	33.27	10.47	11.66	11.19	22.20	45.33	51.71	52.71	51.72	57.61
2014	41.46	12.66	14.87	16.03	33.40	54.38	56.13	63.79	53.22	60.04
2017	37.19	14.72	20.01	13.68	22.35	66.52	63.60	66.29	48.53	56.87

图 8 – 21 是 2011 年、2014 年、2017 年各国正规储蓄拥有比例的柱状图，我国高于其他金砖国家，低于发达国家。

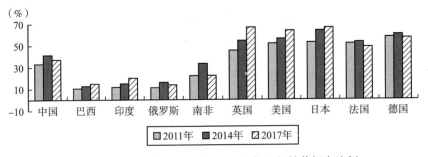

图 8 – 21 2011 年、2014 年、2017 年正规储蓄拥有比例

3. 非正规储蓄

如果被调查者在调查时间的过去一年内，在非银行等金融机构存款，则被定义为非正规储蓄拥有者。

表 8 – 43 描述了各个国家成年人非正规储蓄拥有比例的情况。从非正规储蓄拥有比例来看，金砖五国 2017 年拥有非正规储蓄的成年人比例分别为 4.53%、4.23%、8.09%、1.42%、30.89%，我国成年人拥有非正规储蓄的比例高于俄罗斯和巴西，但远低于印度和南非，2011年金砖国家的非正规储蓄拥有比例除南非外在 4% 水平以下，发达国家2011 年的非正规储蓄在 6% 左右的水平上，二者有一定的差距。从时间

上看，我国和俄罗斯、巴西的非正规储蓄比例呈现一直增加的趋势，南非和印度的非正规储蓄比例呈现先增加后减少的趋势。总体上，我国拥有非正规储蓄的比例在金砖国家中居中等水平，除南非外，各个国家非正规储蓄的水平均不高，但我国近年来非正规储蓄的拥有比例出现增加趋势。

表 8-43 非正规储蓄拥有比例 单位：%

年份	中国	巴西	印度	俄罗斯	南非
2011	2.42	2.10	3.13	0.54	13.58
2014	2.68	3.35	9.36	1.24	31.05
2017	4.53	4.23	8.09	1.42	30.89

注：发达国家非正规储蓄部分数据缺失。类似情况不再一一说明。

8.3.2 储蓄特征

1. 性别与储蓄

（1）性别和储蓄拥有比例。表 8-44 描述了性别和储蓄拥有比例的关系。从男女性别的差异来看，我国女性拥有储蓄的比例低于男性，金砖国家女性拥有储蓄的比例普遍低于男性；发达国家中，英美法德女性拥有储蓄的比例普遍低于男性，而日本女性在大多年份拥有储蓄的比例高于男性，但近年来这一趋势也有所改变。从差异的大小来看，2017 年金砖国家和发达国家储蓄拥有比例的性别差异的大小为 10.76 个、11.80 个、6.39 个、0.65 个、6.34 个、5.03 个、2.48 个、5.06 个、0.28 个和 5.76 个百分点，我国储蓄的男女性别差异除低于巴西之外，远高于其他金砖国家；和发达国家相比，我国的性别差异远大于各个发达国家，发达国家的男女性别差异总体上小于金砖国家。总体上，我国男女性别在储蓄拥有比例上有较大的差异，差异大于发达国家和大部分金砖国家。

表 8 – 44　　　　　　　　　　　　　性别和储蓄拥有比例　　　　　　　　　　　单位：%

年份	性别	中国	巴西	印度	俄罗斯	南非	英国	美国	日本	法国	德国
2011	男	42.99	30.27	31.78	30.95	36.58	67.10	78.79	64.27	76.66	76.77
	女	43.48	22.18	21.18	28.46	32.94	57.68	67.42	69.90	64.85	68.38
2014	男	63.20	17.12	26.81	22.20	36.64	58.04	63.18	54.38	44.44	67.96
	女	59.83	9.92	19.28	23.31	32.29	45.29	59.64	62.49	39.40	65.01
2017	男	53.67	30.36	32.36	24.15	53.30	74.94	73.14	74.47	58.37	73.75
	女	42.91	18.56	25.97	23.50	46.96	69.91	70.66	69.41	58.09	67.99

图 8 – 22 是 2017 年性别和储蓄拥有比例的柱状图，男性进行储蓄的比例高于女性。

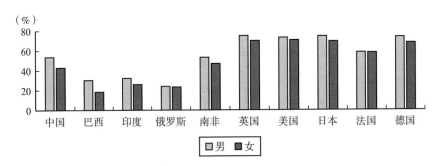

图 8 – 22　2017 年性别和储蓄拥有比例

（2）性别和经营性储蓄拥有比例。表 8 – 45 描述了性别和经营性储蓄拥有比例的关系。从男女性别的差异来看，我国女性拥有经营性储蓄的比例低于男性，金砖国家女性拥有经营性储蓄的比例也普遍低于男性；发达国家中，女性拥有经营性储蓄的比例普遍低于男性。从差异的大小来看，2017 年金砖国家和发达国家经营性储蓄拥有比例的性别差异的大小为 5.74 个、6.40 个、5.32 个、1.12 个、3.95 个、1.86 个、8.70 个、15.88 个、3.44 个和 7.89 个百分点，我国经营性储蓄的男女性别差异除低于巴西之外，高于其他金砖国家；和发达国家相比，我国的性别差异大于英国和法国，小于美日德，部分发达国家的男女性别差异大于金砖国家。总体上，我国在经营性储蓄拥有比例上有较大的性别差异，差异大于部分发达国家和金砖国家。女性总体不处于优势地位，拥有经营性储蓄的比例普遍低于男性。

表 8-45　　　　　　　　性别和经营性储蓄拥有比例　　　　　　　单位：%

年份	性别	中国	巴西	印度	俄罗斯	南非	英国	美国	日本	法国	德国
2014	男	27.02	9.72	9.92	5.27	13.01	14.44	11.83	6.90	11.49	17.18
	女	18.07	4.68	3.37	2.62	9.29	7.57	6.26	3.84	4.29	5.32
2017	男	19.21	16.89	11.84	5.60	16.14	10.83	20.07	25.80	8.98	12.47
	女	13.47	10.49	6.52	4.48	12.19	8.97	11.37	9.92	5.54	4.58

　　图 8-23 是 2017 年性别和经营性储蓄拥有比例的柱状图，男性进行经营性储蓄的比例高于女性。

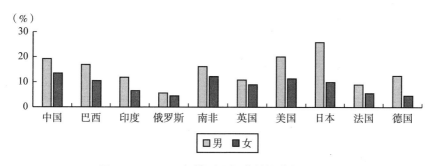

图 8-23　2017 年性别和经营性储蓄拥有比例

　　（3）性别和养老储蓄拥有比例。表 8-46 描述了性别和养老储蓄拥有比例的关系。从男女性别的差异来看，我国女性拥有养老储蓄的比例低于男性，除俄罗斯和南非在 2014 年例外之外，金砖国家女性拥有养老储蓄的比例普遍低于男性；发达国家中，英美法德女性拥有养老储蓄的比例普遍低于男性，而日本女性在 2014 年拥有养老储蓄的比例高于男性，但近年这一趋势也有所改变。从差异的大小来看，2017 年金砖国家和发达国家养老储蓄拥有比例的性别差异的大小分别为 7.02 个、3.47 个、3.43

个、1.48 个、0.33 个、2.84 个、3.49 个、5.08 个、1.08 个和 3.07 个百分点，我国养老储蓄的男女性别差异远高于其他金砖国家和发达国家，是各个国家中性别差异最大的国家；发达国家的男女性别差异总体上和金砖国家差异不大。总体上，我国在养老储蓄拥有比例上有较大的性别差异，大于发达国家和其他金砖国家。虽有极个别女性拥有养老储蓄的比例高于男性的情况，但女性总体不处于优势地位。

表 8 – 46　　　　　　　　　　性别和养老储蓄拥有比例　　　　　　　　　单位：%

年份	性别	中国	巴西	印度	俄罗斯	南非	英国	美国	日本	法国	德国
2014	男	40.42	4.47	10.83	13.09	14.63	49.92	48.24	44.20	32.88	59.60
	女	37.89	2.98	8.22	15.61	16.12	36.46	44.34	44.96	28.77	55.62
2017	男	26.17	12.81	12.41	15.30	10.68	45.72	56.70	54.61	32.39	57.15
	女	19.15	9.34	8.98	13.82	10.35	42.88	53.21	49.53	31.31	54.08

图 8 – 24 是 2017 年性别和养老储蓄拥有比例的柱状图，男性进行养老储蓄的比例高于女性。

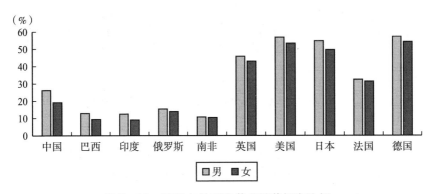

图 8 – 24　2017 年性别和养老储蓄拥有比例

（4）性别和正规储蓄拥有比例。表 8 – 47 描述了性别和正规储蓄拥有比例的关系。从男女性别的差异来看，我国和俄罗斯女性拥有非正规储蓄的比例在大多年份高于男性，但我国近年来这一趋势有所改变，其他金砖国家女性拥有正规储蓄的比例普遍低于男性；发达国家中，英美法德女性拥有正规储蓄的比例普遍低于男性，而日本女性在大多年份拥有正规储蓄的比例高于男性，但近年这一趋势也有所改变。从差异的大小来看，2017年金砖国家和发达国家正规储蓄拥有比例的性别差异的大小分别为 7.56个、8.69 个、5.90 个、 – 1.19 个、9.92 个、7.82 个、0.56 个、3.40个、1.79 个和 7.07 个百分点，我国正规储蓄的男女性别差异高于印度和俄罗斯，低于巴西和南非，和发达国家相比，我国的性别差异除低于英国外，大于其他发达国家；发达国家的男女性别差异总体上小于金砖国家。总体上，我国在正规储蓄拥有比例上有较大的性别差异，差异大于大部分国家。虽有极个别女性拥有正规储蓄的比例高于男性的情况，但女性总体不处于优势地位。

表 8 – 47　　　　　　　　　　性别和正规储蓄拥有比例　　　　　　　　单位：%

年份	性别	中国	巴西	印度	俄罗斯	南非	英国	美国	日本	法国	德国
2011	男	33.03	12.93	16.35	10.74	23.89	48.66	54.96	50.57	56.36	58.85
	女	33.51	8.16	6.56	11.52	20.60	42.27	48.58	54.65	47.90	56.47
2014	男	41.37	15.24	18.50	14.66	35.77	54.44	57.61	57.52	59.21	59.86
	女	41.57	10.14	10.64	17.11	31.43	54.32	54.61	69.17	47.52	60.21
2017	男	40.86	19.25	22.82	13.03	27.43	70.47	63.89	68.17	49.47	60.55
	女	33.30	10.56	16.92	14.22	17.51	62.65	63.33	64.77	47.68	53.48

　　图 8 – 25 是 2017 年性别和正规储蓄拥有比例的柱状图，男性进行正规储蓄的比例高于女性。

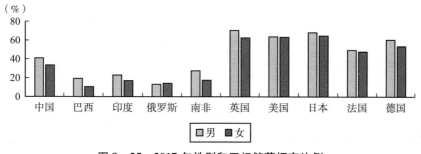

图 8 – 25　2017 年性别和正规储蓄拥有比例

（5）性别和非正规储蓄拥有比例。表8-48描述了性别和非正规储蓄拥有比例的关系。从男女性别差异来看，我国和印度女性拥有非正规储蓄的比例在2014年高于男性，2017年来这一趋势有所改变，巴西和俄罗斯女性拥有非正规储蓄的比例低于男性，南非女性拥有非正规账户的比例高于男性。从差异的大小看，2017年金砖国家非正规储蓄拥有比例的性别差异的大小为1.57个、1.75个、0.03个、0.76个和-2.53个百分点，我国非正规储蓄的男女性别差异低于巴西和南非，高于其他金砖国家。总体上，我国在非正规储蓄拥有比例上有一定的性别差异，在非正规储蓄上各国的性别差异均不大。

表8-48　　　　　　　　　　　　性别和非正规储蓄　　　　　　　　单位：%

年份	性别	中国	巴西	印度	俄罗斯	南非
2011	男	2.48	2.70	3.80	0.69	12.82
	女	2.36	1.53	2.41	0.43	14.30
2014	男	2.53	3.84	9.31	1.84	26.64
	女	2.84	2.87	9.40	0.77	34.71
2017	男	5.29	5.14	8.10	1.84	29.59
	女	3.72	3.39	8.07	1.08	32.12

2. 年龄与储蓄

（1）年龄和储蓄拥有比例。表8-49描述了年龄和储蓄拥有比例的关系。从2017年的调查结果来看，随着年龄的上升，我国不同年龄段的群体拥有储蓄的比例先增加后下降，年龄达到75岁以上时，储蓄的拥有比例又大幅上升；巴西30岁以下年龄段拥有储蓄的比例最高，达到29.35%；印度和俄罗斯75岁以上年龄段拥有储蓄的比例最高，达到43.90%和39.98%，南非30~45岁年龄段拥有储蓄的比例最高，达到55.86%；英美日法德等发达国家30~45岁年龄段拥有储蓄比例最高，分别达到79.62%、75.41%、78.83%、69.22%和82.20%。从各年龄段之间的差距来看，我国和巴西、南非等金砖国家年轻人更喜欢拥有储蓄，印度和俄罗斯的老年人更喜欢拥有储蓄，各个年龄段拥有储蓄的比例差异较小；发达国家 30～45 岁年龄段拥有储蓄的比例最高，随着年龄上升，储蓄比例整体呈下降趋势。总体上，30～45 岁年龄段的中年人拥有储蓄的比例最高，发达国家各个年龄段之间储蓄的差异要大于金砖国家。

表 8－49 年龄和储蓄拥有比例 单位：%

年龄	中国	巴西	印度	俄罗斯	南非	英国	美国	日本	法国	德国
30 岁以下	53.28	29.35	23.31	17.14	46.00	56.11	67.55	65.87	35.58	63.68
30～45 岁	56.20	23.93	33.11	19.45	55.86	79.62	75.41	78.83	69.22	82.20
46～60 岁	39.16	18.92	34.09	24.85	52.84	77.33	75.32	75.22	67.26	71.64
61～75 岁	28.35	19.67	36.83	35.02	48.57	74.26	69.33	66.17	58.36	72.55
75 岁以上	41.11	19.78	43.90	39.98	43.15	61.87	71.89	65.77	33.08	43.21

（2）年龄和经营性储蓄拥有比例。表 8－50 描述了年龄和储蓄拥有比例的关系。从 2017 年的调查结果来看，随着年龄的上升，我国不同年龄段的群体拥有经营性储蓄的比例先增加后下降，30～45 岁年龄段拥有经营性储蓄的比例最高，达到 22.52%，巴西 30 岁以下年龄段拥有经营性储蓄的比例最高，达到 19.29%，印度 61～75 岁年龄段拥有经营性储蓄的比例最高，达到 11.60%，俄罗斯和南非 30～45 岁年龄段拥有经营性储蓄的比例最高，达到 6.28% 和 17.28%；英国和法国 46～60 岁年龄段拥有经营性储蓄的比例最高，达到 17.34% 和 10.44%，美国 30 岁以下年龄段拥有经营性储蓄的比例最高，达到 23.04%，日德 30～45 岁年龄段拥有经营性储蓄比例最高，分别达到 19.14% 和 14.89%。从各年龄段之间的差距来看，我国和巴西、南非等金砖国家年轻人更喜欢拥有经营性储蓄，随着年龄的增长，拥有经营性储蓄的整体呈下降趋势；发达国家 60 岁以下年龄段之间拥有经营性储蓄的比例最大，随着年龄上升，经营性储蓄比例也明显下降。总体上，30～45 岁年龄段的中年人拥有经营性储蓄的比例最高，随着年龄的增大，经营性储蓄的拥有比例明显下降。

表 8 - 50   年龄和经营性储蓄拥有比例   单位：%

年龄	中国	巴西	印度	俄罗斯	南非	英国	美国	日本	法国	德国
30 岁以下	19.81	19.29	7.91	4.95	14.18	3.56	23.04	18.30	1.53	2.47
30~45 岁	22.52	15.27	10.69	6.28	17.28	12.27	13.87	19.14	9.19	14.89
46~60 岁	9.41	6.34	9.82	6.26	14.83	17.34	19.71	18.54	10.44	10.90
61~75 岁	2.95	6.43	11.60	2.53	1.78	4.26	6.68	15.32	6.54	6.36
75 岁以上	1.39	5.43	6.66	1.03	15.46	3.53	3.08	11.23	1.37	1.16

（3）年龄和养老储蓄拥有比例。表 8 - 51 描述了年龄和养老储蓄拥有
比例的关系。从 2017 年的调查结果来看，随着年龄的上升，我国不同年
龄段的群体拥有养老储蓄的比例先增加后下降，年龄达到 75 岁以上时，
养老储蓄的拥有比例又大幅上升达到最高 32.00%，巴西、俄罗斯、南非
75 岁以上年龄段拥有养老储蓄的比例最高，分别达到 17.21%、36.17% 和
17.42%，印度 61~75 岁年龄段拥有养老储蓄的比例最高，达到 18.89%；
英美法 46~60 岁年龄段拥有储蓄比例最高，分别达到 57.81%、68.28% 和
40.58%，日本 61~75 岁年龄段拥有养老储蓄的比例最高，达到 57.57%，
德国 30~45 岁年龄段拥有养老储蓄的比例最高，达到 68.60%。从各年
龄段之间的差距来看，我国和其他金砖国家 60 岁以上的老年人更倾向拥
有养老储蓄，年轻人拥有养老储蓄的比例较小，不同年龄段之间差异较
大；发达国家 46~60 岁年龄段左右的成年人拥有养老储蓄的比例最大，
不同年龄段之间的差异也较大。总体上，45 岁年龄段以上的中老年人拥
有养老储蓄的比例较高，发达国家的成年人在中年时期较多为养老储蓄，
而金砖国家的成年人则更多在老年时期考虑养老问题。

表 8 - 51   年龄和养老储蓄拥有比例   单位：%

年龄	中国	巴西	印度	俄罗斯	南非	英国	美国	日本	法国	德国
30 岁以下	14.50	11.55	6.71	5.16	8.85	23.73	35.01	22.66	15.37	41.51
30~45 岁	29.95	9.05	13.11	8.58	9.72	47.22	64.80	54.98	32.33	68.60
46~60 岁	25.41	11.05	13.38	16.03	12.93	57.81	68.28	56.78	40.58	62.25

续表

年龄	中国	巴西	印度	俄罗斯	南非	英国	美国	日本	法国	德国
61~75 岁	18.85	12.84	18.89	30.27	15.85	49.21	55.19	57.57	37.46	55.64
75 岁以上	32.00	17.21	18.44	36.17	17.42	20.04	50.89	53.02	18.78	25.04

（4）年龄和正规储蓄拥有比例。表 8-52 描述了年龄和正规储蓄拥有比例的关系。从 2017 年的调查结果来看，随着年龄的上升，我国和巴西不同年龄段的群体拥有正规储蓄的比例一直下降，30 岁以下的年轻人拥有正规储蓄的比例最高，分别达到 44.97% 和 15.96%，印度 75 岁以上年龄段拥有正规储蓄的比例最高，达到 40.34%，俄罗斯 61~75 岁年龄段拥有正规储蓄的比例最高，达到 16.57%，南非 30~45 岁年龄段拥有正规储蓄比例最高，达到 27.46%；英日德 30~45 岁年龄段拥有正规储蓄比例最高，分别达到 72.94%、76.70% 和 69.24%，美法 46~60 岁年龄段拥有正规储蓄比例最高，分别达到 68.52% 和 59.18%。从各年龄段之间的差距来看，我国和巴西、南非等金砖国家年轻人更喜欢拥有正规储蓄，印度和俄罗斯的老年人更喜欢拥有正规储蓄，各个年龄段拥有正规储蓄的比例差异不大；发达国家 30~60 岁年龄段的中年人拥有正规储蓄的比例较大，不同年龄段的差异也较小。总体上，30~45 岁年龄段的中年人拥有正规储蓄的比例最高，各个国家不同年龄段的成年人拥有正规储蓄的差异较小。

表 8-52　　　　　　　　　　年龄和正规储蓄拥有比例　　　　　　　　单位：%

年龄	中国	巴西	印度	俄罗斯	南非	英国	美国	日本	法国	德国
30 岁以下	44.97	15.96	15.81	12.14	19.75	49.20	55.13	64.22	27.90	48.01
30~45 岁	42.86	15.10	21.62	12.00	27.46	72.94	67.91	76.70	57.39	69.24
46~60 岁	25.80	13.33	23.31	15.02	21.98	70.86	68.52	69.93	59.18	56.13
61~75 岁	19.73	13.41	27.65	16.57	20.33	72.48	63.13	59.38	46.03	60.46
75 岁以上	25.76	10.52	40.34	15.10	21.13	52.61	66.19	51.59	28.24	34.82

（5）年龄和非正规储蓄拥有比例。表 8 – 53 描述了金砖国家年龄和非正规储蓄拥有比例的关系。从 2017 年的调查结果来看，随着年龄的上升，我国和巴西不同年龄段的群体拥有非正规储蓄的比例一直下降，30 岁以下的年轻人拥有非正规储蓄的比例最高，分别达到 6.04% 和 5.76%，印度和俄罗斯 46 ~ 60 岁年龄段拥有非正规储蓄的比例最高，达到 10.50% 和 2.98%，南非 30 ~ 45 岁年龄段拥有非正规储蓄比例最高，达到 35.20%。从各年龄段之间的差距来看，我国和巴西、南非等金砖国家年轻人更倾向于拥有非正规储蓄，印度和俄罗斯的中年人更倾向拥有非正规储蓄，由于非正规储蓄的拥有比例较低，各个年龄段拥有非正规储蓄的比例差异不大。总体上 45 岁左右年龄段的中年人拥有非正规储蓄的比例较高，各个国家不同年龄段的成年人拥有非正规储蓄的差异较小。

表 8 – 53　　　　　　　　　　年龄和非正规储蓄　　　　　　　　　单位：%

年龄	中国	巴西	印度	俄罗斯	南非
30 岁以下	6.04	5.76	6.93	0.69	27.57
30 ~ 45 岁	5.31	5.46	9.40	0.98	35.20
46 ~ 60 岁	2.65	1.58	10.50	2.98	31.95
61 ~ 75 岁	1.83	1.60	5.87	1.48	32.70
75 岁以上	0.00	2.56	0.00	0.32	28.75

3. 教育与储蓄

（1）教育和储蓄拥有比例。表 8 – 54 描述了教育和储蓄拥有比例的关系。从不同受教育等级的差异来看，随着受教育水平的提升，除俄罗斯在 2014 年例外之外，我国和其他金砖国家的成年人拥有储蓄的比例有明显的增加。发达国家中，除法国在 2014 年例外之外，随着受教育水平的提升，也存在成年人拥有储蓄的比例增加的现象。从差异的大小来看，我国和其他金砖国家只有小部分初级受教育水平的成年人拥有储蓄，我国和南非过半高级受教育水平的成年人拥有储蓄，巴西、印度和俄罗斯只有小部分中高级受教育水平的成年人拥有储蓄，我国和南非不同受教育水平的成

年人拥有储蓄的比例差异较大，巴西、印度和俄罗斯不同受教育水平的成
年人拥有储蓄的比例差异较小；发达国家中，只有小部分初级受教育水平
的成年人拥有储蓄，而大部分高级受教育水平的成年人拥有储蓄，不同受
教育水平的成年人拥有储蓄的比例差异同样较大。总体上，我国不同受教育
水平的成年人拥有储蓄的比例高于其他金砖国家，但不同受教育水平之间差
异较大，和发达国家较高比例的储蓄拥有比例相比，还是有一定的差距。

表 8-54　　　　　　　　　　教育和储蓄拥有比例　　　　　　　　单位：%

年份	受教育水平	中国	巴西	印度	俄罗斯	南非	英国	美国	日本	法国	德国
2011	初级	37.52	20.05	24.12	23.13	28.52	33.72	44.13	42.88	53.83	70.54
	中级	56.20	30.98	33.60	27.74	34.84	61.34	69.93	70.75	69.92	71.32
	高级	65.65	38.43	48.15	44.49	75.37	78.66	84.18	82.77	76.66	79.06
2014	初级	60.64	8.64	19.26	24.78	31.78	31.26	43.70	30.91	52.96	54.46
	中级	61.45	16.71	27.52	21.34	33.36	48.22	55.06	61.85	37.67	66.14
	高级	70.64	25.16	28.96	25.26	60.81	60.79	76.81	67.96	55.41	69.34
2017	初级	37.24	16.41	24.12	18.34	46.94	56.31	37.69	54.91	32.06	47.62
	中级	64.44	27.49	33.03	21.46	49.29	71.05	65.36	71.07	59.37	68.39
	高级	66.78	32.98	50.76	32.88	76.18	84.36	88.34	84.42	79.84	81.40

　　图 8-26 描绘了 2017 年教育和储蓄拥有比例的关系，随着受教育水
平的提升，进行储蓄的比例也在上升。

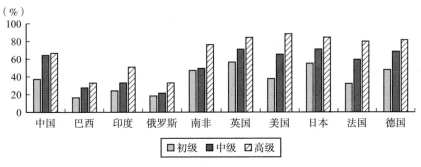

图 8-26　2017 年教育和储蓄拥有比例

（2）教育和经营性储蓄拥有比例。表 8 – 55 描述了教育和经营性储蓄拥有比例的关系。从不同受教育等级的差异来看，随着受教育水平的提升，除印度在 2014 年例外之外，我国和其他金砖国家的成年人拥有经营性储蓄的比例有明显的增加，我国不同受教育水平的成年人拥有经营性储蓄的比例均高于其他金砖国家；发达国家中，除德国在 2014 年例外之外，随着受教育水平的提升，也存在成年人拥有经营性储蓄的比例增加的现象，我国不同受教育水平的成年人拥有经营性储蓄的比例均高于发达国家。从差异的大小来看，我国不同受教育水平的成年人拥有经营性储蓄的比例存在差异，其他金砖国家虽经营性储蓄拥有比例较低，但不同受教育水平的成年人拥有经营性储蓄的比例也有一定的差异；发达国家中，只有极少部分初级受教育水平的成年人拥有经营性储蓄，而小部分高级受教育水平的成年人拥有经营性储蓄，不同受教育水平的成年人拥有经营性储蓄的比例存在差异。总体上，我国不同受教育水平的成年人拥有经营性储蓄的比例高于其他金砖国家和发达国家，但不同受教育水平之间有一定的差异。

表 8 – 55　　　　　　　　　　教育和经营性储蓄拥有比例　　　　　　　单位：%

年份	受教育水平	中国	巴西	印度	俄罗斯	南非	英国	美国	日本	法国	德国
2014	初级	20.63	4.89	6.30	1.85	8.80	3.95	0.00	4.33	0.00	4.16
	中级	24.25	8.71	7.64	3.78	11.30	10.42	7.87	4.67	6.73	12.23
	高级	34.12	12.45	6.34	4.98	18.49	12.98	12.35	7.55	14.87	9.69
2017	初级	11.26	7.57	6.53	2.87	9.11	4.25	0.00	9.55	1.31	5.75
	中级	23.11	16.65	11.43	4.24	14.80	9.33	16.04	17.26	8.51	6.78
	高级	29.15	14.66	19.52	8.16	28.90	14.23	16.35	21.33	8.56	13.26

图 8 – 27 描绘了 2017 年教育和经营性储蓄拥有比例的关系，随着受教育水平的提升，进行经营性储蓄的比例也在上升。

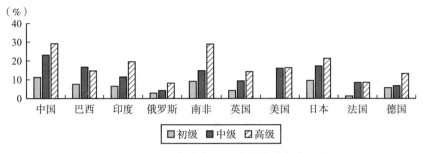

图 8 - 27　2017 年教育和经营性储蓄拥有比例

（3）教育和养老储蓄拥有比例。表 8 - 56 描述了教育和养老储蓄拥有
比例的关系。从不同受教育等级的差异来看，随着受教育水平的提升，只
有巴西、印度和俄罗斯的成年人在 2017 年出现拥有养老储蓄比例增加的
现象，我国和俄罗斯在 2014 年出现拥有养老储蓄的比例随着受教育水平
提高而下降的现象，其他金砖国家出现了中等受教育程度的成年人拥有养
老储蓄比例最低的现象。发达国家中，美国和法国在 2014 年之外出现了
中等受教育程度的成年人拥有养老储蓄比例最低的现象，其他发达国家中
随着教育水平的提升，出现了成年人拥有养老储蓄比例增加的现象。我国
不同受教育水平的成年人拥有养老储蓄的比例虽高于大多数金砖国家，但
低于发达国家。从差异的大小来看，我国不同受教育水平的成年人拥有养
老储蓄的比例存在差异，其他金砖国家不同受教育水平的成年人拥有养老
储蓄的比例也有一定的差异；发达国家中，只有小部分初级受教育水平的
成年人拥有养老储蓄，而大部分高级受教育水平的成年人拥有养老储蓄，不
同受教育水平的成年人拥有养老储蓄的比例存在较大差异，大于金砖国家的
差异。总体上，我国不同受教育水平的成年人拥有养老储蓄的比例虽高于部
分金砖国家，但低于发达国家，而且不同受教育水平之间有一定的差异。

表 8 - 56　　　　　　　　教育和养老储蓄拥有比例　　　　　　　单位：%

年份	受教育水平	中国	巴西	印度	俄罗斯	南非	英国	美国	日本	法国	德国
2014	初级	40.68	3.47	9.82	21.42	16.21	27.32	43.70	24.78	31.10	43.12
	中级	39.17	3.31	9.15	13.35	13.99	40.71	36.37	44.73	28.75	56.39
	高级	24.72	11.50	11.93	13.16	31.86	49.87	68.78	57.17	39.04	63.19

续表

年份	受教育水平	中国	巴西	印度	俄罗斯	南非	英国	美国	日本	法国	德国
2017	初级	17.90	9.25	7.22	12.62	11.51	23.10	27.38	33.45	16.68	25.26
	中级	29.89	10.37	13.36	13.94	9.15	43.48	45.56	52.42	30.49	52.96
	高级	29.49	26.04	25.10	17.03	25.07	58.27	76.33	62.07	50.74	68.09

图 8-28 描绘了 2017 年教育和养老储蓄拥有比例的关系，随着受教育水平的提升，进行养老储蓄的比例也在上升。

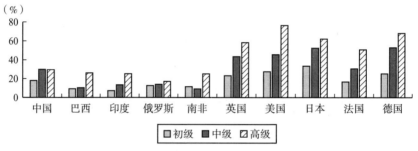

图 8-28　2017 年教育和养老储蓄拥有比例

（4）教育和正规储蓄拥有比例。表 8-57 描述了教育和正规储蓄拥有比例的关系。从不同受教育等级的差异来看，随着受教育水平的提升，我国和其他金砖国家的成年人拥有正规储蓄的比例明显增加；发达国家中，除德国 2011 年例外之外，随着受教育水平的提升，也出现了成年人拥有正规储蓄的比例增加的现象。从差异的大小来看，我国和南非小部分初级受教育水平的成年人拥有正规储蓄，一半左右高级受教育水平的成年人拥有正规储蓄，巴西、印度和俄罗斯只有极小部分初级受教育水平的成年人拥有正规储蓄，小部分高级受教育水平的成年人拥有正规储蓄，金砖国家不同受教育水平的成年人拥有正规储蓄的比例有一定差异；发达国家中，除德国 2011 年和 2014 年差异较小外，不同受教育水平的成年人拥有正规储蓄的比例差异同样较大。总体上，我国不同受教育水平的成年人拥有正规储蓄的比例高于其他金砖国家，但低于发达国家，而且不同受教育水平之间差异较大。

表 8 – 57　　　　　　　　　教育和正规储蓄拥有比例　　　　　　　单位：%

年份	受教育水平	中国	巴西	印度	俄罗斯	南非	英国	美国	日本	法国	德国
2011	初级	27.67	7.44	9.58	8.68	14.33	17.55	6.23	26.82	28.52	59.89
	中级	46.43	12.62	17.97	9.47	23.26	43.55	47.00	55.36	50.29	55.74
	高级	51.65	19.46	27.56	21.06	59.65	64.39	69.05	72.30	63.20	67.59
2014	初级	37.29	6.39	10.42	9.81	19.77	25.51	8.75	43.41	38.56	52.30
	中级	47.76	17.08	18.06	13.16	36.09	48.72	48.61	65.32	48.99	59.04
	高级	52.77	25.03	34.55	26.75	69.85	69.07	75.88	72.68	75.70	63.95
2017	初级	26.15	9.72	15.37	8.01	20.41	51.30	19.25	50.13	25.39	37.97
	中级	52.41	16.12	23.18	10.72	20.59	65.46	55.98	64.24	48.29	53.90
	高级	58.48	27.05	40.60	24.34	56.83	77.43	83.39	82.84	71.66	68.50

图 8 – 29 描绘了 2017 年教育和正规储蓄拥有比例的关系，随着受教育水平的提升，进行正规储蓄的比例也在上升。

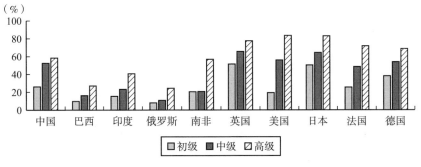

图 8 – 29　2017 年教育和正规储蓄拥有比例

（5）教育和非正规储蓄拥有比例。表 8 – 58 描述了教育和非正规储蓄拥有比例的关系。从不同受教育等级的差异来看，随着受教育水平的提升，我国的成年人拥有非正规储蓄的比例明显增加，其他金砖国家均在一些年份出现受教育水平和非正规储蓄拥有比例不成正比的现象。从差异的大小来看，我国不同受教育水平成年人拥有非正规储蓄的差异随时间而增大，其他金砖国家不同受教育水平的成年人拥有非正规储蓄的比例也有一定差异。总体上，我国高等受教育水平的成年人拥有非正规储蓄的比例较高。

表 8 − 58　　　　　　　　　　　教育和非正规储蓄拥有比例　　　　　　　　　单位：%

年份	受教育水平	中国	巴西	印度	俄罗斯	南非
2011	初级	1.78	1.21	2.92	1.06	13.27
	中级	3.78	2.74	2.97	0.41	12.58
	高级	5.67	4.61	6.27	0.38	31.43
2014	初级	1.16	3.07	8.66	1.34	36.00
	中级	3.96	3.77	9.24	1.10	28.87
	高级	11.44	1.10	18.44	1.51	34.89
2017	初级	2.38	2.42	5.85	0.16	30.70
	中级	6.95	4.89	10.59	1.51	30.59
	高级	12.04	7.22	9.16	2.09	36.01

8.4　家庭信贷的国际比较

8.4.1　信贷参与概况

1. 信贷参与

（1）信贷拥有比例。如果被调查者在调查时间之前的一年内有过借贷行为，则视被调查者拥有信贷。

表 8 − 59 描述了各个国家成年人信贷拥有比例的情况。从信贷拥有比例来看，各个国家 2017 年拥有信贷的成年人比例分别为 36.64%、25.31%、40.03%、40.18%、51.24%、47.68%、58.69%、24.06%、45.08% 和 39.09%。除高于巴西，我国成年人拥有信贷的比例低于其

金砖国家；除高于日本，我国成年人拥有信贷的比例低于其他发达国家，发达国家拥有信贷的比例总体略高于金砖国家。从时间上看，我国呈现一直增加的趋势，巴西和俄罗斯先下降后增长，印度和南非先增长后下降，发达国家的时间变化趋势也不明显。总体上，我国成年人拥有信贷的比例低于大部分国家，但近几年比例一直增加，其他国家信贷比例的变化趋势多样。

表 8 – 59　　　　　　　　　信贷拥有比例　　　　　　　　　单位：%

年份	中国	巴西	印度	俄罗斯	南非	英国	美国	日本	法国	德国
2011	32.73	27.21	31.61	34.44	46.24	50.01	59.53	28.43	42.33	38.87
2014	33.26	20.63	44.84	33.87	86.03	47.09	64.14	34.98	39.39	39.51
2017	36.64	25.31	40.03	40.18	51.24	47.68	58.69	24.06	45.08	39.09

图 8 – 30 是 2011 年、2014 年、2017 年信贷拥有比例的柱状图，我国的信贷拥有比例处于中等水平。

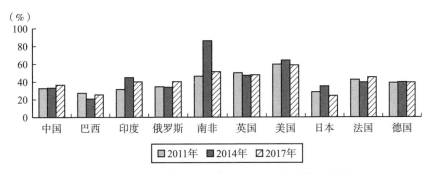

图 8 – 30　2011 年、2014 年、2017 年信贷拥有比例

（2）房贷拥有比例。如果被调查者在调查时间之前的一年内以住房或土地为目的进行借贷，则视被调查者拥有房贷。

表 8 – 60 描述了各个国家成年人房贷拥有比例的情况。从房贷拥有比例来看，各个国家 2017 年拥有房贷的成年人比例分别为 13.21%、4.70%、4.63%、15.33%、5.95%、27.55%、35.22%、17.62%、29.80% 和 21.29%，除低于俄罗斯，我国成年人拥有房贷的比例高于其他金砖国家，低于发达国

家，发达国家拥有房贷的比例总体高于金砖国家。从时间上看，我国和印度呈现房贷拥有比例一直增加的趋势，其他金砖国家拥有房贷的比例先增加后下降；日美的房贷拥有比例随时间一直增加，法国房贷拥有比例先下降后上升，英国的房贷拥有比例随时间一直下降，德国房贷拥有比例变化微小。总体上，我国成年人拥有房贷的比例远高于大多金砖国家，但是低于发达国家，我国近几年房贷拥有比例一直增加，其他国家的房贷拥有比例的变化趋势多样。

表 8 – 60 　　　　　　　　房贷拥有比例　　　　　　　　单位：%

年份	中国	巴西	印度	俄罗斯	南非	英国	美国	日本	法国	德国
2011	4.92	1.39	2.25	1.45	4.30	33.26	31.92	16.28	27.61	21.78
2014	8.99	10.58	3.38	18.72	9.15	30.49	32.50	19.65	27.00	21.90
2017	13.21	4.70	4.63	15.33	5.95	27.55	35.22	17.62	29.80	21.29

图 8 – 31 是 2011 年、2014 年和 2017 年房产信贷拥有比例的柱状图，我国的房产信贷拥有比例和发达国家相比不高。

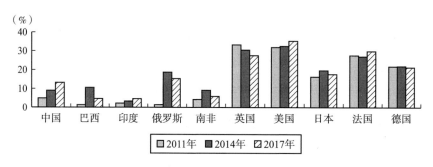

图 8 – 31　2011 年、2014 年、2017 年房贷拥有比例

（3）医疗信贷拥有比例。如果被调查者在调查时间之前的一年内因为医疗原因进行借贷，则视被调查者拥有医疗信贷。

表 8 – 61 描述了各个国家成年人医疗信贷拥有比例的情况。从医疗信贷拥有比例来看，各个国家 2017 年拥有医疗信贷的成年人比例分别为

6.34%、9.57%、14.10%、7.29%、11.87%、8.17%、5.84%、0.61%、
5.43%和4.55%，我国成年人拥有医疗信贷的比例低于其他金砖国家，和
发达国家相比，除低于英国外，我国成年人拥有医疗信贷的比例高于其他
发达国家，发达国家拥有医疗信贷的比例总体低于金砖国家。从时间上
看，我国和印度、南非近年拥有医疗信贷的比例有所下降，巴西和俄罗斯
出现增加的趋势；发达国家中，美日拥有医疗信贷的比例有所下降，英法
德拥有医疗信贷的比例有所增加。总体上，我国成年人拥有医疗信贷的比
例虽低于金砖国家但高于大部分发达国家，同时在大多国家医疗信贷的拥
有比例增加的情形下，我国的这一比例有所下降。

表 8 – 61				医疗信贷拥有比例				单位：%	
年份	中国	巴西	印度	俄罗斯	南非	英国	美国	日本	法国	德国
2014	7.26	4.26	21.92	3.12	16.81	3.06	8.06	2.59	2.21	2.33
2017	6.34	9.57	14.10	7.29	11.87	8.17	5.84	0.61	5.43	4.55

图 8 – 32 是医疗信贷拥有比例的柱状图，我国的医疗信贷拥有比例低
于其他金砖国家。

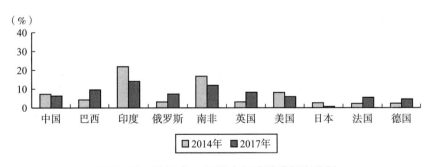

图 8 – 32　2014 年、2017 年医疗信贷拥有比例

（4）商业信贷拥有比例。如果被调查者在调查时间之前的一年内因
为商业原因进行借贷，则视被调查者拥有商业信贷。

表 8 – 62 描述了各个国家成年人医疗信贷拥有比例的情况。从医疗信

贷拥有比例来看，各个国家 2017 年拥有医疗信贷的成年人比例分别为 5.19%、3.76%、7.07%、1.82%、6.08%、2.82%、3.84%、2.15%、4.16% 和 2.98%，我国成年人拥有商业信贷的比例略低于印度和南非，但高于巴西和俄罗斯；和发达国家相比，我国成年人拥有商业信贷的比例低于发达国家，发达国家拥有商业信贷的比例总体低于金砖国家。从时间上看，我国和印度、南非近年拥有医疗信贷的比例有所下降，巴西和俄罗斯出现增加的趋势；发达国家中，美日法拥有商业信贷的比例有所增加，英德拥有商业信贷的比例有所下降。总体上，我国成年人拥有商业信贷的比例高于发达国家和大多数金砖国家，但这一比例在下降。

表 8 – 62　　　　　　　　　商业信贷拥有比例　　　　　　　单位：%

年份	中国	巴西	印度	俄罗斯	南非	英国	美国	日本	法国	德国
2014	7.16	3.43	8.38	1.53	7.35	3.61	2.61	1.16	2.11	3.83
2017	5.19	3.76	7.07	1.82	6.08	2.82	3.84	2.15	4.16	2.98

　　图 8 – 33 是 2014 年、2017 年商业信贷拥有比例的柱状图，我国的商业信贷拥有比例相对较高。

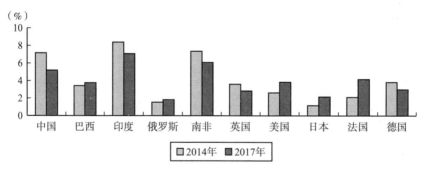

图 8 – 33　2014 年、2017 年商业信贷拥有比例

2. 正规信贷

如果被调查者在调查时间之前的一年内在银行或正规金融机构进行借贷，则视被调查者拥有正规信贷。

表 8 - 63 描述了各个国家成年人正规信贷拥有比例的情况。从正规信贷拥有比例来看,各个国家 2017 年拥有正规信贷的成年人比例分别为 8.90%、9.04%、6.79%、14.42%、9.91%、18.70%、30.00%、6.04%、18.28% 和 20.08%,除高于印度,我国成年人拥有正规信贷的比例低于其他金砖国家;和发达国家相比,除高于日本,我国成年人拥有正规信贷的比例低于其他发达国家,发达国家拥有正规信贷的比例总体高于金砖国家。从时间上看,我国和巴西、俄罗斯、南非近年拥有正规信贷的比例先增加后下降,印度拥有正规信贷的比例一直下降;发达国家中,英美日德拥有正规信贷的比例先增加后下降,法国拥有正规信贷的比例先下降后略微增加。总体上,我国成年人拥有正规信贷的比例低于发达国家和大部分其他金砖国家,并和大多国家一样近年来出现了正规信贷减少的现象。

表 8 - 63　　　　　　　　　　　正规信贷拥有比例　　　　　　　　　　单位:%

年份	中国	巴西	印度	俄罗斯	南非	英国	美国	日本	法国	德国
2011	8.95	8.98	12.49	11.75	15.60	18.62	31.40	14.18	21.26	19.51
2014	11.26	14.11	9.54	15.93	25.98	29.35	34.10	18.43	18.61	23.77
2017	8.90	9.04	6.79	14.42	9.91	18.70	30.00	6.04	18.28	20.08

图 8 - 34 是 2011 年、2014 年、2017 年正规信贷拥有比例的柱状图,我国的正规信贷拥有比例处于中等水平。

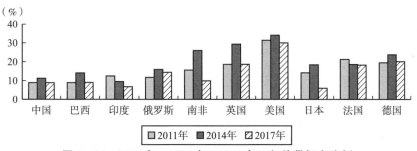

图 8 - 34　2011 年、2014 年、2017 年正规信贷拥有比例

3. 非正规信贷

如果被调查者在调查时间之前的一年内在非银行等正规金融机构进行

借贷，则视被调查者拥有非正规信贷。

表 8 - 64 描述了各个国家成年人非正规信贷拥有比例的情况。从非正规信贷拥有比例来看，各个国家 2017 年拥有非正规信贷的成年人比例分别为 28.27% 、13.90% 、34.05% 、23.61% 、43.47% 、14.05% 、15.64% 、4.01% 、8.51% 和 8.11% ，我国成年人拥有非正规信贷的比例高于巴西和俄罗斯，低于印度和南非；和发达国家相比，我国成年人拥有非正规信贷的比例高于发达国家，发达国家拥有非正规信贷的比例总体低于金砖国家。从时间上看，我国和巴西、俄罗斯近年拥有非正规信贷的比例先下降后增加，印度和南非拥有非正规信贷的比例先增加后减少；发达国家中，美日德拥有非正规信贷的比例先增加后下降，英国拥有非正规信贷的比例先下降后增加。总体上，我国成年人拥有非正规信贷的比例高于发达国家和大部分其他金砖国家，并和大多国家一样近年来出现了非正规信贷增加的现象。

表 8 - 64　　　　　　　　非正规信贷拥有比例　　　　　　　单位：%

年份	中国	巴西	印度	俄罗斯	南非	英国	美国	日本	法国	德国
2011	25.15	16.40	23.68	26.10	36.50	17.08	22.30	5.63	5.30	9.22
2014	24.52	6.00	34.90	16.37	74.22	13.35	21.13	6.65	6.31	10.12
2017	28.27	13.90	34.05	23.61	43.47	14.05	15.64	4.01	8.51	8.11

图 8 - 35 是 2011 年、2014 年、2017 年非正规信贷拥有比例的柱状图，我国的非正规信贷拥有比例略高。

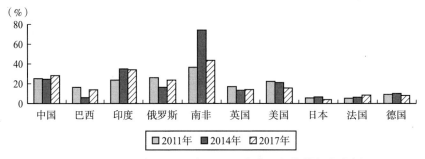

图 8 - 35　2011 年、2014 年、2017 年非正规信贷拥有比例

8.4.2　信贷特征

1. 性别与信贷

（1）性别和信贷拥有比例。表 8 - 65 描述了性别和信贷拥有比例的关系。从男女性别的差异来看，我国女性拥有信贷的比例低于男性，金砖国家除俄罗斯和南非在 2014 年例外之外，女性拥有信贷的比例普遍低于男性，发达国家中，除法国在 2011 年例外，女性拥有信贷的比例普遍低于男性。从差异的大小来看，2017 年金砖国家和发达国家信贷拥有比例的性别差异的大小为 2.76 个、9.16 个、5.58 个、3.10 个、4.45 个、5.15个、0.58 个、7.79 个、5.59 个和 2.99 个百分点，我国信贷的男女性别差异低于其他金砖国家；和发达国家相比，我国的性别差异除高于美国之外，低于其他发达国家。发达国家的男女性别差异总体上略小于金砖国家。总体上，我国男女性别在信贷拥有比例上有较小的差异，小于金砖国家和大部分发达国家。虽存在极个别女性拥有信贷的比例高于男性的情况，但女性总体不如男性在信贷市场上活跃。

表 8 - 65　　　　　　　　　性别和信贷拥有比例　　　　　　　单位：%

年份	性别	中国	巴西	印度	俄罗斯	南非	英国	美国	日本	法国	德国
2011	男	35.26	28.74	33.46	36.02	46.28	51.66	62.39	30.16	40.11	44.07
	女	30.22	25.78	29.59	33.29	46.20	48.49	56.79	26.86	44.16	34.06
2014	男	33.80	22.52	47.21	31.81	85.31	52.75	64.59	37.36	41.66	44.15
	女	32.71	18.79	42.08	35.49	86.63	41.54	63.68	32.94	37.24	34.91
2017	男	37.98	30.09	42.69	41.87	53.52	50.28	58.99	28.35	48.01	40.64
	女	35.22	20.93	37.11	38.77	49.07	45.13	58.41	20.56	42.42	37.65

图 8 - 36 是 2017 年性别和信贷拥有比例的柱状图，男性进行信贷的比例高于女性。

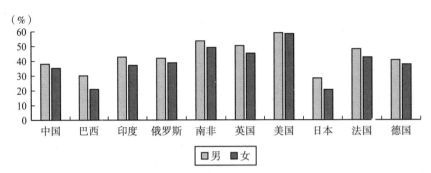

图 8 - 36　2017 年性别和信贷拥有比例

（2）性别和房贷拥有比例。表 8 - 66 描述了性别和房贷拥有比例的关系。从男女性别的差异来看，我国和巴西在 2011 年女性拥有房贷的比例高于男性，俄罗斯在 2014 年女性拥有房贷的比例高于男性，除此之外，金砖国家在其他年份女性拥有房贷的比例普遍低于男性；发达国家中，除美国在 2014 年例外之外，女性拥有房贷的比例普遍低于男性。从差异的大小来看，2017 年金砖国家和发达国家房贷拥有比例的性别差异的大小为 2.78 个、3.43 个、2.30 个、3.04 个、0.37 个、0.89 个、4.87 个、5.43 个、1.39 个和 4.52 个百分点，我国房贷的男女性别差异高于印度和南非，低于巴西和俄罗斯；和发达国家相比，我国的性别差异高于英国和法国，低于其他发达国家。发达国家的男女性别差异总体上略大于金砖国家。总体上，我国男女性别在房贷拥有比例上略有差异，小于大部分国家。虽有极个别女性拥有房贷的比例高于男性的情况，但女性总体不如男性在房贷市场上活跃。

表 8 - 66　　　　　　　　　　　性别和房贷拥有比例　　　　　　　　　　单位：%

年份	性别	中国	巴西	印度	俄罗斯	南非	英国	美国	日本	法国	德国
2011	男	4.78	1.31	2.38	2.21	4.48	35.01	33.65	18.71	27.16	25.50
	女	5.05	1.48	2.11	0.90	4.13	31.64	30.25	14.09	27.97	18.34
2014	男	9.79	12.16	3.60	18.15	10.48	33.97	31.83	20.39	30.17	24.36
	女	8.17	9.04	3.11	19.17	8.03	27.07	33.19	19.02	23.97	19.46

续表

年份	性别	中国	巴西	印度	俄罗斯	南非	英国	美国	日本	法国	德国
2017	男	14.56	6.49	5.73	17.00	6.14	28.00	37.72	20.62	30.53	23.64
	女	11.78	3.06	3.43	13.96	5.77	27.11	32.85	15.19	29.14	19.12

图 8 - 37 是 2017 年性别和房贷拥有比例的柱状图，男性进行房贷的比例高于女性。

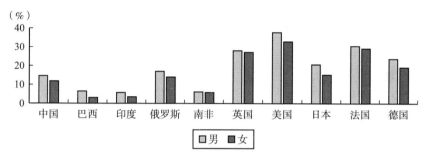

图 8 - 37　2017 年性别和房贷拥有比例

（3）性别和医疗信贷拥有比例。表 8 - 67 描述了性别和医疗信贷拥有比例的关系。从男女性别的差异来看，我国和南非 2014 年女性拥有医疗信贷的比例高于男性，2017 年这一比例发生变化，女性拥有医疗信贷的比例低于男性，俄罗斯和巴西女性拥有医疗信贷的比例一直高于男性，印度女性拥有信贷的比例低于男性；发达国家中，法国 2014 年女性拥有医疗信贷的比例高于男性，2017 年这一比例发生变化，英德女性拥有医疗信贷的比例低于男性，日本 2014 年女性拥有医疗信贷的比例低于男性，之后有所改变。从差异的大小来看，2017 年金砖国家和发达国家医疗信贷拥有比例的性别差异的大小为 1.11 个、- 1.97 个、0.93 个、- 2.62 个、0.36 个、0.58 个、1.51 个、- 0.29 个、0.33 个和 0.73 个百分点，我国医疗信贷的男女性别差异高于其他金砖国家；和发达国家相比，我国的性别差异除低于美国之外，高于其他发达国家。发达国家的男女性别差异总体上略大于金砖国家。总体上，我国男女性别在医疗信贷拥有比例上有一定的差异，且大于大部分国家。部分国家存在女性拥有医疗信贷的比例高于男性的情况，女性更可能因为医疗原因进行借贷。

表 8 – 67　　　　　　　　　性别和医疗信贷拥有比例　　　　　　　单位：%

年份	性别	中国	巴西	印度	俄罗斯	南非	英国	美国	日本	法国	德国
2014	男	6.58	3.11	22.52	1.90	15.84	4.06	8.79	5.13	1.27	2.95
	女	7.96	5.39	21.22	4.09	17.63	2.08	7.31	0.41	3.10	1.71
2017	男	6.88	8.54	14.54	5.86	12.05	8.46	6.62	0.45	5.60	4.93
	女	5.77	10.51	13.61	8.48	11.69	7.88	5.11	0.74	5.27	4.20

（4）性别和商业信贷拥有比例。表 8 – 68 描述了性别和商业信贷拥有比例的关系。从男女性别的差异来看，我国和其他金砖国家女性拥有商业信贷的比例普遍低于男性；发达国家中，女性拥有商业信贷的比例也普遍低于男性。从差异的大小来看，2017 年金砖国家和发达国家医疗信贷拥有比例的性别差异的大小为 1.91 个、2.11 个、2.52 个、2.43 个、2.66 个、2.11 个、1.85 个、3.30 个、2.69 个和 3.01 个百分点，我国商业信贷的男女性别差异低于其他金砖国家；和发达国家相比，我国的性别差异除高于美国之外，低于其他发达国家。发达国家的男女性别差异总体上和金砖国家相当。总体上，我国男女性别在商业信贷拥有比例上差异较小，且小于其他国家。女性拥有商业信贷的比例普遍低于男性，男性更可能因为商业原因进行借贷。

表 8 – 68　　　　　　　　　性别和商业信贷拥有比例　　　　　　　单位：%

年份	性别	中国	巴西	印度	俄罗斯	南非	英国	美国	日本	法国	德国
2014	男	8.22	4.95	10.69	2.58	10.04	4.14	3.70	2.03	3.31	5.19
	女	6.07	1.94	5.68	0.71	5.11	3.08	1.50	0.41	0.97	2.48
2017	男	6.11	4.86	8.27	3.15	7.44	3.89	4.79	3.97	5.57	4.54
	女	4.20	2.75	5.75	0.72	4.78	1.78	2.94	0.67	2.88	1.53

图 8 - 38 是 2017 年性别和商业信贷拥有比例的关系，男性进行商业信贷的比例高于女性。

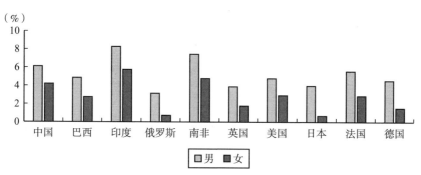

图 8 - 38　2017 年性别和商业信贷拥有比例

（5）性别和正规信贷拥有比例。表 8 - 69 描述了性别和正规信贷拥有比例的关系。从男女性别的差异来看，我国女性拥有正规信贷的比例低于男性，金砖国家中除巴西在 2011 年、俄罗斯和南非在 2014 年例外之外，女性拥有正规信贷的比例普遍低于男性；发达国家中，除英国在 2011 年和法国在 2014 年例外之外，女性拥有正规信贷的比例也普遍低于男性。从差异的大小来看，2017 年金砖国家和发达国家正规信贷拥有比例的性别差异的大小为 4.29 个、2.19 个、2.49 个、4.08 个、1.99 个、1.87 个、6.24 个、3.17 个、4.46 个和 1.17 个百分点，我国正规信贷的男女性别差异高于其他金砖国家；和发达国家相比，我国的性别差异小于美国和法国，高于其他发达国家。发达国家的男女性别差异总体上略大于金砖国家。总体上，我国男女性别在正规信贷拥有比例上有较大的差异，大于金砖国家和大部分发达国家。虽存在极个别女性拥有正规信贷的比例高于男性的情况，但女性总体不如男性在正规信贷市场上活跃。

表 8 - 69　　　　　　　　　性别和正规信贷拥有比例　　　　　　　　单位：%

年份	性别	中国	巴西	印度	俄罗斯	南非	英国	美国	日本	法国	德国
2011	男	10.31	8.78	13.09	12.24	18.24	16.77	33.74	15.58	21.91	22.30
	女	7.59	9.18	11.83	11.39	13.09	20.31	29.15	12.91	20.72	16.94

续表

年份	性别	中国	巴西	印度	俄罗斯	南非	英国	美国	日本	法国	德国
2014	男	11.56	16.02	10.71	12.62	24.06	32.01	34.44	19.12	18.22	25.54
	女	10.95	12.24	8.17	18.55	27.58	26.75	33.74	17.83	18.99	22.01
2017	男	10.98	10.18	7.98	16.65	10.93	19.65	33.21	7.79	20.62	20.69
	女	6.69	7.99	5.49	12.57	8.94	17.78	26.97	4.62	16.16	19.52

图 8 - 39 是 2017 年性别和正规信贷比例的关系，男性进行正规信贷的比例高于女性。

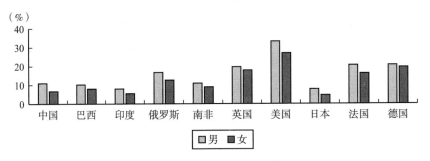

图 8 - 39　2017 年性别和正规信贷拥有比例

（6）性别和非正规信贷拥有比例。表 8 - 70 描述了性别和非正规信贷拥有比例的关系。从男女性别的差异来看，我国女性拥有非正规信贷的比例在 2011 年和 2014 年低于男性，2017 年高于男性，巴西和俄罗斯 2014 年女性拥有非正规信贷的比例高于男性，其他年份低于女性，印度女性拥有非正规信贷的比例低于男性，南非女性拥有非正规信贷的比例在 2011 年和 2014 年高于男性，2017 年低于男性；发达国家中，除美国在 2017 年、日本和法国在 2011 年例外之外，女性拥有非正规信贷的比例普遍低于男性。从差异的大小来看，2017 年金砖国家和发达国家非正规信贷拥有比例的性别差异的大小分别为 - 0.79 个、5.21 个、4.00 个、- 1.52 个、2.85 个、3.56 个、- 4.88 个、2.31 个、3.93 个和 2.25 个百分点，我国非正规信贷的男女性别差异低于其他金砖国家；和发达国家相比，我国的性别差异高于美国，低于其他发达国家，发达国家的男女性别差异总体上略大于金砖国家。总体上，我国男女性别在非正规信贷拥有比例上有较小的差异，小于其他大部分国家。女性比男性更容易在非正规信贷市场进行信贷。

表 8 - 70　　　　　　　　　性别和非正规信贷拥有比例　　　　　　单位：%

年份	性别	中国	巴西	印度	俄罗斯	南非	英国	美国	日本	法国	德国
2011	男	26.49	17.39	24.80	26.85	35.38	18.27	22.61	5.44	2.39	9.75
	女	23.82	15.47	22.46	25.55	37.56	15.98	22.00	5.81	7.69	8.72
2014	男	24.55	5.82	37.26	15.00	71.22	15.94	21.48	9.26	8.11	12.98
	女	24.49	6.18	32.14	17.45	76.71	10.81	20.77	4.41	4.59	7.28
2017	男	27.89	16.62	35.96	22.78	44.93	15.85	13.13	5.29	10.57	9.28
	女	28.68	11.41	31.96	24.30	42.08	12.29	18.01	2.98	6.64	7.03

2. 年龄与信贷

（1）年龄和信贷拥有比例。表 8 - 71 描述了年龄和信贷拥有比例的关系。从 2017 年的调查结果来看，随着年龄的上升，我国和俄罗斯、南非等金砖国家不同年龄段的群体拥有信贷的比例先增加后下降，30 ~ 45 岁年龄段拥有信贷的比例最高，分别达到 43.08%、52.63% 和 55.41%，巴西和印度 46 ~ 60 岁年龄段拥有信贷的比例最高，分别达到 28.66% 和 47.22%；英法 46 ~ 60 岁年龄段拥有信贷的比例最高，达到 62.05% 和 49.34%，美日德 30 ~ 45 岁年龄段拥有信贷比例最高，分别达到 71.55%、42.09% 和 47.10%。从各年龄段之间的差距来看，我国和其他金砖国家各个年龄段拥有信贷的比例差异较大，75 岁以上的老年人拥有信贷的比例大幅下降，发达国家各个年龄段拥有信贷的比例差异也较大，随着年龄上升，信贷拥有比例下降明显。总体上，30 ~ 45 岁年龄段的中年人拥有信贷的比例最高，各个国家不同年龄段之间拥有信贷的比例差异较大。

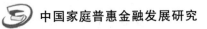

表 8 - 71　　　　　　　　　年龄和信贷拥有比例　　　　　　　单位：%

年龄	中国	巴西	印度	俄罗斯	南非	英国	美国	日本	法国	德国
30 岁以下	31.61	27.31	37.28	45.43	52.01	38.02	55.58	21.60	42.08	36.71
30 ~ 45 岁	43.08	23.25	41.97	52.63	55.41	59.20	71.55	42.09	44.81	47.10
46 ~ 60 岁	39.35	28.66	47.22	35.90	52.69	62.05	64.10	29.56	49.34	40.58
61 ~ 75 岁	28.50	19.24	31.57	26.81	33.91	29.17	49.21	8.01	46.77	35.30
75 岁以上	18.15	17.22	42.77	15.79	35.81	18.91	36.43	8.11	22.62	24.83

（2）年龄和房贷拥有比例。表 8 - 72 描述了年龄和房贷拥有比例的关系。从 2017 年的调查结果来看，随着年龄的上升，我国和俄罗斯、南非等金砖国家不同年龄段的群体拥有房贷的比例先增加后下降，30 ~ 45 岁年龄段拥有房贷的比例最高，分别达到 20.42%、24.53% 和 9.33%，巴西和印度 46 ~ 60 岁年龄段拥有房贷的比例最高，分别达到 5.98% 和 6.36%；英美日法德 30 ~ 45 岁年龄段拥有房贷的比例最高，分别达到 38.90%、48.85%、32.02%、33.63% 和 32.01%。从各年龄段之间的差距来看，我国和其他金砖国家各个年龄段拥有房贷的比例差异较大，60 岁以上的老年人拥有房贷的比例大幅下降。发达国家各个年龄段拥有房贷的比例差异也较大，随着年龄上升，房贷拥有比例下降明显。总体上，30 ~ 45 岁年龄段的中年人拥有房贷的比例最高，各个国家不同年龄段之间拥有房贷的比例差异较大。

表 8 - 72　　　　　　　　　年龄和房贷拥有比例　　　　　　　单位：%

年龄	中国	巴西	印度	俄罗斯	南非	英国	美国	日本	法国	德国
30 岁以下	9.96	4.53	4.60	13.73	4.97	14.96	14.62	8.34	27.41	17.05
30 ~ 45 岁	20.42	3.88	3.86	24.53	9.33	38.90	48.85	32.02	33.63	32.01
46 ~ 60 岁	11.73	5.98	6.36	15.07	6.60	37.93	47.97	25.57	33.07	24.53
61 ~ 75 岁	5.24	5.95	3.69	8.24	0.00	15.50	35.22	3.87	25.43	15.24
75 岁以上	1.02	0.00	6.36	4.35	0.00	5.91	24.68	7.08	14.77	3.58

（3）年龄和医疗信贷拥有比例。表 8-73 描述了年龄和医疗信贷拥有比例的关系。从 2017 年的调查结果来看，随着年龄的上升，中国和巴西、印度等金砖国家不同年龄段的群体拥有医疗信贷的比例先增加后下降，46~60 岁年龄段拥有医疗信贷的比例最高，分别达到 8.54%、12.96% 和 14.90%，俄罗斯 30~45 岁年龄段拥有医疗信贷的比例最高，达到 9.18%，南非 75 岁以上的老年人拥有医疗信贷的比例最高，达到 19.05%；英德 61~75 岁年龄段拥有医疗信贷的比例最高，达到 13.21% 和 10.76%，美日 30~45 岁年龄段拥有医疗信贷比例最高，达到 6.34% 和 1.08%，法国 46~60 岁年龄段拥有医疗信贷的比例最高，达到 10.30%。从各年龄段之间的差距来看，我国和其他金砖国家各个年龄段拥有医疗信贷的比例差异较小，发达国家各个年龄段拥有医疗信贷的比例差异相对较大，30 岁以下的年轻人极少进行医疗信贷。总体上，46~60 岁年龄段的中年人拥有医疗信贷的比例最高，发达国家不同年龄段之间拥有医疗信贷的差异大于金砖国家。

表 8-73　　　　　　　　　　年龄和医疗信贷拥有比例　　　　　　　　单位：%

年龄	中国	巴西	印度	俄罗斯	南非	英国	美国	日本	法国	德国
30 岁以下	3.84	10.34	13.41	6.04	11.34	1.77	6.28	0.00	1.95	2.03
30~45 岁	6.96	7.26	14.80	9.18	13.08	5.26	6.34	1.08	1.82	1.68
46~60 岁	8.54	12.96	14.90	6.15	11.67	11.12	4.84	0.59	10.30	2.87
61~75 岁	7.67	6.07	14.01	8.31	9.56	13.21	6.24	0.35	7.11	10.76
75 岁以上	6.40	10.41	12.17	7.40	19.05	13.01	4.95	0.78	2.14	10.21

（4）年龄和商业信贷拥有比例。表 8-74 描述了年龄和商业信贷拥有比例的关系。从 2017 年的调查结果来看，随着年龄的上升，中国和俄罗斯、南非等金砖国家不同年龄段的群体拥有商业信贷的比例先增加后下降，30~45 岁年龄段拥有商业信贷的比例最高，达到 7.70%、4.13% 和 8.08%，印度 75 岁以上的老年人拥有商业信贷的比例最高，达到 9.33%，巴西 30 岁以下的年轻人拥有商业信贷的比例最高，达到

4.98%；英美46~60岁年龄段拥有商业信贷的比例最高，达到4.76%和8.59%，法德61~75岁年龄段拥有商业信贷比例最高，分别达到7.10%和4.03%，日本30~45岁年龄段拥有商业信贷的比例最高，达到3.20%。从各年龄段之间的差距来看，我国和其他金砖国家各个年龄段拥有商业信贷的比例差异不大，但75岁以上的老年人几乎不进行商业信贷，发达国家各个年龄段拥有商业信贷的比例差异也较小，但随着年龄上升，商业信贷拥有比例也有所下降。总体上，30~60岁年龄段的中年人拥有商业信贷的比例最高，各个国家不同年龄段之间拥有商业信贷的比例差异较小。

表 8-74　　　　　　　　　年龄和商业信贷拥有比例　　　　　　单位：%

年龄	中国	巴西	印度	俄罗斯	南非	英国	美国	日本	法国	德国
30 岁以下	5.16	4.98	6.87	1.66	5.33	0.98	3.18	0.00	1.15	2.47
30~45 岁	7.70	4.50	6.50	4.13	8.08	3.49	2.72	3.20	3.94	2.79
46~60 岁	3.88	2.70	8.54	1.11	6.05	4.76	8.59	2.34	4.80	3.25
61~75 岁	0.57	0.78	6.77	0.26	4.80	0.98	1.20	2.91	7.10	4.03
75 岁以上	0.00	0.00	9.33	0.00	0.00	2.70	0.52	0.00	1.37	0.00

　　（5）年龄和正规信贷拥有比例。表8-75描述了年龄和正规信贷拥有比例的关系。从2017年的调查结果来看，随着年龄的上升，我国和俄罗斯、南非等金砖国家不同年龄段的群体拥有正规信贷的比例先增加后下降，30~45岁年龄段拥有正规信贷的比例最高，分别达到11.61%、20.25%和14.90%，巴西46~60岁年龄段拥有正规信贷的比例最高，达到12.32%，印度75岁以上年龄段拥有正规信贷的比例最高，达到15.39%；法国46~60岁年龄段拥有正规信贷的比例最高，达到23.31%，英美日德30~45岁年龄段拥有正规信贷比例最高，分别达到23.17%、39.94%、12.05%和24.12%。从各年龄段之间的差距来看，我国和其他金砖国家各个年龄段拥有正规信贷的比例差异较大，大部分金砖国家75岁以上的老年人拥有正规信贷的比例大幅下降，发达国家各个

年龄段拥有正规信贷的比例差异也较大，随着年龄上升，正规信贷拥有比例下降明显。总体上，30~45 岁年龄段的中年人拥有正规信贷的比例最高，各个国家不同年龄段之间拥有正规信贷的比例差异较大。

表 8-75 年龄和正规信贷拥有比例 单位：%

年龄	中国	巴西	印度	俄罗斯	南非	英国	美国	日本	法国	德国
30 岁以下	8.61	9.28	6.91	14.37	8.90	11.54	32.13	4.53	9.94	16.17
30~45 岁	11.61	6.57	5.35	20.25	14.90	23.17	39.94	12.05	19.95	24.12
46~60 岁	8.43	12.32	8.30	14.30	7.46	23.01	30.91	6.71	23.31	20.77
61~75 岁	2.87	9.08	6.68	10.67	5.68	17.26	19.48	2.55	20.17	21.04
75 岁以上	1.89	5.08	15.39	0.85	0.00	5.81	16.27	0.00	2.98	12.84

（6）年龄和非正规信贷拥有比例。表 8-76 描述了年龄和非正规信贷拥有比例的关系。从 2017 年的调查结果来看，随着年龄的上升，我国和巴西、印度等金砖国家不同年龄段的群体拥有非正规信贷的比例先增加后下降，46~60 岁年龄段拥有非正规信贷的比例最高，达到 32.17%、16.05% 和 39.75%，俄罗斯 30~45 岁年龄段拥有非正规信贷的比例最高，达到 29.53%，南非 30 岁以下年龄段拥有非正规信贷的比例最高，达到 45.76%，法国 46~60 岁年龄段拥有非正规信贷的比例最高，达到 12.21%，英美日德 30 岁以下年龄段拥有非正规信贷比例最高，分别达到 21.23%、29.77%、12.05% 和 8.99%。从各年龄段之间的差距来看，我国和其他金砖国家各个年龄段拥有非正规信贷的比例有一定差异，大部分金砖国家 60 岁以上的老年人拥有非正规信贷的比例大幅下降，发达国家各个年龄段拥有非正规信贷的比例差异也较大，随着年龄上升，非正规信贷拥有比例下降明显。总体上，30 岁以下年龄段拥有非正规信贷的比例最高，各个国家不同年龄段之间拥有非正规信贷的比例差异较大。

表 8 - 76　　　　　　年龄和非正规信贷拥有比例　　　　　单位：%

年龄	中国	巴西	印度	俄罗斯	南非	英国	美国	日本	法国	德国
30 岁以下	24.59	15.46	32.08	32.95	45.76	21.23	29.77	12.05	10.03	8.99
30~45 岁	31.17	14.47	36.22	29.53	42.21	16.09	15.84	4.38	6.10	7.94
46~60 岁	32.17	16.05	39.75	17.14	45.59	14.79	10.17	4.87	12.21	8.87
61~75 岁	23.75	5.69	25.57	13.58	33.01	5.11	7.20	0.42	5.39	7.17
75 岁以上	16.43	1.72	25.86	7.15	35.81	6.98	4.02	0.26	4.78	4.82

3. 教育与信贷

（1）教育和信贷拥有比例。表 8 - 77 描述了教育和信贷拥有比例的关系。从不同受教育等级的差异来看，随着受教育水平的提升，我国 2011 年和 2014 年成年人拥有信贷的比例增加，2017 年成年人拥有信贷的比例减少。巴西、俄罗斯和南非成年人受教育水平和信贷比例同方向变化，印度成年人受教育水平和信贷比例反方向变化。发达国家中，随着受教育水平的提升，大多数国家出现成年人拥有信贷的比例增加的现象，但法国在 2017 年也出现了成年人受教育水平和信贷比例反方向变化的现象。从差异的大小来看，我国不同受教育水平的成年人拥有信贷的比例差异较小，其他金砖国家不同受教育水平的成年人拥有信贷的比例差异同样不大，发达国家不同受教育水平的成年人拥有信贷的比例差异大于金砖国家。总体上，我国不同受教育水平的成年人拥有信贷的比例低于部分金砖国家和发达国家，高级受教育水平的成年人拥有信贷相对较小。

表 8 - 77　　　　　　教育和信贷拥有比例　　　　　单位：%

年份	受教育水平	中国	巴西	印度	俄罗斯	南非	英国	美国	日本	法国	德国
2011	初级	33.55	22.52	32.88	18.92	40.63	27.63	34.26	10.76	25.56	25.33
	中级	29.22	30.09	26.19	37.84	46.56	49.38	55.97	32.85	39.85	39.98
	高级	41.99	45.54	24.94	40.95	79.77	62.83	71.48	34.61	53.76	35.96

续表

年份	受教育水平	中国	巴西	印度	俄罗斯	南非	英国	美国	日本	法国	德国
2014	初级	32.47	18.62	48.32	19.45	86.98	38.68	36.40	28.17	44.22	14.60
	中级	34.03	21.40	41.81	35.69	85.17	46.21	61.88	36.22	35.82	41.20
	高级	37.41	32.89	34.54	37.99	92.98	49.91	70.91	35.86	52.53	39.02
2017	初级	39.27	19.65	40.23	32.03	45.28	46.14	20.75	11.72	48.54	27.01
	中级	33.14	26.21	40.13	40.29	52.93	45.79	55.27	24.25	44.80	38.89
	高级	30.69	45.83	37.01	45.44	56.49	52.02	69.46	31.59	42.62	41.73

（2）教育和房贷拥有比例。表 8 - 78 描述了教育和房贷拥有比例的关系。从不同受教育等级的差异来看，随着受教育水平的提升，除印度在2011 年和 2017 年之外，我国和其他金砖国家成年人拥有房贷的比例有所增加。发达国家中，除日本在 2014 年和德国在 2011 年之外，随着受教育水平的提升，成年人拥有房贷的比例增加。从差异的大小来看，我国和其他金砖国家初级受教育水平的成年人极少拥有房贷，而高级受教育水平的成年人小部分拥有房贷，不同受教育水平的成年人拥有房贷的比例有一定的差异，而发达国家不同受教育水平的成年人拥有房贷的比例差异大于金砖国家。总体上，我国不同受教育水平的成年人拥有房贷的比例高于部分金砖国家但低于发达国家，我国不同受教育水平之间拥有房贷的差异也相对较大。

表 8 - 78　　　　　　　　　　教育和房贷　　　　　　　　　　单位：%

年份	受教育水平	中国	巴西	印度	俄罗斯	南非	英国	美国	日本	法国	德国
2011	初级	3.74	0.74	2.36	0.00	0.50	11.63	15.34	4.12	8.85	25.33
	中级	6.84	1.13	1.67	1.29	4.09	31.72	23.63	18.86	24.83	20.91
	高级	15.21	10.27	1.83	3.93	33.80	48.57	54.35	21.83	40.38	25.78

年份	受教育水平	中国	巴西	印度	俄罗斯	南非	英国	美国	日本	法国	德国
	初级	6.95	9.56	3.12	8.99	4.91	15.72	3.00	4.98	22.49	4.81
2014	中级	11.81	10.69	3.55	20.27	9.48	28.30	25.55	22.16	23.40	21.40
	高级	15.75	20.23	4.55	20.72	27.60	36.66	49.90	21.99	43.41	26.00
	初级	11.14	1.36	3.03	5.24	2.20	20.96	20.75	3.23	28.25	11.26
2017	中级	15.53	4.23	6.36	16.19	6.38	22.76	28.09	18.53	29.35	20.56
	高级	20.60	26.29	6.09	20.20	18.17	40.18	50.89	24.42	32.77	25.08

（3）教育和医疗信贷拥有比例。表 8 - 79 描述了教育和医疗信贷拥有比例的关系。从不同受教育等级的差异来看，随着受教育水平的提升，我国和印度成年人拥有医疗信贷的比例减少。巴西中级受教育水平的成年人拥有医疗信贷的比例最低，印度成年人受教育水平和信贷比例呈相反方向变化。发达国家中，随着受教育水平的提升，英美日法在一些年份也出现成年人拥有医疗信贷比例减少的现象，受教育程度和医疗信贷拥有比例关系不大。从差异的大小来看，我国不同受教育水平的成年人拥有医疗信贷的比例差异较小，其他金砖国家不同受教育水平的成年人拥有医疗信贷的比例差异同样不大，发达国家医疗信贷的拥有比例较低，不同受教育水平的成年人拥有医疗信贷的比例差异也不大。总体上，我国不同受教育水平的成年人拥有医疗信贷的比例低于除俄罗斯外金砖国家但略高于日本、法国等发达国家，但初等受教育水平的成年人拥有医疗信贷相对较大。

表 8 - 79　　　　　　　　　　教育和医疗信贷拥有比例　　　　　　　　单位：%

年份	受教育水平	中国	巴西	印度	俄罗斯	南非	英国	美国	日本	法国	德国
	初级	9.68	5.10	26.95	5.81	17.74	0.00	5.84	3.00	5.89	0.00
2014	中级	3.31	3.26	17.71	2.22	15.04	3.44	8.97	2.49	1.97	2.20
	高级	2.00	7.76	5.42	3.74	36.96	2.76	6.16	2.61	1.96	3.06

续表

年份	受教育水平	中国	巴西	印度	俄罗斯	南非	英国	美国	日本	法国	德国
2017	初级	7.88	10.50	14.82	5.10	13.54	9.30	10.37	0.61	3.25	7.06
	中级	4.24	8.88	13.66	7.61	11.32	9.02	5.76	0.50	6.98	3.37
	高级	3.35	11.36	10.39	8.04	11.50	5.94	5.54	0.91	2.55	7.44

（4）教育和商业信贷拥有比例。表 8 - 80 描述了教育和商业信贷拥有比例的关系。从不同受教育等级的差异来看，随着受教育水平的提升，中国、巴西和印度 2014 年成年人拥有商业信贷的比例增加，2017 年中级受教育水平的成年人拥有商业信贷的比例最高。俄罗斯和南非成年人受教育水平和商业信贷比例同方向变化。发达国家中，随着受教育水平的提升，大多数国家出现成年人拥有商业信贷的比例增加的现象，但日法德在 2014 年和 2017 年也出现了中级受教育水平的成年人拥有商业信贷的比例最高的现象。从差异的大小来看，我国不同受教育水平的成年人拥有商业信贷的比例差异较小，其他金砖国家不同受教育水平的成年人拥有商业信贷的比例差异大于我国，发达国家不同受教育水平的成年人拥有商业信贷的比例差异小于金砖国家。总体上，我国不同受教育水平的成年人拥有商业信贷的比例高于部分金砖国家和发达国家，而且不同受教育水平成年人拥有商业信贷的比例差异较小。

表 8 - 80　　　　　　　　　　教育和商业信贷拥有比例　　　　　　　　单位：%

年份	受教育水平	中国	巴西	印度	俄罗斯	南非	英国	美国	日本	法国	德国
2014	初级	7.19	2.23	9.17	1.70	6.69	6.56	0.00	0.41	0.00	0.00
	中级	6.67	3.92	7.88	1.18	7.31	3.17	2.57	1.36	1.61	4.74
	高级	9.17	10.19	4.13	2.29	11.50	4.04	2.87	1.04	4.93	1.99
2017	初级	4.93	1.80	7.61	0.00	4.68	0.00	0.00	2.45	0.40	0.00
	中级	5.63	5.21	6.54	1.88	5.83	2.68	3.84	2.22	5.78	2.81
	高级	5.09	0.00	6.07	2.92	16.47	4.75	4.24	1.74	2.59	3.96

（5）教育和正规信贷拥有比例。表8-81描述了教育和正规信贷拥有比例的关系。从不同受教育等级的差异来看，随着受教育水平的提升，中国、巴西、俄罗斯、南非在大多年份成年人拥有正规信贷的比例增加，印度不同受教育水平和成年人正规信贷拥有比例没有明显关系。发达国家中，随着受教育水平的提升，大多国家也出现了成年人拥有正规信贷比例增加的现象。从差异的大小来看，我国不同受教育水平的成年人拥有正规信贷的比例有一定差异，其他金砖国家不同受教育水平的成年人拥有正规信贷的比例差异大于我国，发达国家不同受教育水平的成年人拥有正规信贷的比例差异小于金砖国家。总体上，我国不同受教育水平的成年人拥有正规信贷的比例高于部分金砖国家，但低于大多数发达国家，而且不同受教育水平成年人拥有正规信贷的比例有一定差异。

表8-81　　　　　　　　　　教育和正规信贷拥有比例　　　　　　　　单位：%

年份	受教育水平	中国	巴西	印度	俄罗斯	南非	英国	美国	日本	法国	德国
2011	初级	8.90	7.75	13.05	3.54	6.36	9.87	28.28	2.83	10.13	16.42
	中级	8.32	8.65	8.97	12.50	16.76	18.30	26.82	17.34	21.51	20.75
	高级	14.58	24.12	11.64	19.23	60.81	23.83	43.03	17.25	24.74	13.31
2014	初级	8.03	11.23	9.63	6.71	19.91	38.68	0.00	8.12	9.96	9.79
	中级	15.09	16.07	9.24	17.75	25.87	27.85	31.66	19.51	17.67	23.61
	高级	24.78	20.67	11.48	16.99	60.73	30.95	41.66	22.04	25.46	26.45
2017	初级	7.48	5.30	6.08	8.92	5.98	10.25	20.75	4.32	13.12	7.64
	中级	10.01	9.50	7.72	14.15	11.02	16.15	28.13	6.14	20.50	19.83
	高级	17.00	23.80	5.94	18.76	13.43	28.36	34.69	6.86	16.14	22.97

（6）教育和非正规信贷拥有比例。表8-82描述了教育和非正规信贷拥有比例的关系。从不同受教育等级的差异来看，随着受教育水平的提升，我国和其他金砖国家在大多年份成年人拥有非正规信贷的比例减少，但在一些年份也出现受教育水平和成年人非正规信贷同方向增加的现象。发达国家中，随着受教育水平的提升，大多数国家也出现了成年人拥有非

正规信贷的比例减少的现象，但这些发达国家在一些年份没有明显关系。从差异的大小来看，我国不同受教育水平的成年人拥有非正规信贷的比例差异较大，其他金砖国家不同受教育水平的成年人拥有非正规信贷的比例差异相对较小，发达国家不同受教育水平的成年人拥有非正规信贷的比例差异小于金砖国家。总体上，我国不同受教育水平的成年人拥有非正规信贷的比例虽低于部分金砖国家，但高于大多数发达国家，而且不同受教育水平的成年人拥有非正规信贷的比例差异较大。

表 8－82 　　　　　　　　教育和非正规信贷拥有比例　　　　　　　　单位：%

年份	受教育水平	中国	巴西	印度	俄罗斯	南非	英国	美国	日本	法国	德国
2011	初级	26.73	11.92	24.85	18.23	35.67	12.71	16.01	5.54	6.57	9.82
	中级	20.88	21.71	19.35	28.23	36.55	17.91	26.66	6.13	4.23	9.77
	高级	24.07	9.49	16.28	27.79	41.39	16.57	12.38	4.35	7.13	5.93
2014	初级	25.08	5.91	37.95	14.00	77.14	28.67	33.40	21.89	15.35	0.00
	中级	24.04	6.12	32.45	15.41	73.42	14.00	24.88	4.39	5.57	12.38
	高级	21.29	5.48	23.88	20.12	69.52	10.05	11.95	3.23	6.32	5.70
2017	初级	33.16	12.84	35.44	22.78	40.53	20.02	10.37	3.93	12.27	16.16
	中级	22.53	14.63	32.86	22.93	44.79	15.69	18.39	3.88	9.63	7.97
	高级	12.63	12.44	30.12	25.76	39.13	7.54	10.73	4.47	1.26	7.12

8.5　本章小结

2015～2018 年，中国的信用合作机构存款服务使用度、贷款服务使用度分别下降了 46.73% 和 45.88%，信用合作机构地理渗透度、人口渗透度分别下降 48.37% 和 49.21%。另外，各类金融基础设施的地理和人口渗透度的对比表明，中国保险机构的供给水平相较于 ATM 和银行网点，在国际上仍处于落后地位，中国保险行业有很大发展潜力。从金融服务使用度来看，中国的银行存款、银行贷款均领先于其他金砖国家和欧美发达国家，但信用合作机构存贷款规模处于较低水平。从金融基础设施地理渗透度来看，除信用合作机构处于较低水平外，其他金融基础设施与欧美发达国家存在较大差距，但领先于其他金砖国家。从金融基础设施人口渗透度来看，中国仅 ATM 在金砖国家中处于中等水平并落后于欧美发达国家，其他金融基础设施，无论是在金砖国家中还是与欧美发达国家相比，均处于落后地位。总体而言，中国家庭普惠金融在供给层面领先于多数金砖国家，但是与欧美发达国家相比仍存在较大差距。

从支付的国际比较来看，我国成年人拥有金融账户、银行卡、信用卡，使用移动支付和进行网购的比例虽高于其他金砖国家，但低于发达国家，我国成年人拥有手机的比例高于其他金砖国家和发达国家。从男女性别差异看，各国男性在各项指标的拥有比例上普遍高于女性，金砖国家的性别差异普遍大于发达国家，我国女性拥有移动支付和网购的比例虽高于男性，但在其他指标上还有很大的性别差异，大于部分金砖国家小于发达国家。从年龄的差异来看，45 岁以下的中青年人拥有各种普惠金融指标的比例最高，呈年轻化趋势，我国和其他金砖国家一样，老年人在普惠金融市场表现不活跃，发达国家的老年人相比之下更为活跃。从受教育水平的差异来看，各项普惠金融指标的拥有比例普遍表现出随着受教育水平的提高而增加的现象，我国不同受教育水平的成年人拥有各项普惠金融指标的比例虽高于金砖国家，但低于发达国家，值得注意的是，各国不同受教育水平之间差异普遍较大。

从储蓄的国际比较来看，我国成年人拥有储蓄、经营性储蓄、养老储蓄和正规储蓄的比例虽高于其他金砖国家，但低于发达国家，我国成年人拥有非正规储蓄的比例虽低于印度和南非，但高于巴西和俄罗斯。从男女性别差异来看，各国男性在各项储蓄指标的拥有比例上普遍高于女性，金砖国家的性别差异普遍略大于发达国家，我国在各项储蓄指标上普遍拥有较大的性别差异，大于大部分金砖国家和发达国家。从年龄的差异来看，45 岁以下的中青年人拥有储蓄、经营性储蓄、正规储蓄、非正规储蓄的比例最高，呈年轻化趋势，60 岁以上的老人拥有养老储蓄的比例较高，我国和其他金砖国家一样，除养老储蓄外，老年人在其他各类储蓄上表现不活跃，发达国家的老年人相比之下更为活跃。从受教育水平的差异看，各项储蓄指标的拥有比例普遍表现出随着受教育水平的提高而增加的现象，我国不同受教育水平的成年人拥有各项储蓄指标的比例虽高于金砖国家，但低于发达国家，值得注意的是，各国不同受教育水平成年人之间差异普遍较大。

从信贷的国际比较来看，我国成年人拥有信贷的比例除高于巴西外，低于其他国家；拥有房贷的比例低于发达国家和俄罗斯，高于其他金砖国家；拥有医疗信贷的比例低于金砖国家，但高于发达国家；拥有商业信贷的比例低于印度，高于其他国家；拥有正规信贷的比例低于大部分金砖国家和发达国家；拥有非正规信贷的比例高于大部分金砖国家和发达国家。总体上我国信贷拥有比例低，正规信贷拥有少，与部分金砖国家和发达国家有一定差距。金砖国家的性别差异普遍略大于发达国家，我国在各项信贷指标上普遍存在一定的性别差异，大于大部分金砖国家和发达国家。从年龄的差异来看，45 岁左右的中年人拥有各项信贷指标的比例最高，金砖国家青年人和老年人在各类信贷上表现不活跃，发达国家的青年人和老年人相比之下更为活跃。

第 9 章

中国家庭普惠金融对策

9.1 主要结论

9.1.1 家庭普惠金融需求增加，正规金融机构普惠金融供给不足

根据 2015 年、2017 年、2019 年的中国家庭普惠金融调查（CHFIS）数据，我们利用家庭对金融服务使用程度与地区银行等金融机构的供给程度构建了普惠金融指数，并针对分项指标进行了具体分析。

从家庭普惠金融总指数来看，2015 年到 2019 年普惠金融取得了快速发展，其中，2015 年到 2017 年增速较快，指数从 50.39 增加到 52.56，增长了 2.17 个百分点，2017 年到 2019 年增速放缓，该指数增加到 53.36，增长了 0.80 个百分点。

在需求层面，普惠金融需求指数在逐年增加，2015 年、2017 年、2019 年普惠金融需求指数分别为 38.29%、43.41%、47.42%，反映出家庭对金融服务的需求日益增加。分项指标数据显示，从储蓄来看，拥有银行账户的家庭占比从 2015 年到 2017 年提高较快，而后呈下降趋势。从借贷来看，家庭信贷参与和正规贷款余额均呈现先增长后降低的趋势，2019 年的信贷余额降到 2015 年以来的最低点，而家庭对非正规信贷市场的参与及借款余额在不断上升。从支付来看，家庭使用信用卡的比例在 2017

年最高，2019 年最低，而使用第三方支付的家庭在近年来出现飞速增长。从保险来看，医疗保险的覆盖率最高，且近年来该比例基本稳定，人均养老保险的参与在不断提升，拥有商业保险的家庭比例呈现先增长后下降的趋势。值得注意的是，在保险深度的分析中，我们发现，在人均养老保险的支出金额基本不变的情况下，人均养老保险收入在不断提高。

在供给层面，普惠金融供给指数在逐年递减，2015 年、2017 年、2019 年普惠金融供给指数分别为 41.58%、40.91%、39.35%，体现出传统金融机构普惠金融的供给在逐年下降。从分项指标来看，我们发现近年来社区拥有的银行网点、金融服务点的数量均在逐年下降，最近银行网点与金融服务点的距离在不断加大。而非银行金融机构中，担保公司数量与小额贷款公司的数量也在逐年递减。从社区金融机构覆盖密度来看，传统金融的空间覆盖度有所降低，但人口覆盖度不断提高，反映出金融服务根据人口分布的特点，不断优化其地理分布结构。

根据家庭的不同特征进行分析，我们发现，农村地区与中部地区的普惠金融水平亟待提升，户主年龄在 50 岁以下的家庭普惠金融发展一直呈现上升趋势，而户主年龄在 50 岁以上的家庭普惠金融发展出现先增长后下降的趋势。户主受教育水平在初中及以下的家庭，普惠金融发展远远落后于高中及以上的家庭。这些反映出老年家庭与教育程度低的家庭普惠金融水平仍需进一步提高。

9.1.2 第三方支付深刻改变家庭行为

近年来，中国家庭的支付方式发生了变化。现金支付、银行卡支付和第三方支付仍然是中国家庭普遍选择的支付方式。从全国来看，2019 年中国使用现金支付的家庭比例为 91.62%，使用银行卡支付的家庭占比为 12.37%，使用第三方支付的家庭比例为 47.66%。相较于 2017 年，使用现金支付和银行卡支付的家庭占比略有下降，使用第三方支付作为日常支付方式的家庭比例明显提高。支付方式的选择在户主年龄、户主受教育程度、户主风险态度、家庭收入和家庭资产方面呈现异质性。研究发现，支付方式的选择对家庭消费、家庭经营绩效、家庭资产配置和家庭相对贫困具有一定影响。

从家庭消费方面看，银行卡支付和第三方支付显著促进了家庭消费，传统的现金支付对家庭消费没有显著影响。为解决内生性带来的估计偏误，本书进一步使用工具变量进行 2SLS 估计，结果表明银行卡支付和第三方支付对家庭消费有积极影响。综合使用 2017 年和 2019 年 CHFIS 调查数据，面板模型的估计结果仍显著成立。支付方式的改变和新型支付方式的使用能够促进家庭消费。

从家庭经营绩效方面看，对于农业经营绩效，分组描述性分析显示，使用现金支付、银行卡支付和第三方支付的家庭与未使用家庭均没有显著差异。现金支付、银行可支付与第三方支付均对农业经营收入没有显著影响。对于工商业经营绩效，使用银行卡支付和第三方支付的家庭工商业经营绩效显著高于未使用家庭。第三方支付的使用显著提高了家庭工商业经营收入，改善了经营绩效。

从家庭资产配置方面看，支付方式使用对家庭金融资产多样性具有积极影响。银行卡支付和第三方支付显著增加了中国家庭的金融资产种类，提高了家庭金融资产多样性。

从家庭相对贫困的可能性看，支付方式的使用对家庭是否陷入相对贫困具有一定影响。银行卡支付和第三方支付明显降低了家庭落入相对贫困的概率。在构建面板模型进行分析后，实证结果表明，第三方支付仍显著降低了家庭相对贫困的可能性。

9.1.3　中国家庭储蓄率依然较高，决定因素多样

第一，家庭储蓄率依然较高。近些年，我国家庭储蓄率水平居高不下，高达 30% 左右。在同一时期，无论是家庭储蓄率、家庭储蓄水平，还是家庭拥有储蓄的比例，城市地区的储蓄指标均高于农村地区。家庭储蓄的各项指标呈现地区异质性、家庭财富异质性、家庭收入异质性和户主年龄异质性。

第二，财富积累显著提升家庭储蓄率。研究结果表明，财富差距抑制家庭储蓄率水平的提高。家庭财富水平显著提高家庭的储蓄率，即越富有

的群体储蓄率积累程度越高，财富越高的群体储蓄率越高。

第三，养老保险参与未显著降低家庭储蓄率。结果表明，养老保险参与显著提高家庭的储蓄率。家庭领取的养老保险金金额对家庭储蓄有显著的促进作用，可能的原因是养老保险金能显著促进家庭收入水平的提高，进而提升家庭的储蓄率。

第四，人口结构对家庭储蓄率的影响。面板固定效应和随机效应的估计结果说明老龄化抑制家庭储蓄率水平的提高。家庭老人抚养比和少儿抚养比均显著降低家庭的储蓄率，可能的原因是家庭老人和子女越多，家庭需要的赡养费用和抚养费用越多，从而在一定程度上降低家庭的储蓄率。

第五，负债程度对储蓄率影响存在显著差异。家庭负债抑制家庭储蓄率水平的提高，相比于最低负债家庭，中低负债家庭会降低家庭储蓄率，次高负债家庭的负债对储蓄率无显著影响，最高负债家庭会显著提高储蓄率水平。

9.1.4 信贷对家庭消费和经营行为具有积极影响

家庭信贷参与对家庭收入、消费、创业、资产选择等行为产生了重要影响。

从信贷参与方面看，参与消费型信贷的比例远远高于生产型信贷。在生产型信贷中，参与农业信贷的比例最大，2015 年、2017 年和 2019 年分别为 3.95%、5.73% 和 4.94%。在消费型信贷中，参与住房信贷和使用信用卡的比例最大，2015 年、2017 年、2019 年，参与住房信贷的比例分别为 16.55%、18.09% 和 14.43%，使用信用卡的比例分别为 17.60%、19.58% 和 13.08%。随着时间的推移，家庭参与信贷的比例先上升后下降。2017 年，无论是生产型信贷、消费型信贷还是家庭总体信贷，参与程度均最高。2019 年，家庭生产型信贷、消费型信贷和总体信贷参与程度均最低。家庭信贷参与不仅与自身特征有关，也受到居住地金融服务便利程度的影响。我们发现，户主学历越高，参与信贷的家庭比例越高。2015 年、2017 年、2019 年，高学历的信贷参与比例在不断下降，其余学历类型的信贷参与比例先上升后下降。社会关系越强，家庭信贷参与比例越高。社会关系是影响家庭信贷参与的重要因素。户主健康的家庭参与信贷市场的比例更高，身体健康状况也是影响信贷参与的重要因素。越是偏好风险的家庭，会越多地参与信贷市场。收入最高20%组家庭的信贷参与率最高，2015年、2017年和2019年分别为62.23%、64.03%和55.22%。最后，所在社区是否有社区银行、小额贷款公司和担保公司等，也会影响家庭信贷参与率。不同规模城市的信贷参与率也有显著差异。

从经营性收入方面看，生产型信贷参与、生产型正规信贷参与和生产型民间信贷参与对家庭经营性收入均具有显著正向影响。生产型信贷余额对家庭经营性收入也有积极的促进作用，且这种影响在一、二线城市和户主身体健康的家庭中更大。

从消费方面看，参与信贷市场对家庭总消费具有显著正向影响。生产型信贷、消费型信贷、正规信贷和非正规信贷对家庭总消费均有显著正向影响，对食品消费、衣着消费、生活居住消费、日常用品消费、交通通信消费等各类消费均有积极促进作用。此外，负债余额增加也能促进家庭消费升级。信贷余额对家庭消费的影响在三、四、五线城市、中西部地区、户主未接受高等教育家庭和户主无工作家庭的影响更大。

从创业方面看，家庭信贷市场参与能够显著地促进家庭从事生产经营活动。参与信贷市场和信贷余额增加能够提高家庭创业的概率，还能促进家庭主动创业，有利于提高家庭未来的创业意愿。生产型信贷参与对家庭创业决策有显著正向影响，但消费型信贷参与并没有促进家庭创业，正规信贷参与和非正规信贷参与均对家庭创业有积极促进作用。

从资产选择方面看，参与信贷市场能够提高家庭参与股票市场和金融市场的概率，提高股票资产和风险资产在家庭金融资产中的比重。信贷余额只对家庭金融市场参与广度和深度有显著促进作用，对家庭股市参与和股票资产占比均没有显著影响。生产型信贷参与、正规信贷参与以及非正规信贷参与对家庭股市参与均没有显著影响，只有消费型信贷参与显著促进家庭参与股票市场。参与信贷市场和持有信贷余额都能够促进家庭资产选择多样化。

从家庭相对贫困方面看，信贷市场参与对家庭相对贫困有显著负向影响，信贷余额对家庭相对贫困没有显著影响。生产型信贷参与、消费型信贷参与和正规信贷参与能显著缓解家庭相对贫困状况，非正规信贷参与对家庭相对贫困没有显著影响。

9.1.5　保险为家庭提供保障，改善家庭生活

根据我们的研究，保险对收入差距、消费、相对贫困、资产选择和创业都有显著影响。一方面保险可为家庭提供保障、分散风险，另一方面可以帮助家庭改善生活水平。

从收入差距来看，描述性统计结果显示，有社会养老保险、社会医疗保险或商业保险家庭的收入差距，比没有这些保险的家庭的收入差距要小。进一步来看，固定效应模型的回归结果显示，社会保险、社会基本养老保险、社会基本医疗保险和其他商业保险均可以显著降低我国家庭收入差距，这说明保险对降低我国收入不平等、缩小收入差距有明显的积极作用。

从消费来看，描述性统计结果显示，有社会养老保险、社会医疗保险或商业保险家庭的消费高于没有这些保险家庭的消费。在控制其他变量的影响之后，实证结果显示社会基本养老保险、社会基本医疗保险和商业保险会显著促进家庭消费，并且商业保险的影响在农村地区更大。可以看出，保险在一定程度上为家庭提供了保障，降低了未来的不确定性，从而激发了家庭的潜在消费。

从相对贫困来看，描述性统计结果显示，有社会养老保险、社会医疗保险或商业保险家庭发生相对贫困的概率，都会低于没有这些保险的家庭发生相对贫困的概率。实证分析的结果表明，社会基本养老保险、社会基本医疗保险和商业保险可以显著降低家庭相对贫困发生率，总体来说商业保险降低农村地区相对贫困发生率的作用更大。这说明保险会给家庭带来一定的经济效用，从而降低家庭相对贫困发生率。

从资产选择来看，有商业保险的家庭持有金融风险资产的概率为21.59%，而没有商业保险的家庭持有金融风险资产的概率为6.01%。另

外，实证结果显示商业保险可以显著提高家庭持有金融风险资产的概率，而这一影响主要体现在城镇地区。就此可以看出，商业保险可以让家庭更加积极地参与金融风险市场，有助于进一步带动资本市场的发展和完善。

从创业来看，有商业保险的家庭创业概率为 20.64%，而没有商业保险的家庭创业的概率为 10.87%。更进一步，城镇地区有商业保险的家庭创业概率为 21.97%，没有商业保险的为 13.59%。而农村地区有商业保险的家庭创业的概率为 17.60%，没有商业保险的为 7.78%。从以上数据可以看出，两类家庭在创业选择上有明显差异。实证分析也进一步证实了商业保险会显著促进家庭创业。这也表明保险在促进居民创业行为中发挥了不可忽视的作用。

9.1.6 普惠金融发展成效显著，影响深远

近年来，中国的普惠金融事业得到较快发展，对家庭部门产生了深远影响。本书基于中国家庭普惠金融调查数据，从家庭收入、家庭消费、家庭创业、家庭相对贫困和家庭财富五个维度对普惠金融发展的经济影响进行评估，主要得出以下结论：

第一，普惠金融发展能够促进家庭财富积累。本书分别从收入、财富和相对贫困发生率的角度，对家庭普惠金融指数分组发现，高普惠金融指数家庭组具有更高的收入水平和财富存量以及更低的相对贫困发生率。进一步通过实证检验发现，普惠金融发展对于家庭的收入增长、财富积累以及相对贫困发生率的下降具有积极作用。

第二，普惠金融发展能够提高家庭消费能力。本书从家庭消费的角度，对家庭普惠金融指数分组发现，高普惠金融指数家庭组的消费水平显著高于低普惠金融指数家庭组。基于 OLS、FE、2SLS 和 IV‑FE 的实证结果发现，普惠金融发展对于家庭消费能力的提升具有积极作用。

第三，普惠金融发展能够激发家庭创新动力。从创业决策的角度，分组描述性结果表明，高普惠金融指数家庭组的创业水平显著高于低普惠金融指数家庭组。基于 OLS、Probit、FE、2SLS、IV‑Probit 和 IV‑FE 的方法进行实证检验发现，普惠金融发展能够显著促进家庭创业，激发家庭的

创新动力。

9.1.7　中国普惠金融发展成绩显著，差距明显

2015～2019 年期间，从各国普惠金融供给层面的比较来看，中国的信用合作机构存款、贷款服务使用度，信用合作机构地理渗透度、人口渗透度，分别出现了 46.73%、45.88%、48.37% 和 49.21% 的下降。另外，各类金融基础设施的地理和人口渗透度的对比表明，中国保险机构的供给水平在国际上仍处于落后地位，中国保险行业有很大发展潜力。从金融服务使用度来看，中国的银行存款、银行贷款均领先于其他金砖国家和欧美发达国家，但信用合作机构存贷款规模处于较低水平。从金融基础设施地理渗透度来看，除信用合作机构处于较低水平外，其他金融基础设施与欧美发达国家存在较大差距，但领先于其他金砖国家。从金融基础设施人口渗透度来看，中国仅 ATM 在金砖国家中处于中等水平并落后于欧美发达国家。在其他金融基础设施方面，无论是在金砖国家还是与欧美发达国家相比，均处于落后地位。总体而言，中国家庭普惠金融在供给层面领先于多数金砖国家，但是与欧美发达国家相比仍存在较大差距。

从支付层面来看，我国成年人拥有金融账户、银行卡、信用卡，使用移动支付和进行网购的比例领先于其他金砖国家，但和发达国家相比还有一定的差距，我国成年人拥有手机的比例高于其他国家，普及率高。从男女性别差异来看，各国男性拥有各类支付工具的比例普遍高于女性，金砖国家的性别差异普遍大于发达国家，我国女性拥有移动支付和网购的比例高于男性，其他方面男性更占优势，我国性别差异虽然小于部分金砖国家，但和发达国家还有一定差距。从年龄的差异来看，45 岁左右的中青年人拥有普惠金融指标的比例最高并呈年轻化趋势，我国和其他金砖国家一样，老年人在普惠金融市场表现不活跃，发达国家的老年人相比之下更为活跃。从受教育水平的差异看，各项普惠金融指标的拥有比例普遍表现出随着受教育水平的提高而提高的现象，我国不同受教育水平的成年人拥有各项普惠金融指标的比例虽领先于其他金砖国家，但和发达国家有一定

差距。值得注意的是，各国不同受教育水平者之间差异普遍较大。总体上，我国在传统的支付方式上领先于其他金砖国家，和发达国家有一定差距，但在移动支付上，我国处于领先地位。

从储蓄的国际比较来看，我国成年人拥有储蓄、经营性储蓄、养老储蓄和正规储蓄的比例领先于其他金砖国家，但和发达国家有一定差距。我国成年人拥有非正规储蓄虽低于印度和南非，但高于巴西和俄罗斯。从男女性别差异看，各国男性普遍比女性拥有更多储蓄，金砖国家的性别差异略大于发达国家，我国在各项储蓄指标上普遍存在较大的性别差异，高于大部分金砖国家和发达国家。从年龄的差异来看，45 岁以下的中青年人拥有储蓄、经营性储蓄、正规储蓄、非正规储蓄的比例最高，呈年轻化趋势，60 岁以上的老人拥有养老储蓄的比例较高，除养老储蓄外，我国和其他金砖国家老年人在其他各类储蓄上表现不活跃，与发达国家相比有一定差距。从受教育水平的差异看，普遍表现出随着受教育水平的提高储蓄增加的现象，我国不同受教育水平的成年人拥有储蓄的比例领先于多数金砖国家，和发达国家有一定差距。值得注意的是，各国不同受教育水平者之间差异普遍较大。总体上，在储蓄方面，我国成年人拥有储蓄的比例虽领先于其他金砖国家，但和发达国家有差距。

从信贷的国际比较来看，我国成年人拥有信贷的比例除高于巴西外，低于其他国家；拥有房贷的比例低于发达国家和俄罗斯，高于其他金砖国家；拥有医疗信贷的比例低于金砖国家，但高于发达国家；拥有商业信贷的比例低于印度，高于其他国家；拥有正规信贷的比例低于大部分金砖国家和发达国家；拥有非正规信贷的比例高于大部分金砖国家和发达国家。总体上，我国信贷拥有比例低，正规信贷拥有比例低，和部分金砖国家和发达国家有一定差距。从男女性别差异看，除医疗信贷外，各国男性在各项信贷的拥有比例上普遍高于女性，女性更多在非正规市场上借贷。金砖国家的性别差异普遍略大于发达国家，我国在各项信贷指标上普遍存在一定的性别差异，高于大部分金砖国家和发达国家。从年龄的差异来看，45 岁左右的中年人拥有信贷的比例最高，金砖国家青年人和老年人在各类信贷上表现不活跃，发达国家的青年人和老年人相比之下更为活跃。

总体上，我国信贷市场的发展优势不明显，和其他国家尤其是发达国家有一定差距。

9.2　对策与建议

9.2.1　推进普惠金融深入发展，促使金融服务供需均衡

普惠金融突破了传统金融服务范围的时空局限性，强调了金融服务理念的公平性和共享性，有利于促进经济高质量增长和可持续发展。研究表明，中国家庭普惠金融需求不断增加，但金融服务供给不断下降，农村地区与中部地区的普惠金融水平亟待提升，老年家庭与教育程度低的家庭普惠金融水平仍需进一步提高。因此，我国应当持续推动普惠金融发展，不断优化金融服务供需结构。

第一，我国应继续加大普惠金融供给，完善金融基础设施，降低金融服务成本，从供给侧和需求侧两个维度推进普惠金融建设，满足家庭日益增长的普惠金融需求，使家庭充分享受普惠金融发展红利。对于中部、西部与农村等欠发达地区，应当发挥数字普惠金融的协同作用，不断提升金融服务质量。第二，推动普惠金融向弱势群体发展，改善弱势群体的金融服务水平。重点服务小微企业、农民、城镇低收入人群、贫困人群和残疾人、老年人等特殊群体，提高普惠金融的可得性和覆盖率。第三，应加快建立适应普惠金融发展要求的法律规范和监管体系，提高金融监管有效性。在有效防范风险的基础上，鼓励金融产品和服务创新，提高普惠金融服务满意度。

9.2.2　发挥移动支付工具的积极作用

报告研究表明，银行卡支付和第三方支付有利于促进中国家庭消费，提高家庭工商业经营绩效，增加家庭资产多样性，缓解家庭相对贫困的可能性。基于此，我国应顺应金融创新和金融科技发展浪潮，创新金融服务

体制，改善支付服务环境，发挥移动支付等支付工具的积极作用。

首先，应健全多元化支付体系，完善移动支付市场环境，尊重市场规律，发挥市场主体的积极性。其次，应着重运用移动支付等手段改善农村和中西部地区的支付环境，形成多层次、广覆盖、可持续的支付体系，改善家庭生活，更好服务民生，保障和提高人民福祉。再次，安全是支付业务发展的重中之重，应趋利避害，提高移动支付工具的合规性和安全性，切实防范风险，保障用户的信息安全和资金安全。最后，应大力宣传移动支付的创新成果和安全知识，提升消费者支付安全意识。

9.2.3　提高保障程度，降低预防性高储蓄

基于 2019 年 CHFIS 数据，中国家庭储蓄率总体呈上升趋势，家庭财富、人口结构、养老保险、家庭负债对家庭储蓄率具有一定影响。财富水平和养老保险参与能显著增加中国家庭的储蓄率，家庭老人抚养比、少儿抚养比和负债显著降低了储蓄率。现阶段，中国家庭的预防性储蓄动机仍较强，因此在拥有财富和具有一定程度养老保障时未明显减少储蓄。家庭赡养和抚养压力较大、具有负债等经济压力时，家庭因无钱储蓄而造成低储蓄率。因此，本书认为，提高对家庭的保障程度，降低预防性储蓄，才能有效缓解高储蓄问题。

首先，应改革社会保障体制，稳步推进养老体制、医疗体制、教育体制和住房抵押贷款等方面的改革，继续扩大医疗卫生、养老金、教育和对贫困家庭转移方面的公共支出，进一步改善民生，提高家庭的社会保障程度，降低家庭的预防性储蓄动机。其次，缩小家庭收入差距和财富差距，拓宽低收入群体的收入渠道。居民收入差距和财富差距的不断扩大，制约着当前经济的转型和发展。一方面，应完善和规范金融市场，促进普惠金融发展，为家庭提供多种多样的金融服务和金融产品，拓宽家庭投资和融资渠道，丰富家庭投资理财产品选择。另一方面，应引导低收入群体合理利用信贷资源，提高家庭成员的就业能力，丰富家庭的收入来源。最后，降低预防性储蓄的关键是提高家庭收入。现阶段，我国家庭收入的来源主要是工资性收入、财产性收入、经营性收入和转移性收入，但工资性收入

占比过高，这会影响家庭的收入增长和福利改善。我国应进一步推进收入分配改革，完善初次分配和再分配，提高转移性收入的力度，优化家庭的收入结构。

9.2.4 增加金融服务，提高信贷可得性

第一，鼓励家庭参与生产型信贷。研究发现，家庭信贷参与以消费型信贷为主，生产型信贷参与程度有限。生产型信贷参与和生产型信贷余额能显著提高家庭经营性收入。因此，应鼓励家庭积极参与生产型信贷市场，并采取相关措施缓解融资难、融资贵问题，提高金融产品和金融服务的便利性，合理降低金融门槛，使更多家庭能从信贷市场获益。

第二，有针对性地发展信贷市场。研究发现，所在社区是否有社区银行、小额贷款公司和担保公司等，会显著影响家庭信贷参与率。不同规模城市的信贷参与率也有显著差异。因此，应秉持"因地制宜"的原则，结合不同地区的实际情况，提高金融服务的覆盖广度和深度，有针对性地发展不同层次的信贷市场。

第三，重视信贷市场与相关政策的联动性。研究发现，家庭参与信贷市场能够显著促进家庭从事生产经营活动。信贷参与能显著缓解家庭相对贫困状况。因此，未来的创新创业政策在鼓励创业的同时，也不能忽视信贷的作用，应为家庭从事生产经营活动提供良好的信贷条件。

9.2.5 刺激保险需求，增强家庭抗风险能力

社会保险和商业保险作为家庭防范风险的主要力量，对收入差距、消费、相对贫困、资产选择和创业产生了显著影响。保险在一定程度上帮助家庭解决了养老需求问题，提高了医疗服务水平，改善了人们的健康状况。无论从短期还是长期来看，保险通过保障家庭各方面的不确定性，有效分散了未来可能存在的风险，使家庭更愿意参与一些高风险的投资，比如购买更多的风险资产以及创业等。但是，我国存在着社会保障水平低、商业保险参与程度低等问题，使得保险发挥的作用有限。一方面，我国应进一步完善社会保障体系，提高社会保险的覆盖率，引导

居民参保续保，完善多层次保险服务体系；增强社会保障程度，有序发展面向农村居民、城镇低收入人群、残疾人的普惠保险。另一方面，我国应完善商业保险市场体系，加快保险市场对外开放水平，优化市场格局，满足居民多层次保险需求。鼓励通过多种方式购买保险服务，推动居民合理选择商业保险，加强保险消费者教育，提高其保险意识和运用保险工具分散风险的能力。

参 考 文 献

［1］白重恩，李宏彬，吴斌珍. 医疗保险与消费：来自新型农村合作医疗的证据［J］. 经济研究，2012b（2）.

［2］白重恩，吴斌珍，金烨. 中国养老保险缴费对消费和储蓄的影响［J］. 中国社会科学，2012a（8）.

［3］蔡栋梁，邱黎源，孟晓雨等. 流动性约束、社会资本与家庭创业选择——基于 CHFS 数据的实证研究［J］. 管理世界，2018（9）.

［4］蔡伟贤，朱峰. "新农合"对农村居民耐用品消费的影响［J］. 数量经济技术经济研究，2015（5）.

［5］柴时军. 社会资本与家庭投资组合有效性［J］. 中国经济问题，2017（4）.

［6］曹兰英. 新型农村养老保险、农户金融市场参与及家庭资产配置［J］. 统计与决策，2019，35（18）.

［7］陈斌开，杨汝岱. 土地供给、住房价格与中国城镇居民储蓄［J］. 经济研究，2013，48（1）.

［8］陈斌开. 收入分配与中国居民消费——理论和基于中国的实证研究［J］. 南开经济研究，2012（1）.

［9］陈璐，王金旭，范红丽. 医疗保险与流动人口社会融入：来自商业保险的证据［J］. 保险研究，2018（2）.

［10］陈彦斌，邱哲圣. 高房价如何影响居民储蓄率和财产不平等［J］. 经济研究，2011，46（10）.

［11］陈宗胜，沈扬扬，周云波. 中国农村贫困状况的绝对与相对变

动——兼论相对贫困线的设定［J］. 管理世界，2013（1）.

［12］程郁，罗丹. 信贷约束下农户的创业选择——基于中国农户调查的实证分析［J］. 中国农村经济，2009（11）.

［13］单德朋，郑长德，王英. 金融可得性、信贷需求与精准扶贫的理论机制及研究进展［J］. 西南民族大学学报（人文社科版），2016（9）.

［14］邓晓娜，杨敬峰，王伟. 普惠金融的创业效应：理论机制与实证检验［J］. 金融监管研究，2019（1）.

［15］段军山，崔蒙雪. 信贷约束、风险态度与家庭资产选择［J］. 统计研究，2016，33（6）.

［16］樊纲，王小鲁. 消费条件模型和各地区消费条件指数［J］. 经济研究，2004（5）.

［17］冯春阳. 信任、信心与居民消费支出——来自中国家庭追踪调查数据的证据［J］. 现代财经（天津财经大学学报），2017（4）.

［18］冯海红. 小额信贷、农民创业与收入增长——基于中介效应的实证研究［J］. 审计与经济研究，2016，31（5）.

［19］甘犁，刘国恩，马双. 基本医疗保险对促进家庭消费的影响［J］. 经济研究，2010（1）.

［20］甘犁，赵乃宝，孙永智. 收入不平等、流动性约束与中国家庭储蓄率［J］. 经济研究，2018，53（12）.

［21］高梦滔. 新型农村合作医疗与农户储蓄：基于8省微观面板数据的经验研究［J］. 世界经济，2010，33（4）.

［22］高文书. 社会保障对收入分配差距的调节效应——基于陕西省宝鸡市住户调查数据的实证研究［J］. 社会保障研究，2012（4）.

［23］巩师恩，范从来. 收入不平等、信贷供给与消费波动［J］. 经济研究，2012（1）.

［24］郭云南，王春飞. 新型农村合作医疗保险与自主创业［J］. 经济学（季刊），2016，15（4）.

［25］何婧，李庆海. 数字金融使用与农户创业行为［J］. 中国农村经济，2019（1）.

［26］何立新，封进，佐藤宏．养老保险改革对家庭储蓄率的影响：中国的经验证据［J］.经济研究，2008（10）.

［27］何立新．中国城镇养老保险制度改革的收入分配效应［J］.经济研究，2007（3）.

［28］胡翠，许召元．人口老龄化对储蓄率影响的实证研究［J］.经济学（季刊），2014，13（4）.

［29］胡金焱，张博．社会网络、民间融资与家庭创业——基于中国城乡差异的实证分析［J］.金融研究，2014（10）.

［30］黄薇．医保政策精准扶贫效果研究——基于URBMI试点评估入户调查数据［J］.经济研究，2017（9）.

［31］蒋剑勇，郭红东．创业氛围、社会网络和农民创业意向［J］.中国农村观察，2012（2）.

［32］金烨，李宏彬，吴斌珍．收入差距与社会地位寻求：一个高储蓄率的原因［J］.经济学（季刊），2011，10（3）.

［33］雷晓燕，周月刚．中国家庭的资产组合选择：健康状况与风险偏好［J］.金融研究，2010（1）.

［34］李广子，王健．消费信贷如何影响消费行为？［J］.国际金融研究，2017（10）.

［35］李继尊．关于互联网金融的思考［J］.管理世界，2015（7）.

［36］李江一，李涵．消费信贷如何影响家庭消费？［J］.经济评论，2017（2）.

［37］李锦玲，李延喜，栾庆伟．关系融资、银行信贷与新创企业绩效的关系研究［J］.国际金融研究，2011（6）.

［38］李雪莲，马双，邓翔．公务员家庭、创业与寻租动机［J］.经济研究，2015（5）.

［39］李雪松，黄彦彦．房价上涨、多套房决策与中国城镇居民储蓄率［J］.经济研究，2015，50（9）.

［40］李雪增，朱崇实．养老保险能否有效降低家庭储蓄——基于中国省际动态面板数据的实证研究［J］.厦门大学学报（哲学社会科学版），

2011 (3).

[41] 李祎雯, 张兵. 非正规金融对农村家庭创业的影响机制研究 [J]. 经济科学, 2016 (2): 93-105.

[42] 李豫新, 程谢君. 中国 "后人口转变" 时代老龄化对居民储蓄率的影响 [J]. 南方金融, 2017, 1 (8).

[43] 梁运文, 霍震, 刘凯. 中国城乡居民财产分布的实证研究 [J]. 经济研究, 2010, 45 (10).

[44] 廖卫红. 移动互联网环境下消费者行为研究 [J]. 科技管理研究, 2013 (14).

[45] 林万龙, 杨丛丛. 贫困农户能有效利用扶贫型小额信贷服务吗?——对四川省仪陇县贫困村互助资金试点的案例分析 [J]. 中国农村经济, 2012 (2).

[46] 刘雯, 杭斌. 老龄化背景下我国城镇居民储蓄行为研究 [J]. 统计研究, 2013, 30 (12).

[47] 刘雯. 个体信贷与可视性消费行为——基于借出方视角 [J]. 经济学 (季刊), 2017, 17 (1).

[48] 刘晓光, 刘元春, 申广军. 杠杆率的收入分配效应 [J]. 中国工业经济, 2019 (2).

[49] 刘艳, 马俊龙, 贾男. 基于 CHFS 的家庭创业与信贷约束实证研究 [J]. 四川师范大学学报 (社会科学版), 2015, 42 (5).

[50] 刘艳华. 农业信贷配给对农村居民消费的间接效应——基于面板门槛模型的阐释 [J]. 农业经济问题, 2016 (7).

[51] 刘子宁, 郑伟, 贾若, 景鹏. 医疗保险、健康异质性与精准脱贫——基于贫困脆弱性的分析 [J]. 金融研究, 2019 (5).

[52] 路晓蒙, 尹志超, 张渝. 住房、负债与家庭股市参与——基于 CHFS 的实证研究 [J]. 南方经济, 2019, 38 (4).

[53] 路晓蒙, 赵爽, 罗荣华. 区域金融发展会促进家庭理性投资吗?——基于家庭资产组合多样化的视角 [J]. 经济与管理研究, 2019, 40 (10).

［54］马德功，韩喜昆，赵新．互联网消费金融对我国城镇居民消费行为的促进作用研究［J］．现代财经（天津财经大学学报），2017（9）．

［55］马光荣，杨恩艳．社会网络、非正规金融与创业［J］．经济研究，2011（3）．

［56］马光荣，周广肃．新型农村养老保险对家庭储蓄的影响：基于CFPS数据的研究［J］．经济研究，2014，49（11）．

［57］马双，臧文斌，甘犁，新型农村合作医疗保险对农村居民食物消费的影响分析［J］．经济学（季刊），2010（1）．

［58］孟令国，卢翠平，吴文洋．"全面两孩"政策下人口年龄结构、养老保险制度对居民储蓄率的影响研究［J］．当代经济科学，2019，41（1）．

［59］米增渝，刘霞辉，刘穷志．经济增长与收入不平等：财政均衡激励政策研究［J］．经济研究，2012（12）．

［60］潘敏，刘知琪．居民家庭"加杠杆"能促进消费吗？——来自中国家庭微观调查的经验证据［J］．金融研究，2018，454（4）．

［61］邱黎源，胡小平．正规信贷约束对农户家庭消费结构的影响——基于全国4141户农户的实证分析［J］．农业技术经济，2018（8）．

［62］任苒，金凤．新型农村合作医疗实施后卫生服务可及性和医疗负担的公平性研究［J］．中国卫生经济，2007（1）．

［63］任文龙，张苏缘，陈鑫．金融发展、收入水平与居民文化消费——基于城乡差异的视角［J］．农村经济，2019（11）．

［64］阮小莉，彭嫦燕，郭艳蕊．不同消费信贷形式影响城镇家庭消费的比较分析［J］．财经科学，2017（10）．

［65］石阳，王满仓．现收现付制养老保险对储蓄的影响——基于中国面板数据的实证研究［J］．数量经济技术经济研究，2010（3）．

［66］史代敏，宋艳．居民家庭金融资产选择的实证研究［J］．统计研究，2005（10）．

［67］孙永强，万玉琳．金融发展、对外开放与城乡居民收入差距——基于1978～2008年省际面板数据的实证分析［J］．金融研究，2011（1）．

［68］谭晓婷，钟甫宁．新型农村合作医疗不同补偿模式的收入分配效应——基于江苏、安徽两省 30 县 1500 个农户的实证分析［J］．中国农村经济，2010（3）．

［69］万春，邱长溶．我国养老保险体系的全国统筹模型建立及预测分析［J］．预测，2006，25（3）．

［70］汪伟，郭新强．收入不平等与中国高储蓄率：基于目标性消费视角的理论与实证研究［J］．管理世界，2011（9）．

［71］汪伟．经济增长、人口结构变化与中国高储蓄［J］．经济学（季刊），2010，9（1）．

［72］汪伟．人口老龄化、生育政策调整与中国经济增长［J］．经济学（季刊），2016（16）．

［73］王戴黎．外资企业工作经验与企业家创业活动：中国家户调查证据［J］．管理世界，2014（10）．

［74］王德文，蔡昉，张学辉．人口转变的储蓄效应和增长效应［J］．人口研究，2004（5）．

［75］王弟海．健康人力资本、经济增长和贫困陷阱［J］．经济研究，2012（6）．

［76］王慧玲，孔荣．正规借贷促进农村居民家庭消费了吗？——基于 PSM 方法的实证分析［J］．中国农村经济，2019（8）．

［77］王茂福，谢勇才．关于我国社会保障对收入分配存在逆向调节的研究［J］．毛泽东邓小平理论研究，2012（6）．

［78］王美娇，朱铭来．商业健康保险对居民消费及其结构的影响——基于理性预期和家庭资产结构分析［J］．保险研究，2015（6）．

［79］王瑞芳．中国养老制度变迁对城镇居民储蓄的影响［J］．西北农林科技大学学报（社会科学版），2008（4）．

［80］王小鲁，樊纲．中国收入差距的走势和影响因素分析［J］．经济研究，2005（10）．

［81］王晓彦，胡德宝．移动支付对消费行为的影响研究：基于不同支付方式的比较［J］．消费经济，2017（5）．

［82］王延中，龙玉其，江翠萍等．中国社会保障收入再分配效应研究——以社会保险为例［J］．经济研究，2016，51（2）．

［83］文乐，李琴，周志鹏．商业医疗保险能提高农民工消费吗——基于流动人口动态监测数据的实证分析［J］．保险研究，2019（5）．

［84］翁辰，张兵．信贷约束对中国农村家庭创业选择的影响——基于 CHFS 调查数据［J］．经济科学，2015（6）．

［85］巫云仙，杨洁萌．中国货币流通中现金（M0）变化的经济学分析——基于互联网金融发展的背景［J］．改革与战略，2016（5）．

［86］吴洪，徐斌，李洁．社会养老保险与家庭金融资产投资——基于家庭微观调查数据的实证分析［J］．财经科学，2017（4）．

［87］吴庆跃，杜念宇、臧文斌．商业健康保险对家庭消费的影响［J］．中国经济问题，2016（3）．

［88］吴卫星，荣苹果，徐芊．健康与家庭资产选择［J］．经济研究，2011（1）．

［89］吴卫星，丘艳春，张琳琬．中国居民家庭投资组合有效性：基于夏普率的研究［J］．世界经济，2015，38（1）．

［90］吴卫星，吴锟，沈涛．自我效能会影响家庭资产组合的多样性吗？［J］．财经科学，2016（2）．

［91］吴卫星，吴锟，王琎．金融素养与家庭负债：基于中国居民家庭微观调查数据的分析［J］．经济研究，2018，53（1）．

［92］吴晓瑜，王敏，李力行．中国的高房价是否阻碍了创业？［J］．经济研究，2014，49（9）．

［93］吴雨，彭嫦燕，尹志超．金融知识、财富积累和家庭资产结构［J］．当代经济科学，2016，38（4）．

［94］伍再华，谢北辰，郭新华．借贷约束、金融素养与中国家庭股票市场"有限参与"之谜［J］．现代财经（天津财经大学学报），2017（12）．

［95］香伶．关于养老保险体制中再分配累退效应的几个问题［J］．福建论坛（人文社会科学版），2007（1）．

［96］谢平，刘海二．ICT、移动支付与电子货币［J］．金融研究，2013（10）．

［97］谢平，邹传伟，刘海二．互联网金融手册［M］．北京：中国人民大学出版社，2014．

［98］谢绚丽，沈艳，张皓星等．数字金融能促进创业吗？——来自中国的证据［J］．经济学（季刊），2018（4）．

［99］谢勇．中国农村居民储蓄率的影响因素：基于 CGSS2006 微观数据的实证研究［J］．山西财经大学学报，2011（2）．

［100］杨碧云，陈秋，易行健等．我国居民家庭是否越富裕储蓄率越高——基于中国家庭调查数据的实证检验［J］．金融经济，2018（2）．

［101］杨继军，张二震．人口年龄结构、养老保险制度转轨对居民储蓄率的影响［J］．中国社会科学，2013（8）．

［102］杨汝岱，陈斌开，朱诗娥．基于社会网络视角的农户民间借贷需求行为研究［J］．经济研究，2011，11（1）．

［103］杨汝岱，朱诗娥．公平与效率不可兼得吗？——基于居民边际消费倾向的研究［J］．经济研究，2007（12）．

［104］易行健，莫宁，周聪，杨碧云．消费信贷对居民消费影响研究：基于家庭微观数据的实证估计［J］．山东大学学报（哲学社会科学版），2017（5）．

［105］易行健，周聪，来特，周利．商业医疗保险与家庭风险金融资产投资——来自 CHFS 数据的证据［J］．经济科学，2019（5）．

［106］易行健，周利．数字普惠金融发展是否显著影响了居民消费——来自中国家庭的微观证据［J］．金融研究，2018（11）．

［107］尹学群，李心丹，陈庭强．农户信贷对农村经济增长和农村居民消费的影响［J］．农业经济问题，2011（5）．

［108］尹志超，公雪，路晓蒙．移动支付能否成为消费升级的助推器？［D］．工作论文，2019．

［109］尹志超，公雪，潘北啸．移动支付对家庭货币需求的影响——来自中国家庭金融调查的微观证据［J］．金融研究，2019（10）．

[110] 尹志超，宋鹏，黄倩．信贷约束与家庭资产选择——基于中国家庭金融调查数据的实证研究［J］．投资研究，2015（1）．

[111] 尹志超，宋全云，吴雨．金融知识、投资经验与家庭资产选择［J］．经济研究，2014（4）．

[112] 尹志超，彭嫦燕，里昂安吉拉．中国家庭普惠金融的发展及影响［J］．管理世界，2019，35（2）．

[113] 尹志超，宋全云，吴雨．金融知识、投资经验与家庭资产选择［J］．经济研究，2014，49（4）．

[114] 尹志超，张号栋．金融知识和中国家庭财富差距——来自CHFS数据的证据［J］．国际金融研究，2017（10）．

[115] 原鹏飞，冯蕾．经济增长、收入分配与贫富分化——基于DCGE模型的房地产价格上涨效应研究［J］．经济研究，2014，49（9）．

[116] 岳爱，杨矗，常芳，田新，史耀疆，罗仁福，易红梅．新型农村社会养老保险对家庭日常费用支出的影响［J］．管理世界，2013（8）．

[117] 臧文斌，刘国恩，徐菲，熊先军．中国城镇居民基本医疗保险对家庭消费的影响［J］．经济研究，2012（7）．

[118] 臧旭恒，李燕桥．消费信贷、流动性约束与中国城镇居民消费行为——基于2004—2009年省际面板数据的经验分析［J］．经济学动态，2012（2）．

[119] 湛泳，徐乐．"互联网＋"下的包容性金融与家庭创业决策［J］．财经研究，2017，43（9）．

[120] 张川川，J. Giles，赵耀辉．新型农村社会养老保险政策效果评估——收入、贫困、消费、主观福利和劳动供给［J］．经济学（季刊），2014（1）．

[121] 张栋浩，尹志超．金融普惠、风险应对与农村家庭贫困脆弱性［J］．中国农村经济，2018（4）．

[122] 张龙耀，张海宁．金融约束与家庭创业——中国的城乡差异［J］．金融研究，2013（9）．

[123] 张龙耀，杨军，张海宁．金融发展、家庭创业与城乡居民收

入——基于微观视角的经验分析 [J]. 中国农村经济，2013（7）.

［124］张勋，万广华，张佳佳，何宗樾. 数字经济、普惠金融与包容性增长 [J]. 经济研究，2019，54（8）.

［125］张正平，石红玲. 家庭普惠金融水平对家庭创业决策的影响：基于 CHFS 数据的实证研究 [J]. 北京工商大学学报（社会科学版），2019，34（1）.

［126］赵爱玲. 论消费信贷与收入、经济增长的关系 [J]. 财经问题研究，2000（10）.

［127］赵昕东，王昊，刘婷. 人口老龄化、养老保险与居民储蓄率 [J]. 中国软科学，2017（8）.

［128］郑长德. 中国各地区人口结构与储蓄率关系的实证研究 [J]. 人口与经济，2007（6）.

［129］周广肃，李力行. 养老保险是否促进了农村创业 [J]. 世界经济，2016，39（11）.

［130］周广肃，谢绚丽，李力行. 信任对家庭创业决策的影响及机制探讨 [J]. 管理世界，2015（12）.

［131］周强，张全红. 农村非正规金融对多维资产贫困的减贫效应研究——基于 CFPS 微观家庭调查数据的分析 [J]. 中南财经政法大学学报，2019（4）.

［132］周钦，袁燕，臧文斌. 医疗保险对中国城市和农村家庭资产选择的影响研究 [J]. 经济学（季刊），2015，14（3）.

［133］宗庆庆，刘冲，周亚虹. 社会养老保险与我国居民家庭风险金融资产投资——来自中国家庭金融调查（CHFS）的证据 [J]. 金融研究，2015（10）.

［134］Aker J C, Boumnijel R, McClelland A, et al. Payment Mechanisms and Antipoverty Programs：Evidence from a Mobile Money Cash Transfer Experiment in Niger [J]. Economic Development and Cultural Change, 2016, 65（1）：1–37.

［135］Alan S, Atalay K, Crossley T F. Do the Rich Save More? Evidence from Canada [J]. Review of Income and Wealth, 2015, 61 (4): 739 – 758.

[136] Alessie R J M, Kapteyn A, Klijn F. Mandatory Pensions and Personal Savings in the Netherlands [J]. De Economist, 1997, 145 (3): 291 – 324.

[137] Alessie R, Hochguertel S, Van SoestA . Household Portfolios in the Netherlands [J]. Social Science Electronic Publishing, 2002.

[138] Anand S, Chhikara K S. A Theoretical and Quantitative Analysis of Financial Inclusion and Economic Growth [J]. Management and Labour Studies, 2013, 38 (1 – 2): 103 – 133.

[139] Anarfo E B, Abor J Y. Financial Regulation and Financial Inclusion in Sub – Saharan Africa: Does Financial Stability Play a Moderating Role? [J]. Research in International Business and Finance, 2020, 51: 101070.

[140] Angelucci M, Karlan D, Zinman J. Microcredit Impacts: Evidence from a Randomized Microcredit Program Placement Experiment by Compartamos Banco [J]. American Economic Journal: Applied Economics, 2015, 7 (1): 151 – 182.

[141] Ardington C A, Hosegood V. Labor Supply Response to Large Social Transfers: Longitudinal Evidence from South Africa [J]. American Economic Journal: Applied Economics, 2009, 1 (1): 22 – 48.

[142] Augsburg B, De Haas R, Harmgart H, et al. The Impacts of Microcredit: Evidence from Bosnia and Herzegovina [J]. American Economic Journal: Applied Economics, 2015, 7 (1): 183 – 203.

[143] Bach L, Calvet L E, Sodini P. Rich Pickings? Risk, Return, and Skill in the Portfolios of the Wealthy [J]. SSRN Electronic Journal, 2015.

[144] Baker S R. Debt and the Consumption Response to Household Income Shocks [J]. SSRN Electronic Journal, 2015.

[145] Banerjee A, Duflo E, Glennerster R, et al. The Miracle of Microfinance? Evidence from a Randomized Evaluation [J]. American Economic Journal: Applied Economics, 2015, 7 (1): 22 – 53.

［146］ Banerjee A V, Breza E, Duflo E, et al. Do Credit Constraints Limit Entrepreneurship? Heterogeneity in the Returns to Microfinance ［J］. Social Science Electronic Publishing, 2015.

［147］ Barro R J. Economic Growth in a Cross Section of Countries ［J］. The Quarterly Journal of Economics, 1991, 106 (2): 407 – 443.

［148］ Bayoumi T. Financial Deregulation and Consumption in the United Kingdom ［J］. The Review of Economics and Statistics, 1993: 536 – 539.

［149］ Beck T, Demirguc – Kunt A, Peria M S M. Reaching out: Access to and Use of Banking Services Across Countries ［J］. Journal of Financial Economics, 2007, 85 (1): 234 – 266.

［150］ Beck T, Demirgüç – Kunt, Asli, Levine R. Finance, Inequality, and Poverty: Cross – Country Evidence ［J］. Social Science Electronic Publishing, 2004.

［151］ Behrman J R, Mitchell O S, Soo C K, et al. How Financial Literacy Affects Household Wealth Accumulation ［J］. American Economic Review, 2012, 102 (3): 300 – 304.

［152］ Berhane G, Gardebroek C. Does Microfinance Reduce Rural Poverty? Evidence Based on Household Panel Data from Northern Ethiopia ［J］. American Journal of Agricultural Economics, 2011, 93 (1): 43 – 55.

［153］ Berisha E, Meszaros J. Household Debt, Consumption, and Income Inequality ［J］. International Economic Journal, 2018, 32 (2): 161 – 176.

［154］ Berisha E, Meszaros J, Olson E. Income Inequality and Household Debt: A CointegrationTest ［J］. Applied Economics Letters, 2015, 22 (18): 1469 – 1473.

［155］ Berisha E, Meszaros J, Olson E. Income Inequality, Equities, Household Debt, and Interest Rates: Evidence from a Century of Data ［J］. Journal of International Money and Finance, 2018, 80 (feb.): 1 – 14.

［156］ Bernheim B D, Levin L. Social Security and Personal Saving: An

Analysis of Expectations [J]. The American Economic Review, 1989, 79 (2): 97 – 102.

[157] Besley T, Meads N, Surico P. Household External Finance and Consumption [M]. London: Centre for economic policy research, 2008.

[158] Bezemer D, Grydaki M. Financial Fragility in the Great Moderation [J]. Journal of Banking and Finance, 2014, 49 (12): 169 – 177.

[159] Bezemer D, Samarina A, Zhang L. The shift in bank credit allocation: new data and new findings [J]. DNB Working Papers, 2017.

[160] Bian Y. Bringing Strong Ties Back in: Indirect Ties, Network Bridges, and Job Searches in China [J]. American Sociological Review, 1997, 62 (3): 366 – 385.

[161] Bianchi M, Credit Constraints, Entrepreneurial Talent, and Economic Development [J]. Small Business Economics, 2011, 34 (1), 93 – 104.

[162] Biggart N W, Castanias R P. Collateralized Social Relations: The Social in Economic Calculation [J]. American Journal of Economics and Sociology, 2001, 60 (2): 471 – 500.

[163] Black S E, Strahan P E. Entrepreneurship and Bank Credit Availability [J]. The Journal of Finance, 2002, 57 (6): 2807 – 2833.

[164] BorioC. The Financial Cycle and Macroeconomics: What have We Learnt? [J]. Journal of Banking & Finance, 2014, 45 (8): 182 – 198.

[165] Bozio A, Emmerson C, O'dea C, et al. Do the Rich Save More? Evidence from Linked Survey and Administrative Data [J]. Oxford Economic Papers, 2017, 69 (4): 1101 – 1119.

[166] Buera F J. A Dynamic Model of Entrepreneurship with Borrowing Constraints: Theory and Evidence [J]. Annals of Finance, 2009, 5 (3 – 4): 443 – 464.

[167] Burgess R, Pande R. Do Rural Banks Matter? Evidence from the Indian Social Banking Experiment [J]. American Economic Review, 2005, 95

(3)：780 - 795.

[168] Campbell J Y, Mankiw N G. The Response of Consumption to Income: a Cross-country Investigation [J]. European Economic Review, 1991, 35 (4)：723 - 756.

[169] Campbell J Y. Household Finance [J]. Journal of Finance, 2006, 61 (4)：vi + 1553 - 1604.

[170] Cecchetti S G, Mohanty M S, Zampolli F. The Real Effects of Debt [J]. Working Paper, 2011.

[171] Chakrabarty D, Katayama H, Maslen H. Why do the Rich Save More? A Theory and Australian Evidence [J]. Economic Record, 2008, 84: S32 - S44.

[172] Chakravarty S R, Pal R. Measuring Financial Inclusion: An Axiomatic Approach [J]. Microeconomics Working Papers, 2010.

[173] Chen Y Y, Jin G Z. Does Health Insurance Coverage Lead to Better Health and Educational Outcomes? Evidence from Rural China [J]. Journal of Health Economics, 2012, 31 (1)：1 - 14.

[174] Chou S Y, Liu J T, Hammitt J K. National Health Insurance and Precautionary Saving: Evidence from Taiwan [J]. Journal of Public Economics, 2003, 87 (9)：1873 - 1894.

[175] Choudhury M S. Poverty, Vulnerability and Financial Inclusion: The Context of Bangladesh [J]. Journal of Politics and Administration, 2014, 2 (1)：1 - 13.

[176] Claessens S, Perotti E. Finance and Inequality: Channels and Evidence [J]. Journal of Comparative Economics, 2007, 35 (4)：748 - 773.

[177] Claessens S. Access to Financial Services: A Review of the Issues and Public Policy Objectives [J]. The World Bank Research Observer, 2006, 21 (2)：207 - 240.

[178] Clarke G, Xu L C, Zou H F. Finance and Income Inequality: Test of Alternative Theories [J]. Policy Research Working Paper Series, 2003, 72

(3): 578 – 596.

[179] Cocco J F. Portfolio Choice in the Presence of Housing [J]. Review of Financial Studies, 2005, 18 (2): 535 – 567.

[180] Conde – Ruiz J I, Profeta P. The Redistributive Design of Social Security Systems [J]. Economic Journal, 2007, 117 (04): 686 – 712.

[181] Crépon B, Devoto F, Duflo E, et al. Estimating the Impact of Microcredit on Those Who Take It Up: Evidence from a Randomized Experiment in Morocco [J]. American Economic Journal: Applied Economics, 2015, 7 (1): 123 – 150.

[182] De Nardi M, French E, Jones J B. Why Do the Elderly Save? The Role of Medical Expenses [J]. Journal of Political Economy, 2010, 118 (1): 39 – 75.

[183] Decicca P. Health Insurance Availability and Entrepreneurship [J]. SSRN Electronic Journal, 2010.

[184] Demirgüç – Kunt A, Klapper L. Financial Inclusion in Africa: An Overview. The World Bank, 2012.

[185] Dicks – Mireaux L, King M. Pension Wealth and Household Savings: Tests of Robustness [J]. Journal of Public Economics, 1984, 23 (1 – 2): 115 – 139.

[186] Djankov S, PortaRL, Lopez-de – Silanes F, Shleifer A. The Regulation of Entry [J]. Quarterly Journal of Economics, 2002, 117 (1): 1 – 37.

[187] Dupas P, Robinson J. Why Don't the Poor Save More? Evidence from Health Savings Experiments [J]. American Economic Review, 2013, 103 (4): 1138 – 1171.

[188] Dynan K E, Skinner J, Zeldes S P. Do the Rich Save More? [J]. Journal of Political Economy, 2004, 112 (2): 397 – 444.

[189] Dynan K, Edelberg W. The Relationship Between Leverage and Household Spending Behavior: Evidence from the 2007 – 2009 Survey of Consumer Finances [J]. Federal Reserve Bank of St. Louis Review, 2013, 95

(5): 425 – 448.

[190] Evans D S, Jovanovic B. An Estimated Model of Entrepreneurial Choice under Liquidity Constraints [J]. Journal of Political Economy, 1989, 97 (4): 808 – 827.

[191] Fagerberg J, Verspagen B. "Modern Capitalism" in the 1970s and 1980s [J]. Working Papers Archives, 1999: 113 – 126.

[192] Fagereng A, Holm M B, Moll B, et al. Saving Behavior Across the Wealth Distribution: The Importance of Capital gains [R]. National Bureau of Economic Research, 2019.

[193] Fasianos A, Raza H, Kinsella S. Exploring the Link between Household Debt and Income Inequality: An Asymmetric Approach [J]. Applied Economics Letters, 2017, 24 (6): 404 – 409.

[194] Feldstein M, Pellechio A, Campbell C. Social Security: The Impact of Alternative Inflation Adjustments [J]. Financing Social Security, 1979.

[195] Feldstein M. Social Security, Induced Retirement, and Aggregate Capital Accumulation [J]. Journal of Political Economy, 1974, 82 (5): 905 – 926.

[196] Franco D, Marino M R, Tommasino P. Pension Policy and Poverty in Italy: Recent Developments and New Priorities [J]. Giornale Degli Economisti E Annali Di Economia, 2008, 67 (2): 119 – 159.

[197] Frank RH. Expenditure Cascades [J]. Review of Behavioral Economics, 2014, 1 (1 – 2): 55 – 73.

[198] Galor O, Moav O. From Physical to Human Capital Accumulation: Inequality and the Process of Development [J]. The Review of Economic Studies, 2004, 71 (4): 1001 – 1026.

[199] Gandelman N. Do the Rich Save More in Latin America? [J]. The Journal of Economic Inequality, 2017, 15 (1): 75 – 92.

[200] Ghani E, Kerr W, O'Connell S. Spatial Determinants of Entrepreneurship in India [J]. Regional Studies, 2014, 48 (6): 1071 – 1089.

［201］ Goodhart C, Hofmann B. House Prices, Money, Credit, and the Macro Economy ［J］. Oxford Review of Economic Policy, 2008, 24 (1): 180 – 205.

［202］ Greenwood J, Jovanovic B. Financial Development, Growth, and the Distribution of Income ［J］. Journal of Political Economy, 1990, 98 (5): 1076 – 1107.

［203］ Grinblatt M, Keloharju M, Linnainma J. IQ and Stock Market Participation ［J］. Journal of Finance, 2011, 66 (6): 2121 – 2164.

［204］ Gruber J, Yelowitz A. Public Health Insurance and Private Savings ［J］. Journal of Political Economy, 1999, 107 (6): 1249 – 1274.

［205］ Guiso L, Jappelli T. Household Portfolios in Italy ［J］. CEPR Discussion Papers, 2000.

［206］ Hamid S A, Roberts J, Mosley P. Can Micro Health Insurance Reduce Poverty? Evidence from Bangladesh ［J］. Journal of Risk and Insurance, 2011, 78 (1): 57 – 82.

［207］ Han L, Hare D. The Link Between Credit Markets and Self-employment Choice Among Households in Rural China ［J］. Journal of Asian Economics, 2013, 26: 52 – 64.

［208］ Hans – Martin V G. How does Household Portfolio Diversification Vary with Financial Literacy and Financial Advice? ［J］. Journal of Finance, 2015, 70 (2): 489 – 507.

［209］ Herrero A G and Tureégano D M, Financial Inclusion, rather than Size, is the Key to Tackling Income Inequality ［J］. The Singapore Economic Review, 2018, 63 (1): 167 – 184.

［210］ Honohan P. Cross-country Variation in Household Access to Financial Services ［J］. Journal of Banking & Finance, 2008, 32 (11): 2493 – 2500.

［211］ Hori M, Iwamoto K, Niizeki T, et al. Do the Rich Save More in Japan? Evidence Based on Two Micro Data Sets for the 2000s ［J］. The Japanese

Economic Review, 2016, 67 (4): 474 – 494.

[212] Hubbard R G. Pension Wealth and Individual Saving: Some New Evidence [J]. Journal of Money, Credit and Banking, 1986, 18 (2): 167 – 178.

[213] Hubbard R G, Skinner J, Zeldes S P. Precautionary Saving and Social Insurance [J]. Journal of Political Economy, 1995, 103 (2): 360 – 399.

[214] Huggett M, Ventura G. Understanding Why High Income Households Save More than Low Income Households [J]. Journal of Monetary Economics, 2000, 45 (2): 361 – 397.

[215] Hurd M, Michaud P C, Rohwedder S. The Displacement Effect of Public Pensions on the Accumulation of Financial Assets [J]. Fiscal Studies, 2012, 33 (1): 107 – 128.

[216] Hurst E, Lusardi A. Liquidity Constraints, Household Wealth, and Entrepreneurship [J]. Journal of Political Economy, 2004, 112 (2): 319 – 347.

[217] Imai K S, Azam M S. Does Microfinance Reduce Poverty in Bangladesh? New Evidence from Household Panel Data [J]. Journal of Development Studies, 2012, 48 (5): 633 – 653.

[218] Imai K S, Gaiha R, Thapa G, et al. Microfinance and Poverty—A Macro Perspective [J]. World Development, 2012, 40 (8): 1675 – 1689.

[219] Imai K S, Azam M S. Does Microfinance Reduce Poverty in Bangladesh? New Evidence from Household Panel Data [J]. Journal of Development Studies, 2012, 48 (5): 633 – 653.

[220] Jappelli T. Who is Credit Constrained in the US Economy? [J]. The Quarterly Journal of Economics, 1990, 105 (1): 219 – 234.

[221] Jeanneney S G, Kpodar K. Financial Development and Poverty Reduction: Can There be a Benefit without A Cost? [J]. The Journal of Development Studies, 2011, 47 (1): 143 – 163.

[222] Jesuit D, Mahler V. State Redistribution in Comparative Perspective: A Cross – National Analysis of the Developed Countries [J]. Luxembourg Income Study Working Paper, 2004.

[223] Johnson K, Li G. Do High Debt Payments Hinder Household Consumption Smoothing? [J]. Social Science Electronic Publishing, 2007, 19 (1): 59 – 72.

[224] Jordà ò, Schularick M, Taylor A M. The Great Mortgaging: Housing Finance, Crises and Business Cycles [J]. Economic Policy, 2016, 31 (85): 107 – 152.

[225] Justiniano A, Primiceri G E, TambalottiA. The Effects of the Saving and Banking Glut on the US Economy [C]// Federal Reserve Bank of Chicago, 2013.

[226] Kakwani N, Subbarao K. Poverty Among the Elderly in Sub – Saharan Africa and the Role of Social Pensions [J]. The Journal of Development Studies, 2008, 43 (6): 987 – 1008.

[227] Kapeller J, Schütz B. Debt, Boom, Bust: A Theory of Minsky – Veblen cycles [J]. Journal of Post Keynesian Economics, 2014, 36 (4): 781 – 814.

[228] Karlan D, Zinman J. Expanding Credit Access: Using Randomized Supply Decisions to Estimate the Impacts [J]. The Review of Financial Studies, 2010, 23 (1): 433 – 464.

[229] Karlan D, Zinman J. Microcredit in Theory and Practice: Using Randomized Credit Scoring for Impact Evaluation [J]. Science, 2011, 332 (6035): 1278 – 1284.

[230] Karlan D, Zinman J. Expanding Credit Access: Using Randomized Supply Decisions to Estimate the Impacts [J]. Review of Financial Studies, 2010, 23 (1): 433 – 464.

[231] Khandker S R. Microfinance and Poverty: Evidence Using Panel Data from Bangladesh [J]. The World Bank Economic Review, 2005, 19

（2）: 263 – 286.

[232] Klapper L, Amit R, Guillen M F, et al. Entrepreneurship and Firm Formation Across Countries [J]. Policy Research Working Paper Series, 2007.

[233] Klapper L, Laeven L, Rajan R. Entry Regulation as a Barrier to Entrepreneurship [J]. Journal of Financial Economics, 2006, 82 (3): 591 – 629.

[234] Kondo T, Orbeta Jr A, Dingcong C, et al. Impact of Microfinance on Rural Households in the Philippines [J]. IDS Bulletin, 2008, 39 (1): 51 – 70.

[235] Kumari P, Singhe P J K. Poverty Alleviation and Long-term Sustainability of Microfinance Project: With Special Reference to Matale District [J]. International Journal of Management and Sustainability, 2014, 3 (2): 84 – 96.

[236] Kumhof M, Rancière R, Winant P. Inequality, Leverage, and Crises [J]. American Economic Review, 2015, 105 (3): 1217 – 1245.

[237] Kuznets S. Economic Growth and Income Inequality [J]. The American Economic Review, 1955, 45 (1): 1 – 28.

[238] Labar K, Bresson F. A Multidimensional Analysis of Poverty in China from 1991 to 2006 [J]. China Economic Review, 2011, 22 (4): 646 – 668.

[239] Lazear E. Entrepreneurship [J]. Journal of Labor Economics, 2005, 23 (4): 649 – 680.

[240] Le Q, Ho H, Mai N. The Impact of Financial Inclusion on Income Inequality in Transition Economies [J]. Management Science Letters, 2019, 9 (5): 661 – 672.

[241] Leamer E E. Housing is the Business Cycle [J]. International Economic Review, 2007, 46 (3): 149 – 233.

[242] Leeladhar V. Taking Banking Services to the Common Man-financial Inclusion [J]. Reserve Bank of India Bulletin, 2006, 60 (1): 73 – 77.

［243］ Levchenko A A. Financial Liberalization and Consumption Volatility in Developing Countries ［J］. IMF Economic Review, 2005, 52 (2): 237 – 259.

［244］ Lombard K V. Female Self-employment and Demand for Flexible, Nonstandard Work Schedules ［J］. Economic Inquiry, 2001, 39 (2): 214 – 237.

［245］ Mialou A, Amidžić G, Massara A. Assessing Countries' Financial Inclusion Standing—A New Composite Index ［J］. Journal of Banking and Financial Economics, 2017, 2 (8): 105 – 126.

［246］ Mian A, Sufi A. House Prices, Home Equity-based Borrowing, and the US Household Leverage Crisis ［J］. American Economic Review, 2009, 101 (5): 2132 – 2156.

［247］ Mian A. Household Balance Sheets, Consumption, and The Economic Slump ［J］. Quarterly Journal of Economics, 2013, 128 (4): 1687 – 1726.

［248］ Miled K B H, Rejeb J E B. Microfinance and Poverty Reduction: A Review and Synthesis of Empirical Evidence ［J］. Procedia – Social and Behavioral Sciences, 2015, 195: 705 – 712.

［249］ Nair T S, Tankha A. Inclusive Finance India Report 2014 ［M］. New Delhi: Oxford University Press, 2015.

［250］ Naraya D, Patel R, Schafft K, et al. Can Anyone Hear us? Voices of the Poor ［M］. The World Bank, 2000.

［251］ Park C Y, Mercado R. Financial Inclusion, Poverty, and Income Inequality in Developing Asia ［J］. Asian Development Bank Economics Working Paper Series, 2015.

［252］ Posel D, Fairubrn J, Lund F. A Reconsideration of the Impact of Social Pension on Labor Supply in South Africa ［J］. Economic Modelling, 2006, 23 (5): 836 – 853.

［253］ Poterba J M, Samwick A A. Household Portfolio Allocation Over the

Life Cycle [J]. NBER Working Paper, 1997.

[254] Pozo S, Woodbury S A. Pensions, Social Security, and Asset Accumulation [J]. Eastern Economic Journal, 1986, 12 (3): 273 – 281.

[255] Prete A L. Economic literacy, Inequality, and Financial Development [J]. Economics Letters, 2013, 118 (1): 74 – 76.

[256] Rangarajan C. Report of the Committee on Financial Inclusion [R]. Ministry of Finance, Government of India (2008).

[257] Rees H, Shah A. An Empirical Analysis of Self-employment in the UK [J]. Journal of Applied Econometrics, 1986, 1 (1): 95 – 108.

[258] Rios – Rul J V, Quadrini V, Rios – Rull V. Understanding the us Wealth Distribution [J]. Federal Reserve Bank of Minneapolis Quarterly Review, 1997 (21): 22 – 36.

[259] Rosenthal S, Strange W. Female Entrepreneurship, Agglomeration, and a New Spatial Mismatch [J]. Review of Economics and Statistics, 2012, 94 (3): 764 – 788.

[260] Ryoo S. Household Debt and Housing Bubbles: A Minskian Approach to Boom-bust Cycles [J]. Journal of Evolutionary Economics, 2016, 26 (5): 971 – 1006.

[261] Ryoo S, KimY K. Income Distribution, Consumer Debt and Keeping up with the Joneses [J]. Metroeconomica, 2014, 65 (4): 585 – 618.

[262] Saez E, Zucman G. Wealth inequality in the United States Since 1913: Evidence from Capitalized Income Tax Data [J]. The Quarterly Journal of Economics, 2016, 131 (2): 519 – 578.

[263] Sarma M. Index of Financial Inclusion [R]. Working Paper, 2008.

[264] Sarma M. Index of Financial Inclusion – A measure of financial sector inclusiveness [J]. Centre for International Trade and Development, School of International Studies Working Paper Jawaharlal Nehru University. Delhi, India, 2012.

［265］ Sarma M. Measuring Financial Inclusion Using Multidimensional Data ［J］. World Economics, 2016, 17 (1): 15 - 40.

［266］ Schuetze H. Taxes, Economic Conditions and Recent Trends in Male Self-employment: A Canada - US Comparison ［J］. Labour Economics, 2000, 7 (5): 507 - 544.

［267］ Schularick M, Taylor A M. Credit Booms Gone Bust: Monetary Policy, Leverage Cycles, and Financial Crises, 1870 - 2008 ［J］. American Economic Review, 2012, 102 (2): 1029 - 1061.

［268］ Sethi D, Sethy S K. Financial Inclusion Matters for Economic Growth in India ［J］. International Journal of Social Economics, 2019.

［269］ Dinabandhu S, Kumar S S. Financial Inclusion Matters for Economic Growth in India ［J］. International Journal of Social Economics, 2019, 46 (1): 132 - 151.

［270］ Stock J H, Yogo M. Testing for Weak Instruments in Linear IV Regression ［R］. National Bureau of Economic Research, 2002.

［271］ Stockhammer E, Wildauer R. Expenditure Cascades, Low Interest Rates, Credit Deregulation or Property Booms? Determinants of Household Debt in OECD Countries ［J］. Review of Behavioral Economics, 2018, 5 (2).

［272］ Taylor J B. The Financial Crisis and the Policy Responses: An Empirical Analysis of What Went Wrong ［J］. Critical Review, 2009, 21 (2 - 3): 341 - 364.

［273］ Thomas M, Desai K K, Seenivasan S. How Credit Card Payments Increase Unhealthy Food Purchases: Visceral Regulation of Vices ［J］. Journal of Consumer Research, 2010, 38 (1): 126 - 139.

［274］ Thornton J. Age Structure and the Personal Savings Rate in the United States, 1956 - 1995 ［J］. Southern Economic Journal, 2001: 166 - 170.

［275］ Tobias J M, Mair J, Barbosa - Leiker C. Toward a Theory of Transformative Entrepreneuring: Poverty Reduction and Conflict Resolution in Rwanda's Entrepreneurial Coffee Sector ［J］. Journal of Business Venturing,

2013, 28（6）: 728 – 742.

［276］Townsend R M, Ueda K. Welfare Gains from Financial Liberalization ［J］. International Economic Review, 2010, 51（3）: 553 – 597.

［277］Townsend, P. The concept of Poverty ［M］. London: Heinemmann, 1971.

［278］Van Bastelaer T. Does Social Capital Facilitate the Poor's Access to Credit ［J］. Understanding and Measuring Social Capital: A Multidisciplinary Tool for Practitioners, 2002: 237 – 264.

［279］Van Rooij M C J, Lusardi A, Alessie R J M. Financial Literacy, Retirement Planning and Household Wealth ［J］. The Economic Journal, 2012, 122（560）: 449 – 478.

［280］Wei S J, Zhang X. The Competitive Saving Motive: Evidence from Rising Sex Ratios and Savings Rates in China ［J］. Journal of Political Economy, 2011（119）: 511 – 564.

［281］Wellington A. Health Insurance Coverage and Entrepreneurship ［J］. Contemporary Economic Policy, 2001, 19（4）: 465 – 478.

［282］Wiederspan J, Rhodes E, Shaefer H L. Expanding the Discourse on Antipoverty Policy: Reconsidering a negative income tax ［J］. Journal of Poverty, 2015, 19（2）: 218 – 238.

［283］Zhang X, Li G. Does Guanxi Matter to Nonfarm Employment? ［J］. Journal of Comparative Economics, 2003, 31（2）: 315 – 331.